LES VESTIGES DE LA MÉMOIRE

Roman historique

*La vitrine des causes du marasme socio-économique d'Haïti.
(De 1492 à nos jours)*

---◆---

UNE PROFONDE RÉFLEXION CRITIQUE COMPARÉE
« L'ÉPOPÉE ILLUSTRÉE D'HAÏTI »

FLARÈS ALNÉUS

Les Éditions Alnéus
913 L, Elmsmere Road, Unit 78
Ottawa, Ontario K1J 8G4
www.leseditionsalneus.com

VIBRANT PLAIDOYER POUR HAÏTI
VS
UNE RÉPONSE À L'HUMANITÉ

Un peuple sans mémoire est un peuple sans histoire.

Dieu bénit toujours les gens qui ont l'audace de commencer à partir de rien. Telle est la base même de l'existence de mon plaidoyer !

Flarès Alnéus

« Je ne suis ni un écrivain haïtien, ni caraïbéen, ni issu de l'immigration, encore moins, ni noir. Je suis par nature un animal de société, donc, un écrivain universel. Point barre ! »

Flarès Alnéus

DU MÊME AUTEUR

L'origine du phénomène de l'insécurité publique en Haïti.
Les Éditions pour tous, 1er trimestre 2008

La traversée de ma tendre enfance.
Les Éditions Alnéus, 3e trimestre 2016

Comment offrir les meilleures caresses.
Les Éditions Alnéus, 3e trimestre 2016

Lettre ouverte au pays natal.
Les Éditions Alnéus, 3e trimestre 2016

TABLE DES MATIÈRES

AVERTISSEMENT 18
DÉDICACE 19
NOTE DE L'AUTEUR 20
AVANT-PROPOS 23
REMARQUE 25
INTRODUCTION 27

Chapitre I
A. LES INDIENS.

1.1 Les premiers habitants de l'île 39
1.1.1 Clin d'œil sur les périples de Christophe Colomb vers les Indes 40
1.1.2 Brève historique de la période précolombienne 41
1.1.3 La fin du Moyen-Âge 42
1.1.4 La période coloniale du XVe siècle à 1804 43
1.1.5 La colonie française fit la chasse aux sorcières à Sonthonax 46
1.1.6 Quelle est la généalogie du peuple haïtien ? 48
1.1.7 La situation géographique d'Haïti, sa superficie et ses points cardinaux 50
1.1.8 L'origine indéniable du talent d'artistes des Haïtiens 51
1.1.9 Les petites histoires de la peinture haïtienne 52
1.1.10 Le regain de la dignité haïtienne, est un urgent besoin 54
1.1.11 Le début du mouvement révolutionnaire à Saint-Domingue 58
1.1.12 Le marronnage selon le politologue Jean-Pierre BRAX 59
1.1.13 L'introduction des Nègres en Haïti vers les années 1500 61
1.1.14 Haïti : Modèle de révolte mondial et conseillère de l'Amérique du Sud ... 62
1.1.15 Les dires des scientifiques de la création de l'homme 69
1.1.16 L'origine des couleurs humaines 79
1.1.17 Un aperçu sur la monnaie haïtienne 80
1.1.18 Les différentes modifications du drapeau haïtien 81
1.1.19 Les trois religions fondamentales d'Haïti, sont 83
1.1.20 La fierté des vodouisants face à l'indépendance d'Haïti 83
1.1.21 Quelles devraient être les perspectives des vodouisants haïtiens ? 86

Chapitre II
B. LA RÉVOLTE GÉNÉRALE DES ESCLAVES.

2.1 La trajectoire sociopolitique haïtienne par la révolte des esclaves en 1791 .... *102*

2.1.1 La lutte armée menant à l'indépendance d'Haïti en 1804 .... *104*

2.1.2 L'influence de la proclamation de l'indépendance d'Haïti *107*

2.1.3 Qui fut Toussaint Louverture ? *109*

2.1.4 Toussaint Louverture au rang des grands généraux espagnols *109*

2.1.5 La personnalité de Toussaint Louverture *112*

2.1.6 Toussaint Louverture : Homme politique extraordinaire *112*

2.1.7 Les stratégies de Toussaint L. pour contrôler Saint-Domingue *113*

2.1.8 Le déploiement des généraux de la guerre de l'Indépendance *118*

2.1.9 La sauvegarde de l'État haïtien par Jean-Jacques Dessalines *122*

2.1.10 Les crises sociopolitiques aiguës en Haïti *123*

2.1.11 Une rétrospection sur le massacre des Français *124*

2.1.12 Les règlements de culture sous le gouvernement de Jean-J. Dessalines *125*

2.1.13 Le profil du gouvernement de Jean-Jacques Dessalines *127*

2.1.14 Les administrations de H. Christophe, Alexandre Pétion et Jean-Pierre Boyer *130*

2.1.15 Une indemnité payée injustement sous Jean-Pierre Boyer *133*

2.1.16 L'univers de l'ex-président Alexandre Sabès Pétion *134*

2.1.17 Le profil de l'Administration politique de Jean-Pierre Boyer *140*

2.1.18 La lueur de division en Haïti, n'a-t-elle pas apparu à partir de 1806 ? *141*

2.1.19 La signature du concordat en mars 1860 entre Fabre Geffrard et le Vatican *144*

2.1.20 Rivière Hérard se lança dans la mêlée politique *145*

2.1.21 Faustin Soulouque, Fabre Geffrard et de Sylvain Salnave *148*

2.1.22 Un aperçu sur le gouvernement de Sylvain Salnave *153*

2.1.23 Les gouvernements de N. Saget, M. Domingue, et de B. Canal *155*

2.1.24 Coup d'œil sur la génération de la Ronde *169*

2.1.25 La période de l'occupation américaine en Haïti *169*

2.1.26 Le mouvement des Griots en Haïti *173*

2.1.27 L'ex-président Paul-Eugène Magloire : Homme d'intégrité et d'ouverture *175*

2.1.28 Prenons les pouls des gouvernements de Joseph Nemours Pierre-Louis et de Franck Sylvain ? *176*

2.1.29 Comment Pierre-Eustache Daniel Fignolé accéda-t-il au pouvoir ? *177*

2.1.30 Qui organisa les élections qui conduisirent François Duvalier au pouvoir ? *179*

Chapitre III
C. L'ACCESSION DE FRANÇOIS DUVALIER AU POUVOIR.

3.1 Les stratégies de François Duvalier pour accéder au pouvoir en 1957 181
3.1.1 La montée de l'ex-dictateur François Duvalier au pouvoir 183
3.1.2 Les mêmes causes produisent les mêmes effets 187
3.1.3 La misère est-elle la cause de la corruption ou la corruption est-elle la cause de la misère 187
3.1.4 Le mouvement des Haïtiens de La Havane contre François Duvalier 197
3.1.5 Un brossage de la migration haïtienne 197
3.1.6 La soupape de l'émigration 199
3.1.7 La tentative du mouvement « Jeune Haïti » en 1964 contre F. Duvalier 201
3.1.8 Les actions de la gauche révolutionnaire vers les années 1967 202
3.1.9 La dictature jusqu'à la librairie, ne fut-elle pas exagérée ? 204
3.1.10 Qu'est-ce qui alimenta la dictature de François Duvalier ? 205
3.1.11 Pourquoi Papa DOC, pour développement durable ou pour dictature ? 206
3.1.12 La différence entre François Duvalier et Rafaël Leonidas Trujillo 207
3.1.13 Le massacre des Haïtiens en octobre 1937 en Rép Dom 209
3.1.14 Les relations diplomatiques entre John Fritz G. Kennedy et F Duvalier 210
3.1.15 La campagne propagandiste pro François Duvalier 212
3.1.16 La répression : Arme aveugle de François Duvalier 213
3.1.17 L'administration de François Duvalier après la mort de John F. G. Kennedy 217
3.1.18 La dictature en Haïti à partir de 1957, avait-il sa raison d'être ? 218
3.1.19 Pluie de monnaie sous l'ex-Dictateur Jean-Claude Duvalier 220
3.1.20 Comment fut l'atmosphère sociopolitique après la mort de François Duvalier ? 221
3.1.21 De Duvalier père au Duvalier fils : Un débat très intéressant ! 223

Chapitre IV
D. LE REBONDISSEMENT DE L'ARMÉE À LA TÊTE DE L'ÉTAT.

4.1 Haïti une fois de plus, aux mains des généraux de l'armée 227
4.1.1 Le profil de l'ex-président Leslie François Manigat 228
4.1.2 Mathieu Prosper Avril, un autre Général dans les rennes du pouvoir 230
4.1.3 Courte gestion de l'État par l'ex-général Hérard Abraham 231
4.1.4 Voilà Ertha Pascal Trouillot à la magistrature suprême de l'État 232
4.1.5 Les potentiels pilleurs d'Haïti, votre attention s'il vous plaît ! 232
4.1.6 Voilà le trésor public encore une fois de plus aux mains des pilleurs 233
4.1.7 Pourquoi Madame Trouillot a-t-elle joui de ce privilège ? 233

4.1.8 L'accession de l'ex-président Jean-Bertrand Aristide au pouvoir 234
4.1.9 Raoul Cédras, dans le grand fauteuil en cuir du palais national 237
4.1.10 L'arrivée de l'ex-juge à la Cour de cassation, Joseph Nerette au pouvoir 238
4.1.11 L'Empire du riz aux choux 241
4.1.12 L'achèvement du premier mandat de l'ex-président Jean-Bertrand Aristide 242
4.1.13 La montée de l'ex-premier ministre René Garcia Préval au pouvoir 243
4.1.14 Voilà Jean-Bertrand Aristide une fois de plus, dans la mêlée politique 244
4.1.15 Boniface Alexandre, ex-président de la Cour suprême,
ex-chef d'État provisoire d'Haïti 247
4.1.16 Jetons un coup d'œil sur le 2ᵉ mandat de l'ex-président René Garcia Préval 249
4.1.17 Le profil de l'ex-président Joseph Michel Martelly 250

Chapitre V
E. LE DÉVELOPPEMENT COMME ENTRAIDE SOCIALE.

5.1 La définition du développement en série ou linéaire 252
5.1.1 Quel devrait être le rôle des élites haïtiennes vis-à-vis du bas peuple 253
5.1.2 Pourquoi pas une Haïti développée à l'instar de Botswana ? 254
5.1.3 En Haïti, de l'or au Trou du Nord et à Terrier rouge 257
5.1.4 Attention ! Journalistes étrangers, Haïti ne se résume plus en « Cité soleil » 258
5.1.5 Le colonialisme, l'occupation et les coups d'État en Haïti 259
5.1.6 L'idéologie du développement socio-économique durable 260
5.1.7 Le développement durable pour une collectivité viable 261
5.1.8 Le labyrinthe socio-économique infernal 262
5.1.9 Les blocages du développement durable (l'égocentrisme) 263
5.1.10 Un clin d'œil sur l'agriculture d'autrefois en Haïti 269
5.1.11 L'attitude de l'opposition traditionnelle en Haïti 270
5.1.12 L'analyse sociopolitique du professeur Leslie François Manigat 271
5.1.13 Faisons une réforme pyramidale sérieuse en Haïti 272
5.1.14 La coopération internationale : Quelle lutte contre la pauvreté ? 273
5.1.15 Du pétrole en Haïti, ce n'est ni un rêve, ni une illusion 274
5.1.16 Maires de différentes villes, où êtes-vous ? 275
5.1.17 Que devraient faire les maires d'Haïti pour garder des villes propres ? 276
5.1.18 Les tas d'immondices ne sont que nocifs, voici leur côté positif 277
5.1.19 Vers le développement socio-économique durable 277
5.1.20 Les stratégies réalistes du développement socio-économique durable 278

5.1.21 La pauvreté est plutôt sociétale et cosmopolite 279
5.1.22 Jetons un coup d'œil sur le profil socio-économique du Japon 279

Chapitre VI
F. LE DÉVELOPPEMENT DURABLE EN TANT QUE CONCEPT.
6.1 Les concepts du développement socio-économique durable 284
6.1.1 Les conditions de vie de la population 284
6.1.2 La définition de la croissance socio-économique 286
6.1.3 Comment construire l'économie d'un pays 287
6.1.4 Pékin est au cœur du capitalisme mondial 288
6.1.5 Les impacts de la pauvreté dans le monde 290
6.1.6 Les écarts de richesse entre les riches et les pauvres : un constat alarmant 291
6.1.7 Le développement durable : Un grand défi pour le Tiers-monde 292
6.1.8 Les blocages de la structure économique et sociale 293
6.1.9 La situation sociale paysanne en Haïti 294
6.1.10 Le filtrage sociopolitique 294
6.1.11 La tradition du caudillisme en Amérique centrale 295
6.1.12 Les différentes périodes de crises sociopolitiques en Haïti 296
6.1.13 La crise de 1956 297
6.1.14 La crise de 1986 298
6.1.15 La définition des cinq stades de la croissance économique 299
6.1.16 La place des pays en voie de développement 301
6.1.17 L'industrialisation et le développement économique 301
6.1.18 Le développement ou la modernisation 301
6.1.19 Les étapes historiques de la croissance économique 304
6.1.20 Les modèles de développement socioéconomique durable 304
6.1.21 La théorie de la croissance économique 305
6.1.22 Le processus du changement structurel et global 305

Chapitre VII
G. COMMENT CARL MARX A-T-IL VU LE DÉVELOPPEMENT ?
7.1 Le développement au centre de l'analyse théorique de Carl Marx 307
7.1.1 Le profil de l'échange commercial d'Haïti vers les années 1800 307
7.1.2 Haïti sous l'occupation américaine de 1915 à 1934 310
7.1.3 La lutte des classes sociales en Haïti 313
7.1.4 Père Lebrun: instrument de revanche populaire en Haïti 314
7.1.5 Le développement et ses aspects positifs 315

7.1.6 La politique de la croissance économique urbaine 316
7.1.7 Les tendances du développement urbain 318
7.1.8 Les quatre jalons du développement occidental 318
7.1.9 La naissance du modèle de développement régional 318
7.1.10 Les tentatives politiques de renversement du développement officialisé 319
7.1.11 La consolidation de la classe transnationale 320
7.1.12 L'émergence du mouvement global 321

Chapitre VIII
G. COMMENT L'INDE A-T-ELLE FAIT POUR ÊTRE PRODUCTIVE ?

8.1 Le développement du système productif de l'Inde indépendante 323
8.1.1. Le projet politique et économique de l'Inde indépendante 324
8.1.2 Le « socialisme indien » de 1951 à 1966 326
8.1.3 La diaspora chinoise vis-à-vis au développement de la Chine 326
8.1.4 Les étapes du développement socio-économique de la Chine 328
8.1.5 Le village indien, le téléphone et la démographie 330
8.1.6 La contribution des universités américaines au développement
       socio-économique durable 332
8.1.7 L'Extrait du programme des Nations Unies pour le développement agricole 332
8.1.8 Les relations des pays en développement avec les pays industrialisés 334
8.1.9 La sous-alimentation : une problématique sociale préoccupante 334
8.1.10 Le chômage élevé dans les pays tiers-mondistes 335
8.1.11 L'instabilité du prix des produits de base 335
8.1.12 Les changements proposés dans l'économie internationale 336
8.1.13 La lutte contre la faim : une problématique universelle 336
8.1.14 Le métro de Caracas (Venezuela) : une infrastructure impressionnante 337
8.1.15 Une forte compétition au développement durable à Curacas 338
8.1.16 Coup d'œil sur le développement stratégique de la Mauricie, Québec 339
8.1.17 La conception des projets de développement montréalais 340
8.1.18 Un autre exemple du développement durable important au Québec 342
8.1.19 La stratégie de développement industriel 342
8.1.20 Un aperçu sur l'existence de ressources naturelles en Haïti 343
8.1.21 Le projet partenarial du Québec visant à enclencher la Révolution tranquille 345
8.1.22 Le caractère unique des régions urbaines en Haïti 347

Chapitre IX
I. LE PRAGMATISME DU DÉVELOPPEMENT ÉCONOMIQUE.

9.1 La définition du développement économique pragmatique 352
9.1.1 L'environnement : la revanche de la nature 356
9.1.2 Lanzhou : la sacrifiée 357
9.1.3 Le rebroisement : une urgence tardivement reconnue 359
9.1.4 Le développement en tant qu'impératif social, selon Harry Truman 360
9.1.5 La politique d'ajustement et les perspectives de développement en Tanzanie 361
9.1.6 La croissance économique permet-elle aux pays pauvres de se développer ? 363
9.1.7 De la croissance économique au développement humain 364
9.1.8 Le développement durable ou soutenable : l'obligation de tous les pays 365
9.1.9 Haïti : île aux ressources cachées et ignorées 367
9.1.10 Regard sur la richesse des ressources humaines en Haïti 368
9.1.11 L'organisation économique : un capitalisme concurrentiel 368
9.1.12 Le rôle général de l'État dans l'économie 369
9.1.13 La pénétration de l'impérialisme américain en Haïti 371
9.1.14 L'occupation américaine : l'effondrement de l'État haïtien de 1915 à 1934 371
9.1.15 L'objectif immédiat : le contrôle des douanes 372
9.1.16 Les avatars de cette politique 373
9.1.17 Le glissement irrésistible vers l'intervention militaire 374
9.1.18 L'émergence du développement socio-économique durable 376
9.1.19 L'exode rural et la crise de l'énergie 376
9.1.20 Le développement socio-économique de Porto Rico 378
9.1.21 Le tourisme à Porto Rico 380
9.1.22 L'agriculture de Porto Rico : un moteur économique indéniable 380
9.1.23 Les multiples critères de viabilité du développement économique 381
9.1.24 Le développement durable pour une collectivité viable 382
9.1.25 Le développement socio-économique de Cuba 383
9.1.26 La problématique du sous-développement 385

Chapitre X
J. L'UNIVERS DES PMA.

10.1 Les PMA (pays moins avancés) 388
10.1.1 Agriculture : le « Nord » étouffe le « Sud » 389
10.1.2 Les subventions agricoles des pays développés 389
10.1.3 Les pays Sud « étouffés » 389
10.1.4 L'agriculture productiviste nous empoisonne tous 390
10.1.5 La mondialisation et les inégalités sociales 391
10.1.6 Haïti trahie par ses propres fils et est prise au goulot d'étranglement étranger 392

10.1.7 Des années de crises aigües en Haïti 394
10.1.8 Du sous-développement au développement socio-économique durable 396
10.1.9 Les 16 principes du développement socio-économique durable 396
10.1.10 Qu'est-ce que le développement durable ? 397
10.1.11 Mondialisation développement durable, gouvernance et démocratie 397
10.1.12 Comment l'État devrait développer l'autonomie chez les citoyens 398
10.1.13 La dépendance externe et le sous-développement 400
10.1.14 Le commerce « Nord-Sud » : l'échange inégal 400
10.1.15 La vulnérabilité commerciale du Tiers-monde 401
10.1.16 Une divergence croissante au sein du Tiers-monde 401
10.1.17 Pauvre n'est forcément égal à pauvre 402
10.1.18 Plus de frugalité, moins de misère 403
10.1.19 Les possibilités de développement des sociétés du Tiers-monde 404
10.1.20 Les enjeux des pays du Tiers-monde 406

Chapitre XI
K. HAÏTI FACE AUX AUTRES PAYS VOISINS CARAÏBÉENS.

11.1 La comparaison d'Haïti avec les autres pays des grandes Antilles 409
11.1.1 La situation géographique de la République Dominicaine par rapport à Haïti 410
11.1.2 Haïti vis-à-vis d'autres pays des grandes Antilles 411
11.1.3 République dominicaine, une économie qui décolle 411
11.1.4 La Jamaïque 413
11.1.5 Économie 414
11.1.6 Porto Rico 414
11.1.7 L'Économie portoricaine 414
11.1.8 La République de Cuba 416
11.1.9 L'Économie cubaine 416
11.1.10 L'impression de Christophe Colomb vis-à-vis de Cuba 417
11.1.11 Autre aperçu sur la République du Cuba 418
11.1.12 Les principaux moteurs de l'économie cubaine 419
11.1.13 Le tourisme à Cuba 420
11.1.14 La République d'Haïti 420
11.1.15 Coup d'œil sur l'élevage des animaux 421
11.1.16 L'agriculture : pivot de l'économie haïtienne 421

Chapitre XII
L. VIE EN COHABITATION SELON HUBERT DE RONCERAY.

12.1 La vie en cohabitation à Port-au-Prince 427
12.1.1 La définition du concept d'urbanisation en Haïti 428
12.1.2 La problématique de l'urbanisation en Haïti 430
12.1.3 Les problèmes de l'habitat à Port-au-Prince 431
12.1.4 La croissance de la capitale, mais à zéro degré de l'urbanisme 433
12.1.5 Haïti, pays essentiellement agricole 439
12.1.6 Café lavé, café pilé : grande propriété et petite exploitation caféière 445
12.1.7 Café frêle : pilier de l'économie haïtienne 449
12.1.8 Trois pour cent des exportations du café 451
12.1.9 L'évolution du café en Haïti vers les années soixante-dix 452
12.1.10 La valeur de l'or noir (café) haïtien en 1953 452
12.1.11 D'où proviennent les grains de café Rebo ? 458
12.1.12 Comment se fait la culture du café en Haïti ? 458
12.1.13 JMB export S.A dans l'exportation des mangues en Haïti 459
12.1.14 Vers la monoculture industrielle : les indigoteries 461
12.1.15 Pourquoi le sucre et uniquement le sucre ? 463
12.1.16 Les aspects techniques de la culture de la canne à sucre 465
12.1.17 La technique de la fabrication du sucre à Saint-Domingue 467
12.1.18 L'arrivée du Rhum Barbancourt en Haïti 469

Chapitre XIII
L. LA CONTRIBUTION DES NOIRS À L'ÉCONOMIE EUROPÉENNE.

13.1 Bras africains : techniques et capitaux d'Europe 473
13.1.1 Apogée et déclin de la production sucrière espagnole au 16e siècle 475
13.1.2 Les « dévastations » d'Osorio 475
13.1.3 L'évolution agricole haïtienne en 2005, dans les différents départements d'Haïti 477
13.1.4 La cause de la baisse de la production du riz dans la vallée de l'Artibonite et
   dans la plaine des Cayes 480
13.1.5 La situation agricole au niveau des départements d'Haïti 481
13.1.6 Le Département du Centre 481
13.1.7 Le Département de la Grand-Anse 482
13.1.8 Le Département des Nippes 483
13.1.9 Le Département du Nord 483
13.1.10 Le Département du Nord-Ouest 484
13.1.11 Le Département l'Ouest 484
13.1.12 Le Département du Sud 485
13.1.13 Le Département du Sud-Est 486

Chapitre XIV
N. LA VALORISATION DE L'AGRICULTURE HAÏTIENNE.

14.1 Pourquoi Haïti ne valorise-t-elle pas ses produits agricoles ? 488
14.1.1 Comment encadrer les paysans de façon objective ? 489
14.1.2 Haïti : Une société tridimensionnelle 490
14.1.3 La classe moyenne 490
14.1.4 La bourgeoisie 491
14.1.5 La bourgeoisie commerçante : classe dominante en Haïti 492
14.1.6 Les associations de travail : égalitarisme ou échange inégal 494
14.1.7 Les grandes associations de travail : sociétés congo ou mazangas 495
14.1.8 L'agriculture haïtienne et le marché intérieur 495
14.1.9 Les intermédiaires sur le marché intérieur 497
14.1.10 L'État dans le système capitalisme marchand 498
14.1.11 La structure économique et les classes sociales haïtiennes 498
14.1.12 La chaine des rapports économiques dans les campagnes haïtiennes ... 500
14.1.13 Un autre volet des obstacles d'Haïti au développement durable 501
*14.1.14 La radiographie partielle du cartel de Medellín parallèlement à
la culture du vétiver en Haïti 502*
14.1.15 Brèves idées sur les productions agricoles de l'Amérique latine et des Caraïbes 506
14.1.16 L'économie haïtienne fut trop longtemps extravertie 507
14.1.17 Haïti, pays sinistré et ruiné à reconstruire 508
14.1.18 Les différentes catastrophes naturelles qu'Haïti a connues 511
14.1.19 Les villes du siècle sont des organismes malades 512
14.1.20 Des jeunes talents haïtiens sont livrés à eux-mêmes 512

CONCLUSION 515
REMERCIEMENTS 530
RÉPERTOIRE CHRONOLOGIQUE 531
RÉFÉRENCES BIBLIOGRAPHIQUES 543

AVERTISSEMENT

Tous les personnages pittoresques que nous avons fouillés et peints dans ce roman, existent. L'histoire est campée sur l'île d'Hispaniola, sous le soleil de plomb de la Caraïbe, en plein cœur de l'ex-colonie de Saint-Domingue, devenue plus tard, Haïti. Donc, ne vous inquiétez pas, vous allez déguster une vraie Histoire. Ces Héros vous entraîneront dans un véritable tourbillon d'aventures. À la fin de ce fascinant roman, vous pouvez voir les photos de certains d'entre les protagonistes qui se relaxent dans le séjour des morts. Si vous le désirez, vous pouvez même prendre une bière ou un café avec ceux qui sont encore vivants. Ces Héros symboliques et vaillants vous donneront vraiment le goût du passé haïtien. Cet immense roman cristallise un ensemble de faits importants, axés sur les annales historiques haïtiennes. Il campe les divers acteurs politiques italiens, espagnols, français et haïtiens de 1492 à nos jours. Donc, dans ce long périple, nous vous présentons toute une pléiade de personnages, les uns plus captivants que les autres, tels : Christophe Colomb, Nicolas Ovando, Francisco de Bobadilla, Napoléon Bonaparte, le général Jean-Baptiste-Donatien de Vimeur Rochambeau, Jean-Jacques Dessalines, Henri Christophe, Toussaint Louverture, Bruno Blanchet, Charlotin Marcadieux, Charlemagne Péralte, Alexandre Sabès Pétion et autres.

Sœurs et frères de l'humanité, Haïtiens de près ou de loin, pays amis d'Haïti, l'Afrique mère, l'auteur vous invite à goûter à l'Histoire croustillante de son pays natal. Le moment est à la dégustation d'une Histoire délicieuse et passionnante. Dans ce roman basé sur la Philosophie et Science, l'auteur vous convie à penser, à réfléchir et à philosopher avec lui. Approchez-vous donc autour de la table. Mettez-vous à l'aise et laissez-vous envoûter. Plongez-vous dans ce bonheur de lecture !

Bon appétit !

DÉDICACE

Ce n'est pas un livre, c'est un chef-d'œuvre, un patrimoine érigé à la portée de la curiosité intellectuelle, un héritage légué à la progéniture universelle et un tonneau de miel destiné à la dégustation de toutes les races humaines. À vous, sœurs et frères bien-aimés qui avez le privilège de parcourir ce manifeste, que les vagues de ses délices vous transportent sur les rivages de cette île aux trésors trop longtemps mystifiée. Puisse cette œuvre permettre à toutes les filles et tous les fils du monde, de mieux comprendre les réalités sociopolitiques d'Haïti et son handicap au développement socio-économique durable. Qu'elle fasse aussi revivre le passé glorieux, les prouesses et les sublimités de ce pays, connaître ses ressources naturelle et humaine. Que la main puissante de Dieu soit sur cette œuvre. Qu'elle transcende les frontières. Qu'elle traverse les siècles. Qu'elle fasse École. Que tout le monde en parle. Qu'elle demeure éternellement. Que la génération montante se désaltère dans l'abondance de cette source. Enfin, qu'elle coule sous les yeux, dans tous les salons de l'humanité.

Flarès Alnéus
Ottawa, mars 2016

NOTE DE L'AUTEUR

Notre image lorsque nous étions dans une salle de classe à la Faculté d'Ethnologie d'État d'Haïti, est encore très fraîche dans notre mémoire. C'était dans une belle après-midi du mois de juillet de l'année 2001. À cette époque, nous étions étudiants à la maîtrise au Département des Sciences du Développement à cette faculté. Notre ex-professeur exposait un cours titré : Développement endogène, dans lequel, il énumérait les possibilités de développement durable dont Haïti dispose pour emprunter la voie du changement. Et, du plus profond de nous, nous nous sommes dit qu'il est impérieux qu'un livre soit écrit sur la riche Histoire de ce pays, tout en valorisant ses multiples ressources. En d'autres termes, il faudrait y avoir quelqu'un qui puisse un jour, y imposer le développement socio-économique durable. Ce manifeste devrait mettre Haïti à nue, non seulement à ses enfants, mais aussi au monde entier. Et, il ne devrait être autre qu'une Épopée. Mais, nous n'avions pas cru être l'auteur d'un tel titre. Pauvre diable ! Parfois, nous nous rions de nous, car, qui sommes-nous pour vouloir écrire une Épopée ? Pauvre petit ! Où nous documenter en Haïti pour accoucher d'une telle œuvre ? D'où venons-nous ? Sommes-nous parentés de grands auteurs prolifiques ? Sommes-nous héritiers de grands érudits ? Sommes-nous l'arrière-arrière-petit-fils de Denis Diderot, de Victor Hugo, d'Émile Zola, ou d'Honoré de Balzac ? Qui sommes-nous pour tenir un tel plaidoyer ? Avons-nous été, à l'instar de Paul, élevés aux pieds de Gamaliel ? Avons- nous été, à l'instar d'Aristote, élevés aux pieds de Platon ? Avons-nous été, à l'instar de Platon, élevés aux pieds de Socrate ? Avons-nous été, à l'instar d'Alexandre Le Grand, élevés aux pieds d'Aristote ? Avons-nous eu le privilège de nous asseoir au salon de Madame de Sévigné ? Avons-nous eu la chance de cotoyer Madame Simone de Beauvoir ? Nous nous sommes alors posé beaucoup de questions. Donc, notre optimisme était aussi mince que les feuilles de papier et les tablettes électroniques que vous avez en main aujourd'hui.

Par contre, cela n'a pas empêché que nous nous documentions tout en caressant cet ambitieux rêve. Par conséquent, nous avons compilé nos recherches en nous disant que si nous n'avions pas le temps d'écrire cette oeuvre, toute personne qui les trouverait, l'écrira. L'important, ce n'est pas qui l'écrit, mais que l'oeuvre soit écrite, point barre. Ainsi, nous avons essayé de nous concentrer pour relever ce grand défi, mais ballotté par certaines contraintes personnelles, nous avons longtemps laissé traîner l'intention d'écrire cette Épopée dans nos fichiers. Nous avons aussi compris qu'un sujet d'une telle envergure, réclame de longues et laborieuses études pour bien l'analyser, le fouiller, l'épuiser, l'exploiter et le polir. « Vingt fois sur le métier, remettez votre ouvrage : Polissez-le sans cesse et le repolissez », dit Nicolas Boileau, Écrivain, poète français et adhérent au classicisme (1636 à 1711). Et, vous savez, parallèlement à ce projet, un roman d'amour, un roman autobiographique, et un recueil de poèmes sont nés. Dieu a tout fait pour que cette Épopée existe. En 1997, il nous a fait échapper belle devant des canons de révolver, lors d'une tentative de cambriolage perpétrée chez nous. Dans cette même année, Dieu a encore négocié notre vie devant le canon agressif du pistolet d'un tireur fou à Delmas 24, à Port-au-Prince. Toute gloire est à Dieu !

Maintenant, voilà la concrétisation de ce grand rêve. Approchez-vous donc ! La table est mise. Cependant, nous n'avons pas la moindre prétention de vous servir le meilleur repas littéraire que vous auriez aimé déguster, mais nous vous assurons qu'après y avoir goûté, vos critiques, commentaires, suggestions et conseils, nous seront indispensables à la réédition de cette oeuvre, qui sait ?

AVANT-PROPOS

Dans ce croustillant roman, nous tentons de vous raconter l'Histoire d'Haïti dans son ensemble. Car, la mémoire doit résister au temps et à l'oubli. Le passé c'est l'ombre du présent. Donc, il hante l'avenir. La richesse, la complexité du passé politique haïtien, et l'immensité de la culture de ce pays, font de ce livre une bibliothèque ou des archives historiques. Son but principal est de revisiter l'Histoire d'Haïti et de vous présenter Haïti dès son berceau, l'essentiel de la Genèse de son Histoire et de ses multiples ressources. Aussi, son objectif est de faire revivre la mémoire haïtienne et de vous cristalliser de manière exhaustive, les réalisations de chaque gouvernement qui est passé au pouvoir, d'identifier ses diverses réalisations, ses failles et les bévues qu'ils ont commises. Notre préoccupation est aussi de vous faire savoir ce qu'Haïti fut jadis, ce qu'elle est devenue avec le temps, ce qu'elle est aujourd'hui et ce qu'elle deviendra si les situations sociopolitiques et économiques ne s'améliorent pas. D'où, notre vouloir de vous proposer un roman apocalyptique, philosophique et analytique.

En d'autres termes, nous voudrions vous offrir le profil général de ce pays, vous dresser une table ronde et de vous en proposer un espace de débats. Autour de cette table, vous comprendrez de façon globale, les différentes chances qu'Haïti a ratées pour emprunter la voie du développement socio-économique durable. Par exemple, Jean-Jacques Dessalines combattit les Français pour libérer Haïti du joug de l'esclavage en 1804, c'est-à-dire retirer ce pays sous le protectorat français. Deux ans après l'indépendance du pays, donc après sa mort le 18 octobre 1806, Henri Christophe et Alexandre Sabès Pétion, au lieu de conserver ce même élan de fraternité pour bâtir un pays de rêve, une oasis de paix ou un petit paradis caraïbéen, divisèrent Haïti en deux Républiques et chacun dirigea ses départements à son gré et pour sa propre gloire. Puisque la discorde politique n'a jamais rien donné de positif, il fut évident qu'Haïti, après qu'elle gagnât sa remarquable victoire contre la puissante armée de Napoléon Bonaparte en 1804, partit très mal et que son destin fut clairement hypothéqué. Autres coups durs que le peuple haïtien reçut, ce fut lorsque les Américains occupèrent Haïti de 1915 à 1934, et ce pays va passer dix-neuf ans sous tutelle étrangère, à cette époque les intellectuels se sont sentis envahis par les Yankees, ce qui donna lieu au fameux mouvement des Griots, nous y reviendrons. Rappelons aussi la traite des Haïtiens vers la fin des années soixante-dix, lorsque l'ex-dictateur Jean-Claude Duvalier vendit dix mille Haïtiens en 1977, et quinze mille en 1979 pour travailler, sans aucun respect de la dignité humaine, dans les vastes plantations de canne (Batey) en République dominicaine. Ce nombre important d'Haïtiens va grossir le rang de ceux qui se sont toujours fait humilier en République voisine. D'ailleurs, ce trafic humain marqua presque la réapparition de l'esclavage. Il faut rappeler aussi que sous l'Administration de l'ex-dictateur dominicain, Rafaël Leonidas Trujillo Molina, quarante mille ressortissants haïtiens périrent dans un massacre planifié en 1937 à Saint-Domingue. Donc, si Haïti avait été un pays où il faisait bon vivre, tous ces Haïtiens auraient pu y demeurer et contribuer à son développement socio-économique durable. Donc, on s'entend que ce trafic humain constitua une grosse gifle au progrès socio-économique de ce pays. Les coups d'État répétés qui caractérisèrent Haïti, avant et après la chute des Duvalier, ne furent-ils pas aussi réducteurs dans l'avancement de ce pays ?

Étant donné que jusque sous l'administration de l'ex-Président Paul-Eugène Magloire, dans les années cinquante, Haïti fut encore la perle des Antilles, nous avons choisi d'y étayer notre thèse et de vous faire l'autopsie de la problématique sociopolitique et économique de ce pays à partir de cette période. Dans ce manifeste, nous plaidons pour que le gouvernement haïtien s'évertue à trouver des possibilités de changement macroscopique et infrastructurel au bonheur d'Haïti. Puis, nous proposons des stratégies de développement socio-économique durable, en identifiant à travers les principaux départements géographiques, des ressources incontournables aux changements radicaux du pays.

Faire de la politique sans vision est toute chose, sauf la Politique.
Flarès Alnéus
Ottawa, mars 2016

REMARQUE

Les mots surmontés des numéros sont identifiés au bas de page, dans lesquelles, ils se trouvent. Ceux-ci vous permettront de mieux vous plonger dans cette œuvre.

INTRODUCTION

Pourquoi est-ce qu'après plus de deux cents quinze ans d'indépendance, Haïti fait-elle encore face à ce grand défi de développement socio-économique durable ? Son sous-sol ne regorge-t-il pas aussi des ressources minières ? N'a-t-elle pas droit au développement socio-économique durable ? Haïti est-elle un pays pillé, appauvri ou réellement pauvre ? Où se positionne Haïti par rapport aux autres pays de la Caraïbe ? Quel est le profil géopolitique de ce coin de terre ? Telles sont les principales questions auxquelles, nous tenterons de répondre dans notre plaidoyer. Dans la prise de défense de notre alma mater, nous allons répliquer à cette mystification occidentale qui voudrait faire croire que la terre d'Haïti est la plus pauvre que toute autre terre, et que les Haïtiens sont des parias ou des rebuts d'humanité. Or, ils sont bien meilleurs que certaines gens qui osent les mystifier. D'ailleurs, l'existence du livre témoigne de la preuve qu'Haïti et son peuple sont bien plus que ce qu'on ose toujours faire croire à leur égard. En d'autres termes, nous allons déconstruire, déboulonner, refuter et faire taire cette mystification à l'égard d'Haïti et de son peuple, et susciter tout un débat frontal avec tous ceux qui, par leur ignorance des prouesses et de la sublimité de ce pays, tentent de mystifier cette République, qui représente d'ailleurs, le chef de file des victoires nègres, et l'instigateur de la victoire latino-américaine. Nous voulons donc parler des judicieux conseils que l'ex-Président haïtien, Alexandre Sabès Pétion, prodigua à Simon Bolivar en 1815, en vue de la libération des pays latins sous l'emprise des colons espagnols, nous y reviendrons. Dans l'intervalle des années 1950 à 1986, il y eut une terrible explosion en Haïti, il s'agit d'un déclin socio-économique qui a occasionné que ce pays soit passé de la Perle des Antilles, à « soi-disant » pays plus pauvre de l'hémisphère occidental. Et, jusqu'en 2004, ce paradoxe nous a hantés devant un ordinateur dans une bibliothèque à Montréal. Cette année-là, nous étions à peine arrivés au Québec.

Après avoir conduit nos enfants à l'école sous une légère poudre de neige, nous et notre épouse sommes allés au Centre biblioculturel de la rue de Charleroi. Le but principal de notre visite à cette bibliothèque, était de nous faire faire des cartes d'accès, prendre des nouvelles d'Haïti en ligne, écrire à nos parents ou à nos amis, puis, emprunter des livres. Dans le premier message que nous avons trouvé sur la toile du Web, on nous a frappés en plein visage qu'Haïti est le pays le plus pauvre de l'hémisphère occidental. Bien entendu, nous sommes conscients que notre pays ne fait pas partie des grands pays industrialisés, mais à la base, tenant compte des ressources naturelle et humaine dont il dispose, il est loin de penser qu'il pourrait être catalogué comme le plus pauvre de l'hémisphère Ouest. Tout de suite, cette affirmation nous a tellement préoccupés que nous ayons formulé les questions suivantes :

- Haïti, pays indépendant, est-il condamné à demeurer dans la dépendance ?
- Parmi les pays des grandes Antilles (Haïti, Cuba, la Jamaïque et Porto Rico) ;
- Pourquoi c'est Haïti qui doit être le pays « le plus pauvre » du continent américain ?
- Haïti est-elle réellement le plus pauvre du bassin Caraïbe ?
- Parmi tous les pays du globe qui possèdent des ressources, Haïti en est-elle exclue ?
- La pauvreté, n'est-elle pas plutôt une problématique sociopolitique et cosmopolite ?

Face à cette opinion occidentale vis-à-vis de ce pays, voilà les questions qui nous préoccupent. Rappelons qu'Haïti fut le joyau de la Caraïbe, la perle des Antilles en raison des multiples ressources dont son sol regorge, à tel point qu'il fit l'objet de toutes les mésententes politiques entre les colons affairistes et les dirigeants des pays impérialistes. De tels désaccords nous ont incités à nous recourir aux propos d'un philosophe du Siècle des lumières, Jean-Jacques Rousseau, un adhérent à l'École du romantisme français. Prenez connaissance de l'histoire : un beau jour, ce chercheur a décidé de faire une étude sur « La nature et l'homme », étant donné que Rousseau a fait de l'homme, l'objet de ses principaux sujets d'études, cet écrivain genevois (1712 à 1778), s'est beaucoup questionné sur l'origine et les fondements de l'inégalité parmi les hommes, dont Haïti fait d'ailleurs l'objet aujourd'hui. Il déduit dans son livre titré : « Discours sur l'origine et les fondements de l'inégalité

parmi les hommes », publié en 1775, ceci :
Dans l'espèce humaine, il existe deux sortes d'inégalité.
- « L'un se définit comme naturel ou physique et est caractérisé par la différence des âges, de la santé, des forces du corps, et des qualités de l'esprit ou de l'âme ».
- « L'autre, c'est l'inégalité morale ou politique, parce qu'elle dépend d'une sorte de convention et qu'elle est établie ou du moins, autorisée par le consentement des hommes, dans les différents privilèges dont quelqu'un jouit au préjudice des autres, tels : être plus riches, plus honorés, plus puissants qu'eux ou même de s'en faire obéir ». Dans son plaidoyer basé sur l'Inégalité humaine, le philosophe Jean-Jacques Rousseau a même avancé que : « Les fruits sont à tous et la terre n'est à personne ». Il a ici clairement déploré l'égocentrisme de l'homme, ou la mesquinerie humaine.

Dans le mouvement du romantisme français, Rousseau, lors de sa profonde analyse sur « La nature et l'homme » a soutenu ceci :
« La nature a fait l'homme heureux et bon, mais la société le déprave et le rend misérable ». Cette approche est générale et nous ne voulons plus l'associer spécifiquement au « Peuple haïtien », ni à quiconque issu d'un pays dit « pauvre », car dans ce contexte, chaque cas est diversifié. D'ailleurs, certaines gens ont même pris le contre-pied de cette opinion émise par Jean-Jacques Rousseau. Pour notre part, nous sommes de son avis sur la base de cette logique : « Si un bébé âgé d'un mois, est considéré comme un petit ange ou un innocent, et après des d'années, il est devenu dépravé ou corrompu, il faudrait se poser ces questions : D'où vient cette dépravation et cette corruption ?
Ce bébé, alors devenu jeune adulte, n'a-t-il pas acquis ces défauts dans la société où il a vécu ?
N'a-t-il pas hérité de ses mœurs dans son environnement immédiat ?
N'a-t-il pas été imprégné de cette habitude dans le monde qui l'entoure » ?
Dans son cas, l'homme cesse-t-il d'être le produit de son milieu ?
De toute façon, nous ne convions personne à avaler l'opinion de Jean-Jacques Rousseau comme une pilule. C'est très démocratique, tout le monde est libre de l'interpréter à sa manière, mais si on comprend bien l'analyse que nous avons faite du nouveau-né, peut-être pourrait-on

concéder que l'approche que Rousseau a faite de la nature humaine, est emmaillée d'un certain sens. Nous pouvons voir que trois générations plus tard, le jeune Carl Marx va être influencé par la pensée critique et politique de Jean-Jacques Rousseau. Étant donné que cette opinion a rejoint le cas d'Haïti, nous en profitons pour lancer un cri d'alarme aux situations sociopolitiques et économiques de ce beau pays de la Caraïbe. Cette étiquette à savoir que : « Haïti est le pays le plus pauvre de l'hémisphère occidental » a piqué notre curiosité et nous a interpellés à passer en revue ses différentes ressources. Puis, nous informer des causes fondamentales de la pauvreté dont on parle au sujet de cette République.

Comme nous l'avons dit, le monde entier est unanime à reconnaître qu'Haïti fut surnommée « La Perle des Antilles ». Donc, en termes de ressources naturelles, de multiples secteurs porteurs de développement socio-économique durable et de divers lieux d'attractions touristiques, l'île d'Haïti fut la plus belle, la plus exploitable et la plus prometteuse de toute la Caraïbe. Haïti fut reconnue sur toute la planète par la bravoure exercée par les ancêtres, contre les colons espagnols et les colons français en vue de l'affranchissement général en 1803. D'où ? Elle est donc la première République noire indépendante de la planète et personne ne peut lui enlever ce titre, car, il lui revient donc de droit. Bien que tous ces efforts aient été déployés, le pays a encore fait face à beaucoup de vicissitudes sur le plan sociopolitique et du développement socio-économique durable. Ensuite, il a connu au cours de son Histoire, de multiples obstacles au progrès, tels :
Le pillage des colons espagnols en 1530 et les colons français de 1627 à 1804,
L'occupation américaine de 1915 à 1934,
Près d'une trentaine de coups d'État et de gouvernements provisoires,
Des instabilités sociopolitiques alternées et des vacances présidentielles…
La malversation et le pillage des fonds publics ont toujours été un handicap majeur dans les annales sociopolitiques haïtiennes.
Les nombreux cyclones qui se sont abattus sur cette île, lesquels causant la perte de centaines et des milliers de vies humaines, de cheptel y

compris des dégâts matériels annuellement enregistrés.
De plus, il faut dire qu'Haïti est très mal située géographiquement au niveau de la Caraïbe. Qui ne se souvient pas de la fameuse plaque tectonique qui s'est tournée contre ce pays et de l'épicentre des tremblements de terre qui y sont survenus le 12 janvier 2010 ? Selon les météorologues, la lithosphère est formée des plaques rigides flottant sur l'asthénosphère. Voilà ce qui a coûté la vie à plus de trois cents mille personnes au début de l'année 2010. Donc, la formation de cette plaque tectonique explique qu'Haïti ne peut plus s'échapper aux colères, aux brutalités des catastrophes naturelles et à l'inconscience des tremblements de terre. Tout ceci, en guise de dignité, de fierté et de développement socio-économique durable, affiche malheureusement Haïti, comme le pays le plus pauvre du continent américain.

Prenons brièvement connaissance des quatre raisons fondamentales de la misère d'Haïti :
1) L'Histoire coloniale (l'Exploitation massive des ressources naturelles et agricoles, d'où l'Extraction de l'or, des récoltes du café et de la canne à sucre par les colons espagnols et français).

2) L'isolement diplomatique d'Haïti dès sa naissance.

3) L'existence d'élites prédatrices et égoïstes qui n'ont jamais donné une chance au peuple haïtien.

4) Une génération des leaders sans conscience, n'ayant jamais eu un bon projet de société pour Haïti, car cette génération a toujours été tarie de visions politiques.

Maintenant comment en est-on arrivé là ?
Après avoir analysé ces quatre éléments fondamentaux, vous comprendrez pourquoi Haïti se trouve dans cet état de sous-développement, de misère et de dépendance.
Comme nous avons déjà dit, jadis, Haïti fut surnommée: La perle des Antilles. Vous allez voir comment cette perle lui a servi de goulot d'étranglement, au lieu qu'Haïti conserve son titre de joyau de la Caraïbe.
Avant l'Arrivée de Christophe Colomb aux Amériques, ce coin de terre appelé AYITI par les Taïnos, veut dire : terre montagneuse, fut habité par une population d'Autochtone estimée à plus d'un million d'Habitants.

En 1492, Christophe Colomb prit possession de l'Île, et il la déclara : Colonie de l'Espagne. Les Espagnols (Los conquistadores) exploitèrent si durement les Indiens en les faisant travailler dans les mines à extraire de l'or, qu'ils finirent par les exterminer complètement. Ils moururent donc tous en moins de cinquante ans. Donc, l'Histoire d'Haïti a débuté ni plus, ni moins, par un génocide.

L'année 1697, marqua la ratification de la partie occidentale de l'île entre le Roi Charles X et le Roi de France d'alors, Louis XIV, par le fameux traité de Ryswick. L'île fut rebaptisée : Saint-Domingue. Les colons français instaurèrent un système d'exploitation agricole, basé principalement sur la culture du café et de la canne à sucre. Mais pour arriver à leurs desseins, il leur fallait une force de travail sûre. D'où le début du commerce triangulaire axé sur la transportation des esclaves noirs vers 1500 de l'île de Gorée à Dakar au Sénégal (Afrique). Nous y reviendrons !

Maintenant, revenons aux intérêts des colons français dans la colonie de Saint-Domingue, aux yeux de la France, Saint-Domingue représenta un pactole qui puisse enrichir la métropole française. La colonie de Saint-Domingue a donc rendu les colons français extrêmement riches par le biais du système colonial. À cette époque très florissante, la canne à sucre eut la même valeur dans l'économie, au même titre que l'or dans l'économie actuelle.

La sanglante bataille menée par Toussaint Louverture et ses hommes contre l'armée de Napoléon Bonaparte pour obtenir leur liberté, aboutit à l'indépendance d'Haïti le 1er janvier 1804. Boudées et épouvantées par l'idée qu'une colonie si rentable soit dirigée par des Noirs, les puissances impérialistes isolèrent Haïti diplomatiquement.

Voici en bref trois exemples concrets de l'isolement diplomatique d'Haïti :

1) Le Vatican n'établit des liens qu'en 1860 (le concordat) à une République officiellement catholique : Les Noirs. Et, il fallait attendre l'année 1862, en pleine guerre de sécession américaine qui provoquera l'abolition de l'esclavage, pour que les États-Unis reconnaissent l'indépendance d'Haïti.

2) Quant à la France, elle refusa de reconnaître l'indépendance d'Haïti. Elle menaça Haïti d'un escadron de quatorze vaisseaux destinés à une reconquête armée et le rétablissement de

l'esclavage. Elle exigea donc du gouvernement d'Haïti d'alors, de lui payer une somme astronomique estimée à cent cinquante millions de Francs Or, pour qu'elle reconnaisse son indépendance et de ne pas l'envahir. Ce gros montant fut fixé en 1825 par le Roi Charles X. Cette somme fut donc réduite à quatre vingt-dix millions de Francs Or. Haïti retroussa ses manches et honora dignement cette dette envers la France. Elle finit de la rembourser en 1938. Donc, de 1825 à 1938, Haïti aurait passé 113 ans à payer cette dette envers la France pour qu'elle la reconnaisse en tant que pays indépendant, et de ne plus la remettre sous protectorat. L'économie du pays a donc été dévastée !

À côté de toutes les richesses de la colonie de Saint-Domingue dont la France tira d'énormes profits, cette astronomique somme représenta une autre vache à lait dont la France jouit au détriment d'Haïti.

3) L'Allemagne pour sa part, fut mise à l'écart par les deux puissances dominantes (États-Unis et la France), question d'avoir un meilleur contrôle de leurs intérêts politiques et économiques en Haïti. Donc, Haïti fut totalement écartée de la scène internationale. Vous comprendrez qu'aucun pays dit impérialiste, ayant ses griffes sur le cou d'Haïti et leur bouche dans sa mamelle, ne voulut transiger avec elle. Ce fut un peu comme lui faire payer son impertinence de vouloir être libre et indépendante. Dans leur tête, ce fut un manque d'égards qu'un petit pays Nègre voulut être libre.

Dans la foulée des instabilités sociopolitiques des années 1900, les États-Unis occupèrent Haïti de 1915 à 1934 et laissèrent un cadeau empoisonné à Haïti, il s'agit de : L'Armée indigène. Cette armée fut asservie pendant vingt neuf ans par les Dictateurs : François Duvalier et Jean-Claude Duvalier, son fils, en amplifiant la répression, tortures, exécutions, exils forcés, inspirés d'un pouvoir totalitaire. Ces deux tyrans dirigèrent Haïti d'un bras de fer. Ce fut une des périodes de dictature la plus féroce qu'Haïti n'ait jamais connu.
Vers 1990, souffla un vent démocratique sur Haïti. Cette ère prônée par l'ex-Président Jean-Bertrand Aristide, fut sabotée par de sanglants coups d'État militaires, suivis des litanies des gouvernements

provisoires. Dans ces instabilités politiques, les puissances impérialistes qui ont toujours voulu maintenir Haïti sous leur protectorat, ont hésité à débloquer d'importants fonds pour retirer Haïti du marasme socioéconomique. Vu qu'Haïti a toujours été victime du gaspillage à outrance, elle n'a toujours pas eu de moyens pour corriger ses erreurs politiques du passé, guérir ses plaies économiques et imposer le développement durable. Le gaspillage dont nous parlons, se cristallise jusqu'aujourd'hui. Tenez-vous bien, comment voulez-vous que la monnaie d'Haïti soit la gourde, et qu'elle paye certains de ses employés en devise américaine qui soit de dix pour cent fois plus de la gourde (monnaie locale). À l'exception d'Haïti, dans quel autre pays verra-t-on un tel scandale ? Voilà l'une des raisons pour lesquelles, Haïti ne cesse de patauger dans la misère ! Vous aurez l'occasion d'avoir de plus amples détails sur tous les enjeux que nous avons brièvement soulignés en vous plongeant dans cette œuvre. Patientez, nous y reviendrons !

Donc, pour bien comprendre la problématique de ce pays, nous allons analyser la visite que Christophe Colomb a effectuée en Amérique sous la dictée des monarques espagnols en 1492. Nous ferons aussi une approche historique de la période précolombienne et de l'itinéraire sociopolitique d'Haïti. Les constats que nous allons faire vous aideront à mieux comprendre les diverses facettes de la pauvreté qui est étiquetée à ce pays. Cette remontée historique vous énumérera les différents blocages auxquels, Haïti a été l'objet de 1492 à nos jours. Elle vous indiquera l'essence de ce sombre tableau que ce pays cristallise en son bicentenaire d'indépendance. Une analyse systématique des stratégies de développement durable de quelques pays industrialisés, de l'évolution des pays voisins d'Haïti (République dominicaine, Cuba, Jamaïque, Porto Rico), de leur stabilité sociopolitique et économique, vous permettra de mieux comprendre ce paradoxe. C'est cette comparaison minutieuse, axée sur ces pays périphériques qui vous portera à concéder qu'Haïti pouvait aussi se développer, n'était-ce pas la mauvaise foi et l'insouciance de ses générations de dirigeants.

À ce point de vue, il serait très intéressant d'esquisser un parallèle entre les termes : « Développement et le Sous-développement », en tenant compte de diverses approches des spécialistes évoluant dans le domaine du développement socio-économique durable. Ce parallèle nous permettra de présenter des cheminements à travers lesquels, vous prendrez connaissance des stratégies utilisées par des pays industrialisés en vue de la réalisation des projets socio-économiques durables. Les côtés positifs du développement international, les multiples exploits que des pays industrialisés ont réalisés, seraient aussi des directives qui permettront d'aborder de façon objective, la perspective de développement durable dans le cas d'Haïti. La conception des projets de développement socio-économique, industriel, partenarial et environnemental, confronterait le sous-développement et surmonterait les embûches qui empêchent Haïti à s'embarquer dans la voie du développement socio-économique durable.

Notons que si au 18e siècle, Haïti fut baptisée de la « Perle des Antilles, c'est-à-dire le joyau de la Couronne des Bourbons, grâce à l'inimaginable fertilité de son sol », et elle est maintenant cataloguée comme le pays plus pauvre et le plus sous-développé du continent américain, pourquoi un tel paradoxe ne nous interpellerait-il pas, à emprunter les concepts philosophiques (Liens et relations de cause à effet) d'Emmanuel Kant (Philosophe allemand) et de Baruch de Spinoza (Philosophe hollandais), pour mieux analyser cette problématique ?

Ces liens logiques axés sur la causalité issue de la Philosophie et Science, nous aideront à identifier la matrice des divers paramètres et de nombreuses causes fondamentales de ces termes : « Sous-développement, Pauvreté et Misère » qui s'installent en plein cœur de la Caraïbe. Précisons quand un Haïtien arrive aux pays étrangers, les premières choses auxquelles, on associe son pays, ce sont : la pauvreté, le sous-développement, la misère et la corruption. De ce fait, il est donc temps de se dissocier d'avec ces appellations négatives. Avant tout, qu'est-ce qui explique cette descente aux enfers dans ce coin de terre des Antilles ? Pourquoi Haïti fait-elle l'objet de la risée du monde ? En réponse à ces brûlantes questions, nous allons fouiller l'Histoire d'Haïti avec passion et minutie, en passant tous les enjeux sociopolitiques de ce pays au crible de la raison, en vue d'identifier les principaux catalyseurs de cette problématique tridimensionnelle (sous-développement, pauvreté et misère). Puis, nous verrons quelles sont les techniques macro-dynamiques modernes que le gouvernement haïtien pourrait adopter, pour trouver un outil efficace en vue de diagnostiquer le malaise sociopolitique et économique de cet État de la Caraïbe.

Vouloir, c'est pouvoir.
ALFRED de Musset
Poète et Dramaturge français (1810-1857).

A. LES INDIENS.

CHAPITRE I

1.1 Les premiers habitants de l'île.

Tout d'abord, permettez-nous de vous présenter le profil des premiers habitants qui vécurent sur ce coin de terre des Antilles, jadis appelé « Quisqueya ou Bohio ». Les hommes primitifs qu'on trouva sur cette île, furent des Taïnos « Hommes paisibles ». Ils parlèrent «*Arawak[1]*». Ces individus avaient été automatiquement pris pour des Indiens, répartis dans toute la zone caraïbe, malgré que les Indes ne fussent pas encore si proches. De là provient le nom de West Indies (W.I), qui persiste encore pour cette région du globe. Par exemple, à la fin de l'adresse d'une lettre en provenance d'Haïti, on peut voir (Port-au-Prince, Haïti, W.I). À propos de la présence de Taïnos, certaines gens ont même avancé que *Christophe Colomb[2]* ne fut pas le premier aventurier à avoir découvert l'Amérique, parce que les Indiens avaient déjà habité les Antilles.

---

[1]**Arawak** : *Les Arawaks (arahuacos en Espagnol) sont amérindiens des Antilles, issus des forêts amazoniennes proches de la culture saladoïde (ce nom est issu du site éponyme vénézuélien de saladero). Le nom d'Arawaks qu'on leur a donné ne désigne pas un peuple en particulier, mais une famille linguistique à laquelle se rattachent de nombreuses populations amérindiennes d'Amazonie, dont les populations Kali'na ou Caraïbes. À la fin du XVe Siècle, les Arawaks étaient dispersés en Amazonie, sur toutes les grandes Antilles, aux Bahamas, en Floride et sur les contreforts des Andes.*

---

[2]**Christophe Colomb** : *né le 25 août 1451 à Gênes, Italie, il est mort le 20 mai 1506 à Valladolid, Espagne. Il est donc le premier Européen de l'histoire moderne à traverser l'Atlantique en découvrant une route aller-*

C'est évident ! Mais qui fut Christophe Colomb ? Il fut un navigateur italien de la fin du XVᵉ et au début de XVIᵉ siècle. Il fut au service des monarques catholiques espagnols, dont Isabelle de Castille et Ferdinand d'Aragon. Il naquit en 1451 à Gênes en Italie. Il mourut le 20 mai 1506 à Valladolid en Espagne. Quant à l'Amérique du Nord, les Basques y débarquèrent trois-cents ans avant Christophe Colomb, mais ces détails nous importent peu, nous sommes plutôt intéressés à vous faire comprendre la problématique chronique d'Haïti sur le plan socio-économique et géopolitique.

1.1.1 Clin d'œil sur les périples de Christophe Colomb vers les Indes.

Du 3 août au 6 décembre 1492, un voyage de trois mois fut entrepris par Christophe Colomb et ses membres d'équipage à la conquête des Indes, à bord de trois bateaux appelés : La Pinta, la Nina et la Santa-Maria. Ce voyage pour visiter les Indes allait être transformé en une course, par plusieurs autres peuples opportunistes vers cette île au trésor. Fort heureusement, le 5 décembre 1492, ils vinrent échouer sur les côtes de

---

²**Christophe Colomb** *suite…*
retour entre le continent américain et l'Europe. Il effectua en tout, quatre voyages en tant que navigateur au service des Rois Catholiques espagnols Isabelle de Castille et Ferdinand d'Aragon qui le nommèrent avant son premier départ, amiral, c'est-à-dire Vice-Roi des Indes et Gouverneur général des îles et terres fermes qu'il découvrait. La découverte du sol caraïbéen marque le début de la colonisation de l'Amérique par les Européens et fait de Colomb un acteur majeur des grandes découvertes de 15ᵉ et 16ᵉ siècles. Elles sont considérées comme l'étape majeure entre le Moyen-Âge et les temps modernes. Signalons que les historiens ont soutenu que l'Amérique a été découverte par les Indiens, car bien avant l'arrivée de Christophe Colomb, ils y habitèrent. Toutefois, cette approche paraît être très logique. Donc, il semble qu'on ignore la présence des Indiens comme le premier peuple à avoir foulé le sol de ce continent.

l'île d'Hispaniola (devenue Haïti), lesquelles allaient être trouvées riches en mines d'or avec ses terres fertiles et florissantes pour l'agriculture.

1.1.2 Brève historique de la période colombienne.

En 1492, Christophe Colomb entra en possession de l'île d'Haïti. En 1530, ses ressources naturelles furent pillées par les colons espagnols, ils y exploitèrent particulièrement les mines d'Or jusqu'à l'épuisement. Ainsi, Christophe Colomb traça la route vers ce pays riche où l'on put trouver de l'Or presque au niveau du sol et même dans le sable des rivières. En moins de quinze ans, l'Espagne puisa quinze mille tonnes d'or après avoir exterminé les Indiens. À ce propos, les vieillards qui ont vécu en Haïti peuvent témoigner cette vérité. Donc, les Espagnols qui furent avides de l'or qu'ils trouvèrent en abondance dans les filons de la terre antillaise n'épargnèrent aucune cruauté pour forcer les indigènes à leur extraire le prestigieux métal. Ce fut aussi au prix des travaux les plus abrutissants qu'il fallait parvenir.
Donc, les caraïbéens comme tous les peuples de la race américaine furent certainement des hommes énergiques, mais ils furent impuissants à lutter contre la force que la civilisation avait mise entre les mains de leurs oppresseurs. Malgré mille tentatives de secouer leur joug, ils furent obligés de se soumettre, car ils furent terrassés par les armes Européennes. Naturellement, ces gens furent capables de résister contre ces chocs psychologiques, mais ils furent incapables de supporter longtemps le régime d'épuisement qu'on leur imposa. Ils furent surmenés, harassés, rompus dans une corvée sans trêve et plongés dans les mines, faisant à eux seuls l'office, des machines et des bêtes de somme. En raison de tous ces traitements inhumains, ces pauvres êtres furent bien vite décimés. Ces faits font voir avec quelle constance la cruauté européenne se perpétua dans l'exercice du métier où l'on trafique de la chair humaine. Cette sombre et horrible histoire fut certainement celle de la traite des Noirs. De plus, la perle des Antilles alimenta donc l'essentiel du commerce international par son sucre, café et indigo, en enrichissant les négociants européens les plus nantis, précisons-le !

Au 17ᵉ siècle, les colons espagnols cédèrent le tiers de l'Ouest de l'île aux colons français, ceux-ci en furent l'une des colonies les plus prospères de l'hémisphère occidental, l'île d'Haïti fut donc exploitée pour satisfaire l'avide cupidité des Européens. Les esclaves transportés aux Antilles furent témoins de sanglantes exécutions. Ils arrivèrent sous le nouveau ciel où on les avait transportés par la rapacité sanguinaire des négriers, qu'avec une terreur qui avait réduit leurs aspirations vers la liberté perdue. Battus et pliés sous les faix, mal nourris et travaillant sans relâche. Dans les hautes régions de l'Esprit, les arrières petits-fils des Africains furent tirés de la Côte d'Or, du *Dahomey*[3], du pays des Aradas, des Mandingues, des Ibos et des Congos, pour être jetés en Haïti, couverts de chaînes et ils maudissent leur destiné. En vertu de tout ça, on se demande comment un être aussi abaissé et dégradé peut conserver la moindre étincelle d'esprit et la moindre idée de liberté ? Alors, on peut comprendre que ces milliers d'hommes noirs furent amenés d'Afrique pour travailler durement dans les plantations à la solde des capitalistes. Quelle impertinence ! Quelle violation de la liberté individuelle ! Quelle insulte ! Quelle humiliation ! Quelle violation des droits humains !

1.1.3 La fin de la période du Moyen-âge.

La fin du Moyen-âge fut marquée par une période de grandes découvertes géographiques de Vasco de Gama, Barthélemy Diaz, Christophe Colomb, Américo Vespucci, celui auquel le continent d'Amérique doit son nom, c'est Jacques Cartier. Basée sur les dires du fameux Galilée, l'arrivée des conquérants en Amérique prouva que la terre était ronde. À l'école, nous avons appris que : la terre est ronde comme une boule, comme une orange, on s'en souvient. Les Espagnols colonisèrent Haïti, mais également Porto-

---

[3]**Dahomey** : *Le Dahomey était un Royaume africain situé au sud-est de l'actuel Bénin depuis le 17ᵉ siècle. Puis, à partir de 1894, il désigne l'ensemble du territoire béninois jusqu'en 1975. Son nom est composé de « Dan », étymologiquement « Serpent », désignant un roi qui résidait à Abomey, « Ho » signifiant « le Ventre » et « Mê » signifiant « Dans ». Littéralement, Dahomey signifie : le serpent dans le ventre.*

Rico, la Jamaïque, le Mexique où s'étaient développées deux civilisations remarquables : l'Empire des Aztèques et l'Empire des Incas du Mexique. Les Français, après avoir reconnu le Canada, exploitèrent la vallée du Mississippi et se fixèrent en Floride et en Louisiane. Les évenements se succédèrent et les Amériques étaient en train de naître. En 1625, les Espagnols et les Français partagèrent équitablement l'île d'Haïti. Ils n'existèrent presque plus d'Indiens, car, l'île montagneuse, belle et populeuse, était devenue le théâtre des tueries et des ravages les plus cruels.

En ce qui nous concerne, ce passage montra combien furent nombreux les Indiens dans l'île d'Haïti en 1492, mais même les plus courageux d'entre eux ne purent empêcher le Génocide. Aux Antilles, ils continuèrent d'être la possession des Espagnols, des Anglais, des Français et des Hollandais. Les merveilleuses îles des Antilles furent encore l'objet de grandes convoitises européennes. Après de longs affrontements entre flibustiers français et les Espagnols, les Français prirent possession d'Haïti, de la Martinique, de la Guadeloupe et de Saint-Martin, alors que les Espagnols gardèrent Cuba, Porto Rico et la partie orientale d'Haïti, qui deviendra plus tard la République de Saint-Domingue. En 1697, le traité de Ryswick ratifia la cession à la France le tiers occidental de l'île. Haïti fut alors soumise à la France. Quant aux Anglais, ils prirent possession de la Jamaïque, des Bahamas, de Trinidad et Tobago, de la Barbade, de Saint-Christophe, de la Dominique et d'autres îles des petites Antilles. La « Perle des Antilles » se développa rapidement. Le commerce y devint très florissant. Haïti ressemblait donc à un paradis sur terre. Maintenant, dans l'optique d'analyser le système colonial, nous allons voir comment Docteur Jean Fils-Aimé, théologien, auteur du livre titré « Vodou, je me souviens », a approché cette période.

1.1.4 La période coloniale du XVe siècle à 1804.

Docteur Jean Fils-Aimé, dans son ouvrage titré : « Vodou, je me souviens », précise que lorsque les colons européens, assoiffés de richesses, arrivèrent à Saint-Domingue vers la fin du 15e siècle, ils se sont rendu compte que pour

exploiter les ressources tant minières que naturelles de ces terres, il leur fallait de la main-d'œuvre. Ils ont donc imposé aux aborigènes quoiqu'ils mènent jusque-là une vie paisible, un rythme de travail surhumain et ardu, qui bientôt eut pour raison d'eux. Ils moururent en grand nombre ».
Docteur Fils-Aimé soutient également que les colons se tournèrent vers l'Afrique à la recherche de Nègres, réputés forts et travailleurs pour remplacer les Peaux-Rouges ». Fils Aimé poursuit pour dire que : dès 1503, on commençait à importer des esclaves africains sur le sol caraïbéen. La traite des esclaves va perdurer trois siècles sur les côtes africaines plus précisément à Gambie, Saint-Louis du Sénégal, Bénin et Ghana.
Selon l'historien américain Phillip Curtin, 900 à 1500 esclaves passèrent par la fameuse île de Gorée pour grossir les rangs de ce trafic de personnes totalement inacceptable, voire même répugnant. Ce furent ces gens-là qui furent transplantés en Amérique dans les conditions infrahumaines, qui donnèrent leur jus dans les grandes plantations de la colonie de Saint-Domingue, au profit de la métropole française. Comme nous l'avons dit, sur le bateau qui transportait les nègres, ils étaient entassés, enchaînés par deux dans des cales, qui furent vite transformés en des espèces de tombes flottantes. De plus, selon Fils-Aimé, le voyage transcontinental durait entre quarante et quatre-vingt-dix jours. Sur le bateau en proie à la tristesse et à l'angoisse, les Nègres entonnaient des complaintes pour invoquer les esprits ancestraux. Les captifs partaient de la *Guinée*[4] et furent déportés vers la Guadeloupe, la Martinique, puis vers Saint-Domingue. Quoique l'esclave fût arraché de force à sa terre natale pour être déporté sur un continent qui lui sera tout, sauf clément. Il porta avec lui, en lui et au tréfonds de lui-même, quelque chose qui lui est plus précieux que l'or du colon européen, a avancé Docteur Fils-Aimé ».

Pour appuyer les dires de l'auteur précité, précisons que les derniers bateaux commerciaux venaient de la côte des esclaves des Négriers, ce

---

[4]**Guinée:** *Nom officiel (République de la Guinée) est un pays d'Afrique de l'Ouest. La Guinée est parfois appelée, Guinée Conakry, du nom de sa capitale « Conakry », pour le différencier de la Guinée-Biassou, de la Guinée équatoriale et de la Nouvelle-Guinée. Elle a pris son indépendance de la France, en 1958.*

qu'on appelle « le Dân Homê des Africains ». Le Marquis de Bouillé fut parti de Nantes le 3 août 1789. Il fit escale à Ouidah du 15 novembre au 8 décembre de la même année, et a débarqué trois-cent-quarante captifs le 13 mai 1790 à Saint-Marc, Haïti. Le Capitaine de ce bateau a traité avec le Roi du Dahomey et le Yoro gah, le ministre des Blancs, des courtiers africains nommés Migan Sogan, le Capitaine d'une goélette anglaise, le gouverneur portugais et des particuliers autorisés par la loi de France à traiter après la guerre de Sept Ans. Ils sont partis aussi de la côte d'Angola des Négriers, des Royaumes côtiers, devenus plus ou moins autonomes du grand Congo du 13e siècle. Le capitaine Van Alstein de l'Africain, dénombre sur le comptoir de Cabinda, pas moins de sept bateaux, soit près de deux mille cinq cents captifs embarqués pour la campagne de traite à laquelle, il participa de 1766 à 1768, et onze sur les comptoirs voisins de Malimbe et Loango. Au total, quarante-trois bateaux convoient pour le compte des Négriers nantais, les armateurs Grou 16431 Africains jusqu'à la « foire aux esclaves à Saint-Domingue » où ils sont vendus. Puis, quatre-cent trente captifs sont vendus au Cap-Haïtien en juin 1789, bien avant la Révolution française (Docteur Jean-Price Mars, ainsi parla l'Oncle, pp.463 à 464).

Le ça Ira, partit de Nantes en août 1791, s'arrêta au Sénégal en mars 1792, il fait voile avec cinquante-six captifs vers Les Cayes, il y arriva en 1792, il ne put débarquer à cause de l'insurrection des gens de couleur. Ce fut la fin de l'histoire de Saint-Domingue et le début de celle d'Haïti. De la rencontre des deux catégories de captifs d'Ouidah et de Loango sont nés le créole et l'intégration des cultures africaines, un phénomène que Docteur Jean-Price Mars a su bien comprendre et démontrer dans son délicieux Essai. Dans son manifeste (ainsi parla l'Oncle) publié 1928, il a écrit ceci : «…mais je ne peux m'empêcher de déplorer l'horreur à la pensée de carnage et de destruction dont l'implication a été poursuivie ici et sur le vieux continent avec une méthode implacable, par ceux qui se targuent d'être une humanité supérieure et qui osent reprocher maintenant à la race noire pour sa sauvagerie et l'instabilité de ses institutions ». En ces termes, Docteur Jean-Price Mars a montré, combien il était en désaccord avec la mystification occidentale vis-à-vis de la race noire, c'est exactement ce que nous voulons démontrer lorsque nous disons que la pauvreté n'est pas l'apanage d'Haïti uniquement. C'est donc un phénomène sociétal et cosmopolite. Nous avons voyagé dans plusieurs pays, nous avons vu un monde qui est fait d'escaliers, c'est-à-dire avec des hauts et des bas ; alors pourquoi la pauvreté doit-elle être attribuée seulement à Haïti ?

1.1.5 La colonie française fit la chasse aux sorcières à Sonthonax.

Léger Félicité Sonthonax naquit le 7 mars 1763 à Oyonnax en France et y mourut en juillet 1813. Il obtint une licence en Droit. Il fut donc un jeune juriste français. En 1793, il va être chassé de Saint-Domingue par les colons sous la couverture d'un royaliste du nom d'Esparbès. Ce fut à partir de cette expulsion que Sonthonax créa ce qu'on appela « La légion de l'égalité ». À cet effet, le général François Thomas Galbaud Dufort, successeur d'Esparbès à titre de Gouverneur, inquiéta profondément Sonthonax et Polvérel. Galbaud va être vaincu par deux cents Blancs expulsés de la colonie de Saint-Domingue. Ces hommes se trouvèrent alors dans la rade du Cap jusqu'au 21 juin 1793.

Au cours de ces trois jours, de saints partisans et ennemis des commissaires « Léger Félicité Sonthonax et Étienne de Polvérel », luttèrent dans la métropole du Nord et Sonthonax gagna la bataille grâce aux bandes d'esclaves qui se logèrent dans les montagnes périphériques de la colonie. Le triomphe dont nous faisons état allait causer les ruines de la ville du Cap-Haïtien qui, à cette occasion, fut dévalisée et pillée dans la foulée de l'euphorie populaire. À cet effet, dix-mille colons paniqués par la philosophie politique des commissaires partirent en compagnie du général François Thomas Galbaud du Fort pour les États-Unis d'Amérique. Peu de temps après la mort de Louis XIV, lequel guillotiné le 21 janvier 1793, toute l'Europe fit une coalition contre la France. L'Angleterre pour sa part, fit tout ce qu'il put pour écarter Saint-Domingue ou s'en approprier.

L'année 1790 fit l'objet d'une terrible mésentente entre les colons et les assemblées de France qui voulurent reconnaître les droits des hommes de couleur et des Noirs libres. Les colons connus comme de potentiels égoïstes et rancuniers préférèrent livrer la colonie aux mains des Anglais au lieu d'accepter d'être égaux aux Affranchis. Ainsi donc, au début de 1793, ils firent appel aux Anglais et aux Espagnols, ce fut ce qui donna lieu à la présence des Anglais et des Espagnols à Jérémie, au Môle Saint-Nicolas, à Saint-Marc et à l'Arcahaie. L'Espagne eut alors une longue avance sur l'Angleterre pour avoir gagné à sa cause les puissants chefs de file des révoltés, à savoir Jean-François, Georges Biassou et Toussaint Louverture. En 1792, les Espagnols foulèrent le sol de la colonie du côté de Vallières, du Trou du Nord, du Fort-Dauphin, de la Grande Rivière, d'Ouanaminthe, d'Ennery, de Plaisance, des Gonaïves, de Limbé et de Borgne.

Sonthonax proclama donc le 29 août 1793, la suppression générale des esclaves dans le Nord. Quant au commissaire Polvérel, il se cantonna dans l'Ouest et le Sud en prenant la même décision que son collègue Sonthonax. Cependant, au départ de la deuxième commission civile, Port-au-Prince tomba sous l'obédience des Anglais le 1er juin 1794. Après leur domination, Haïti va, avec l'appui de Toussaint Louverture, tomber sous le pouvoir des Espagnols. Mais avant tout qui fut Toussaint ? Il fut le petit-fils de Gaou-Guinou, *Roi des Aradas*[5] Il va commencer à devenir célèbre par son talent de grand cavalier pour avoir longtemps dompté des chevaux. Il apprit quelques rudiments de lecture et d'écriture par le biais de son parrain Pierre-Baptiste. Il devint vétérinaire par la suite, sous la dictée de son père en soignant les chevaux de l'habitation de Bréda, au haut du Cap (Haïti). Comme cela a toujours été le cas dans les rapports (chefs versus subalternes), il y en a un qui est toujours très proche de son patron, voilà pourquoi en 1789, Toussaint va devenir le bras droit du gérant des propriétés de Bréda du Cap.

Grâce à son savoir-faire, son habileté et les relations qu'il développa avec les propriétaires du Baillon de Libertat, il jouit d'un grand privilège par rapport aux autres esclaves. Ainsi, il prépara par sa discrétion et sa perspicacité, la révolte générale. En 1793, Toussaint se fit remarquer par

---

[5]**Roi des Aradas** : *Les Aradas ou Aladas sont idolâtres du Dahomey (Région de l'actuel Bénin, Afrique).*

des officiers espagnols qui lui apprirent l'art de la guerre. Il va devenir commandant en chef d'une petite armée de trois à quatre mille hommes environ. Et, il conduisit souvent cette armée à la victoire. L'expérience qu'il a acquise, lui a permis de vaincre le général Edme Étienne Borne Desfourneaux à Ennery, ce qui lui valut le titre de maître des Gonaïves et du lieutenant général des armées du Roi d'Espagne. À cet effet, permettez-nous de vous parler de l'origine du peuple haïtien.

1.1.6 Quelle est la généalogie du peuple haïtien ?

Il est très important de savoir d'où viennent les premiers esclaves qui furent les ascendants de ce peuple. D'où viennent les Haïtiens ? Ils furent originaires de nombreuses tribus d'Afrique, parlant plusieurs dialectes. La traite française, celle qui peupla Haïti, se fit surtout au Sénégal, en Sierra Léone, à la Côte d'Or, dans le Royaume de Judas qui n'est autre que la région désignée sous le nom de Côte des esclaves dans la Guinée Septentrionale et la côte d'Angola dans la Guinée Méridionale. Les tribus noires qui habitèrent ces régions, offrirent des esclaves plus ou moins variés qui se rapprochent du type principal qu'est le Guinéen. Aussi dans la colonie de Saint-Domingue, trouve-t-on des Sénégalais « grands et bien faits d'un noir d'ébène avec le nez droit, les lèvres minces et les cheveux assez crépus ».

Parlant des Noirs, si on dit : « Qui se ressemblent, s'assemblent », nous disons : « Qui se ressemblent, se regardent », par exemple : Si on glisse un Noir australien parmi les populations noires et aux cheveux crépus de l'Afrique, ou dans les mornes d'Haïti, la majorité de ceux qui passeront à quelques pas de lui, s'occuperont bien peu des cheveux longs et droits et encore moins du prognathisme plus ou moins accentué de son visage. En Haïti, dans les mornes comme dans les villes, on rencontre des types aussi beaux et souvent plus beaux. La même réflexion doit être faite pour ce qui a trait à la figure des Égyptiens représentés comme vaincus dans les bas-reliefs égyptiens. Voilà donc la cause de la ressemblance frappante de l'Haïtien et l'Africain.

Notons que de tous les Noirs, les Sénégalais sont les plus beaux, les plus aguerris, les plus belliqueux et les plus difficiles à contenir. On y voit des Bambas, des Tacouas, des Haoussas, des Aradas, vigoureux et bien faits, bons cultivateurs, grands travailleurs maniant la houe et la hache avec aisance, guerriers intrépides et fiers ; des Mandingues, d'un noir tirant sur le jaune aux traits réguliers et au caractère généreux et franc. Les femmes de ces tribus sont très jolies. Les Mandingues se rattachent à la foi musulmane, quoiqu'ayant conservé certaines pratiques. Parmi les Noirs venant de la Côte d'Or, il faut mentionner les Mocos aux bilieux, les Congos joyeux et bruyants, chantant sans cesse et aimant la danse. Certains ne furent pas trop laborieux, parce que dans leurs pays ce sont les femmes qui labourèrent. Il faut citer aussi les Nagos, aux yeux un peu ronds et jaunes, avec de belles dents et de petites coupures sur les joues, les Ibos au caractère altier et vindicatif. Sans pudeur, à l'époque coloniale, les maîtres abusèrent aussi de belles femmes esclaves. Les larmes de ces malheureuses ne furent qu'une syllabe muette, car elles ne purent réclamer aucun droit.

De ces relations abusives naquirent des Mulâtres ou des Métis. Ces enfants « illégitimes » ne furent pas reconnus par leurs pères blancs. Même avant l'indépendance d'Haïti et surtout pendant que l'esclavage y régnait, on avait établi le même jugement contre les Mulâtres. Ils furent maltraités et méprisés par leurs pères blancs qui les regardèrent comme les tristes sorts d'une mésalliance entre le sang caucasique et l'immonde sève africaine. Ainsi donc des innocents : hommes, femmes et enfants furent sacrifiés par des hommes ambitieux, sans scrupules pour les libertés de ces malheureux esclaves. Ils végétèrent dans le pays comme un parasite, livré au vagabondage ou ne s'occupant que des métiers les plus rudes et plus répugnants. Ceux qui se rebellèrent furent pendus par le thorax et non pas par la gorge pour prolonger leurs souffrances. L'esclavage continua donc à favoriser la base de l'économie européenne. Le climat tropical américain donna lieu au commerce de la canne à sucre, du café, du cacao, du coton, du riz, du tabac et de l'indigo. En Europe, les produits tropicaux devinrent de plus en plus à la mode. Le café, le tabac, le sucre, le chocolat devinrent une « Juteuse affaire ». Les esclaves supportèrent mieux que les Européens la chaleur tropicale.

Les Blancs avaient poussé si loin leur cruauté, qu'ils oublièrent quelle force économique représentèrent les esclaves. Ainsi, nombreux moururent d'épuisement, de mauvais traitements, d'épidémies et de suicides dans les plantations à Saint-Domingue.

1.1.7 Situation géographique d'Haïti, sa superficie et ses points cardinaux.

Dans cette partie, nous voudrions vous faire prendre connaissance du portrait géographique d'Haïti. Ayant sa carte à la forme de la mâchoire de Crocodile, Haïti est un des pays des Grandes Antilles occupant le tiers occidental de l'île. Elle est bordée au Nord par l'Océan Atlantique, à l'Est par la République dominicaine, au Sud par la mer des Caraïbes, et à l'Ouest par le canal du vent qui la sépare de l'île de Cuba. Précisons que du Môle Saint-Nicolas, on peut voir les lumières du Cuba voisin. Haïti s'étend sur 27.750 kilomètres carrés, sa Capitale est Port-au-Prince.

En 1742, la ville de Port-au-Prince fut proposée comme Capitale par l'ex-gouverneur de la colonie, Nicolas Ovando, qui fut le successeur de l'Espagnol Francisco de Bobadilla. Le 26 novembre 1749, Port-au-Prince a été officiellement déclarée la capitale de la République d'Haïti. Construite initialement sur 4.5 hectares de terre, cette capitale est située au fond du golfe de la Gonâve. Le pays occupe 36% de la surface de l'île. Haïti est formée de deux péninsules séparées par le golfe de la Gonâve. Dans ce golfe se trouve l'île à vache, la plus grande des îles situées au large des côtes d'Haïti. Les autres îles sont : l'île de la Tortue (Port-de-Paix (Nord-Ouest)), dans le Nord-Ouest et l'île à vache (aux Cayes) dans la côte sud du pays. Notons qu'avant, la République d'Haïti était divisée en 9 départements, 41 arrondissements et 133 sections communales. Par la suite, les Nippes sont devenues un département, avec une superficie de 3.310 kilomètres carrés et une population de 34.889 habitants. Haïti à 10.32 millions d'habitants, environ 10 départements, 42 arrondissements, 570 sections communales. Haïti veut dire donc, terre haute, terre montagneuse.

1.1.8 L'origine de l'indéniable talent d'artistes des Haïtiens.

Avant la découverte d'Haïti en 1492, il y eut des tribus de peaux rouges diverses dans les Amériques. Les Incas du Pérou et les Aztèques du Mexique procédèrent déjà une civilisation. Par contre, dans les Caraïbres, notamment, en Martinique et en Guadeloupe, on trouva des guerriers cruels qui attaquèrent leurs voisins et mangèrent de la chair humaine. Donc, voyez ici le cannibalisme. Pourtant, les Arrawahs et les Caraïbes d'Haïti surent s'organiser politiquement, socialement et religieusement. Bien avant l'arrivée de Christophe Colomb, Haïti eut cinq Caciquats ou Royaumes, et chacun d'entre eux eut à sa tête un Souverain du nom de « Cacique ». Les cinq Caciquats précités, les lieux et les chefs furent répartis ainsi :

Caciquats	Lieux	Chefs
La Magua	Nord-Est	Guarionex
Le Marien	Nord-Ouest	Guacanagaric
Le Xaragua	Sud-Ouest	Bohéchio / Anacaona
La Maguana	Centre	Caonabo
Le Higuey	Sud-Est	Cotubanama

Les premiers Noirs arrivèrent en Haïti vers 1503, sous le gouvernement de Nicolas Ovando. Bien avant leur arrivée, ils surent tisser le coton et confectionner des pagnes et des hamacs. Ils furent assez habiles dans la fabrication des poteries et des pipes en terre cuite. À force de travailler dans des pierres très dures appelées « Zémès » qui remplacèrent leurs dieux ; ils furent arrivés à fabriquer également des haches et des ciseaux avec lesquels, ils fouillèrent leurs pirogues ou leurs tambours dans les troncs d'arbres. Ils s'habillèrent avec des jupes courtes nommées « pagnes », et ils ornèrent leurs chevelures de plumes de perroquets et se maquillèrent avec du « rocou ». Sur le plan religieux et de façon mitigée, les Haïtiens adorent toutes les forces de la nature, telles : les arbres, les sources, les animaux, la mer et surtout le soleil et la lune. Chaque année, les vaudouisants célèbrent leurs divinités, par exemple : seau d'eau, bois-caïman, fête des morts, cérémonies mystiques, paiements de gages entre autres. Revenons au gouvernement d'Ovando, sous Nicolas Ovando toutes les provinces d'Haïti, anciennement appelées : colonie espagnole, payèrent aux colons espagnols, un tribut annuel de coton, de vivres ou de grains d'Or. La canne à sucre est arrivée dans l'île vers 1506. Tout le Nord fut rempli de vastes habitations prospères et d'immenses champs de canne, caféier, cacaoyer, cotonnier, indigotier et de campêche.

Chaque habitation posséda une sucrerie et une guildiverie extrayant de la canne, du tafia et du rhum. Des bateaux de Bordeaux, de Nantes, de La Rochelle et de Saint-Malo, transportèrent de Saint-Domingue des vivres, du vin, de la farine et d'autres marchandises. Ils s'en retournèrent avec de précieuses cargaisons de sucre, de café, de coton et d'indigo. Les négociants et armateurs de France gagnèrent d'immenses fortunes à ce commerce. Au début du 18e siècle, les grands planteurs de Saint-Domingue devinrent très riches et menèrent une vie de splendeur. Au sein de cette colonie, il y eut une certaine rivalité entre deux catégories de Blancs qui y évoluèrent. Les petits fonctionnaires furent souvent méprisés par les plus nantis qui les traitèrent d'ailleurs, de petits blancs ou blancs manants.

1.1.9 Les petites histoires de la peinture haïtienne.

La peinture haïtienne reste l'une des plus originales et des plus riches du Nouveau Monde. L'histoire de la peinture dans l'île remonte aux premiers jours de la colonie, quand les expatriés voulurent décorer leurs demeures dans des portraits et de peintures décoratives. Les plus riches rapportèrent des tableaux d'Europe, ou firent venir des peintres occidentaux sur place. Très vite, dès le 18e siècle, la colonie envoya des esclaves affranchis apprendre la peinture académique en France. Dès l'indépendance haïtienne en 1804, la peinture devient historique. Le roi Henri Christophe créa une académie royale de peinture au Cap-Haïtien, la deuxième ville du pays. Une autre école fut créée à Port-au-Prince en 1816. Au cours du 19e siècle, d'autres académies vont s'ouvrir dans la jeune République d'alors. La peinture reste encore très académique, sans originalité, selon les goûts de la bourgeoisie de l'époque.

En 1930, quelques artistes se regroupèrent. Ils se rallièrent à l'indigénisme qui fut donc le courant littéraire en vogue de l'époque. Des artistes émergèrent avec des productions originales, les frères Obin, Philomé et Sénèque, entre autres. En 1944, on a vu s'ouvrir le centre d'Art (naïf) de Port-au-Prince, sous l'impulsion de Dewitt Peters, un aquarelliste chargé d'enseigner l'Anglais. Des talents étrangers, André Breton ou Wilfrido, vinrent y enseigner. Le centre fut également ouvert aux autodidactes d'origine modeste qui ne purent assister aux autres conférences. Rigaud Benoît, Hippolyte Saint-Bruce ou Castera Basile, vinrent jeter sur la toile leurs visions teintées d'influence du vaudou. Les surréalistes trouvèrent écho à leurs théories dans cette peinture naïve et lumineuse. Le groupe des autodidactes du centre d'Art, tels : Adam Léontus, Jasmin Joseph, Préfète Duffault, Gabriel Lévesque, enfantèrent le grand mouvement de l'Art naïf haïtien qui va être envahi de critiques par les magazines culturels et les musées d'Art moderne.

En 1951, un tournant fut pris, quand ces peintres chez qui l'esprit du groupe prévalait allèrent prendre conscience de leur état d'artiste et évoluer chacun de façon individuelle et personnelle. Les années soixante furent marquées par la création d'importantes galeries d'Art à Port-au-Prince. D'autres expositions s'organisèrent à l'étranger. Les peintres furent toujours plus nombreux, les styles se diversifièrent, le marché s'organisa. La « peinture bidon » prit naissance autour du travail de Georges Liautaud, et ses sculptures en bidons de fuel peints. Le Bosmetal s'anima autour de Saint-Juste, Bien-Aimé, et Jolimeau. Avec le tourisme, l'Art haïtien devient internationalement connu; les expositions, les publications et les ouvrages de référence sont légion, ce qui lui donne toute sa légitimité dans le grand marché international de l'Art. Les écoles de peinture poussent comme des champignons et Haïti compte le pourcentage d'artistes peintres le plus élevé au monde et la production est foisonnante. Les peintres sont désormais classés par catégories, par école et par génération, et on attend la définition de la quatrième du genre. Malgré la crise qui s'installe et affecte durablement Haïti, la peinture haïtienne reste toujours extraordinairement productive, qu'il s'agisse des artistes reconnus ou des jeunes talents.

1.1.10 Le regain de dignité haïtienne, est un urgent besoin.

Il nous est difficile de digérer cette perte de dignité haïtienne aux yeux du monde. Jadis, partout où un Haïtien fut passé, on lui déroula du tapis rouge, on n'a qu'à prendre l'exemple des premiers Haïtiens qui ont foulé les sols québécois, canadien, européen et africain dans les années soixante, notamment les intellectuels qui ont fui la dictature de Duvalier père, pour devenir professeurs en terres étrangères. Aujourd'hui, il est impérieux aux Haïtiens de se réapproprier cette marque de respect. Précisons que sans le respect de la personnalité humaine, la liberté individuelle n'est plus une chose sacrée. L'évolution des situations socio-économiques d'Haïti a poussé bon nombre d'Haïtiens à s'exiler. De même, le sous-développement que ce pays affiche, enlève toute estime à laquelle, l'Haïtien a droit du monde extérieur. Prenons l'exemple des relations haitiano-dominicaines, bon nombre d'Haïtiens ont perdu leur vie dans des conditions tragiques en République dominicaine. Plusieurs raisons sont à la base de cet état de fait :

1. Les faits historiques haïtiano-dominicains sous le gouvernement de Jean-Pierre Boyer, ont occasionné que les Haïtiens ne sont jamais respectés par les dominicains,
2. Il y a aussi le côté raciste et xénéphobe qu'il ne faut jamais oublier.
3. Certains Haïtiens traversent la frontière haïtiano-dominicaine pour fuir des conditions socio-économiques extrêmement lamentables, pour aller vivre dans des situations infrahumaines.

Partir illégalement, voire clandestinement, tend à ternir l'image du pays. Jadis, les Haïtiens avaient plus de respect. Maintenant, ils font face partout à cette expression trop facile : « Haïti, pays pauvre », comme si la pauvreté représentait la toile de fond du peuple haïtien, comme si Haïti est le seul pays qui connaisse la pauvreté sur la planète, comme si ce phénomène est fait sur mesure pour Haïti. Face à cette approche désobligeante, les Haïtiens se doivent de travailler fort pour arracher cette étiquette de pauvreté qui chatouille trop longtemps leur dos. En fait, ils doivent aussi savoir qu'il y a une œuvre toute spéciale et délicate à accomplir, celle de montrer à la terre entière que les hommes, noirs ou blancs sont égaux en qualité, comme ils le sont en Droit. En Haïti, comme ailleurs, il faut à la race noire la liberté, une liberté réelle, effective et politique, pour qu'elle s'épanouisse et progresse. L'œuvre dont nous parlons nous porte à faire une approche sur le Président américain Barack Obama. À travers son autobiographie « Les rêves de mon père », Obama a dit ceci : « J'ai remporté l'investiture démocrate pour un siège au Sénat des États-Unis en tant que Sénateur de l'Illinois. Ce fut une course au milieu d'une foule de candidats bien dotés financièrement, doués et célèbres. Sans soutien quelconque d'une organisation, d'une fortune personnelle, noir et pourtant un nom bizarre, j'étais considéré comme un outsider.

Aussi, lorsque j'ai remporté la majorité des votes au cours des primaires du parti démocrate, en tête dans les quartiers blancs, comme dans les quartiers noirs, dans les banlieues comme à Chicago, la réaction qui survit, fit écho à celle que suscita mon élection à la tête de la Harvard Law Review. La plupart des commentaires exprimèrent leur surprise et leur sincère espoir que ma victoire soit l'augure d'un changement significatif dans notre vie politique raciale ». Dans tout ce que le Président Obama a dit dans cette partie de son autobiographie, nous avons retenu une seule chose, il s'agit de la question de couleur et d'identité qu'il a évoquée. Donc, voilà un homme de couleur qui avait minimisé tout ce qui lui aurait pu servir d'obstacles identitaires dans un pays blanc, pour gravir le plus haut échelon social de cette société. Dans ce cas, Obama représente donc l'incarnation du positivisme.

Pour notre part, nous croyons aussi que l'existence humaine doit être toujours nourrie par la pensée positive, comme dans le cas du Président Obama. Tout ceci pour dire que parfois, on peut partir du malheur pour construire du bonheur, du négatif pour produire du positif, l'essentiel c'est d'être objectif et déterminé surtout quand on défend une juste cause. Cela nous amène à vous donner le profil de la figure emblématique et l'icône de la lutte contre l'Apartheid, le fameux Nelson Mandela. Mandela, conscient de la ségrégation raciale au détriment des Noirs, intégra l'ANC « African National Congress » pour lutter contre le régime de l'Apartheid. En conséquence, il fut arrêté et condamné à la prison à vie en 1964. Il y passa plus d'un quart de siècle (vingt-sept ans). À sa libération, il devint Président de l'ANC. Ce titre lui permit de négocier un pouvoir multiracial avec l'ancien Président africain blanc d'alors, Frederick Willem De Klerk. Lors des élections présidentielles de 1994, il accéda à la tête de l'État sud-africain par une majorité écrasante. Son nom est gravé dans la mémoire collective. Donc, Mandela dont la vie a atteint les dimensions d'une Épopée, mérite le respect et l'estime de l'humanité pour sa détermination politique, sa ténacité, son courage, caractère et humanisme.

À propos, nous pensons aussi qu'il ne faut jamais dire qu'on n'est pas capable de faire quelque chose, on doit toujours essayer et laisser jaillir son talent, car en affirmant ceci, on étouffe carrément son plein potentiel. Par exemple, la mère et la femme d'Alexander Graham Bell étaient sourdes. Alexander a consacré sa vie à apprendre à parler aux sourdes, par la suite son père, grand-père et frère se sont joint à son travail sur l'élocution et la parole. Ses recherches et expériences l'ont conduit à fabriquer des appareils auditifs, ce qui lui valut un brevet pour un téléphone en 1876. Voilà comment le premier téléphone a été inventé. Vous voyez, Alexander Graham Bell se servit de la surdité de ses proches pour créer un objet qui est aujourd'hui, indispensable à l'humanité. L'évolution de la technologie fait même qu'on parle présentement de téléphone cellulaire, BlackBerry, iPhone, iPad de dernier cri, mais ce fut la surdité de la mère et de la femme d'Alexander Graham Bell qui initialement inspira le premier moyen de communication mondial. Voilà un autre visionnaire !

À cet effet, les Haïtiens doivent-ils se résigner dans cet état de pauvreté éternellement ? Pour nous, la réponse c'est NON. Les Haïtiens doivent se servir de cette étiquette de pauvreté pour réaliser quelque chose de beau pour Haïti. Rappelons que le peuple haïtien a, à son actif, des siècles d'histoire d'erreurs et d'horreurs. Et, à travers ces prouesses, il fit preuve de la plus belle intelligence et de la plus brillante énergie face à la puissante armée napoléonienne. Aujourd'hui, pour se développer, il faut qu'il fasse une rétrospection pour identifier les différents trous dans lesquels, il a fait de faux pas, pour ne pas continuer à commettre les mêmes gaffes. C'est faux de dire qu'on ne doit pas tenir compte du passé pour bâtir l'avenir. Au contraire, il est impérieux de projeter une caméra dans le passé, pour mieux zoomer le présent. Nous sommes d'avis qu'on ne doit pas s'éterniser sur le passé, car on risque de ne plus s'avancer. Par exemple, une poule qui veut poser sur la plus haute branche d'un arbre va se baisser à même le sol pour prendre un bon envol. Donc, c'est naturel ! Alors, pourquoi ne pas jeter un coup d'œil sur le passé d'Haïti pour mieux asseoir son présent ?

Les gouvernements qui se sont succédé en Haïti n'ont pas su saisir les occasions par les cheveux, car ils ont raté trop de chance en ce qui a trait au développement socio-économique durable d'Haïti. Le moment est venu pour que le gouvernement haïtien relève ce défi de développement durable aux yeux d'un monde très industrialisé et technicisé. Les différents exploits que ces pays ont réalisés dans le domaine du développement durable, notamment dans le développement de la technologie y compris les diverses activités sportives, font que les Chinois et les Japonais sont respectés partout sur la planète. Pourquoi pas les Haïtiens aussi ? Pour que cela se fasse, le peuple haïtien doit travailler objectivement pour bâtir une telle estime.

L'ancien leader sud-africain, Nelson Mandela, a combattu la suprématie blanche en éliminant toutes les formes de discrimination raciale pour gagner l'estime égalitaire de tout un peuple. Aussi, le peuple haïtien se doit de lutter pour enlever son étiquette de pauvreté en vue de conquérir l'égalité pour tous et d'éliminer la discrimination mondiale. Mandela, lors du lancement de la campagne « Plus de polio en Afrique » à Johannesburg le 2 août 1996, a louangé la beauté de l'Afrique, son riche patrimoine et ses ressources prolifiques. Il a dit que l'image des enfants en souffrance dans son pays hante la conscience de son continent et du monde entier. Plus loin, à l'occasion du festival « Food for life » à Burban le 23 avril 1997, il s'est adressé aux enfants en disant que : « Vous êtes l'avenir de ce pays, c'est vous qui nous guiderez dans le prochain siècle ». Donc, voilà un leader politique qui croit fermement que le destin de son pays dépend de sa progéniture. Dans le même ordre d'idée que Mandela, nous voulons dire qu'il est tout aussi impensable de diriger un pays sans faire la place aux femmes. Cela revient à dire que toutes les filles et tous les fils d'un pays, doivent faire partie prenante de son devenir.

1.1.11 Le début du mouvement révolutionnaire à Saint-Domingue.

En 1757, un Africain originaire de la Guinée, nommé Mackandal, fomenta un complot pour empoisonner les maîtres blancs. Il faut préciser que Mackandal ne fut pas un chef de bande, mais un marron, ce terme signifie : « Un esclave en fuite ». Ce « Nègre marron » allait devenir le symbole de la liberté des Noirs d'Haïti et une inspiration pour les autres peuples, et un phare pour le monde moderne. Mackandal prit alors la direction d'une bande d'esclaves révoltés. Son objectif fut de faire de l'île d'Haïti un Royaume noir indépendant. Il n'y parvint pas, car il fut capturé, condamné et brûlé vif sur un bûcher. Il laissa toutefois dans l'esprit des esclaves que la liberté fut l'une des nobles causes pour laquelle, il valut la peine de sacrifier son existence. Au 18e siècle, on compta en Haïti, trois classes d'hommes : « Les Blancs, les Affranchis et les esclaves noirs ». Les blancs dominèrent le pays jusqu'au 22 août 1791. Les Affranchis qui furent en majorité libres, constituèrent la fraction privilégiée de cette caste, en particulier les Mulâtres. Ils conquirent une position très solide dans l'île d'Haïti.

Ils furent très riches. Ils eurent eux-mêmes des esclaves et furent en partie, liés aux colons. Mais pour les Blancs, les Mulâtres furent des hommes diminués, sans aucun droit politique et soumis à des taxes spéciales. Ils ne purent tenir aucun emploi public, et ils furent coupables de crime. Ils furent punis avec une double sévérité. Leurs enfants n'eurent pas le droit de s'asseoir auprès de l'enfant blanc. Ils ne purent pas entrer à l'église lorsque les Blancs firent leurs dévotions. Et, à leur mort, même leurs cendres ne purent reposer dans la même terre que celles des Blancs. Ainsi, bien que possédant le tiers des propriétés de l'île et le quart des esclaves, les Mulâtres furent humiliés et durent s'incliner sous le joug des blancs. Du côté des esclaves, la situation ne fut jamais de tout repos pour les colons qui se tinrent sur une poudrière, car, la stratégie de marronnage et du poison, employée contre les suppôts du régime, fut un problème majeur pour les colons et les autorités coloniales. Les affranchis transplantés dans l'île d'Haïti y arrivèrent avec une expérience agricole dont les colons tirèrent profit. Ils apportèrent également leur souvenir de la liberté et l'expérience militaire acquise dans les âpres des luttes intertribales.

1.1.12 Le marronnage selon le politologue, Jean-Pierre BRAX.

En ce qui a trait au marronnage, le politologue Jean-Pierre BRAX soutient qu'en 1791, il y avait plus de quatre mille six cents esclaves à Saint-Domingue. Le premier d'entre eux, le plus radical se suicida. Mais la fuite dans les montagnes fut la plus courante. Le pays est montagneux, c'est ce qui offrait aux Nègres courageux quelques chances d'échapper aux milices et à la maréchaussée. Pour se nourrir, il suffisait de redescendre clandestinement dans les plantations. Après quelque temps, les marrons s'organisèrent selon un système micro-économique qui fera école auprès des paysans d'Haïti. Les vastes étendues de terre inhabitées qui ne manquèrent pas à cette époque purent laisser un marronnage quasi perpétuel à une quantité relative d'individus. D'autres encore, allaient jusqu'à prendre la mer, ou franchir la frontière espagnole dans un esclavage « plus doux ». Le Traité de Ryswick avait séparé l'île en deux : la partie occidentale resta à l'Espagne, l'autre devint propriété française.

Pour le politologue BRAX, ce furent les Affranchis qui constituèrent la majorité des esclaves en fuite. Les plantations furent autonomes les unes vis-à-vis des autres et que les villes coloniales ne furent que des lieux de transit. Les Nègres qui arrivèrent à se faire fabriquer de faux papiers purent sans trop de crainte vivre tranquillement à proximité d'une ville éloignée de leur plantation d'origine. La plupart de ces fugitifs furent des « Nègres à talents » (nègres domestiques et non pas ouvriers) qui grâce à la complexité intéressée de certains propriétaires blancs ou affranchis, bénéficièrent une sorte de prescription. L'utilisation clandestine d'esclaves évadés, s'avéra nécessaire, car, le nègre devint hors prix. En d'autres termes, le marronnage fut une stratégie nègre pour casser la chaîne esclavagiste et déloger les colons blancs dans la colonie de Saint-Domingue.

Aussi, le marronnage ne fut qu'une solution individuelle sans aucun avenir sur le plan collectif, puisque tous les esclaves ne purent s'enfuir. Il n'y eut pas d'autres débouchés que de la fusion avec les esclaves insurgés. La statue du « marron inconnu » érigée en face du palais national par l'ex-dictateur François Duvalier, témoigne d'une confusion, d'un amalgame historique. Marronnage et insurrection furent deux comportements distincts, pour ne pas dire opposés, même s'ils partirent tous les deux du refus du système esclavagiste. L'action décisive au sein du processus insurrectionnel des chefs marron, Makandal et Boukman, ne saurait les confondre. C'est donc de l'échec du marronnage qu'est né le succès de la lutte armée qui aboutit à l'indépendance en 1804. Mais le marronnage disparut dans l'insurrection et ressuscita dès que les conditions qui l'avaient généré sous la période esclavagiste réapparurent, parce qu'ils espéraient maintenir le système des grandes exploitations et que la main-d'œuvre était rare. Les premiers chefs d'Haïti transformèrent les anciens esclaves en travailleurs forcés. La réapparition du marronnage sanctionnera donc la trahison de l'indépendance, conclut le politologue Brax.
Docteur Jean-Price Mars poursuit pour dire que dans ces conditions, des millions de défricheurs fuirent la terre hospitalière et attractive de Saint-Domingue. L'effrayante hécatombe annuelle dont ils payèrent la prospérité du régime colonial fut la principale condition de l'enrichissement du sol. Plus loin, Price-Mars, précise que : « Pas un bourgeon, un souffle, une cellule ne peut actuellement se dérober à la solidarité biologique qui relie la matière vivante à l'énergie première que les Nègres d'Afrique disposèrent avec leurs larmes, leur sueur et leur sang dans le sol de l'antique Quisqueya pour le transformer en pays d'Haïti. Cette transformation donne naissance à une société haïtienne dont la bouffissure orgueilleuse de l'élite, se cantonne en une négation obstinée et farouche. L'élite haïtienne ferme les yeux à l'évidence. Le développement démographique de ce peuple suffit pour se rendre compte de combien est vaine sa sotte prétention de figurer à elle seule, toute la communauté haïtienne.

1.1.13 L'introduction des Nègres en Haïti vers les années 1500.

Voyons comment de la promiscuité du blanc et de sa concubine noire, des conditions factices d'une société régie par la loi des castes, naquit un groupe intermédiaire entre les maîtres et la masse captive. Vers les années mil cinq-cent, les premiers nègres ont été introduits en Haïti pour substituer leur endurance à la mollesse indienne, ceux d'entre eux survécurent à la vie précaire des chercheurs d'or dans les gorges du Cibao ou sous l'abri des conquistadors espagnols. Par le commerce interlope, des Hollandais, des Normands, des Bretons et autres écumeurs de mer, participèrent à la fondation des premiers établissements français à Saint-Domingue. Tous ceux-ci mêlèrent leur vie à celle des boucaniers ou des flibustiers en attendant que le flot interrompu de la traite déversât pendant plus de deux siècles la masse de deux millions d'individus dont l'horrible régime fit son effroyable consommation. Tous ceux-là constituèrent la couche sédimentaire d'où sortirent les éléments primitifs du peuple haïtien.

Docteur Jean-Price Mars poursuit pour dire que dans ces conditions, des millions de défricheurs fuirent la terre hospitalière et attractive de Saint-Domingue. L'effrayante hécatombe annuelle dont ils payèrent la prospérité du régime colonial fut la principale condition de l'enrichissement du sol. Plus loin, Price-Mars, précise que : « Pas un bourgeon, un souffle, une cellule ne peut actuellement se dérober à la solidarité biologique qui relie la matière vivante à l'énergie première que les Nègres d'Afrique disposèrent avec leurs larmes, leur sueur et leur sang dans le sol de l'antique Quisqueya pour le transformer en pays d'Haïti. Cette transformation donne naissance à une société haïtienne dont la bouffissure orgueilleuse de l'élite, se cantonne en une négation obstinée et farouche. L'élite haïtienne ferme les yeux à l'évidence. Le développement démographique de ce peuple suffit pour se rendre compte de combien est vaine sa sotte prétention de figurer à elle seule, toute la communauté haïtienne.

1.1.14 Haïti : Modèle de révolte et conseillère de l'Amérique du Sud.

En tant que première République noire indépendante du monde, titre d'ailleurs que personne ne pourra lui enlever, ce pays a servi de phare à toutes les nations noires de la planète. Rappelons que même l'Amérique du Sud a bénéficié de la philosophie et des tactiques des grands politiciens haïtiens pour aboutir à son indépendance. On se souvient de la fameuse entrée de Simon Bolivar en Haïti en 1815, en transbordant par la Jamaïque pour débarquer aux Cayes, en quête des précieux conseils de l'ex-Président Alexandre Sabès Pétion en vue de libérer son peuple des mains des colons espagnols. Voilà comment Haïti a concrètement contribué à la lutte bolivarienne. L'écrivain Hannibal Price, dans son livre édité en 1900, lequel titré : Réhabilitation de la race noire par la République d'Haïti, prit l'exemple d'Haïti pour donner l'accès à l'égalité sociale avec les Blancs, à tous les Noirs du monde. Donc, c'est regrettable de voir qu'Haïti a perdu cette belle notoriété historique par la cupidité et le manque vision de ses générations de dirigeants.

En général, les dictateurs du monde sont unanimes à bâillonner les intellectuels servant d'après eux, d'éléments dangereux au cours de leur période de Seigneurie. Ce fut le cas de l'écrivain allemand Thomas Mann qui dénonça vivement l'incontournable homme politique de l'Allemagne Nazis, Adolphe Hitler, puis fila en toute hâte à New York pour sauver sa peau. Le régime d'Adolphe Hitler fut tellement féroce, qu'entre 1939 et 1945, lors de la deuxième Guerre mondiale, 1 million cent mille Juifs perdirent leur vie au camp de concentration d'Auschwitz à l'époque de l'Allemagne Nazie, ce fut carrément un holocauste, donc, une véritable boucherie humaine. Docteur Jean-Price Mars pour sa part, selon les dires, s'enferma dans sa bibliothèque à Pétion-ville pour travailler sur des études historiques axées sur les relations haitiano-dominicaines. Puis, en voulant se dresser sur la route de ce prétendu dieu d'Haïti « Duvalier », Price-Mars s'est fait bousculer par les tontons macoutes « milices secrètes » du Dictateur. Précisions que ces mercenaires s'appelèrent aussi : Volontaires de la sécurité nationale (V.S.N). C'est donc révoltant de voir qu'un si grand intellectuel comme

Docteur Jean-Price Mars s'est fait brutaliser jusque chez lui, par les petits voyous et restavecs des Duvalier. Suite aux agissements de ces tontons macoutes à l'égard du Docteur Price-Mars, on comprend par là qu'il représenta un obstacle imminent pour Duvalier. Au cours de cette campagne d'intimidation, sa bibliothèque aurait été terriblement saccagée. De telles pratiques dictatoriales ne mènent qu'à la ruine et à la dérive de quelque pays que ce soit, car, aucune nation ne peut devenir prospère dans la logique d'un pouvoir singulier et totalitaire, sous l'emprise des politiciens égocentriques et de mauvaise foi.

L'Académicien et écrivain Dany Laferrière, a soutenu à travers « Revisiter l'Oncle » de Jean-Price Mars, que : « Le fait pour Duvalier de se servir du livre de Price-Mars pour légitimer son régime sanguinaire, était la preuve que la thèse ne fonctionnait pas dans la réalité ». Mais qui est Dany Laferrière ? Il est né à Port-au-Prince le 13 avril 1953. À vingt-trois, il a quitté Port-au-Prince en 1976 en toute hâte pour s'échapper aux sbires de l'ex-dictateur Jean-Claude Duvalier. À cette époque, Gasner Raymond, l'un de ses amis, y a laissé sa peau. En 1985, Dany Laferrière a publié sa première bombe littéraire titrée : « Comment faire l'amour avec un nègre sans se fatiguer ». Ce roman a fait de lui l'un des écrivains québécois d'origine haïtienne les plus célèbres. Depuis, il en a publié d'autres qui lui valent différents prestigieux prix, notamment « L'énigme du retour » qui lui valut le prix Médicis. En décembre 2013, il va devenir le premier écrivain québécois d'origine haïtienne à faire son entrée à l'Académie française. Fierté unanime ! Revenons aux approches noiristes, l'Académicien Laferrière poursuit pour dire : « Que lors d'un discours de l'ex-Président Nicolas Sarkozy devant des étudiants de l'Université de Dakar, au Sénégal, il a dit que si les Africains n'ont fait aucun progrès au fil des siècles, c'est parce que les Noirs n'ont pas le sens de l'histoire ». Pour notre part, nous pensons plutôt que la régression des Noirs remonte au contraire à la colonisation, car, à l'époque coloniale, les maîtres blancs se servirent des esclaves costauds, forts et imposants pour commander, diriger et fouetter les autres esclaves plutôt passifs, chétifs et soumis.

Donc, les Noirs ont toujours été cruels envers les Noirs, d'où la source de latents litiges qui persistent entre eux jusqu'aujourd'hui. L'écrivain Joël Des Rosiers confirme aussi cette réalité en disant dans la page 448 de « revisiter l'Oncle » de Jean-Price Mars que : « Les Nègres passeraient plus de temps à s'entretuer qu'à développer leur sombre continent. Bref, ils vivent sous l'empire du démoniaque. Et, s'ils sont universellement haïs, c'est qu'ils sont haïssables ». Pour appuyer cette thèse, on n'a qu'à prendre en exemple, les combats meurtriers survenus en Côte d'Ivoire (Abidjan) lors de l'opération licorne en 2011. Des luttes sporadiques ont duré trois mois, puis tout est revenu au calme. Bon nombre de gens, pour la plupart de jeunes garçons qui représentèrent l'avenir de ce pays, ont péri dans ce carnage politique.

En ce qui concerne Haïti, la galère sociopolitique qui y a perduré, empêche les générations des barons politiques haïtiens de voir l'importance de l'exploitation des ressources naturelle et humaine pour le développement socio-économique durable du pays. Après plus de deux cents ans d'indépendance, Haïti patauge encore dans la misère la plus abjecte. Nous croyons qu'il est tout à fait aberrant et honteux qu'Haïti, première nation noire indépendante de la planète, se retrouve au plus bas échelon mondial, en termes de développement durable et de progrès socio-économiques. À l'instar de Louis-Joseph Janvier qui a publié « L'égalité des races » en 1884, d'Anténor Firmin qui publia « De l'égalité des races humaines » en 1885 ; et du Docteur Jean-Price Mars qui nous a proposé « Ainsi parla l'Oncle » en 1928 et qui ont tous les trois, lutté pour l'égalité de la Négritude avec la Blanchitude, nous voulons non seulement plaider pour le respect et l'égalité des Noirs, mais surtout pour le développement socio-économique durable de notre cher pays natal. Haïti en tant que premier pays né d'une révolte d'esclaves, si après plus de deux cents ans d'indépendance, elle n'est pas capable d'accueillir des immigrants à l'instar de ses voisins : Cuba, la République dominicaine et la Jamaïque, il y a un grand problème infrastructurel qui se pose. C'est la raison pour laquelle, le développement durable de ce pays est urgent et incontournable.

Docteur Jean-Price Mars a insisté pour sa part, sur la continuité entre l'Afrique et les Amériques noires. Pour lui, le Nègre jouit de certaines dispositions tant physiques que culturelles qu'il va transplanter aux îles. Il poursuit pour dire que : « Entre le Nègre des îles et celui d'Afrique, il ne peut y avoir donc de différence ; car, les conditions matérielles qui déterminent l'évolution des caractères, n'ont pas réussi à effacer totalement la capacité à créer une culture qui est celle du Noir ». Cela nous a fait sourire lorsqu'un Sénégalais bien connu à Montréal a affirmé avoir insulté un chauffeur de taxi pour lui avoir demandé s'il était Haïtien. Cet homme a agi comme s'il ignorait son origine lui-même (Sénégalaise), car les Haïtiens sont issus du Sénégal par le truchement de leurs ancêtres africains qui furent alors des esclaves. Souvent, nous avons demandé à un Noir s'il est Africain ou Haïtien, ou en lui parlant, nous déterminons son origine par son accent, d'où le rapport génétique qui lie les deux vrais frères, Haïtiens et Africains.

Docteur Jean-Price Mars a écrit ceci : « Haïti semble aux yeux du monde, l'incarnation de l'incivisme politique et la barbarie culturelle ». De l'année de la parution de son livre : « Ainsi parla l'Oncle, publié en 1928 » à nos jours, nous avons l'impression que le constat de l'Oncle perdure encore ou même la situation socio-économique du pays est devenue pire, l'état dans lequel Haïti se trouve, fait dire à certains auteurs que : « Haïti, pourquoi faire », tandis qu'Haïti a toute une mosaïque de richesses, telles : des fonds des traditions orales, les légendes, des contes, des chansons, des devinettes, des coutumes, d'observances, de cérémonies et des croyances qui lui sont propres et croyez-nous, ces particularités sont les plus belles du monde. Raphaël Constant a soutenu dans « Ainsi parla l'Oncle suivi de revisiter l'Oncle » que l'Haïtien n'est ni un minoritaire comme le Noir étasunien, Cubain ou Portoricain, ni un colonisé comme un Noir, Martiniquais, Guadeloupéen.

Selon Constant, l'Haïtien n'a pas besoin d'affirmer sa « race » à la face du monde blanc, car c'est trop évident, a-t-il fait comprendre. Docteur Jean-Price-Mars a plaidé pour un monde où il faut cultiver la différence, magnifier la singularité. Pour Price-Mars, on ne devrait même pas parler d'un « monde noir ». Parmi toutes les valeurs d'Haïti, il a défendu énergiquement le vaudou relativement à la peur et au ridicule dont cette religion a toujours été victime. Nous savons effectivement que le vaudou en tant que religion a été mal perçu, mais si Price-Mars était encore vivant, il dénoncerait également le cannibalisme de certains individus qui se réclament vodouisants en posant des actes épouvantables. Pour continuer à défendre le vaudou, Docteur Jean-Price Mars s'est inspiré du texte de Moreau de Saint-Méry pour démontrer son utilité depuis l'époque coloniale. Price-Mars a plaidé pour que le vaudou vive sans aucune inquiétude et garde son intégrité. Pour notre part, le vaudou a droit de s'exercer comme il veut, mais également, nous exigeons de la part des tenants de cette religion, de l'action, et de la participation au développement socio-économique d'Haïti.

À cet effet, si Léopold Sédar Senghor, Sénégalais d'origine « Père de la Négritude », fut un des premiers à dénoncer les préjugés qui pesaient sur l'homme noir, le « Nègre » et sur son continent d'origine, en ce qui nous concerne les Haïtiens, nous voulons être le premier à déclarer une opération « coup de poing » contre la pauvreté, non seulement en Haïti, mais aussi à l'échelle planétaire, car, comme nous l'avons préalablement mentionné, la pauvreté est sociétale et cosmopolite. Donc, il n'y a pas de pays qui n'a pas de pauvreté. Parlant du grand fossé qui se creuse entre la richesse et la pauvreté, nous pensons qu'il est impérieux de se poser les questions suivantes : comment se fait-il que l'écart entre ces deux phénomènes soit si grand ?

Comment se fait-il que des maisons soient vides et même désertes et que des humains dorment dans les rues ou sur les galeries ? Comment se fait-il que des chiens disposent des hôtels de luxe pour baiser, s'accoupler et manger à leur faim, et que des humains se couchent à même le sol, meurent de faim et s'alimentent hélas, dans les poubelles ? Comment se fait-il que nous jetions plus d'un milliard des tonnes métriques d'aliments par année, et que nos semblables crèvent de faim ? Quand on fait cet alarmant constat, il revient à se dire, que nous humains, nous avons quelque chose de très pressant à corriger dans nos rapports sociaux. Et, ce quelque chose n'est autre que notre « Égocentrisme ». L'écrivain Leännec Hurbon, à travers « Ainsi parla l'Oncle suivi de revisiter l'Oncle » a fait savoir que : « Les sciences sociales en Haïti comme dans les autres pays de la Caraïbe et d'Amérique » ont besoin de s'adosser à l'œuvre de Price-Mars pour inventorier et s'approprier de manière critique les ressources humaines, culturelles et artistiques qui constituent un héritage, ou une mémoire qui fait le patrimoine de l'humanité (ainsi parla l'Oncle suivi de revisiter l'Oncle, p. 278).

Certains auteurs de tendance vaudouesque ont beaucoup plaidé pour que le vaudou ait un statut qui puisse le sortir de la clandestinité ouverte, de honte et de mépris et en même temps, de le livrer à la manipulation historique. Cependant, comment lutter contre le processus de diabolisation dont l'accablent diverses confessions protestantes ? C'est une fameuse question que L. Hurbon a posée dans son intervention à travers « Revisiter l'Oncle » de Jean-Price Mars. Si nous osons tenter de répondre à cette interrogation, nous dirions que la meilleure stratégie pour lutter contre ce processus de diabolisation, c'est que les grands tenants du vaudouisme « les intellectuels » devraient procéder à une réforme radicale de cette religion et définir clairement son rôle en tant que tendance religieuse.

Dire que le vaudou est uniquement diabolique et ne pratique pas que du cannibalisme, de la sorcellerie et des sacrifices humains, est insensé. Mais, ne pas reconnaître que certains individus qui se réclament vodouisants agissent de manière épouvantable, est inconscient. Entendons-nous, sous quels critères des gens sont-ils mis dans un cercle, forcés de boire des malpropretés, puis devenus zombis ? Écoutez, les gens ont droit de marcher quand ils veulent, où ils veulent, moyennant qu'on ne décrète pas un couvre-feu. Dans le cas contraire, mettre quelqu'un en otage au point d'enlever sa vie, sous prétexte qu'il marche trop tard, est de l'injustice à l'état pur.

C'est faux de dire que le vaudou peut être un domaine incontournable pour l'implantation d'un régime démographique et le développement durable d'Haïti ; parce que depuis plus de deux-cents ans d'indépendance, les vodouisants n'y ont rien fait, sauf bomber leur torse et dire que ce sont eux qui ont libéré Haïti sous le joug de l'esclavage. Le mouvement antiesclavagiste a été effectivement initié par des vodouisants des noms de Boukman et Mackandal, puis concrétisé par Jean-Jacques Dessalines et ses troupes, mais après avoir sauvé le pays du colonialisme, qu'est ce que les vodouisants ont fait pour développer Haïti ? Rien. Ils n'ont même pas construit une petite école rurale communautaire en Haïti, voire un hôpital ou une université.

À cet effet, nous pensons que le moment est venu pour cesser de faire l'éloge du vaudou. Si c'est vrai que le vaudou est si indispensable et si indissociable d'Haïti, en quoi développe-t-il le pays ? Y a-t-il un orphelinat ? Y a-t-il un magasin communautaire ? Y a-t- il un dispensaire ? Rien du tout. Quand il y a une épidémie comme le choléra, ou une catastrophe naturelle comme les ouragans et les tremblements de terre, qu'est ce que le vaudou offre comme soutien à la population haïtienne, à ma connaissance, RIEN. Alors pourquoi les Haïtiens doivent-ils en être reconnaissants ?

Attention ! Nous ne nous attaquons pas à la légitimité du vaudou, au contraire, c'est la première religion des Haïtiens. Personne ne peut enlever aux vodouisants, le droit d'exercice en Haïti. Dans les diverses mésententes qui se produisirent entre les religions, le clergé pourchassa les vodouisants comme sauvages inaptes à la civilisation. Au nom de sacro-sainte Église, cette campagne visa la destruction des temples et les objets sacrés du vaudou, cela ne devait pas se faire ; car les vodouisants ont tout aussi droit de pratiquer leur religion. Jean Morisset, dans son hommage à l'Oncle-Mapou à travers « revisiter l'Oncle » a dit ceci : « Le vaudou est une religion parce que, à travers les fatras des légendes et la corruption des fables, on peut démêler une Théologie. Les phénomènes naturels qui gisent de façon latente à la base des croyances anarchiques sur lesquels, repose le catholicisme hybride de nos masses populaires ». Nous plaidons pour que le vaudou participe au développement socio-économique durable d'Haïti. Nous espérons que les grands tenants de cette religion détectent les petits malfaiteurs qui s'adonnent au cannibalisme. Que ces grands barons portent une correction à ce phénomène. Ainsi, on cessera de présenter cette religion toujours sur un angle négatif.
Léopold Sédar Senghor a considéré le terreau culturel haïtien et les racines africaines comme étant les « Trésors de la négritude ». Il considère la pensée de Jean-Price Mars comme de « l'eau de citerne » et le poète Carl Bouard jura dans son manifeste de l'École des Griots de faire d'Haïti le « Miracle nègre ». Bien avant Léopold Sédar Senghor, Jean-Price Mars quant à lui, s'est servi des expressions, des représentations, des croyances, des contes, des chansons, du vaudou et du créole pour montrer le chemin de la résistance et de la conquête historique des Haïtiens par eux-mêmes. Price-Mars a enfoncé le clou dans son plaidoyer pour la dignité de la race noire, en précisant que

les Africains et les Antillais ont contribué et contribuent toujours à la richesse culturelle de l'humanité. Quand Price-Mars a fait cela, il tenta de charger la batterie du peuple noir et de le faire prendre conscience de son histoire, sa richesse et de ses ressources. Rappelons qu'un peuple qui perd sa mémoire historique, est un peuple fragile. Il se désagrège. Selon Docteur Cheikh Anta Diop, historien Sénégalais, c'est la conscience de la mémoire historique collective qui rend un peuple FORT. Ce fut probablement pour la tenue de ce grand plaidoyer, que le fameux Léopold Sédar Senghor qualifia Docteur Jean-Price Mars de « Père de la négritude ». Par ailleurs, on a toujours constaté que si on veut minimiser quelqu'un, on le traite d'« Africain ». Alors, ayons une idée du peuple africain, l'origine incontestable de l'humanité.

1.1.15 Les dires des Scientifiques vis-à-vis de la création de l'homme.

Dans le livre de Genèse chapitre 1 : 27-28, nous avons appris que Dieu créa l'homme à son image (Adam et Ève). Il les bénit et leur dit : soyez féconds, multipliez-vous, remplissez la terre. Selon les Scientifiques ayant développé la doctrine « créationnisme » et étudié l'évolution de l'homme, l'Éthiopie serait le berceau de l'humanité. Selon le Sénégalais Docteur Cheikh Anta Diop (l'un des plus grands savants du vingtième siècle, historien, anthropologue, égyptologue, homme politique et linguiste), des données scientifiques dignes de confiance prouvent que l'humanité a pris naissance effectivement en Afrique dans la latitude du Kénia, de l'Éthiopie et la Tanzanie, dans ces régions qui sont à cheval sur le continent africain. Et, cette naissance s'étend jusqu'en Afrique du Sud en axe (Nord-Sud). Il précise qu'une humanité née sous une telle latitude au niveau de l'Équateur, n'aurait pas pu survivre, si elle n'a pas été pigmentée noire dès son apparition. C'est pourquoi ces premiers hommes furent munis d'un écran de mélanine pour protéger leur peau afin qu'ils puissent survivre. Donc, ces hommes durent nécessairement être noirs tant qu'ils ne fussent pas encore sortis de l'Afrique. Selon Docteur Anta Diop, c'est seulement quand ces hommes vont sortir de l'Afrique pour peupler la terre, qu'ils vont s'éparpiller et changer d'aspect suivant les différentes régions géographiques, que les autres races vont apparaître.

Il faut noter que la nature a créé six spécimens d'hommes avant d'arriver à l'homme qu'on est aujourd'hui, donc, Homo Sapiens. Les trois premiers spécimens n'ont jamais eu un potentiel d'extension pour sortir de l'Afrique. Le quatrième et le cinquième ont disparu. Il ne reste que le sixième qui est l'homme que nous sommes. Et, Docteur Anta Diop a présenté les différentes caractéristiques de ces hommes au moyen d'une vidéo préparée sur l'origine de l'homme. Ces caractéristiques les différencient de l'Homo Sapiens, c'est-à-dire l'homme que nous sommes. Donc, celui qu'on appelle dans la littérature préhistorique, l'homme de Grimaldi ou l'homme du milieu. Et, le premier homme blanc apparut sur la terre à la suite de la transformation de l'homme de Grimaldi (l'homme noir). Tandis que l'homme blanc ou l'homme de Cro-Magnon désigne initialement un fossile d'homme préhistorique qui fut découvert dans le site de l'abri de Cro-Magnon aux Eyzies-de-Tayac à Dordogne en France. Ils arrivèrent en 43.000 ans avant notre ère. Donc, incontestablement nous sommes tous des cousines et cousins sur cette terre. Précisons que l'Éthiopie pour sa part, est le deuxième pays d'Afrique par sa population et le neuvième pays du continent par sa superficie. Ce pays est aussi considéré comme la crèche de l'humanité, car il serait le lieu de découverte des ossements de Lucy. Ils furent retrouvés le 30 novembre 1974, plus précisément sur le site d'Hadar, au bord de la rivière Awash, en Éthiopie. Cette recherche a été menée par un groupe de chercheurs éthiopiens, américains et français, dans le cadre de l'« International Afar Research Expedition ». Nous sommes très reconnaissants envers ces chercheurs, car, c'est grâce à leur recherche que nous avons pu vous présenter ces squelettes que voici :

La carcasse de Lucy

Qui fut Lucy ? Elle est considérée comme le premier fossile complet à 40 % et date d'environ 3.2 millions d'années. Ce fossile a été estimé comme une espèce à l'origine de la lignée humaine. Pour les scientifiques, l'Australopithecus afarensis serait la cousine du genre homo. Les chercheurs ont même démontré que la marche bipède datait de trois à quatre millions d'années, dont voici la démonstration qu'ils nous présentent.

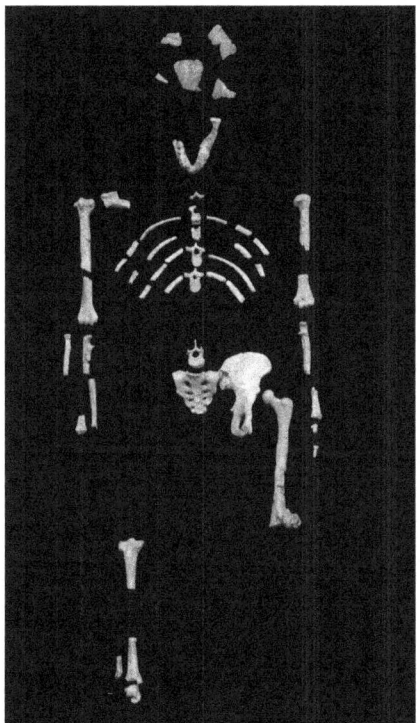
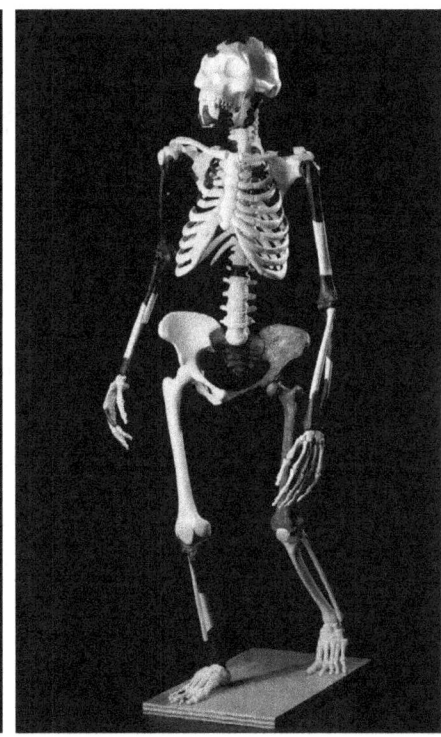

Son squelette ressemble à celui de l'homme
Par conséquent, à la lumière de cette recherche, nous voulons le dire à qui veut bien l'entendre, l'Afrique est le berceau de l'humanité. Donc, si l'on en croit, nous sommes tous frères et sœurs sous ce ciel bleu. Le racisme n'a pas sa place dans ce grand village planétaire, car nous sommes d'une seule race, celle des Hominidés. Charles Darwin pour sa part, dit que l'évolution de l'homme y trouvait son origine. De plus, une impressionnante collection de fossiles a été découverte dans ce continent. Après l'avoir analysée sur la base des études comparées et génomiques, on trouvait qu'il existait une parenté entre l'homme moderne (Hominidés) et les grands singes anthropoïdes, nous voulons dire tout simplement que nous sommes des descendants de l'homme moderne « Homo Sapiens ». Bref, à l'origine, tout le monde est Africain, quelle que soit la couleur de sa peau, on s'entend ? Docteur Jean-Price Mars, homme de pensées claires, sobres, précieuses garanties de justesse, a soutenu que l'Afrique est le berceau

même « d'Homo Sapiens ». Cela sous-entend que les premiers hommes ont été forcément des Noirs. Voilà Docteur Jean-Price Mars a réaffirmé les dires du Docteur Anta Diop. Donc, les grands esprits se communiquent, dirait l'autre. (Ainsi parla l'oncle, p.374).

Ce que l'humanité entière reproche aux Nègres, c'est d'être à l'origine du coït primordial, c'est de l'immense bordel de vivre. L'illustre Jean-Paul Sartre trouvait dans la rencontre érotique entre un homme noir et une femme noire, le sel mystérieux à l'origine de la vie humaine. Anténor Firmin considère que les méthodes pseudo-scientifiques employées contre la race noire, ne sont que des ramassis de préjugés, de diffamations aussi louches que perverses d'une aberration ou d'une étroitesse d'esprit. Cette doctrine de l'inégalité des races qui s'immisce dans une branche quelconque des connaissances humaines entraîne infailliblement les esprits les mieux faits et les plus éclairés aux idées les plus absurdes ou les plus monstrueuses. Les auteurs de cette inégalité oublient que les Égyptiens furent les pionniers de la civilisation noire et ils ont été les initiateurs incontestés de toutes les nations blanches occidentales dans le développement de la Science et de l'Art. Si on étudie les vestiges antiques, on verra qu'ils sont pleins d'enseignements et projetteront sur tout le débat, une lumière vive et pénétrante. Voilà donc une nouvelle confirmation de la vérité. Bien que les Noirs aient réalisé tous ces exploits, il nous semble qu'ils sont les plus méprisés du grand village planétaire dont nous faisons état. Ceci résulte de leur incapacité de développement de leur pays et il y a le côté raciste qu'il ne faut jamais oublier. Le racisme est donc une mentalité étroite qui ne cesse de provoquer la meurtrissure dans les cœurs des autres. Mais Docteur Jean-Price Mars rappelle que tout désir s'origine du désir d'un Autre, c'est par cette béance qu'on saisit enfin, la minutieuse articulation du malaise raciste et de la sexualité. Donc, les Nègres sont des porteurs du phallus originel (Docteur Jean-Price Mars, Ainsi parla l'Oncle, p.450).

Quand nous étions écolier, à chaque fois que nous résolvions un problème de physique ou de mathématiques, si ce problème était très difficile, nous disions que nous avions vu « noir », c'est-à-dire que nous ne comprenions RIEN, comme si c'était seulement le « noir » qui est toujours négatif. Tandis que quand nous conduisons en hiver, si nos vitres sont blanches en étant remplies de buées, nous ne pouvons plus nous avancer, nous ne voyons rien, visibilité réduite ou nulle, accident évident ! Donc, nous pensions que c'était seulement la couleur « noire » qui était négative, mais avec le temps, nous avons réalisé que la blanche l'est aussi. En parlant de la mystification de la race noire, Jean-Price Mars a démontré que les Affranchis ne sont ni des sauvages ni des barbares, qu'ils ont fondé une civilisation, des modes de gouvernance tout à fait exemplaires et que leur animisme était à la base du vaudou que recèle Haïti.

À l'instar du poète québécois, Gaston Miron qui, à travers son chef d'œuvre poème : *L'homme rapaillé,* prend la défense de sa peau à la page 46 de son classique, nous aussi, comme l'ont fait Anténor Firmin, Docteur Jean-Price Mars, Martin Luther King et Léopold Sédar Senghor, nous défendons énergiquement la couleur de notre peau, de notre race et la dignité de notre peuple. Tel est le but principal de notre plaidoyer. Sachez que les matins, nous nous précipitons tous vers la douche pour nous laver, nous transpirons tous, nous chions tous. Et, nous vous assurons que c'est universellement puant et dégueulasse. Donc, que vous soyez filles ou fils de Grimaldi ou Cro-Magnon, nous sommes tous des humains, condamnés à vivre sous ce ciel bleu. Alors, le problème du racisme, est un faux problème. Que notre épiderme ne se convertisse plus en germe qui nourrit une différence sociétale bizarroïde dans ce si beau village planétaire. Sachez qu'après la mort, nous pourrirons tous malgré nous, dans le ventre de la terre. Et, nos vestiges se transformeront en poussière. Car, tu es poussière et tu retourneras dans la poussière (Genèse 3 :19). Alors, combattons au contraire ce vénin social (le racisme) par l'épée de la courtoisie, de l'entraide et de l'harmonie, en vue d'une magnifique société universelle. Petite anecdote. Le 28 février 2015, nous avons travaillé à l'urgence d'un hôpital de notre pays d'accueil. Nous étions donc dans la mire des belles femmes blanches. Parfois, nous avons l'impression qu'elles chuchotaient en parlant de nous. Une d'entre elles longeait le couloir dans tous les sens. Elle ne cessait pas de nous jeter des coups d'œil obliques. On dit toujours que le premier mot qu'on glisse à l'oreille d'une femme doit être le plus positif ou humoristique que possible. Sans quoi, échec total. Nous avons toujours eu l'air d'un *femmologue*[6], ou un spécialiste en matière de femmes. Certains hommes ignorent combien il est impérieux de faire la psychologie de la femme. C'est pourquoi nous voulons toujours nous dissocier d'eux. Donc, pour ne pas avoir l'air d'un imbécile, et pour dénouer l'atmosphère, nous l'avons abordée ainsi : tu travailles fort, félicitations ma belle ! Elle nous a répondu : toujours ! Elle a un beau visage rond joufflu et un sourire dévorait ses minces lèvres fardées d'un rouge vif. Ses paupières étaient illuminées d'un fard bleu de ciel. Nous avons alors phantasmé le ciel de ses minces lèvres qui se serait abbatu sur les nôtres, tandis que nous caressions ses superbes fesses. Puis, nous l'avons vue en train de nous offrir une des pointes de ses magnifiques seins, en la baladant près de notre bouche. Nous lui avons dit : dans tes vacances, tu devrais aller te prélasser au soleil de la Caraïbe ! Tu le mérites et tu en auras besoin ! Elle nous a dit : effectivement, j'ai envie d'aller à Cuba. Nous lui avons répondu : pourquoi Cuba ? Il y a de belles plages en Haïti aussi, vas-y ! Elle : j'aimerais visiter Jérémie (chef-lieu du département de la Grand'Anse). Nous : comment as-tu fait pour connaître Jérémie ? Qui t'en a parlé ? Elle : ah oui ! Par le fait que je suis blanche, je n'ai pas le droit de connaître des Noirs ? Tenez-vous bien ! Une blanche qui revendique la négritude, voyez-vous ? Vous allez voir pourquoi cette femme blanche aux yeux bleus, a réclamé la part du Noir. Qui t'a parlé de Jérémie ? Avons-nous insisté. Elle : ah, tu es trop curieux mon cher ! Puis, elle a ajouté : ma mère était avec un Haïtien pendant 24 ans, et cet homme vient de Jérémie. Puis, elle a disparu derrière les rideaux en nous faisant des yeux doux.

La conversation a été interrompue de façon brusque. Nous avons donc compris que notre collègue (pénis) est le meilleur maquillon pour dompter le racisme dans une société multiculturelle. Venger la race a toujours été une très grande néccésité chez les Noirs. Donc, le sperme a toujours été un liquide très efficace pour faire taire la xénophobie et

---

[6]***Femmologue*** : *Expert en femmologie. Cette science s'occuperait de l'étude des femmes (néologisme).*

la discrimination raciale. Vingt fois sur le métier vengeons la race, et revengeons-la, c'est donc la meilleure façon de se faire accepter. Notons que quand une femme blanche voit un Noir, elle le regarde comme si elle dit dans son cœur : « j'ai envie de m'asseoir à nue en califourchon sur lui, pour voir à quoi ça en a l'air. Ou, j'aimerais goûter à la saveur sexuelle tropicale ». Et, le Noir dit aux tréfonds de lui : « Si j'aborde cette femme et elle m'accuse d'agression sexuelle, je suis fouttu dans ce pays. Je suis dans la MERDE, on va me compliquer la vie, alors, PRUDENCE » ! Entre temps, les regards n'arrêtent pas de se croiser. On se fusille donc du regard. En fait, il y a le jeu du chat et de la souris qui se fait. Cependant, les Noirs n'arrivent toujours pas à comprendre comment se fait-il qu'un Blanc baise une belle femme dans un métro, un arrêt d'autobus ou un centre d'achat et qu'il n'est jamais bandé. C'est incroyable ! Tandis qu'un Noir pense seulement à la bise, il bave déjà dans son caleçon. Donc, un Noir a toujours hâte de pénétrer, voire même visiter le point G (le fameux musée féminin). Par contre, les Noirs et les immigrants en général, ont peur de courtiser les femmes blanches. Ils ne font que leur sourire, pour montrer qu'ils sont les plus gentils de la terre, c'est presque tout. Pourtant, il y a des femmes qui aimeraient bien négocier une fellation, mais hélas les hommes ne viennent pas. Les hommes font aussi la queue pour atteindre ce même objectif. Voilà donc une autre face cachée de l'immigration. Enfin, beaucoup de femmes sont en lisse pour jouir d'une sacrée fellation, on ne sait pas encore qui vont être finalistes. Nous attendons impatiemment de voir pour qui on déroulera le tapis rouge. Bref, en parlant de différence de couleur, aujourd'hui, on voit des gens qui, n'étant pas fiers de leur couleur et de leur origine, ont honte de s'identifier, tandis que dans les années cinquante, Gaston Miron, le célèbre poète québécois, a vu en poète Aimé Césaire, un homme qui a accepté d'être NOIR jusqu'à l'os. Voilà donc un Antillais conséquent qui a marqué l'histoire littéraire de tous les temps. Le recueil de poèmes d'Aimé Césaire « Cahier d'un retour au pays natal » reste et demeure un chef d'œuvre poétique. Tandis que la profondeur du manifeste de Jean-Price Mars a interpellé tous les intellectuels de son ère. Gérald Godin, écrivain et homme politique québécois, incapable de résister au grand plaidoyer du Nègre de Price-Mars, disait ceci : « Nous sommes tous nègres, il faut aller chercher nos racines en Afrique, et l'Afrique la plus proche, c'est la Martinique ». Donc, Gérald Godin, un Blanc pure laine, dit-on fièrement, a aussi concédé que l'Humanité est africaine. Voilà un homme avisé! La laine que nous connaissons, a-t-elle réellement la même couleur que la peau de quelqu'un ? Ah, c'est un autre débat! Nous vous taquinons! Revenons aux grands barons du Soi-nègre, s'il y a deux pères de la négritude, ce sont le Sénégalais Léopold Sédar Senghor et l'Haïtien Docteur Jean-Price Mars. Senghor a campé la négritude avec beaucoup de hardiesse et Price-Mars a repris cette conquête en faisant un imposant plaidoyer pour le « Soi-nègre ». Cet enchaînement positif axé sur la négritude, sert donc de repère à la projéniture nègre. La révolution haïtienne n'avait de sens que si tous les Nègres touchant les rivages de l'île, pouvaient devenir Haïtiens.

Tous les Blancs, eux aussi, pour qu'ils adhèrent aux idéaux de la nouvelle République, pouvaient se muter en Nègres à leur tour, nom générique donné à tous les citoyens du nouvel État quelle que soit la couleur de leur peau. Selon la belle étymologie du sémitique du mot NIGER, une des plus célèbres tribus de cavaliers nomades de l'Antiquité, s'appelait Niger ou Nigritien. La beauté noire est à l'origine du mot latin NIGER, lequel étymologiquement a donné le mot Negro, puis le mot NÈGRE, mais le nom des Nigritiens lui-même, vient d'une racine sémitique, ngr, qui signifie l'eau qui coule dans le sable, d'où les noms du fleuve NIGER ou des cataractes du Niagara, de même que le verbe français « Nager », tous sont issus de la même racine mythique, selon Docteur Jean-Price Mars (Ainsi parla l'Oncle, p. 453 à 454).

Si la racine sémitique du mot NIGER veut dire : « L'eau qui coule dans le sable », cela sous-entendrait que le Nègre qui est d'ailleurs, selon Charles Darwin, l'origine de l'humanité, est pur et est passé au crible de la conception de Dieu, créateur de tous les êtres. Donc, mépriser des Noirs sous prétexte qu'ils sont nègres, découle de l'ignorance de l'étymologie du mot nègre elle-même, pauvre diable! Mais Dieu pardonne les temps d'ignorance (Actes 17 : 30). Cependant, le fameux écrivain d'origine haïtienne, René Depestre, n'a pas raté l'occasion de qualifier l'ouvrage du Docteur Price-Mars, de « véritables déclarations d'identité culturelle » des Noirs d'Haïti.

Toutefois, selon nous, Price-Mars n'a pas assez enfoncé le clou dans les situations sociopolitiques et économiques d'Haïti. Cependant, en écrivant ce plaidoyer pour Haïti, nous avons envie de le ressusciter pour lui proposer d'écrire ce livre avec nous. Price-Mars définit le vaudou comme étant le « poteau-mitan » de l'héritage culturel haïtien, destiné à jouer un rôle prépondérant dans le développement de la nation haïtienne, mais depuis après plus de deux-cents ans d'indépendance d'Haïti, quels sont les jalons de développement durable que le vaudou a posés ? Nous pensons qu'aujourd'hui qu'il est temps de s'interroger sur cette question trop latente en Haïti. Tenant compte de tous les exploits que le protestantisme et le catholicisme ont réalisés, on peut dire que le vaudouisme, quant à lui, n'y a rien fait en termes de développement durable. Romuald Fonkoua, l'un des auteurs qui « ont revisité l'Oncle de Jean-Price Mars », a estimé que cette œuvre est une référence à l'esclavage. Et, elle a ses conséquences sur la formation de la société haïtienne. Fonkoua précise aussi que cet Essai sert de cadre historique social général.

À l'instar d'Annibal Price qui a défendu pleinement le « Noir haïtien » à travers son livre titré : « De la réhabilitation de la race noire par la République d'Haïti » publié en 1900, nous voulons non seulement réclamer le respect de tous les peuples noirs de la planète, mais aussi plaider pour une Haïti développée où il fait bon vivre. Docteur Jean-Price Mars voulait clairement démontrer dans son manifeste que les Noirs avaient comme l'objectif premier, l'égalité des Blancs où tout simplement gagner leur autonomie, sans quoi, il n'y aurait pas eu le 1er janvier 1804. Bref, qu' est ce qu'il faut comprendre des Noirs, surtout les Haïtiens ? Ce sont des gens résilients, combatifs, courageux, dignes et honnêtes, mais qui ne sont pour la plupart, pas aptes à poursuivre leur objectif jusqu'au bout.

En 2008, nous avons parlé à un collègue africain. Il nous a dit qu'Haïti aurait dû être une terre d'accueil comme les États-Unis ou le Canada pour avoir été la première République noire indépendante du monde. C'est vrai ! Tandis qu'Haïti patauge dans la misère au lieu d'être une terre d'exemple pour les autres nations, c'est aberrant ! Plus loin, Fonkoua a démontré dans « Ainsi parla l'Oncle suivi de revisiter l'Oncle » que

Joseph Deniker a dit que les types d'Africains s'étaient construits par des métissages d'identité plus ou moins inégale. Selon Deniker, les négrilles, les négroïdes et les nigritiens qui composent les types de peuples africains, sont des produits de mélange. Les premiers pygmées de la forêt noire, ces « nains » dont parlait Hérodote d'Hali Carnasse, forment des tribus primitives déjà mélangées entre elles. Sous l'influence des mélanges avec les Nègres, une race nouvelle, analogue à la race éthiopienne et à laquelle, il faut rapporter probablement le fond des anciens Égyptiens. Quant aux Nigritiens qui forment la part de la plus grande et la plus diverse des peuples d'Afrique noire, ils sont les ancêtres les plus probables de la plupart des Haïtiens (Ainsi parla l'Oncle suivi de revisiter l'Oncle, p.334).

Malgré Homère Hérodote de Sicile et une foule des Grecs reconnurent que les Nègres viennent du berceau égyptien, on ne voulait pas admettre que la race noire fût capable de produire une civilisation supérieure. On se rabattait donc sur des arguments d'un nouvel ordre, afin de fortifier les preuves insuffisantes qu'on avait vainement essayé de trier de la Chronologie et l'Archéologie. Les savants ne voulurent plus reconnaître qu'un peuple de race noire a pu s'élever à la grande culture intellectuelle et sociale dont les Égyptiens ont fait preuve. Il est donc insensé de vouloir retirer encore à la race noire africaine, la gloire d'avoir produit la civilisation antique qui a fleuri sur les bords du Nil. En termes d'appartenance, on pouvait voir que les anciens Égyptiens se rangèrent aux côtés des Nègres (Nashi ou Na'hasiou) sous la protection d'Hor qui est la division ethnique de l'Afrique opposée au reste du monde. Cependant, les Asiatiques se mirent ensemble, et les peuples du Nord à la peau blanche firent de même. D'ailleurs, on fait ce constat même à l'université. Cette division n'est-elle pas significative ? N'indique-t-elle pas qu'ils ne se reconnaissent de la même origine que les autres peuples noirs d'Afrique ?
L'Assyriologiste et Archéologue français, François Lenormant, pour sa part, affirme à travers son livre titré : « Histoire ancienne de l'Orient », que les Éthiopiens ressemblaient tellement aux Égyptiens qu'on peut les considérer comme formant la même race. Les nations très foncées, telles que : les Wolofs, les plus beaux de Nigritiens, les Aschantis et les habitants du Haoussa, ne forment qu'une minime portion des peuples d'Afrique. L'ancienne population de l'Égypte fut de cette couleur rougeâtre. Les Égyptologues les nomment « rouge foncé, rouge brique » se rapportant

littéralement aux nuances figurant sur les monuments. Les anciens Égyptiens, quoique noirs, aient pu atteindre un degré d'évolution notable. Le type nigritique admirablement affirmé en eux sans rien perdre de son caractère fondamental, avait embelli de manière impressionnante.

1.1.16 L'origine des couleurs humaines.

Nous avons remarqué que la couleur de la peau fait toujours l'objet des sujets de conversation et génère souvent des conflits entre différents peuples. Les tendances diverses en viennent à alimenter malheureusement des théories racistes. Le racisme est donc la plus grande idiotie qui soit. En 1775, le naturaliste Johann Friedrich Blumenbach proposa une nouvelle classification d'Homo Sapiens. En 1795, il fit état de la variété caucasienne à peau pâle (l'Europe), la variété mongole (Chine et Japon), la variété éthiopienne à peau sombre (Afrique), la variété américaine et la variété malaisienne (Polynésiens, Aborigènes). Comme nous avons dit au préalable, les origines de l'espèce Homo Sapiens sont africaines. D'ailleurs, les plus anciens fossiles retrouvés datent de plus de cent-cinquante-six mil ans en Éthiopie. Lorsque nous lisons la Bible, plus précisément le livre de Genèse, nous avons vu que les deux premiers êtres créés par Dieu, furent : Adam et Ève. Donc, il n'existe pas de race supérieure comme on voudrait toujours le faire croire. Puisque ces deux êtres (Adam et Ève) font l'objet de l'origine de l'humanité, nous pouvons dire qu'il n'y a qu'une seule race - La race humaine. Qu'une seule famille - La famille humaine.
Maintenant, pourquoi toutes ces couleurs ? Pourquoi toutes ces tensions sociales basées sur la diversité de couleurs de peau ? Pourquoi le racisme ? Pourquoi briser les cœurs de ses semblables ? À ce constat, certains spéculent que Dieu embrouilla la Tour de Babel (Genèse 11 : 1-9). Et qu'il est probable qu'il instaurât aussi une diversité raciale. Puisque ces êtres sont appelés à s'adapter aux différents écosystèmes, il est possible que Dieu fît des modifications génétiques à l'humanité. Par exemple, les Africains sont mieux équipés pour survivre aux fortes chaleurs d'Afrique. Remarquons que notre approche

sur les différentes couleurs de peau et sur la diversité linguistique sont plutôt hypothétiques, car ces concepts ne sont pas clairement définis dans le récit de la Tour de Babel, précisons-le !

Revenons à Adam et Ève, ces deux personnes procédèrent les gènes pour produire une descendance noire, brune et blanche. Et, jusqu'aujourd'hui, on peut faire le même constat, par exemple, on voit étonnamment des parents noirs donner naissance à des enfants albinos. Ces cas sont donc très fréquents en Haïti et dans certains pays d'Afrique. En Haïti, ces albinos sont communément appelés : CAFÉ. Ils portent des tâches jaunâtres sur leur peau et ils ne peuvent pas fixer le soleil. Ils piquent toujours la curiosité des gens quand ils passent dans les zones privées d'albinos. Alors, ne sont-ils pas le surgissement des gènes d'Adam et d'Ève ? Donc, lorsqu'on tient compte d'Adam et d'Ève et de leurs enfants : Caïn et Abel, nos grands-parents qui peuplèrent la terre, on peut dire que nous, qui nous nous embêtons aujourd'hui pour une question de couleurs de peau, sommes des sœurs et frères, de proches cousins. Alors, à quand serons-nous conscients de notre ignorance et de notre stupidité ? À quand serons-nous assis autour d'une même table sans se mystifier, sans aucune lueur de préjugé ?

1.1.17 Un aperçu sur la monnaie haïtienne.

La monnaie haïtienne est la gourde. Le mot « Gourde » est une traduction du mot espagnol « Gordo » qui veut littéralement dire : « Gros, gras ». Ce terme se réfère au mot « Peso » monnaie d'échange qui a été acceptée dans les colonies françaises des Antilles à la fin du 18ᵉ siècle. Après l'indépendance d'Haïti en 1804, la gourde fut adoptée pour désigner la monnaie de base d'Haïti. La constitution de 1987, la définit comme « l'Unité monétaire nationale (Art 6, ch I) ». Il faut noter que la gourde haïtienne porte aussi le nom de « Piastre ». En arrivant au Québec, nous étions très surpris d'entendre les Québécois utiliser également le mot « Piastre » dans leur langage familier. Dans la langue vernaculaire haïtienne, les pièces de monnaie « Dollar ou Gourde » portent vulgairement le nom d'Ardoquin, par leur ressemblance avec cette pièce de béton en forme de losange, entreposée dans les revêtements des rues de Port-au-Prince et celles des villes de province.

1.1.18 Les différentes modifications du drapeau haïtien.

Vu qu'Haïti fut colonisée par les Français, le tricolore (bleu, blanc, rouge) flotta sur la colonie de Saint-Domingue du 17ᵉ siècle jusqu'en février 1803. Or, en 1798, Toussaint Louverture adopta le tricolore français. En février 1803, Jean-Jacques Dessalines et Alexandre Sabès Pétion décidèrent à la Petite Rivière de l'Artibonite, d'éliminer la bande blanche. Trois mois plus tard, soit le 18 mai 1803, Dessalines ôta la couleur blanche qui représenta l'emblème colonial au premier étendard haïtien, lequel symbolisa l'union des Noirs et des Mulâtres dans la lutte pour leur liberté. Il y fit inscrire la devise : *Liberté ou la Mort*. Rappelons que ce fut Catherine Flon, belle-fille de Marie-Claire Heureuse Félicité, l'épouse de Dessalines, qui fut chargée de recoudre les deux bandes *Bleu et Rouge* du drapeau haïtien. Le 18 novembre 1803, l'indépendance d'Haïti fut scellée à Vertières au Cap-Haïtien. Le 1ᵉʳ janvier 1804, les chefs de la Révolution changèrent le drapeau en mettant horizontalement les couleurs. Ce bicolore fut le premier drapeau officiel de la République au regard la constitution de 1843 (article 192). Le 8 octobre 1804, Dessalines devint Empereur sous le nom de (Jacques 1ᵉʳ). Il adopta le 20 mai 1805, un nouveau bicolore noir et rouge vertical. Le Rouge symbolisa *la Liberté*, et le Noir, *la Mort*. Après l'assassinat de Jean-Jacques Dessalines au Pont-Rouge le 17 octobre 1806, Haïti se divisa en deux parties. Le Nord fut gouverné par Henri Christophe, l'Ouest et le Sud par Alexandre Sabès Pétion. Pétion reconsidéra le Bleu et le Rouge de 1804, il y fit ajouter la devise « l'Union fait la force ». Dans un carré d'étoffe blanche au milieu des deux couleurs, on plaça les armes de la République ornées du Bonnet de la liberté. Ce bicolore flotta dans le pays pendant cent-cinquante-huit ans jusqu'en 1964. Le 28 mars 1811, Homme de taille moyenne, Henri Christophe mesure 1 m 68 environ. Teint très clair, cheveux frisés, regard vindicatif, il fut Roi du Nord pendant neuf ans. Il fut l'adversaire farouche d'Alexandre Sabès Pétion. Il devint Empereur sous le nom d'Henri 1er, et il conserva les couleurs de l'étendard impérial. On y ajouta la bande rouge du côté du mât. Au centre, on plaça un écusson portant cinq étoiles d'or sur fond bleu.

Au-dessus du phénix, on plaça une couronne et inscrivit dans la circonférence : « Ex cinerebus nascitur », en français : « Des cendres, je renaîtrai ». Le Royaume d'Henri 1er tomba 1818. Alexandre Sabès Pétion de son côté, imposa le Bleu et Rouge horizontal et Jean-Pierre Boyer qui lui succéda le 8 octobre 1820, conserva le même drapeau. Le 9 février 1822, Jean-Pierre Boyer annexa la partie espagnole de l'île. Le 30 novembre 1821, il proclama l'indépendance de l'Espagne. Haïti se nomma alors « República del Haití español » et fit union avec la grande Colombie. Ce tricolore (jaune, bleu arborant cinq étoiles en demi-cercle au milieu, et le rouge) flotta au pays dès les premières semaines de 1822. Boyer va dissoudre cette République peu de temps après. En 1844, on tenta de réhabiliter le drapeau noir et rouge, mais cette initiative fut soldée par un échec. Trois ans plus tard, soit en 1847, Faustin Soulouque devint Président et en 1849, il devint Empereur (Faustin 1er). Il adopta le drapeau bleu et rouge, mais remplaça les armes de la République par un écusson. Ces armes retrouvèrent leur place après la tombée du Royaume de l'Empereur. L'ex-dictateur François Duvalier fut élu en 1957. Le 25 mai 1964, il adopta le drapeau noir et rouge et garda les armes de la République dans la nouvelle constitution. Après la chute de l'ex-dictateur Jean-Claude Duvalier le 7 février 1986, dix jours après, soit le 17 février, la nation réadopta le bleu et rouge, lors d'un *plébiscite*[7] sur la constitution du 29 mars 1987.

---

[7]**Plébiscite** : *Vote direct du corps électoral par oui ou par non, sur une question qu'on lui soumet. Voir le reférendum. Recourir au plébiscite à la consultation populaire. Élection par plébiscite.*

1.1.19 Les trois religions fondamentales d'Haïti sont :

a) Le vaudouisme

Pour bien comprendre la religion « Vaudou », il faudrait prendre connaissance des origines des peuples qui ont été transplantés dans l'île d'Haïti. Claudine Michel, une auteure d'origine haïtienne, dans son livre titré « Aspects éducatifs et moraux du vaudou haïtien » *publié 1995*, a recensé plus d'une centaine de groupes ethniques, dont en voici quelques-uns : Sénégal, Sierra Léone, Côte d'Or, Côte d'Ivoire, Niger, Soudan, Angola, Dahomey et ces peuples sont issus de divers tributs, tels : Soussous, Ibas, Lélé, Malinké, Bambara, Nago, Congo, Caplaou, Fon, Quimba, Miné, Mali, Oualoff, Poulain, et Mandingues. Selon Alfred Métraux, Ethnologue français d'origine suisse et auteur de nombreux ouvrages, les esclaves venaient du Bénin (Afrique). L'économie du Royaume du Dahomey se reposait principalement sur la vente des esclaves. Ces captifs de guerre furent tous vendus aux grands propriétaires blancs. Précisons que ce trafic humain commença sur l'île de Gorée au Sénégal vers 1503.

1.1.20 La fierté des vodouisants face à l'indépendance d'Haïti.

À travers les livres qui sont déjà écrits sur le vaudou haïtien, les auteurs sont unanimes à reconnaître avec fierté, l'apport incontestable du vaudou en Haïti, c'est normal qu'ils soient aussi fiers, car l'histoire a rapporté que leurs stratégies furent déterminantes dans la lutte pour la libération contre les colons français. Les Haïtiens sont fiers d'être descendants des Africains sublimes aux pieds nus. Ces derniers menèrent une lutte victorieuse de libération pendant douze ans contre l'armée napoléonienne de France, et en 1804, ils fondèrent la première République noire indépendante du monde, sur les cendres du système esclavagiste de l'implantation coloniale (Asselin Charles, Ainsi Parla l'Oncle suivi de revisiter l'Oncle, p.34).

Mais nous avons une brûlante question à poser que voici : depuis après cette libération, que font les vodouisants pour développer ce pays qu'ils disent qu'ils aiment tant ? S'il y a quelqu'un qui connaît quelques réalisations concrètes, relatives au développement socio-économique d'Haïti que les vodouisants ont accomplies, faites-le-nous savoir. À notre humble avis, nous ne croyons pas que quelqu'un puisse mettre un enfant au monde, et c'est toujours une fierté de dire que : c'est lui, la mère ou le père de cet enfant, sans qu'il ne fasse aucun effort pour en prendre soin, l'éduquer et l'aider à s'émanciper socialement. C'est exactement le cas du Vodou en Haïti. Nous ne comprenons réellement pas le sens de cette fierté de libération que les vodouisants ont toujours manifesté, alors qu'ils n'ont jamais démontré aucune velléité de participer au développement véritable d'Haïti. Gladys F. Carré Hermantin, dans son livre titré : « Haïti, notre Histoire », dresse le pont entre la pratique du vaudou en tant que religion et la magie noire que professe les malfaiteurs pour faire du mal :

Elle définit le « Vaudou » comme étant « un culte qui crée des liens entre l'homme et une force immatérielle existant partout dans l'espace ; à cette force immatérielle, on peut assigner un point matériel et les initiés peuvent l'invoquer par des formules connues d'eux seuls ».

Pour elle, « la magie noire est la manipulation des esprits mauvais ou errants dans des buts criminels ou de vengeance ».

En plus de ces deux concepts desquels, Gladys F. Carré Hermantin a fait état, elle a analysé également le côté fétichiste du vaudou qu'elle a qualifié d'« une figurine humaine ou animale qui implique le lien entre l'homme et l'esprit ». Hermantin a soutenu plus loin qu'il existe les sortilèges qui se divisent en deux parties : la « protection et l'attaque ». L'auteure a fait savoir que « dans les sortilèges haïtiens, on en retourne à une qu'on appelle le « Wanga » qui désigne un Talisman qui protège un individu, un champ ou une maison ». Ce palier magique, par esprit de puissance ou de vengeance illicite, sert à causer du mal à autrui. Effectivement, nos cousines et cousins ont été victimes de cet angle du vaudou.

Alors si on nous dit que le vaudou est une religion à part entière, nous en sommes d'accord à cent pour cent, parce qu'il participe pleinement à la médecine traditionnelle et à l'affranchissement des esclaves. En ce qui a trait à la médecine traditionnelle, quand nous étions petits, nous avions l'habitude d'entendre qu'on dit qu'une personne peut être malade et qu'un prêtre vaudou fasse bouillir une poignée de feuilles d'arbres et la fasse boire une tasse de thé. Cette personne a guéri. C'est la même chose que si ce prêtre vaudou prépare un bain pour une personne qui est malade, elle peut être guérie. Naturellement, nous n'avons pas été bénéficiaires de cette pratique mystique, mais quand nous étions malades, notre mère savait sans faire aucune cérémonie mystique, quelles feuilles d'arbres étaient utiles pour faire fuir la fièvre qui nous craquait les os. Elle savait aussi où aller les chercher. Notre mère savait aussi quelles feuilles bouillir pour nous dégonfler quand nous étions ballonnés après avoir trop mangé. Elle représentait un médecin spécialiste de la constipation de ses enfants. Nous avons vomi, gazé, diarrhé, bien déféqué grâce à la dilligence de notre mère. Merci beaucoup maman !

Cependant, le prêtre vaudou (hougan) a fait exactement la même chose, la différence entre ces deux actes, c'est que le prêtre vaudou fait une invocation mystérieuse, alors que notre mère ne l'a pas faite. Elle s'en allait plutôt par routine et par habitude. C'est de là qu'il faut reconnaître que certains hougans sont tout à fait utiles à plus d'un, dans une communauté. Eh bien, si certaines personnes se camouflent derrière les rideaux de cette religion pour faire le mal, les tenants (les avisés) du vaudou, devraient se donner pour tâches de se mettre à la croisée des chemins de ces gens, pour dénoncer ou contrecarrer ceux qui présentent cette religion sous un angle plutôt maléfique par leur action. À ce moment-là, on finira par démontrer que le vaudou est une religion ordonnée et on effacera du même coup, le mythe qui est ancré dans la tête de certaines gens à son encontre. Mais, faire uniquement de l'apologie de cette religion sans faire la part des choses et reconnaître que bon nombre de gens ont trouvé leur mort pour rien, par l'incapacité d'analyse de certains petits hougans mal intentionnés et malveillants, est inconscient. Docteur Jean-Price Mars, dans son manifeste « Ainsi parla l'Oncle » a tenu un grand plaidoyer en faveur de l'identité du vaudou.

Dans son livre, Price-Mars a plaidé en argumentant que : Le vaudou est une religion, car, 1) tous les adeptes croient à l'existence des êtres spirituels qui vivent dans l'univers, 2) le culte dévolu à ses dieux réclame un corps sacerdotal hiérarchisé, 3) à travers les fatras des légendes et la corruption des fables, on peut démêler une théologie, un système de représentation, grâce auquel, les ancêtres s'expliqueraient les phénomènes naturels et qui gisent de façon latente à la base des croyances anarchiques sur lesquelles, repose le catholicisme hybride des masses populaires. Nous chérissons le plaidoyer de Price-Mars pour l'authenticité de la religion vaudou. Nous sommes sûrs que si Price-Mars avait tenu le même discours aujourd'hui, il aurait ajusté ses propos en tenant compte des gens qui sont victimes des actes odieux et cannibalesques de certains.

1.1.21 Quelles devraient être les perspectives des vodouisants haïtiens ?

Avant de vous énumérer ces nouvelles perspectives, permettez-nous de vous faire savoir que beaucoup d'ouvrages sont déjà écrits sur le Vaudou en Haïti. À travers ces papiers, on peut constater que les analystes de la religion du Vaudou parlent toujours de son origine, ils spécifient dans quel contexte le Vaudou représente l'âme haïtienne. Évidemment, l'Histoire d'Haïti est caractérisée par le vaudou, parce que si on remonte à l'origine de cette religion, on verra que le vaudou haïtien vient d'Afrique, plus précisément de la Guinée et du Dahomey (Bénin). Les esclaves s'identifièrent donc à cette religion et poursuivirent leur rituel. Le vaudou a donc représenté une divinité pour certains Haïtiens.

Pour d'autres, c'est tout simplement un pouvoir auquel, peuvent recourir certains individus pour proférer le mal. Cependant, les gens qui pensent de cette manière, n'ont-ils pas raison ? Peut-être, car, les personnes qui conçoivent cette religion ainsi, sont surtout de potentielles victimes. Comment voulez-vous qu'un prêtre vaudou (hougan), tue quelqu'un parfois sans aucune raison valable, puis, l'exhume de sa tombe, cache son âme dans une bouteille noire ou la transforme en zombis ou en animaux, alors quand on voit que quelqu'un a infligé toutes ces peines à ses semblables, on peut dire que c'est normal que les proches des victimes, associent le vaudou au mal, même si ce ne sont pas tous les vodouisants qui inspirent des idées maléfiques.

D'autre part, on peut même se demander, qui a donné tout ce droit à un Hougan de compromettre la vie de l'autre sans justifier les dires de son client, c'est-à-dire la personne qui demande au prêtre vaudou pour proférer le mal en sa faveur contre la personne envers qui, elle a des dents. Ces genres d'actes de tueries ou de zombification injustifiés devraient attirer l'attention de la justice. L'appareil judiciaire pourrait y intervenir pour au moins évaluer équitablement les actes que certains prêtres vaudou (Hougan) ont posés contre leurs semblables. Quelle que soit la religion, elle devrait être assujettie aux normes légales. Dans cette section, nous vous permettons de prendre connaissance de deux faits marquants qui se sont produits au sein de nos proches, où nos proches ont été victimes dans des conditions tragiques que voici :
Au cours de l'année 2000, un de nos cousins possédait une cage remplie de pigeons, à chaque fois qu'il était sorti, un enfant du voisinage s'était amusé à aller jouer avec ses pigeons, puis, il a ouvert la cage et a libéré les oiseaux. De retour à la maison, notre cousin a trouvé sa cage à pigeons vide. Il a rapporté l'affaire aux parents de l'enfant, ils n'ont rien fait pour éviter que cette situation ne se reproduise. Quelques jours plus tard, notre cousin a acheté d'autres pigeons et les a mis dans sa cage. L'enfant y est revenu jouer et a libéré une fois de plus les pigeons nouvellement achetés. Quand notre cousin a constaté que l'enfant a continué à lui faire perdre ses pigeons, il l'a tapé en lui disant de ne plus toucher à sa cage à pigeons, il a fait cela parce qu'il considérait que c'était un enfant du voisinage, c'était comme s'il s'agissait de son propre fils, car dans la coutume haïtienne, si quelqu'un voit un enfant ou un adolescent de son entourage faire quelque chose de mauvais, il peut se permettre de le corriger ou de le réprimander à la place de ses parents, sans vouloir pour autant faire du mal à cet enfant, c'est dans ce contexte que notre cousin a tapé le bambin. Les parents de ce gamin ont appris qu'il a été tapé, ils se sont rendus chez un hougan,

ils ont expliqué l'affaire et lui ont demandé de tuer notre cousin. Le houngan pour sa part, n'a même pas pris le temps de s'informer des raisons pour lesquelles, l'enfant a été tapé, il a invoqué ses louas, fait ses mystères et poudré notre cousin magiquement. La poudre a commencé par susciter des boutons sur ses pieds, elle a occasionné beaucoup de démangeaisons sur sa peau, puisque ces boutons ont été grattés, ils sont transformés en plaies et sa jambe est entrée en putréfaction. Par la suite, il est mort. Tenez-vous bien, il a trouvé la mort pour ses pigeons et que dans cette circonstance, il avait pleinement raison de réprimander le gamin qui était venu les libérer. Une telle situation est-elle normale dans une société ?

À côté de la tragédie que nous avons expliquée plus haut, on a utilisé aussi la magie noire pour commettre un autre désastre au sein de nos parents que voici :

Notre cousine était une commerçante, à son absence, un jeune homme a toujours investi sa chambre et est entré en relations sexuelles avec sa nièce, quand notre cousine a appris cela, elle s'est arrangée pour y surprendre ce jeune homme. Un beau jour, elle l'a pris en flagrant délit en pleine action sexuelle. Très mécontente, elle a lancé quelques coups sur sa nièce et en a lancé aussi sur le jeune homme. Le jeune a raconté l'affaire à ses parents, ses proches n'ont même pas évalué la situation pour savoir de quoi il s'agissait, ils sont allés chez un prêtre vaudou « hougan » et ils lui ont demandé de tuer notre cousine illico, en payant bien sûr, une somme d'argent pour la réalisation de cette opération. Le hougan s'est donc mis à l'œuvre et quelques jours après, notre cousine a attrapé une fièvre, cela n'a pas pris beaucoup de temps pour qu'elle soit mourante, à la veille de sa mort, son corps était enflé et elle s'est évanouie à maintes reprises. Pendant toutes ces calamités, chaque soir, vers vingt-deux heures, son quartier était devenu un désert parce que tous les gens de la zone avaient déjà vidé les lieux. Les fréquentes visites d'une bande de sorciers se faisaient sentir dans la zone. On remarquait seulement des attroupements de gens qui prenaient le contrôle de la cité et que notre cousine, ayant été à l'agonie et en pleins tourments dans son lit, a crié :

— On vient me chercher !
— On vient me chercher !

— *On vient me chercher!*
Par la suite, elle est morte et est probablement devenue une « *zombie* » chez les parents de ce jeune homme dont nous avons parlé plus haut. Tenez-vous bien ! « On vient me chercher », pourquoi ? Parce que notre cousine a trouvé le jeune homme dans sa chambre et lui a lancé quelques coups. Dans une société où la justice régnerait, ce jeune homme aurait fait l'objet de deux chefs d'accusation :
Violation sexuelle
Violation de domicile
Telle n'a pas été le cas, c'était plutôt notre cousine qui devait perdre sa vie. Est-ce logique dans une société ?
Pour certains auteurs, le peuple haïtien devrait être reconnaissant du vaudou, pour la simple et bonne raison qu'il l'a transporté du Dahomey et du Bénin et qu'une cérémonie mystique a eu lieu au Bois caïman où le sang d'un cochon a été versé pour libérer Haïti. À partir de cette approche, nous nous appuyons sur un texte de l'auteure Hermantin, pour présenter l'essentiel de cette cérémonie, que voici : « Hermantin a fait savoir que la révolte des esclaves a été influencée par le Vaudou, où en 1757, s'éclata la première révolte des esclaves haïtiens, par Makandal, un prêtre vaudou issu de la Guinée (Afrique). L'autre révolte eut lieu en 1791, par Boukman, un autre hougan originaire de Dahomey au Bénin (Afrique de l'Ouest) ». Donc, sans aucune forme de procès, l'héritage vodouesque du peuple haïtien vient effectivement du continent africain, précisément de l'Afrique de l'Ouest.

Maintenant, voyons quelle orientation Boukman a donné à la cérémonie du Bois-Caïman en 1791. Hermantin précise que « dans la nuit du 14 août 1791, Boukman réunit un grand nombre d'esclaves dans une clairière appelée Bois-Caïman. Tous furent assemblés *quand un orage se déchaîna*. La foudre traversa le ciel, une pluie torrentielle inonda le sol, tandis que, sous les assauts répétés d'un vent furieux, les arbres de la forêt se tordirent et se lamentèrent, et leurs grosses branches violemment arrachées, tombèrent avec fracas ».

Hermantin soutient aussi qu'au « milieu de ce décor impressionnant, les assistants immobiles, saisis d'une terreur sacrée, virent une vieille négresse se dresser. Leur immobilité devient plus grande encore, leur respiration plus courte et silencieuse. L'assistance fixa des yeux, avec fascination, la vieille négresse. Son corps secoué de longs frissons, elle chanta et pirouetta sur elle-même, tout en tournant un grand coutelas au-dessus de sa tête. On introduisit un cochon noir dont les grognements perdirent dans les rugissements de la tempête. D'un geste vif, la prêtresse inspirée, plongea son coutelas dans la gorge de l'animal. Le sang gicla, il fut recueilli et distribué *à la ronde des esclaves; tous en burent et j*urèrent d'exécuter les ordres de Boukman ».

Suite à cette marquante cérémonie, Hermantin souligne plus loin qu'après « la mort de Boukman, la lutte pour la liberté continua. Les chefs de bandes des esclaves utilisèrent des stratégies de guerres, différentes pratiques du vaudou. Par exemple, Georges Biassou, un des chefs de la révolte des Noirs, avait de nombreux petits chats de toutes les couleurs, des couleuvres, des os de morts et d'autres objets mystiques, symboles de divinités africaines ». Pour appuyer les dires de Hermantin, jusqu'à présent, ces tendances mystérieuses demeurent encore dans la tête de certains Haïtiens, par exemple, bien que le chat soit un animal domestique que beaucoup d'Haïtiens possèdent, si un chat inconnu saute pardessus du berceau d'un bébé, cela peut occasionner beaucoup de panique dans cette famille, on va spontanément penser qu'on cherche à faire du mal à ce bébé. Encore plus, pour un serpent qui, généralement, effraye presque tout le monde.

Pour reprendre les approches d'Hermantin, elle ajoute ceci : « Sur les champs de bataille, Georges Biassou encouragea les Noirs à se fier au Vaudou pour briser les ennemis européens. Les Noirs se dirigèrent vers les bataillons français avec la certitude que les forces des esprits transformèrent les boulets qui sortirent des canons en poussière ». À cet effet, nous ne pouvons pas dire que ces boulets furent effectivement transformés en poussière, mais une chose dont nous sommes certains c'est qu'en 1803, le peuple haïtien réussit à vaincre quarante-cinq mil soldats envoyés par l'armée de Napoléon Bonaparte, laquelle fut d'ailleurs, la plus puissante de l'époque.

Donc, on ne peut ignorer la portée de cette lutte qu'initièrent les vodouisants haïtiens. Chapeau ! Cependant, si le vaudou a été une religion de clandestinité pour mieux comploter contre les colons blancs, étant donné que cela date de plus de deux-cents ans d'indépendance depuis que les colons ne sont plus en Haïti, il est temps que les vodouisants haïtiens sortent de leur placard pour mettre la main à la pâte en vue du développement socio-économique durable d'Haïti. Il faut signaler que Dessalines et Alexandre Sabès Pétion eurent aussi leur « Loa » et leur esprit protecteur, mais cela n'a rien changé en Haïti, car la Bible dit dans psaumes 33 :12 « Heureuse la nation dont l'Éternel est le Dieu, heureux le peuple qu'il choisit pour son héritage ».

Prenons un exemple des Américains, même si un Américain n'est pas un chrétien pratiquant, il croit en Dieu. D'ailleurs c'est une tradition. Lorsque les Présidents américains prêtent leur serment d'investiture au nom de Dieu, cette allocution finit toujours ainsi : « …So, help me God, ou may God bless America », ce qui signifie : « …ainsi, que Dieu me soit en aide, ou que Dieu bénisse l'Amérique ». Alors, comment voulez-vous qu'une telle nation ne soit pas bénie ! On aurait parlé de la chute des dindes du ciel des États-Unis, où tout le monde aurait trouvé sa part ? Ce qui donne lieu à la fête traditionnelle américaine « Thanksgiving Day » qui signifie « jour d'Actions de grâce », chaque dernier jeudi du mois novembre de l'année. Voilà donc une belle preuve de la bénédiction divine ! Évidemment si cette approche est vraie.

a) Le Catholicisme

Vraisemblablement, l'Église catholique s'établit en Haïti dès le débarquement des premiers Européens qui ont été conduits par Christophe Colomb. Le 3 mai 1493, le pape Alexandre VI, accorda à l'Espagne les terres nouvellement découvertes à condition que des hommes de grande foi et habiles, forment des jeunes à la foi catholique y soient envoyés. Les hommes qui ont été débarqués dans la colonie ont été les bénédictins. Ils seront donc suivis par les franciscains, les dominicains qui furent venus des ordres de prêcheurs de Saint-Domingue, puis arrivèrent les Capucins et les Jésuites. Des documents dignes de confiance à travers « Las casas », ont montré qu'ils devinrent les défenseurs farouches des Indiens. Ils suggérèrent pour les remplacer dans les mines et dans les champs, l'implication des Noirs d'Afrique jugés plus robustes et plus aptes à supporter les affres des travaux dans les mines et les champs. Les Français qui remplacèrent en deux temps les Espagnols dans l'île, se soucièrent peu de la transmission de la foi catholique et persécutèrent même les zélés missionnaires qui essayèrent d'évangéliser les esclaves. D'après Cabon ainsi connu, dans ce milieu, on affecta à l'irréligion la plus profonde et la plus grossière l'impiété.

En 1763, les Jésuites furent expulsés et remplacés par des gens peu soucieux de leurs responsabilités et de leurs devoirs religieux. Aux décades de la première période, la situation de l'Église catholique en Haïti ne s'améliorera guère en raison d'une pénurie de prêtres bien formés et qualifiés. On retrouva en son sein des missionnaires à la foi chancelante, sans aucune espèce d'attachement avec Rome, sans préoccupation évangélique pour les fidèles haïtiens et les grands meneurs d'intrigues. De 1818 à 1843, l'ex-Président Jean-Pierre Boyer, durant sa longue période de présidence, sollicita plusieurs fois un concordat avec Rome. Ce dernier tout en accédant à la demande d'Haïti, ne voulut pas approuver les premiers documents issus des négociations avec les représentants du gouvernement haïtien. Il a fallu attendre l'arrivée au pouvoir du général Nicolas Géffrard, et le 28 mars 1860, un accord fut approuvé et signé par les deux parties.
Ce concordat de 1860 et l'arrivée des missionnaires valeureux permirent à l'Église catholique romaine établie en Haïti de projeter une meilleure image avec la création des diocèses et la nomination d'archevêques et d'évêques. Le clergé se mit à bâtir des structures devant aider des fidèles dans l'éducation des enfants et des jeunes. Des centaines d'églises et d'écoles furent donc construites. Des milliers de chapelles furent érigées. Le clergé français sembla peu soucieux d'attirer des vocations haïtiennes. Le premier séminaire ne vit le jour que quelque soixante ans après la signature du concordat.
En 1966, à la suite de l'accord signé entre le gouvernement haïtien et le Saint-Siège, un archevêque et quatre évêques haïtiens furent nommés, remettant ainsi la responsabilité de l'Église aux mains des Haïtiens. Au commencement des années 80, l'Église catholique fut la

seule institution qui osa se prononcer de façon unanime contre les abus du gouvernement de l'ex-dictateur Jean-Claude Duvalier. Elle fut encouragée par Karol Wojtyla (l'ex-Pape Jean-Paul II), lors de sa visite en Haïti le 9 mars 1983. Les Haïtiens se souviennent certainement lorsque le feu pape, baisa le sol d'Haïti après être descendu de l'avion. Aujourd'hui, l'Église catholique ne ressemble qu'un reflet de la société haïtienne avec les divisions alimentées par les mêmes tendances et options politiques.

Docteur Jean-Price Mars montrera que le catholicisme, dans sa pratique d'utilisation des ports de scapulaires, vœux, neuvaines, usages de bougies, et messes de requiem, a rejoint le vaudou dans sa philosophie. Pour Price-Mars, ces deux tendances religieuses sont conformes à l'orthodoxie catholique. C'est à peu près les mêmes approches que Pasteur Jean Fils-Aimé a faites dans son livre titré « Vodou, je me souviens », pour montrer la possibilité de cohabitation entre le vaudou et les autres religions.

Jean-Price Mars a étalé le bien fondé de son argumentation sur deux critères fondamentaux, que voici :
Le vaudou est respectable, il n'est pas de la magie, car la magie est archaïque et malfaisante.
La religion populaire ne contrevient pas à l'orthodoxie catholique. Les mêmes rituels se trouvent dans l'une comme dans l'autre.
André Corten quant à lui, a soutenu à travers « Revisiter l'oncle » que Alfred Métraux, dans son livre, titré : « Le vaudou haïtien » a salué Jean-Price Mars pour le mérite d'avoir rendu le vaudou respectable et même sympathique à l'opinion publique haïtienne. Il nous est très difficile de voir en quoi le vaudou est sympathique. On est sympathique à quelqu'un, quand on l'aime, l'apprécie. Or, si le vaudou était si sympathique à Haïti, il contribuerait à son épanouissement social, au même titre que les autres religions. Plus loin, Métraux, à l'instar de Michel Leiris, a montré que le vaudou est : religion, magie, médecine, théâtre, musique, danse et arts plastiques. C'est vrai ! Nous n'en disconvenons pas, mais pourquoi n'utilise-t-il pas toutes ces potentialités et tous ces acquis pour donner un coup de main au développement durable d'Haïti ? Une Haïti qu'il prétend aimer à mourir.

L'écrivain Alfred Métraux a souligné que le vaudou remplit une fonction sociale utile dans l'état de la société haïtienne. Nous croyons donc qu'Haïti n'a pas besoin de chants et de danses uniquement comme utilité. Ce qui lui est essentiel, ce serait de bons projets de développement concrets, accès à la nourriture, d'ailleurs si on a faim, on ne peut même pas chanter ni danser. Par contre, nous pensons qu'il ne devrait y avoir de litiges entre la religion vaudou et les autres religions, car, elles sont toutes légitimes, «…que chaque bourrique braie dans son pâturage» pour répéter l'ex-Président Nissage Saget. Lorsqu'il est question du développement d'Haïti, toutes les religions devraient se réunir autour d'une même table pour en discuter, car, l'intérêt commun d'Haïti devrait rassembler tous ses fils, en parfaite harmonie, sous le palmier de la liberté.

Jean-Price Mars, dans sa finesse d'argumenter son excellent Essai, titré : « Ainsi parla l'Oncle », a montré que le vaudou est l'expression non pas d'une couche sociale, mais plutôt de toute la nation haïtienne. Par exemple, qu'on soit vodouisant ou pas, qu'on soit pasteur, prêtre ou autres, on ne peut pas se dissocier du vaudou par sa descendance africaine, aucun noir ne peut nier la présence du sang du vaudou dans ses veines ; c'est d'ailleurs un fait génétique. Nous en sommes tous conscients ; mais si le vaudou est si indissociable aux Haïtiens, comme Docteur Jean-Price Mars a voulu le faire croire, cette religion doit aussi tailler sa place dans cette communauté, travailler à son progrès et cesser de s'affirmer à tout bout de champ, en marge de cette société. L'indissociabilité du vaudou dont on parle en Haïti, aurait eu plus de sens, si les vodouisants y avaient construit des écoles, universités, hôpitaux à l'instar des protestants et des catholiques. Malheureusement, nous ne voyons aucune œuvre sociale vodouesque en Haïti, hélas !

L'écrivain dominicain Manuel Arturo Peña Battle, a pris ouvertement le contre-pied des idées de son contemporain Docteur Jean-Price Mars, dans son texte intitulé : « Orígenes del Estado haitiano » en français « Les origines de l'État haïtien ». Dans ce texte, Peña Battle a démontré que le peuple haïtien est inculte, immoral, sans éducation, religion et langue. Il a précisé que toute la société haïtienne est amorphe et anodine. C'est une société sans Histoire, sans tradition, héritage culturel, points de départ ou racines spirituelles (Jean-Price Mars, Ainsi parla l'Oncle suivi de revisiter l'Oncle, p.358).

Mis à part Peña Batle, Gobineau Franklin définit le Nègre comme un animal qui mange le plus possible et travaille le moins possible, tandis que le pivot de l'économie européenne à la base dépend de la sueur de l'esclave noir africain. Par là, faut-il voir comment le racisme qui a voilé les yeux de Gobineau ; lui empêcha de reconnaître que les esclaves furent des hommes à tout faire dans la colonie de Saint-Domingue, et c'est leur dynamisme qui fut mis à profit pour construire la métropole française. Un autre ennemi farouche d'Haïti, Joachim Balaguer, a repris les mêmes idées racistes et xénophobes de Peña Battle, en disant qu'Haïti est un pays sans culture et sans Histoire. Plus tard, soit le 11 juillet 1991, Alberto E. Boda Objio a parlé de la mentalité arriérée des Haïtiens dans le journal « la Noticia ». Il dit que le Peuple haïtien est rétrograde par sa race, sa nature et sa culture.

Alors, voyez comment une nation qui partage la même île qu'Haïti, et qui a à peu près la même Histoire que lui, n'a aucun respect pour le peuple haïtien et est ignorante de son Histoire. Le degré de dénigrement des Dominicains évoqué par Peña Battle, Joachim Balaguer et Boda Objio à l'égard d'Haïti, dépasse l'entendement. Ce même comportement haïssable et xénophobe continue à se manifester lorsque des Dominicains sans foi, ni loi, ont fusillé des femmes haïtiennes enceintes et ont brûlé des Haïtiens après les avoir aspergés de gazoline. Ils ont violé, puis tué la jeune étudiante haïtienne, Rooldine Lindor le 12 juillet 2011. Nous déplorons ces genres d'actes barbares, xénophobes et racistes de toute notre âme. Le racisme est un virus, un choléra ou un ebola psychologique dans ce bas monde, il lui faut un pressant remède. On peut voir par là qu'à partir de ces genres de textes haïssables que le génocide haïtien est l'étape ultime d'une idéologie raciste prônée par les intellectuels dominicains pendant des siècles. Le développement de la xénophobie et la création du système de pensées objectivant l'Haïtien comme AUTRE ont atteint son apogée lors du massacre des Haïtiens en

1937 à Saint-Domingue. Cette idéologie ma foi, raciste et xénophobe, a été nourrie depuis les décisions politiques de Raphaël Léonidas Trujillo Molina, jusqu'aux gouvernements qui lui ont succédé.

En tout cas, Docteur Jean-Price Mars a su vaincre les convictions conservatrices fondées sur l'ignorance et le préjudice exacerbés des racistes. Il montera en s'inspirant des idées de Jules Gaultier que : « Le peuple haïtien a eu la plus émouvante Histoire du monde, celle de la transplantation d'une race humaine sur un sol étranger dans les conditions biologiques ». En conséquence, Docteur JeanPrice-Mars qualifia les Haïtiens d'un peuple qui « chante, souffre, peine et rit. Un peuple qui rit, qui danse et se résigne…, il chante toujours, il danse sans cesse ». Docteur Jean-Price Mars écrit ceci : « Notre pays est aujourd'hui, occupé, divisé, décrié, fragilisé, dérouté, l'avenir est plus que jamais incertain ».

Pour notre part, nous voudrions poser cette question : « Pourquoi est-ce que le peuple haïtien accepte-t-il la misère et se résigne toujours dans la précarité, tandis que les richesses de la terre lui appartiennent aussi ? Pourquoi accepte-t-il d'être le plus pauvre de l'hémisphère occidental, alors qu'il marche aussi sur des mines d'or et de pétrole ? Quant aux Africains, ils n'ont aucun intérêt à se sentir comme une apostrophe humiliante pour avoir été transportés de leur terre dans des conditions infrahumaines pour travailler comme esclaves dans les grandes plantations dans la colonie de Saint-Domingue. Au contraire, ils devraient confirmer d'avoir été vus comme potentiels économiques de l'Europe, tout en réclamant avec sagesse « Respect et Réparation » pour cet affront, car selon nous, la philosophie est le bâton rompu de sages.

Dans « Ainsi parla l'Oncle », Price-Mars a mis l'accent sur le trésor de la négritude tout en plaidant pour la dignité nègre. Pour notre part, non seulement nous voulons la réitérer dans notre plaidoyer, mais surtout insister sur la nécessité de développement socio-économique durable d'Haïti. On est toujours conscient de l'importance d'un pays développé. Combien de bateaux qui ont fait naufrage avec des réfugiés, combien qui se sont fait ensanglanter, violer, brûler et tuer en République dominicaine, juste parce qu'en Haïti, il n'y a pas de développement, de conditions de vie confortables. C'est cette situation qui a poussé les Dominicains à ne manifester aucun sentiment d'humanisme et de respect envers les Haïtiens, ils les tuent à tout bout de champ et leur action demeure toujours impunie. Imaginez-vous ! En janvier 2015, des soldats dominicains ont arrêté des Haïtiens qui pêchaient au Sud-Est du pays, du côté d'Anse à pitres, dans la mer d'Haïti. On peut considérer tout cela comme une provocation pouvant entraver les relations diplomatiques entre les deux Républiques. Il est donc abusif de la part de ces soldats de laisser leur territoire, pour venir humilier des Haïtiens chez eux. C'est totalement inacceptable !

De ce fait, peut-on continuer à vivre dans une telle atmosphère ? Dans la page 384 d'« Ainsi parla l'Oncle suivi de revisiter l'Oncle », Hérold Toussaint nous a fait savoir que Docteur Jean-Price Mars définit le vaudou comme une religion en évoquant les raisons suivantes : « Le vaudou est une religion parce que les adeptes croient à l'existence d'être spirituel. C'est une religion parce qu'il comporte un corps sacerdotal hiérarchisé. Le statut de la religion accordé au vaudou lui vient du fait qu'on peut tirer une théologie et un système de représentation à travers des légendes et la corruption des faibles ». Le sociologue Émile Durkheim pour sa part, a donné à la religion la définition suivante : « Une religion est un système solidaire de croyances relatif à des choses sacrées, c'est-à-dire séparées, interdites. Croyances et pratiques qui unissent en une même communauté morale appelée l'Église, tous ceux qui y adhèrent ».

D'après Durkheim, c'est la distinction entre le sacré et le profane qui est au cœur de toute religion (Ainsi Parla l'Oncle, pp.385 à 386). Quant au père Joseph Foisset, l'un des hommes les plus farouches contre Jean-Price Mars, on devrait sanctionner ses lecteurs ou ses disciples. Plus loin, en 1948, le père Foisset a souligné dans les colonnes de la « Phalange » que « le vaudou est prêché à l'Institut d'Éthnologie » et « il faut lutter ouvertement contre la magie homicide (Ainsi parla l'Oncle, p.389). Pour Benedict Anderson, c'est une « Communauté imagée » parce que nonobstant les inégalités et l'exploitation qui peuvent y prévaloir, elle est toujours conçue comme une camaraderie profonde et horizontale.

Pour notre part, nous supplions les tenants du vaudou de veiller à ce que les petits malfaiteurs appartenant à cette religion, ne continuent plus à poudrer et à tuer des malheureux pour des banalités ou des racontars injustifiés. Les grands barons du vaudou savent de quoi nous parlons. Trop d'innocents meurent pour rien en Haïti, s'il vous plaît, arrêtez cette machine de la mort. Cessez de faire l'apologie du vaudou. Attelez-vous plutôt au développement socio-économique durable de votre pays. Nous nous décoiffons devant le manifeste du Docteur Jean-Price Mars, bien que tout au long de ce livre, il ait fait l'éloge du vaudou, sans montrer comment de 1804 à 1938, l'année dans laquelle, son ouvrage a été publié, donc cent vingt-huit ans après l'indépendance d'Haïti, en quoi le vaudou a participé au développement socio-économique durable d'Haïti. À ce stade, nous ne comprenons pas trop le vrai sens de son procès. Par contre, son Essai est très solide. BRAVO! Docteur Price-Mars.

b) Le protestantisme

Maintenant, prenons connaissance de l'implantation du protestantisme en Haïti. Avec la réforme du christianisme qui a été prônée par Martin Luther King, Jean Calvin et Henri III d'Angleterre, on estimait à trois cents quatre-vingt millions, le nombre d'adhérents à la foi protestante dans le monde. Rappelons que le mot : « Protestant » vient du latin « Protestans » qui signifie quelqu'un qui refuse, s'oppose de façon formelle à quelque chose. Notons que ce ne sont pas uniquement ceux qui ont une Bible en main qui sont réputés protestants, par exemple les manifestants, les grévistes sont tout aussi des protestants. L'utilisation de ce vocable remonte à l'année 1529 à Speyer en Allemagne. Plusieurs chefs de file du mouvement luthérien, unis dans une assemblée politique, manifestèrent leur opposition à une tentative de l'Église catholique pour empêcher l'expansion du Luthérianisme et limiter sa pratique autoritaire. Ces chefs se sont donc fait appeler « Protestants ». Par la suite, ce terme vient à inclure tous les chrétiens de l'hémisphère occidental qui ont abandonné la foi catholique d'obédience romaine.

Le protestantisme fit alors son entrée officielle en Haïti après l'indépendance. Les protestants, pendant les premières décennies du 19e siècle, se firent remarquer surtout dans le Nord d'Haïti (Cap-Haïtien) où régna l'anglophile Henri Christophe. Il hébergea des instituteurs protestants anglais pour enseigner dans ses écoles. Tandis que l'Ouest fut alors gouverné par le général Alexandre Sabès Pétion. Ces instituteurs y arrivèrent vers 1816. À cette époque, quelques Wesleyens de l'Angleterre abandonnèrent temporairement la République de l'Ouest devant l'hostilité ouverte de l'ex-Président Jean-Pierre Boyer qui fut alors le successeur d'Alexandre Pétion. Entre autres, il faut noter que « Christophe et Pétion n'auraient pas dû être appelés chefs d'État d'Haïti à cette époque, parce que ces deux hommes ont respectivement dirigé le Nord et l'Ouest d'Haïti, mais pas la République en entier ». Donc, mettre ces derniers au rang des chefs d'État d'Haïti, se révèle donc une erreur de nomenclature historique, vu que ni l'un, ni l'autre, n'a jamais été Président de l'île d'Haïti dans son ensemble.

En 1844, arriva toute une pléiade de branches protestantes dont les baptistes qui, quoique présents à Port-au-Prince dès la troisième décennie du 19e siècle, à travers une petite communauté d'Anglophones dirigée par l'américain William C. Monroe, ne purent s'adonner à aucune œuvre d'évangélisation. Jusqu'en 1845, quand ils s'établirent à Jacmel (Sud-Est d'Haïti), les méthodistes arrivèrent des États-Unis, les adventistes du septième jour, les épiscopaliens furent renforcés par l'arrivée des Noirs américains sous l'Administration du Président Fabre Géffrard. Ils construisirent la cathédrale de Sainte Trinité à Port-au-Prince et érigèrent non seulement des écoles, mais aussi un séminaire pour l'éducation des jeunes pasteurs. Le révérend Pasteur James Théodore Augustus Holly, un Afro-Américain, devint en 1874, le premier évêque de l'Église orthodoxe apostolique haïtienne.
Précisons que le protestantisme joue un rôle clé dans la société haïtienne, car la foi protestante a toujours représenté une arme sûre pour combattre la misère. Les gens qui n'ont rien à manger, ni de quoi se vêtir, lorsqu'ils entendent un message d'espoir, croient que Dieu peut faire des miracles dans leur vie. Donc, Dieu représente toujours un rempart et un bouclier sûrs pour les croyants. Voilà donc le secret d'un

peuple mal pris, mais qui ne se suicide jamais, à la différence des pays riches où coulent à flots du lait et du miel, mais le suicide est pourtant monnaie courante. Quel paradoxe !

B. LA RÉVOLTE GÉNÉRALE DES ESCLAVES.

Chapitre II

2.1 La trajectoire sociopolitique haïtienne par la révolte générale en 1791.

Dans la nuit du 22 au 23 août 1791, une révolte générale des esclaves éclata en vue d'aboutir à l'affranchissement général contre la puissante armée française conduite par le Général Napoléon Bonaparte. Les Noirs répondirent partout au cri de la révolte. Ces insurgés décidèrent de se faire disparaître en même temps que l'île, plutôt que de continuer à vivre sous le joug ignominieux de l'esclavage. Cette velléité de liberté, respectivement initiée dans le Nord par des guerriers haïtiens, va inciter l'Ouest et le Sud à emprunter la même voie sous les directions d'Hyacinthe, Halaou, Lamour Dérance, Romaine La Prophétesse et LaPlume.

Rappelons que cette révolte générale des esclaves fut tout d'abord chapeautée par Boukman qui fut un prêtre vaudou, assisté de Jean-François et Greoges Biassou. Il fut originaire de la Jamaïque. Cette révolte fut organisée le 14 août 1791, lors d'une cérémonie organisée par Boukman au Bois-Caïman, plus précisément dans la Côte-Nord d'Haïti. Le chef de file de l'insurrection en la personne de Boukman, périt dans un combat non loin de l'Acul du Nord. Sa tête fut placée sur un écriteau mentionnant : « Tête de Boukman, Chef des révoltés ». Vous pouvez comprendre par là que les luttes sauvages qui inaugurèrent des droits de l'homme à Saint-Domingue s'exprimèrent dans l'explosion de 1791 dans une cérémonie toute vaudouesque et essentiellement mystique. Pendant treize années de violence, de privations et de tortures, les Nègres puisèrent dans leur foi aux dieux d'Afrique, leur héroïsme leur fit affronter la mort pour réaliser l'Épopée historique de 1804. Ceci leur permit de mettre un terme au matraquage psychologique des maîtres blancs. D'où la création d'une nation nègre dans le bassin des Caraïbes.

Les colons pour leur part, ne voulurent absolument pas permettre aux affranchis d'exercer leurs droits qui leur furent légitimes par les décrets du 8 mars 1790 et du 15 mai 1791. Ces colons entreprirent des démarches pour livrer la colonie aux mains des Anglais. En conséquence, les esclaves profitèrent de cette situation pour montrer de quel bois, ils chauffèrent en vue de réclamer leur liberté. Cette effervescence qui se produisit dans la colonie obligea la France à déléguer une première commission civile qui débarqua au Cap le 28 novembre 1791 en vue d'y faire régner de l'ordre. Étant donné que cette commission que Roume, Mirbeck et Saint-Léger dirigèrent échoua, la France expédia une deuxième commission civile qui avait pour rôle de faire appliquer le décret du 4 avril 1792, lequel stipula que : « Les hommes de couleur et les Noirs libres doivent jouir des mêmes droits civils et politiques ». Ils eurent le droit de voter dans les assemblées paroissiales et furent éligibles à toutes les places. Les trois membres de la deuxième commission civile furent Sonthonax, Polvérel et Ailhaud. Sonthonax pour sa part, en qualité de jeune avocat au parlement de Paris et d'ardent défenseur des idées révolutionnaires, écrivit ceci en 1791 : « Les terres de Saint-Domingue doivent appartenir aux Noirs, ils les ont acquises à la sueur de leur front ». Après treize ans de combats intenses, de rébellion, de suicide et de marronnage, la France fut vaincue par des guerriers haïtiens. En 1804, Haïti devint un pays indépendant. Ce sera la première République noire indépendante du monde. Maintenant, soulignons quelques périodes importantes de la vie sociopolitique haïtienne.

– De 1779 à 1781, des troupes venant d'Haïti ont apporté leurs aides aux Américains à la Savannah (en Georgie au Sud des États-Unis), trois ans après qu'ils aient pris leur indépendance de l'Angleterre, en 1776.

– De 1791 à 1804, cette période marque la révolution antiesclavagiste en Haïti, laquelle a enclenché des combats sanglants contre l'armée française menée par le Général Napoléon Bonaparte.

– En 1816, sous le gouvernement d'Alexandre Sabès Pétion, Haïti fournit aussi son aide à Simon Bolivar qui combattit pour l'Indépendance de

la Colombie, du Venezuela, de l'Équateur et de l'Amérique du Sud.
- Entre 1843 et 1915, Haïti traversa plusieurs crises socio-politiques et économiques aiguës.
- De 1915 à 1934, les États-Unis occupèrent Haïti en raison de son instabilité socio- politique et son importance stratégico économique.
- En 1946 et en 1950, un coup d'État militaire renversa un Président élu.
- Le pays va connaître des vacances présidentielles et des crises politiques tendues.
- En 1986, la tombée du pouvoir despotique des Duvalier.
- En 1991, Jean-Bertrand Aristide, premier Président élu par la constitution presque en 200 ans d'indépendance du pays.
- En septembre 1991, un coup d'État de Raoul Cédras évinça Jean-Bertrand Aristide.
- En 1994, une deuxième occupation militaire américaine. Les bottes ferrées américaines ont refoulé le sol haïtien après 79 ans (1915-1994).

2.1.1 La lutte armée menant à l'indépendance d'Haïti en 1804.

En ce qui a trait à la lutte armée qui a abouti à la proclamation de l'indépendance de Saint-Domingue rebaptisée Haïti en date du 1er janvier 1804, permettez-nous de vous étaler deux périodes importantes. La première est celle qu'incarne Toussaint Louverture. La deuxième est celle caractérisée par Jean-Jacques Dessalines. Tout d'abord, d'où vient Dessalines ? Il naquit le 20 septembre 1758 en Guinée Conakry (Afrique de l'Ouest). Il fut déporté vers la colonie de Saint-Domingue, lors de la traite des Noirs en 1790, dont le débarquement de 350 captifs le 13 mai 1790 à Saint-Marc, Haïti. Cette précision historique ferait croire que Jean-Jacques Dessalines aurait eu 32 ans, lorsqu'il fut arrivé dans les grandes plantations de la colonie de Saint-Domingue.

Par contre, vu qu'il vécut et combattit beaucoup dans l'habitation de Cormiers, petite localité de la Grande-Rivière-du-Nord, on a tendance à faire croire qu'il y naquit, tandisqu'en toute logique, si lors du premier débarquement de la traite des Noirs en mai 1790, Dessalines avait déjà eu 32 ans, donc, il n'y a aucun doute qu'il fît partie des 350 captifs qui partirent de la Guinée Conakry à bord du bateau (Négrier), en direction de la colonie de Saint-Domingue. Entendons-nous, s'il avait eu 32 ans en septembre 1790, comment aurait-il pu être né en Haïti, tandis que les premiers captifs (esclaves) commencèrent à y arriver dans cette même année ? Donc, en référence aux annales historiques, il serait erroné de dire que l'Empereur Jean-Jacques Dessalines naquit à Cormiers, au Nord d'Haïti.

Revenons au mouvement des esclaves, la première a commencé avec la grande insurrection dans la nuit du 22 au 23 août 1791 où les Français furent complètement débordés. Ils arrivèrent même à en appeler à la solidarité des esclavagistes. La France révolutionnaire décida donc de choisir l'opportunisme : le 4 février 1794, le commissaire civil Sonthonax proclama la liberté générale des esclaves. Cette liberté signifia l'institution du système « cultivateur proportionnaire ». Le cultivateur dut s'engager sur une habitation où il subit le dur régime de l'atelier sous le contrôle des autorités locales. Un strict barème lui attribua le quart de sa production. Cette décision aura quand même pour effet immédiat d'attirer au sein du camp français, plusieurs mercenaires nègres qui se battirent pour le compte de l'Espagne. Le plus connu d'entre eux s'appela, Toussaint Louverture. Celui-ci eut rapidement au profit de son nouveau « patron », la partie espagnole de l'île et rejeta les troupes anglaises à la mer.

En récompense, il fut nommé général de division par le directoire. Très satisfait, il remit les anciens esclaves au travail et géra au mieux les intérêts économiques des colons. Car, il crut que ses succès lui auraient permis toutes les audaces. Le 8 juillet 1801, il promulga une constitution qui déclara l'autonomie de Saint-Domingue et qui surtout fit de lui, le général en chef de l'armée insulaire. Le statut des anciens esclaves ne s'améliora pas. L'instauration de la carte de sûreté qui prohiba la présence d'un paysan loin de son lieu de travail ne fit qu'accentuer le marronnage des cultivateurs qui émigrèrent en direction des montagnes. Toussaint essaya vainement d'en arrêter l'évolution au moyen de l'intérêt du mois de mai 1804, qui interdit aux notaires de passer des actes de vente de moins de cinquante carreaux de terres limitant ainsi l'accession à la propriété foncière à ses seuls généraux. Sa gourmandise fit irriter Bonaparte à qui la Paix d'Amiens permit d'envoyer une fantastique Armada aux ordres de son beau-frère, le général Leclerc. L'armée française débarqua le 3 février 1802. Au mois de mai, Toussaint Louverture fut arrêté, puis déporté en France.

La deuxième période commença le 13 octobre 1802, quand après plusieurs allées et venues des opportunistes au cours desquelles, il écrasa l'insurrection menée par Charles Bel-Air. Jean-Jacques Dessalines finit par choisir le camp d'insurgés en échange du grade de général en chef. À la fin d'octobre 1803, il ne resta à la France que deux villes : Le Cap et le Môle Saint-Nicolas. Quatre-vingt-six vaisseaux de guerre et plus de quarante mille des meilleurs hommes de l'armée napoléonienne auront été tenus en échec par la rage de devenir libres de ce *conglomérat*[4] d'esclaves qui allait devenir le peuple d'Haïti.

Dans les premières périodes de l'indépendance, les Noirs haïtiens n'ayant aucune culture intellectuelle ne purent manifester des aptitudes supérieures dans les travaux de l'esprit. Jusque vers 1840, toutes les grandes intelligences de la jeune République se trouvaient concentrées parmi les hommes de couleur, beaucoup mieux favorisés par les circonstances. Dans les cabanons de l'esclave, on retrouve les traces de ce travail de transformation qui s'affirma bien vite dans le tempérament de l'Africain, une fois soustrait aux influences délétères d'un climat malfaisant. Lors de cette malfaisance, les Affranchis asservis se transformèrent en Héros et relevèrent la tête vers la lumière. D'autres ont tracé à grandes lignes les faits glorieux par lesquels, nos pères ont signalé à l'univers entier leur courage et leur héroïque révélation, en effaçant à jamais sur la terre d'Haïti jusqu'aux derniers vestiges de l'esclavage.

---

[4]**Conglomérat**: *Des groupes divers formant une seule masse.*
Par exemple, groupes de gens qui déambulent dans le carnaval, c'est un conglomérat.

2.1.2 L'influence de la proclamation de l'indépendance d'Haïti.

La proclamation de l'indépendance d'Haïti a influé sur le sort de toute la race éthiopienne vivant hors de l'Afrique. Elle a changé aussi le régime économique et moral de toutes les puissances européennes possédant des colonies. Sa réalisation a posé sur l'économie intérieure de toutes les nations américaines entretenant le système de l'esclavage. Par exemple, l'ex-sénateur Wilberforce en Angleterre et l'Abbé Grégoire en France, furent les modèles de ces philanthropes qui se laissèrent inspirer par un sentiment supérieur de justice et d'humanité en présence des horreurs du commerce des négriers. D'ailleurs, un nommé Raynal avait prévu l'avènement d'un Noir de Génie qui détruirait l'édifice colonial et délivrerait sa race de l'opprobre et de l'avilissement où elle fut plongée. La conduite des Noirs haïtiens apporta le plus complet démenti à la théorie qui fit du Nigritien, un être incapable de toute action, grande et noble, surtout de résister aux hommes de la race blanche.

Jean-Jacques Dessalines voulut créer une Patrie et se diriger indépendamment de tout contrôle étranger. Dans des moments difficiles, Haïti avait fait preuve d'un tel bon sens, d'une telle intelligence dans ses actes politiques, que tous les hommes de cœur, émerveillés d'un si bel exemple, ne purent s'empêcher de revenir sur les sottes préventions qu'on avait toujours nourries contre les aptitudes intellectuelles des Noirs. Bory de Saint-Vincent précise que des hommes réputés inférieurs par l'intellect donnent plus de preuves de raison qu'il n'en existe dans toute la péninsule Ibérique. Cela fait montre que les Noirs n'ont jamais été des imbéciles comme l'idéologie raciste a toujours voulu le faire croire.

Au même titre que l'ex-Sénateur Anglais Wilberforce, Macaulay, en Angleterre et le Duc Broglie en France, se mirent à la tête d'une nouvelle ligue d'antiesclavagistes pour revenir sur la potentialité des petits-fils d'esclaves, l'Illustre Anténor Firmin prédit ceci : « N'est-il pas fort possible, qu'avant cent ans, de voir un homme d'origine éthiopique, appelé à présider le gouvernement de Washington et conduire les Affaires du pays le plus progressiste de la terre, lequel doit infailliblement en devenir le plus riche, le plus puissant par le développement du travail industriel. Certes, ce ne sont point ici de ces conceptions qui restent éternellement à l'état d'utopie ». Eh bien, prophétie accomplie. Nous l'expérimentons avec Barack Hussein Obama, fils d'un Nègre, devenu Président des États-Unis d'Amérique. Cela sous-entendrait qu'il arrivera un jour où les Noirs n'auront plus à lutter contre le racisme, les préjugés tomberont de par eux-mêmes.

Il y a toute une pépinière d'hommes Noirs d'Haïti qui héritent de la riche intelligence de la race noire Éthiopienne à laquelle, on refuse toute aptitude supérieure. L'ex-historien et économiste haïtien, Edmond Paul fut le premier de sa nuance qui ait compris qu'on ne peut l'estimer ou l'apprécier sincèrement, quand on croit à l'infériorité native de la race noire ; au moins est-il le premier qui ait eu le courage de déclarer que ce qu'il cherche avant tout, c'est le moyen d'aider les Noirs d'Haïti à prouver au monde entier les hautes qualités dont ils sont doués à l'égal de toutes les autres races humaines. C'est archi faux de faire croire que les Noirs sont les arriérés de toutes les races humaines. Il existe toute une foule de nations mongoliques, et même blanches cent fois plus sous-développées que la plupart des peuples noirs. Par exemple, nous avons travaillé dans un endroit dont nous nous gardons de citer le nom, nous avons été appelés au sixième étage d'un édifice, pour venir chercher quelqu'un issu de la race non-négritique, car elle avait peur de rentrer dans un ascenseur ; tandis qu'il serait très gênant pour nous les Noirs de dire à quelqu'un que nous avons peur d'un ascenseur dans un monde si développé ! À maintes reprises, nous avons rencontré des races non-négritiques qui disent qu'ils ne monteront jamais à bord d'un avion, tandis que nous les nigritiens, ouvrez-nous les portiques des avions, nous le remplirons avec plaisir ! Donc, dire que les Noirs sont les plus sous-développés, pour être sage, nous disons que c'est le contraire de la vérité. Alors, encore une fois c'est archifaux.

2.1.3 Qui fut Toussaint Louverture ?

À l'origine, il s'appela : Toussaint Bréda. Toussaint Louverture naquit le 20 mai 1743 à Saint-Domingue. Il fut le fils d'une famille royale béninoise dont la tribu fut déportée sur l'île de Saint-Domingue lors du trafic d'humains vers l'année 1500. Il épousa Suzanne- Simone Baptiste Louverture qui lui donna trois enfants : Isaac, Placide et Saint-Jean Louverture. Il fut initié par les colons français vers le 17e siècle. Âgé de plus de vingt ans, il apprit les premières lettres de l'Alphabet au pied de son parrain Pierre-Baptiste. Puis, il continua à se former lui-même, en fouillant des livres, comme : Épictète, Raynal, les mémoires militaires et Plutarque. On voit alors en lui, le talent d'un autodidacte. Toussaint Louverture, grand mince, 1 m 72 environ, yeux pétillants, l'incarnation de la bravoure, aura l'étoffe d'un grand guerrier haïtien. Selon Wendell Phillips, Abolitioniste américain et défenseur du droit des Amérindiens, Toussaint devint aussi médecin de campagne en apprenant les bienfaits médicinaux de certaines feuilles. Il exerça alors cette profession de vétérinaire jusqu'à l'âge de cinquante ans, au côté de Jean-François et de Georges Biassou qui représentèrent deux chefs de la révolution haïtienne de 1791.

2.1.4 Toussaint Louverture au rang des grands généraux espagnols.

Le privilège dont jouit Toussaint Louverture auprès des grands chefs espagnols, suscita la jalousie de Georges Biassou qui lui dressa une embuscade, au cours de laquelle, son jeune frère Jean-Pierre Louverture, fut lâchement abattu à ses côtés. Malgré les attaques perpétrées contre Toussaint, il finit par repousser les troupes de Biassou et de Jean-François en hissant le drapeau français dans certaines villes du Cap. Il proclama donc la libération générale des esclaves. Toussaint combattit Jean-François et Georges Biassou qui furent alors deux potentiels défenseurs de la cause espagnole. Puis, il libéra Les Gonaïves que les Anglais convoitèrent ardemment.

Mises à part ses qualités de guerrier, Toussaint témoigna aussi de très grandes habilités de négociateur, on le qualifierait aujourd'hui d'homme charismatique et de compromis, car, lors de la prise de certaines zones d'Haïti par les Anglais, il sût faire preuve de bon médiateur entre les Noirs et les Blancs. Il fut très louangé pour avoir fait régner la paix dans les différentes sphères de l'île. À la suite de cette médiation, Toussaint va recevoir quelques grades de la part de la métropole française, qui le nomma général de brigade en même temps qu'André Rigaud et Villatte. Rigaud fut un grand officier de la région du Cap-Haïtien. Après ces nominations, le directoire français délégua une troisième commission civile à Saint-Domingue dont Sonthonax, Roume, Giraud, Leblanc et Julien Raymond, furent les principaux membres.

À côté de toutes les opportunités que Toussaint bénéficia de la part de la métropole française, deux de ses enfants, Isaac et Placide, étudièrent en France aux frais de la République d'Haïti et cela a toujours été ainsi dans toutes les annales historiques haïtiennes pour tous les Présidents qui détiennent de bonnes relations avec les dirigeants des pays capitalistes. André Rigaud se mit en quatre contre les Anglais, ce qui lui valut beaucoup de reproches de la part de ses adversaires, puis, Toussaint estima que Rigaud manifesta un certain favoritisme dans le Sud. Selon Sonthonax, Rigaud aurait confié les fonctions publiques uniquement aux militaires et aux mulâtres en ignorant carrément l'existence des Noirs. Donc, pour pallier ce traitement de faveur, Sonthonax chargea une délégation de faire triompher dans le Sud. Il voulut appliquer selon son agenda « le grand principe de l'égalité politique ». La délégation qui fut commissionnée par Sonthonax alla plutôt empirer la situation, car la population des Cayes remarqua le manque d'habileté des membres de la commission dans la résolution des problèmes. Les sudistes furent surtout exaspérés par le luxe, le dilettantisme et la mauvaise conduite des membres de cette délégation. Enfin, l'influence et l'intelligence de Toussaint le portèrent à la tête d'une armée de cinquante et un mil hommes, dont quarante-huit mil Noirs ou Mulâtres et trois mil Européens. Grâce à cette armée, Toussaint prit possession de Mirebalais, Lascahobas et Grand-Bois. À l'aide de certains renforts que les Anglais avaient reçus, ils gagnèrent Mirebalais, Verettes et l'Artibonite. Sous la couverture de dix-mil hommes, Toussaint reprit Verettes qui fut sous la tutelle des Anglais. Ce fut sans doute ce qui alla motiver le général Alexandre Sabès Pétion à laisser Léogâne en toute hâte, pour tenter de conquérir Port-au-Prince.

Après la conquête de Pétion, Toussaint rédigea un rapport au directoire français, dans lequel, il essaya de mettre Sonthonax dos à dos à la France en l'accusant d'avoir détaché Saint-Domingue de la métropole française. Ce fut ainsi que le général Hédouville fut nommé pour conduire cette mission. Il débarqua à Saint-Domingue le 21 avril 1798 et arriva au Cap le 8 mai de la même année. Les Anglais furent très soulagés du départ de Sonthonax et de l'armée d'Hédouville, car, ils furent très épuisés par toutes les victoires que Toussaint Louverture a remportées. Le général Maitland fit preuve d'un grand médiateur, avant de quitter l'île, il essaya de s'assurer de certains privilèges commerciaux avec l'Angleterre. Bien que Toussaint obtînt Port-au-Prince, Saint-Marc et l'Arcahaie, il ne promit rien aux Anglais, il réfléchit mûrement avant de décider. Voilà un homme mature ! Le triomphe qu'il fit dans ces zones lui permit d'être reçu avec de grands honneurs militaires à l'instar d'un grand général. Par la suite, il fut honoré par le général Maitland sous les parades militaires des troupes anglaises. Même un canon de Bronze fut posé sur la table des invités à l'occasion de cette grande fête qu'on organisa pour le vénérer.

Toussaint sortit de l'esclavage avec toute l'étoffe d'un grand homme d'État. Selon l'ex-diplomate et abolitionniste américain, Wendell Phillips, Toussaint prouva par ses qualités de politicien habile, le sens profond de l'homme destiné à gouverner ses semblables. Par son génie politique, il fit promulguer des institutions destinées à servir de transition entre leur ancien État d'esclaves et celui des citoyens appelés à contrôler les actes de l'État, parfaitement libres de diriger leurs propres activités. Toussaint Louverture a incarné son époque par sa grande intelligence, son tact réel, sa prévoyance de régénérateur social, il est certain que toutes ses actions tendraient à développer dans sa race, cet esprit de liberté raisonnée et de légalité inflexible qui est le besoin actuel de l'évolution morale des Noirs d'Haïti.

2.1.5 La personnalité de Toussaint Louverture.

La personnalité de Toussaint doit demeurer comme un modèle impérissable dans l'imaginaire collectif haïtien, voire même de tous les peuples noirs, car, il trouva en son âme seule, les aspirations supérieures qui se développèrent en lui avec tant de brio. Il fit un travail titanesque et mena de front deux grandes entreprises des plus difficiles, il voulut corriger les imperfections de son esprit et les vices de confirmation de son corps. Pour atteindre ce but, il fit le jeûne pour résister à toutes les fatigues corporelles, aux exercices les plus rudes. Son génie fit de lui le meilleur combattant qui puisse conduire à une bonne fin, une œuvre délicate et importante. Une fois lancé dans sa nouvelle carrière, où il dut cueillir tant de lauriers pour le plus grand bonheur de sa race et la plus belle des causes, Toussaint dut déployer une aptitude rare à profiter de tous événements pour grandir et augmenter son prestige, sans se laisser briser ou diminuer par aucun. En fin de compte, aucune décision importante ne put être prise sans lui. À cause de ses émules, tous les hommes de la race noire lui doivent un tribut de gratitude et d'admiration. Il devint donc le premier des Noirs par sa vertu, son intelligence, ses talents et son incomparable bravoure.

2.1.6 Toussaint Louverture : Homme politique extraordinaire.

Toussaint mena une activité hors du commun. Il eut un sans-froid étonnant notamment dans la conception vive des plans de guerre, la fermeté, l'exécution, le courage et l'intégrité chevaleresque unie à la prudence raisonnée, il avait toutes ces qualités qui firent de lui un grand général. Que fit Toussaint Louverture ? Wendell Philips précise qu'il repoussa l'Espagnol sur son territoire, l'y a attaqué, l'a vaincu et a fait flotter le drapeau français sur toutes les forteresses espagnoles de Saint-Domingue. L'île obéit donc à une seule loi. Il a remis le Mulâtre sous le joug. Il attaqua le général Maitland et l'a défait en bataille rangée et lui a permis de se retirer vers la Jamaïque, et lorsque l'armée française se soulèvera contre Laveaux, son ex-général, et le chargea de chaînes, Toussaint réprima la révolte, fit sortir Laveaux de prison et le mit à la tête de ses propres troupes. Le Français reconnaissant le nomma général en chef.

Par conséquent, quelqu'un qui apprécia l'intelligence de Toussaint dit : cet homme fait l'ouverture partout. D'où le nom Louverture que lui donnèrent ses soldats. Toussaint créa cette armée avec la race la plus abjecte et méprisable des Nègres, laquelle fut avilie durant deux siècles d'esclavage. Rappelons-le, cent mille d'entre eux avaient été emportés dans l'Île. Toussaint Louverture forgea la foudre et le déchargea sur la race la plus orgueilleuse armée de l'Europe, les Espagnols. Et, il fit entrer chez eux, humbles et soumis sur la race la plus guerrière, les Français. Il terrassa à ses pieds ; la race la plus audacieuse de l'Europe, les Anglais, et il les jeta à la mer sur la Jamaïque. Il faut rappeler que les conditions dans lesquelles, se développèrent ses talents et son intelligence. Pas d'armes, il utilisa uniquement stratégie et intelligence. Toussaint Louverture brilla dans le Panthéon de l'Histoire de son pays. Les grands hommes immortalisés par l'admiration de la prospérité rayonnèrent comme autant de constellations dans le ciel de l'humanité ! Toussaint Louverture eut l'étoffe d'un Spartacus haïtien. Homme intelligent, prévoyant et perspicace, il fut le symbole de la lutte historique qui affranchit les esclaves noirs d'Haïti de l'esclavage. Il eut la trempe du plus grand guerrier haïtien. Sa gloire appartient donc au Panthéon de l'univers noir tout entier. Bravo Toussaint ! Révérence Toussaint ! Respect Toussaint !

2.1.7 Les stratégies de Toussaint L, pour contrôler Saint-Domingue.

Au départ d'Hédouville, Toussaint Louverture voulut prendre le contrôle de Saint-Domingue. Ce ne fut pas chose facile, car, il fut prêt à déclarer la guerre en vue de déloger Roume, l'un des commissaires de la métropole française qui le remplaça. Pour éviter une guerre civile, Roume fit appel aux généraux suivants : Toussaint, Rigaud, Beauvais et Laplume. Rigaud qui commanda le Sud n'eut pas le choix, il fut obligé de reconnaître l'autorité de Toussaint. Rigaud, homme de couleur, furieux d'obéir à cet ancien esclave, fut parvenu au plus haut grade de l'armée de Saint-Domingue. Une rébellion fatale fit couler beaucoup le sang des milliers de gens, dans une guerre insensée. Rigaud fut vaincu.

Toussaint lui déclara la guerre pour avoir incarcéré trente manifestants à Jérémie du côté de Corail. Ces prisonniers moururent d'asphyxie dans une prison de la ville. Bien que Rigaud fût un Mulâtre très instruit et un très grand général, Toussaint l'avait quand même détrôné pour avoir préparé habilement ses attaques contre lui. Pour mieux ébranler Rigaud, Toussaint fit des ententes commerciales avec l'Angleterre et les États-Unis en vue de lui fournir des armes, des vivres et des munitions. Il fut renforcé par dix mille hommes sous les ordres de Jean-Jacques Dessalines et d'Alexandre Sabès Pétion. Puis, il accusa Rigaud de trahir la France et de préparer le rétablissement de l'esclavage. Toutes ces tentatives servirent à affaiblir le pouvoir de Rigaud. Toussaint eut donc une marge de manœuvre pour faire marcher son armée qui fut alors basée à Port-au-Prince contre son adversaire André Rigaud.

Rigaud n'eut pas d'autres manoeuvres. Après ses premiers triomphes, il fut obligé de se retirer des Cayes. À cette occasion, on va voir en Pétion un bipartite, c'est-à-dire non seulement, il fut membre de l'armée de Toussaint, mais aussi, il se définit comme étant un partisan secret de Rigaud. Ce fut pour cela qu'il offrit ses services aux assiégés. Il fut donc acclamé chef de la résistance le 20 janvier 1800. L'armée de Rigaud le reçut chaleureusement après qu'il bravât les lignes ennemies pour arriver jusqu'au Grand-Goâve en renforts à son grand ami. Cette guerre va finir quand l'armée de Toussaint réussit à entrer triomphalement aux Cayes où les troupes massacrèrent les Mulâtres sur leur passage. Rigaud fut donc forcé de s'enfuir pour la France en compagnie de certains de ses partisans, dont Alexandre Sabès Pétion et Jean-Pierre Boyer. Toussaint prit le contrôle de la partie de l'Est, car, il se sentit après avoir conquis le Sud, capable de gouverner l'île entière qui d'ailleurs, appartenait à la France depuis le traité de Bâle du 14 juillet 1795. Étant donné qu'à cette époque, Roume dirigea encore la partie de l'Est, pour avoir l'autorisation d'investir l'île, Toussaint poussa les cultivateurs du Nord à se soulever contre Roume, car il refusa de lui accorder cette autorisation. Sous les fortes pressions de ce soulèvement, Roume rentra en France en mars 1801. La partie de l'Est va être envahie quand une armée de vingt-cinq mille hommes, commandée par les généraux Moyse et Toussaint Louverture, entra à Saint-Domingue et s'empara d'Azua le 28 janvier 1801. Le général Toussaint Louverture fut reçu chaleureusement par l'ex-gouverneur Don Garcia à Saint-Domingue.

Maintenant, voyons comment Toussaint Louverture organisa son gouvernement. Pour le faire, il divisa l'île en deux districts. Il confia la partie de l'Est à ses principaux généraux, tels : Clervaux, Paul Louverture et Pageot. Tandis que l'Ouest et le Sud furent dirigés par Maurepas et Christophe, puis le Nord, par Dessalines, Laplume, Charles et Belair. La philosophie politique de Toussaint Louverture fut basée premièrement sur la promotion d'une agriculture bien organisée. Toussaint détesta l'oisiveté des Noirs libres qui furent répartis en soldats et en cultivateurs. Sous son administration, les Noirs soupçonnés d'être paresseux furent passés aux *verges*[1] ou pendus. Tandis qu'aujourd'hui, des gens issus des villes de province flânent dans la capitale sans avoir aucune occupation exacte. Ce sont ces mêmes personnes qui, traquées par les pressions socio-économiques, sont obligées de s'investir dans des activités louches, comme le gangstérisme. Revenons à Toussaint Louverture, sans l'adhésion du gouvernement français, il fit voter une constitution par les délégués des cinq départements. Les clauses de cette constitution vont lui doter du titre de gouverneur à vie de Saint-Domingue. Cette constitution fut considérée comme la première proclamation de l'indépendance.

---

[1]**Verges** : *Baguette de bois ou de métal servant à frapper, à corriger, par exemple : Donner des coups de verges pour battre, fouetter, se faire obéir (époque louverturienne.)*

À cette époque, trois cents soldats français restèrent sur le terrain et le nommé *Debelle* pour sa part, fut blessé dans ce terrible attentat. Une semaine après, soit le 11 mars 1801, Dessalines remarqua l'armée de Boudet près du Fort. Il annonça à ses troupes la présence des ennemis, ce fut à cette occasion qu'il prononça ces fameuses phrases : « Je ne veux garder avec moi que des braves ». « Que ceux qui veulent redevenir esclaves des Français sortent du Fort. Que ceux au contraire qui veulent mourir en hommes libres se rangent autour de moi ». À la suite de ces paroles de bravoure, les soldats de la garnison crièrent d'une voix commune : « Nous mourrons tous pour la liberté ». Et, Dessalines déclara au Français : « Je vous fais tous sauter si vous pénétrez dans ce Fort ! »

Dans ce litige, la Crête-à-Pierrot fut brûlée, le général Leclerc fut blessé et le général Boudet perdit sept-cents hommes. Puis, Jean-Baptiste Donatien de Vimeur de Rochambeau lança ses troupes dans cette aventure. À cette occasion, trois-cents soldats et cinquante officiers furent lâchement abattus. La Crête-à-Pierrot fut enfin investie par les troupes ennemies. Au cours de cette bataille, une *canonnade*[2] fut entendue pendant plusieurs jours. Toussaint Louverture fut vaincu sur toutes les habitations qu'il défendit, il prit définitivement sa retraite à Ennery (Gonaïves). Cette affaire va marquer la fin de la période Louverturienne. Maintenant, jetons un coup d'œil sur le gouvernement de Leclerc. Il n'eut pour but que d'exécuter les ordres du grand général de l'armée française, en la personne de Napoléon Bonaparte. Quelles furent les principales tâches de Leclerc ? Il eut pour mission de déporter en France, les principaux soldats de l'armée indigène qui furent congédiés par les troupes coloniales, puis, désarmer les cultivateurs de la colonie de Saint-Domingue et y rétablir enfin l'esclavage. Cet ambitieux programme de la métropole française parut presque impossible, car, la moitié de soldats français périrent dans cette sanglante bataille, d'autant qu'une épidémie de fièvre jaune attrapa les Blancs de la colonie de Saint-Domingue. Face à cette défaillance des combattants français, le général Leclerc n'eut pas d'autre choix, il fut

---

[2]**Canonnade**: *Tir soutenu d'un ou plusieurs coups de canon. Ex. : La lointaine canonnade a fait trembler le sol dans un indistinct grondement continu.*

obligé de concilier avec les chefs indigènes tout en les gardant dans leurs postes respectifs. Le 6 mai 1802, Leclerc et Toussaint Louverture signèrent une trêve en vue de mettre fin aux litiges qu'ils générèrent à Saint-Domingue. Leclerc va décider de déporter Toussaint quand une certaine Scylla incita les cultivateurs d'Ennery à se soulever contre les Français. Leclerc tint mordicus que Toussaint eut une main cachée dans cette tentative de soulèvement des cultivateurs.

Suite à cette affaire, on complota au sein de la métropole française pour arrêter Toussaint. Pour le faire, le général Brunet fit semblant d'avoir besoin des conseils du vieux général, il fixa des rendez-vous avec lui sur l'habitation George. Toussaint par sa perspicacité, en gâcha plusieurs comme s'il eut l'intuition de ce qui alla se passer, aujourd'hui, on l'aurait qualifié de magouilleur. Mais il finit donc par en accepter un. Voilà comment Toussaint fut pris dans un piège et arrêté sur l'habitation George non loin des Gonaïves. Il fut conduit aux Gonaïves et on l'embarqua par la suite sur un petit voilier appelé « le Créole ». Arrivé au Cap, il fut transbordé sur un vaisseau surnommé « le Héros ». À bord de ce vaisseau, à son grand étonnement, il y retrouva sa famille arrêtée aussi. Ce fut à cette occasion qu'il prononça ces paroles célèbres : « En me renversant, ils n'ont abattu que le tronc de l'arbre de la liberté des Noirs, il repoussera par ses racines parce qu'elles sont profondes et nombreuses ». Une citation que nous réécrivons avec les cheveux campés et mains tremblantes. Une fois que Toussaint arriva en France, il fut mis en prison sur les sommets de Jura (au Fort de Joux) sous les ordres du général de l'armée française d'alors, Napoléon Bonaparte. Il va passer de vie à trépas le 7 avril 1803 sous les hauts degrés d'humidité, du froid et des privations. La déportation de Toussaint permit aux Français d'ordonner le désarmement général. Les cultivateurs firent corps avec les insurgés pour combattre l'autorité de Leclerc encore méconnue dans la colonie. Charles Belair, un dauphin de Toussaint, prit les armes sous les encouragements de sa vaillante femme appelée Sanite, il occupa la chaîne des Matheux et se proclama « général en chef des insurgés ».

2.1.8 Le déploiement des généraux de la guerre de l'Indépendance.

Les régiments qui livrèrent bataille pour la guerre de l'Indépendance furent constitués de vingt-mille hommes. On retrouva les généraux Pétion et Clervaux au haut du Cap, Christophe à Saint-Michel, Maurepas à Port-de-Paix (Nord-Ouest) et Dessalines à la petite rivière de l'Artibonite. Pétion et Clervaux quittèrent l'Haut-du-Cap dans la nuit du 13 au 14 octobre 1802, pour se retrouver dans la bande d'un certain petit Noël Prieur alors cantonné au morne rouge. Christophe et Dessalines pour leur part, déclinèrent. Ce fut ce qui alla mettre le général Leclerc vis-à-vis des véritables soldats formés à l'École militaire française. Leclerc va mourir dans la nuit du 1er au 2 novembre 1802 de la fièvre jaune et ses restes furent transportés en France aux bons soins de sa femme, Pauline Bonaparte. Elle fut probablement une parente de Napoléon Bonaparte. Le successeur de Leclerc, le général Rochambeau, fut un « mal-aimé » de tous pour avoir méprisé les indigènes. Très cruel, il importa de Cuba des chiens dressés pour chasser les nègres marron, en procédant ainsi, il ne fit qu'utiliser une formule vieillotte et barbare du 15e siècle. Le général Rochambeau assassina le général Maurepas, un homme avisé et bien instruit, suite à un commérage raconté par le général Brunet, après avoir torturé Maurepas à bord de Dugay-Trouin, il fut jeté tout vivant à la mer. Voilà comment un intellectuel fut humilié, puis tué innocemment par un chef dominant (Rochambeau) qui le considéra comme un potentiel danger. Que voulez-vous ? Cela a toujours été ainsi.

Les nommés Petit Noël, Larose et Lamour Dérance se mirent en croix contre les ordres de Dessalines. Tous ces rebelles finirent par être maîtrisés par Christophe et Philippe Guerrier. Sous Nicolas Geffrard, la révolte dans le Sud finit par se généraliser et ce fut à cette période que l'autorité de Dessalines fut reconnue, grâce à Férou qui probablement fut un agitateur et de nombreuses bandes populaires. Il infligea de sanglantes défaites aux troupes de Rochambeau. Pétion et Dessalines décidèrent de se mobiliser contre les colons français en créant un drapeau spécial pour les indigènes vu que le tricolore : bleu, blanc, rouge représenta l'union des Blancs, des Mulâtres et des Noirs. Étant donné que Dessalines sut pertinemment qu'il n'y eut réellement aucune espèce d'union, il enleva la couleur blanche. Le tricolore colonial devint un bicolore en ayant seulement le bleu et le rouge. Ce fut ainsi que le premier drapeau haïtien a pris naissance le 18 mai 1803.

Rappelons que Jean-Jacques Dessalines, le père de cet État (Haïti), déchira la couleur blanche du drapeau rouge et bleu après avoir mis l'armée napoléonienne et ses vingt-mille soldats en déroute. Il symbolisa l'union patriotique des Noirs et des Mulâtres contre les atrocités des colons blancs. Avant la création de ce drapeau en janvier 1803, Dessalines procéda à un remaniement bien calculé au sein de son administration. Capois eut le privilège de devenir le général de brigade et commandant de Port-de-Paix (Nord-Ouest). Les autres postes privilégiés furent confiés à Christophe, Clervaux et Vernet comme généraux de division et à Romain, Yayou, Toussaint-Brave, généraux de brigade. Bien que Dessalines ne fût pas trop aimé dans le Sud, il finit par s'y infiltrer aisément avec son fameux projet de la guerre de l'Indépendance, notamment avec le support de Férou, Gérin, Moreau Herne et Boisrond Tonnerre. Les différentes stratégies qu'utilisèrent les indigènes affaiblirent au fur et à mesure la force de pression de l'Armée française. Car, en 1803, on retrouva les soldats français uniquement dans l'Ouest, le Sud et le Nord.

Par ailleurs, Dessalines réussit à établir avec beaucoup de difficultés son grand quartier général du côté de Turgeau (Port-au-Prince). Quant à Gabart, il cantonna ses troupes au Nord de la ville, Pétion à l'Est et Cangé au Sud. Tout cet état de siège fit que Port-au-Prince fût encerclé de partout. Cette situation eut beaucoup de répercussions sur la population haïtienne d'alors lorsque Cangé et Pétion coupèrent les conduites d'eau et bombardèrent la ville à partir des collines périphériques. Alors, lorsque ces animosités politiques se produisent, ce sont les Haïtiens, un peuple naïf et tranquille qui en payent toujours les frais, hélas! Cette situation intenable obligea le général Lavalette à livrer la ville sous les fortes pressions populaires; car, la famine affecta durement le peuple au cours de cette lutte acharnée entre des groupes rivaux. Le 11 octobre

1803, les vainqueurs entrèrent triomphalement à Port-au-Prince par les portes de Turgeau, de Montalais et de Saint-Joseph.

Peu de temps après, soit le 17 octobre de la même année, Geffrard occupa Les Cayes. La fin de cette fameuse guerre de l'Indépendance va réduire la France uniquement en deux villes ; il s'agit du Cap et du Môle Saint-Nicolas. Dessalines, n'ayant pas voulu prendre congé de sa fougue pour libérer ces villes, établit rapidement son grand quartier général aux Gonaïves. Le 6 novembre, il quitta Les Gonaïves pour se rendre à Limbé. Il s'adressa au vingt-sept mille hommes, des membres de ses troupes qui furent cantonnés dans la ville avec un vif regard teinté d'enthousiasme et de patriotisme. Malgré l'impraticabilité des routes en raison des saisons pluvieuses, les guerriers haïtiens jurèrent de terminer la conquête de leur liberté et de leur indépendance. Ils chantèrent de vive voix et à l'unisson, le slogan que voici : « Vivre libre ou mourir ».
Signalons que de toutes les villes d'Haïti, celle du Cap fut la mieux défendue grâce à ses fameux forts : Bréda, Pierre-Michel, Bel-Air, Vertières, d'Estaing et la Butte charrier. Au Cap-Haïtien, Dessalines procéda au déploiement de ses généraux dans des points stratégiques de la ville du Cap. Par exemple : Christophe et Romain attaquèrent la « Vigie ». Capois attaqua « Barrière bouteille » qui représente la porte d'entrée de la ville et Clervaux prit le Fort Bréda. Après cette magnifique filature, la bataille commença un beau matin du 18 novembre 1803. Dessalines défendit la Crête-à-Pierrot de façon énergique. Malgré que la pluie de cartouches des adversaires tombât sur la cité, Capois le Brave continua à entraîner sa brigade vers ses ennemis coloniaux, en criant : « En avant, en avant, en avant... » Ayant été dignes de figurer parmi les plus remarquables de ces jeunes généraux, ils parcoururent l'Europe enchaînant la victoire à la hampe du drapeau tricolore. On a même précisé que la force du vent du premier coup de boulet lui enleva le chapeau, malgré tout, il avança courageusement et un second coup de boulet le renversa de son cheval de bataille. Bientôt dégagé des cadavres abattus avec lui, il se releva et se replaça à la tête des Noirs pour affronter quand même ses ennemis. En avant ! En avant ! répéta-t-il avec bravoure. Au même moment, son chapeau tout garni de plumes fut enlevé par la mitraille. Il répondit encore à l'assaut : en avant ! En avant ! Cent-quatre-vingt-seize ans plus tard, Gaston Miron, le plus

célèbre poète québécois, prononça presque les mêmes paroles que Capois-La-Mort dans son recueil de poèmes, titré : *l'homme rapaillé*. En prenant position vis-à-vis de l'Histoire de son pays, à la page 53, il dit : *nous avançons, nous avançons le front comme un delta*. Donc, une autre façon de crier en avant, à l'instar des guerriers haïtiens. Les grands esprits se communiquent, n'est-ce pas ?

Revenons à la bataille des Vertières. Après les cris de victoire, le feu des Vertières se tut. Un officier sortit des murs du Cap, s'avança au galop jusqu'au front des indigènes surpris, et dit en saluant : Le Capitaine-Général Rochambeau et l'armée française envoyèrent leur félicitation à l'officier général qui vint de se couvrir de gloire. L'heureux cavalier chargé du magnifique message tourna sa bride, calma son cheval, rentra au pas, et l'assaut recommença. Rochambeau, malgré sa férocité, fut un homme de grand courage. Le lendemain, un écuyer amena au Quartier-Général des indigènes, un cheval richement caparaçonné que le capitaine général offrit en signe d'admiration à l'Achille nègre pour remplacer celui que l'armée française regrettait de lui avoir tué. Nous écrivons cette section de texte avec les cheveux tressaillant et nous avons toujours cru que la résilience dont on parle du peuple haïtien a hérité du courage et de la bravoure exceptionnelle de Jean-Jacques Dessalines, Toussaint Louverture et François Capois, dit Capois-La-Mort.

Enfin, lorsque le général Rochambeau constata que Capois ne broncha pas devant ses répliques, il intima l'ordre à ses soldats de cesser la bataille. Il présenta ses hommages à Capois-la-Mort qui vint de se couvrir de tant de gloire. Notons que la valeur guerrière des Noirs haïtiens se cristallisa à travers cette victoire, aucun hommage ne peut égaler leur magnanimité. L'autre guerrier qui mit fin totalement à cette guerre fut Gabart. Il détruisit les canons de Vertières par une batterie qu'il plaça sur la butte Charrier, ce fut ce qui força les Français à abandonner la bataille. La fameuse date du 18 novembre 1803 marqua fièrement la victoire finale des guerriers haïtiens. Rochambeau livra enfin le Cap à Dessalines, ce fut alors le triomphe des Noirs. Saint-Domingue est redevenue Haïti après la proclamation de l'indépendance avec l'idée d'oublier totalement la France. Le 31 décembre 1803, les hauts gradés de l'armée indigène se rassemblèrent aux Gonaïves pour la rédaction de l'acte de l'indépendance. Boisrond Tonnerre, le rédacteur désigné, écrivit ceci : « Il nous faut la peau d'un Blanc pour parchemin, son crâne pour écritoire, son sang pour encre et une baïonnette pour plume ».

Dessalines reçut cette déclaration avec enthousiasme et ce fut à ce moment-là que Boisrond-Tonnerre alla devenir son porte-parole en ayant pour but de transmettre au peuple haïtien tous les messages de Dessalines aux Blancs. Le 1er janvier 1804, sur le podium de l'Hôtel de la Patrie aux Gonaïves, Dessalines entouré de ses généraux, prononça un vibrant discours dans lequel, il soutint ceci : « Jurons de combattre jusqu'au dernier soupir pour l'indépendance de notre pays ». Cette déclaration suscita une ardeur commune et on entendit : « Vivre libre ou mourir ». Après la lecture et la signature du fameux acte de l'indépendance, Dessalines devint Gouverneur général à vie, donc le premier chef d'État haïtien. Ce fut au congrès de Vienne en 1805 que le trafic raciste, génocidaire et mercantile dans lequel, des milliers de Noirs d'Afrique vendus aux planteurs de l'Amérique, fut annulé. Le parlementaire anglais du nom de Wilberforce, va en quelque sorte donner de la jarrette à tous les opposants du système esclavagiste, en prenant aussi position contre l'esclavage. Voilà donc la fin de cet esclavage inhumain et sanguinaire qui d'ailleurs, écoeure encore les Noirs !

2.1.9 La sauvegarde de l'État haïtien par Jean-Jacques Dessalines.

Étant donné que Dessalines sut tous les obstacles et péripéties qu'il alla rencontrer avant de conquérir son pays et devenir chef, il ne laissa pas Haïti comme une savane désolée. Il protégea son État par crainte d'une nouvelle expédition française. Il procéda donc à un déploiement intelligent des généraux dans les différentes régions importantes d'Haïti. À titre d'exemple, Christophe fut déployé au Cap, Clervaux à Marmelade, Gabart à Saint-Marc, Vernet aux Gonaïves, Pétion à Port-au-Prince et Geffrard aux Cayes. Après avoir procédé à cette répartition stratégique, Dessalines ordonna aux chefs militaires de construire des forts puissants dans tout le pays, ce fut ce qui donna lieu à la magnifique citadelle Laferrière située non loin du Cap, les forts Jacques et Alexandre près de Port-au-Prince, celui de Marfranc près de Jérémie et la forteresse des Platon près des Cayes. Le pays fut dirigé par trois têtes pensantes, il s'agit de Dessalines, son conseiller et son secrétaire : Juste Chanlatte et Boisrond-Tonnerre qui l'incitèrent à massacrer tous les Blancs. La tuerie qui eut lieu aux Cayes coûta la vie à des milliers de personnes, à l'exception des prêtres, des médecins, des pharmaciens, des artisans et des gens capables d'aider à l'éducation des jeunes. Le 8 octobre 1804, Dessalines fut sacré Empereur par le père Corneille Brelle sous le nom de Jacques 1er. Il n'instaura aucune espèce de noblesse, car, il voulut conserver cette gloire à lui et à lui seul.

En 1805, il entreprit une campagne dans la partie de l'Est (Saint-Domingue) quand le général dominicain décréta que tous les Haïtiens trouvés sur la frontière durent être tués, ou vendus, ou employés comme esclaves selon leur âge. Voilà donc une insulte nationale, alors en réponse à cet affront, Dessalines décida de chasser tous les Français de l'île. Au mois de février 1805, vingt-cinq mille hommes furent réunis à Saint-Domingue et la ville fut assiégée pendant une vingtaine de jours. Dessalines se replia avec ses hommes dans son fief à Marchand à l'arrivée d'une flotte française dans la rade d'Haïti. Dessalines déclara ceci : « Je veux être le seul Noble en Haïti » et la constitution de 1805 lui conféra tous les pouvoirs de décision en ayant dans son cabinet un vieillard très zélé du nom de Vernet qui détint le portefeuille du ministre de l'Intérieur, Gérin joua le rôle du ministre de la guerre et Juste Chanlatte, celui du secrétaire d'État.

2.1.10 Les crises sociopolitiques aiguës en Haïti.

Étant donné que nous avons situé notre étude dans l'intervalle de 1492 à nos jours, permettez-nous de vous donner un aperçu sur le chaos sociopolitique d'Haïti après 1804. Fraîchement après qu'Haïti ait pris son indépendance des colons français en 1804, Dessalines voulut par une cérémonie solennelle, célébrer la proclamation de l'indépendance du pays. Il organisa une réunion aux Gonaïves avec les généraux pour lire l'acte de l'indépendance. Comme nous l'avons déjà précisé, pour rédiger cet acte, Boisrond-Tonnere, le rédacteur principal de ce papier, dit ceci : « Il nous faut la peau d'un blanc pour parchemin, son crâne pour écritoire, son sang pour encre et une baïonnette pour plume ». Et, Dessalines entendit ces paroles avec plaisir, lui répondit : « Boisrond, je te charge d'exprimer au peuple mes sentiments à l'égard des Blancs ». Le 1er janvier 1804, entouré du brillant cortège de ses généraux, Dessalines gravit fièrement l'hôtel de La Patrie aux Gonaïves. Il prononça un discours qu'il termina par ces paroles : « Jurons de combattre jusqu'au dernier soupir pour l'indépendance de notre pays ! » Aussitôt de toutes les poitrines jaillit le serment mille fois répété « VIVRE LIBRE OU MOURIR ». Boisrond Tonnerre debout à côté de Dessalines, donna ensuite lecture de l'Acte de l'indépendance signé par les principaux officiers de l'Armée. Le jour même, ces officiers, par un acte libre, proclamèrent Dessalines, Gouverneur général à vie.

2.1.11 Une rétrospection sur le massacre des Français.

Dessalines poussé par ses secrétaires Boisrond-Tonnerre et Juste Chanlatte, donna l'ordre à ses lieutenants de massacrer tous les Français qu'ils trouvèrent dans leurs lieux de commandements.

1. *La cause*- Le pays avait besoin de se venger. Leclerc, Rochambeau, les Français en général, se montrèrent cruels lorsqu'ils furent maîtres, et à leur tour, les Haïtiens seront sans pitié pour les bourreaux.
2. L'espoir de s'enrichir avec les biens des colons tués.
3. Le besoin de se protéger, car certains Français sans prudence déclarèrent que les armées françaises reviendraient sans tarder pour détruire l'indépendance.

4. La politique du général Ferrand qui avait concédé la partie de l'Est à la Patrie. L'esclavage y était rétabli et même rendu plus sévère qu'avant la révolution.

5. *Le massacre*- En janvier, Dessalines entreprit un voyage dans l'Ouest et dans le Sud. À peine fut-il arrivé aux Cayes que la tuerie commença. M. Herne fit égorger indistinctement tous les Blancs de cette ville.

6. Le sang des Français coula partout sous les pas de Dessalines depuis Les Cayes jusqu'à Port-au-Prince où le massacre eut lieu du 16 au 25 mars 1804. La tuerie continua depuis Port-au-Prince jusqu'au Cap. La vengeance allant vers le Nord ne sacrifia que les hommes, mais revint vers le Sud en emportant cette fois les femmes et les enfants. Des atrocités furent commises pendant des semaines de massacre, mais beaucoup d'Haïtiens, même Dessalines comme Pétion à Port-au-Prince, bravèrent de grands affrontements pour sauver des vies humaines.

2.1.12 Les règlements de cultures sous le gouvernement de J-J Dessalines.

Sous l'administration de Dessalines, les propriétaires et les fermiers durent fournir à l'État « le quart de subvention » c'est-à-dire un impôt qui consista en autant de fois deux cents cinquante livres de café, qu'il y eut de cultivateurs sur l'habitation. Le deuxième quart des produits du sol revint aux cultivateurs, le troisième au propriétaire et le dernier quart au gérant de la propriété. Ce règlement de cultures fut des plus sévères. Le travail forcé fut en pleine vigueur ; même le vol le plus léger fut souvent puni de mort. Les verges, le bâton furent des supplices redoutés » que les surveillants qui furent des soldats infligèrent trop facilement. Aucun cultivateur ne dut quitter la campagne et les habitants des villes qui n'exercèrent pas un métier furent obligés d'aller travailler la terre. La position de Dessalines face à l'Agriculture nous incite à consulter l'œuvre du célèbre auteur haïtien, Jacques Roumain. Roumain a valorisé les productions agricoles à travers son chef-d'œuvre roman, titré : Gouverneurs de la Rosée. Un livre qui a fait école. Un livre qui ne vieillit jamais.

Dans la page 51 de cet ouvrage, il a plaidé en faveur des habitants qui font pousser notre caféier, cacaoyer, coton, riz, canne à sucre, maïs, banane, vivres et fruits. Il a poursuivi en disant que notre misère provient de notre ignorance. Enfin, il a précisé ceci : « Nous ne savons pas encore que nous sommes une force, une seule force. Tous les habitants, tous les nègres des plaines et des mornes réunis. Un jour, quand nous aurons compris cette vérité, nous nous lèverons d'un point à l'autre du pays et nous ferons l'assemblée générale des Gouverneurs de la rosée, le grand combite des travailleurs de la terre pour défricher la misère et planter une vie nouvelle ». Voilà un roman qui cristallise le patrimoine culturel haïtien et valorise nos produits agricoles. Voilà un chef-d'œuvre !

L'approche de Roumain nous a fait reprendre l'analyse que nous avons faite dans notre premier livre titré : « L'origine du phénomène de l'insécurité publique en Haïti », à travers lequel, nous avons montré comment l'explosion démographique qui a commencé sous le règne de l'ex-dictateur François Duvalier, a eu de graves incidences sur l'agriculture haïtienne. Cet exode rural qui a provoqué une surcharge humaine excessive à Port-au-Prince, une ville qui d'ailleurs, n'a pas été conçue à cet effet. Rappelons que : déclarée capitale en 1749, sur 4.5 ha de terre et reconstruite par Bardé de Marbois en 1785, suite à un violent incendie, Port-au-Prince n'était pas disposé à héberger tous les gens qui ont fui les villes de province en masse, au début de l'année soixante-dix à la mort du dictateur François Duvalier pour s'établir dans la capitale. Cette surcharge humaine a donné comme résultante : la bidonvilisation, la promiscuité, la délinquance juvénile, l'inflation, la misère, l'insécurité publique, la pauvreté qui s'amplifient graduellement avec les divers gouvernements non visionnaires qui s'en sont suivis.

Donc, Dessalines avait raison de dire que : « Les cultivateurs doivent rester dans la campagne et faire l'élevage du bétail qui représente un pôle économique important ». Dessalines a également avancé que : « Les habitants qui n'exerçaient pas un métier dans les villes étaient obligés d'aller travailler la terre insista-t-il ». Sans doute pour lui, quelqu'un qui vit en ville et n'a pas de profession pourrait devenir un danger social en milieu urbain. On le constate d'ailleurs dans le phénomène de la surpopulation dans les bidonvilles. Or, quand nous avons scruté cet exode rural auquel, Dessalines a accordé beaucoup d'attention, nous avons vu clairement que cette prévention n'a pas été faite dans les années soixante, et comme résultat, cela a traîné derrière elle et de façon substantielle, tous les problèmes socio-économiques qu'Haïti a connus aujourd'hui.

2.1.13 Le profil du gouvernement de Jean-Jacques Dessalines.

Une fois que Dessalines prit les rênes du pouvoir, il commença par mettre de l'ordre dans les habitations, car beaucoup de gens s'accaparèrent des terres illégitimement. Il va régulariser cette situation en ordonnant ce qu'on appelle une « vérification générale des droits et des titres de propriété ». À ce moment-là, on annula les faux papiers y relatifs et fit approuver des titres sans valeur. Des propriétés furent attribuées aux plus importants généraux de l'armée et les fonctionnaires civils. Par la suite, Dessalines instaura au sein de son gouvernement ce qu'on appela « Règlement des cultures », c'est-à-dire que les propriétaires et les fermiers durent fournir à l'État le quart de subvention, donc au moins deux cents cinquante livres de café, le deuxième quart des produits revint aux cultivateurs ; le troisième quart aux propriétaires ; et le dernier au gérant de la propriété. Cette pratique existe jusqu'à présent en Haïti entre les propriétaires et les gens qui cultivent leurs lopins de terre. Ce règlement de cultures dont nous parlons fut des plus draconiens dans l'idéal Dessalinien. À cette époque, le vol le plus minime fut souvent puni de mort ou le voleur fut passé sous des verges et bâtons qui furent alors connus sous le nom de supplice. Dessalines voulut aussi ordonner les villes par rapport aux provinces. À cette époque, on connut une agriculture très prospère. La plaine de l'Artibonite fut donc remplie de grands champs de coton.

Vu que Dessalines s'attaqua à un dossier fragile qui fut « La légalisation des terres », il fut conspiré par ses opposants. Non seulement la question des droits et des titres de propriété mirent Dessalines en danger, il fut dégoûté par ses troupes pour d'autres causes, car ses troupes ne furent ni habillées, ni payées. On reprochera l'Empereur parce que le commerce dépendit trop de ses caprices. Dans les coulisses, on le critiqua du gaspillage honteux des biens publics plutôt que d'agir pour le bonheur de tous les citoyens. Qui furent ses principaux conspirateurs ? Il s'agissait de Christophe et de Geffrard. Ces deux hommes se servirent de Bruno Blanchet comme leur potentiel cobaye pour vaincre l'Empereur Dessalines, mais la mort subite de Geffrard le 31 mai 1806 fit échouer ce complot. Intuitivement, l'Empereur se sentit trahi, il devint automatiquement méfiant et méchant surtout après la mésaventure de sa fille Célimène avec l'ex-Colonel Chancy. Étant donné que la mort de Geffrard a quelque peu interrompu le processus de vérification des titres de propriété, lequel constitua l'une des plus grandes priorités de la politique de Dessalines, après les obsèques de Geffrard, il recommença ce processus de vérification avec l'aide d'Ingignac qui fut alors basé à Jacmel dans le Sud-Est d'Haïti. Dessalines y fit consumer de gigantesques tas de Campêche destinés à être vendus aux étrangers.

Après sa tournée à Jacmel, il se dirigea aux Cayes. À son arrivée, il y trouva les magasins de l'État dévalisés. Les fonctionnaires se trouvèrent dans l'impossibilité de fournir un bon rapport concernant ce pillage. Ils se mirent à faire des mensonges sur la gestion des magasins publics à l'Empereur Dessalines. Ayant entendu cela, Dessalines décida d'instituer une commission d'enquête en vue de faire la lumière sur cette affaire. Pendant qu'Ingignac mena cette investigation, Dessalines s'amusa, écouta les flatteurs et dépensa follement. Ceci nous rappelle d'un proverbe qui dit : « La charité bien ordonnée commence par soi-même ». Donc, pendant que Dessalines fit investiguer sur le gaspillage des biens de l'État, il s'investit aussi dans les mêmes scandales. Alors, vous verrez comment cette affaire le ruina et même le conduisit à la mort.

De retour des Cayes, il dit au colonel Lamarre alors basé à Petit-Goâve, ceci : « Mon fils, tiens prête la 24ᵉ brigade, après ce que je viens de faire dans le Sud, si les citoyens ne se soulèvent pas, c'est qu'ils ne sont pas des hommes ». Comprenez bien comment un CHEF provoqua un peuple qu'il dirigea ! Les sudistes ayant été mécontents de cette déclaration éclatèrent une révolte qui commença à Port-Salut, laquelle se répandit dans tout le département et dans l'Ouest jusqu'à Port-au-Prince. Pétion, Yayou et Gérin, trois chefs de file du mouvement anti-Dessalinien, dans une lettre ouverte à Christophe, lui firent savoir qu'ils le reconnurent comme le futur chef d'État d'Haïti, donc le futur successeur de Dessalines. Une fois que l'Empereur prit connaissance de cette mouvance à son égard, tout essoufflé, il quitta marchand, son fief, pour aller punir ses détracteurs, car, il ignora l'ampleur de cette révolte et pensa que Pétion et Gérin avaient déjà laissé tomber ce soulèvement, tandis que ces hommes dirigèrent une armée révolutionnaire solide de six régiments. Dessalines fut donc pris dans une embuscade dressée par Gérin au Pont-Rouge. Il pénétra sans méfiance au milieu de ce guet-apens en pensant qu'il entrait au sein des troupes qu'il avait envoyées l'attendre à l'entrée de Port-au-Prince. D'une voix guerrière, Gérin cria « Halte ! Formez le cercle ! » Et soudain Dessalines fut entouré de ses ennemis. Une fois environné, il s'exclama : « Je suis trahi ! » avant de bondir sur les soldats et les frapper de sa cane. Les doigts sur les gâchettes de leurs fusils, ceux-ci tremblèrent de frayeur et ne tirèrent pas un coup sur l'Empereur.

En face de cet imminent danger, Dessalines tenta de se sauver en faisant un demi-tour, ce fut alors qu'un jeune soldat fougueux du nom de Garat atteignit le cheval de l'Empereur d'un coup de feu. Au secours Charlotin Marcadieux ! s'écria désespérément l'Empereur, et Marcadieux son bras droit, sauta de son cheval et prit Dessalines dans ses bras. Tous deux périrent criblés de balles. Qu'est-ce qui arriva à la suite de l'assassinat d'un si grand homme d'État comme Dessalines (le père de la Patrie haïtienne) ? Son cadavre fut affreusement mutilé, puis transporté et abandonné sur la place du gouvernement. Le soir même de cette tuerie, une folle du nom de défilée, douée de bon sens, fit un acte d'humanisme notoire en mettant les dépouilles de l'Empereur dans un sac et l'enterra au cimetière Sainte-Anne. En dépit des fautes et des cruautés de l'Empereur, aucun compatriote haïtien conséquent n'oubliera qu'il demeure par sa bravoure incomparable, son amour pour sa Patrie, son énergie extraordinaire et son charisme exceptionnel, le principal auteur de l'indépendance et le premier des Haïtiens. Paix à son âme ! Une fois de plus, paix à son âme !

2.1.14 Les administrations de Christophe, Pétion et Jean-P Boyer.

Après la mort de Dessalines, Pétion et Gérin proposèrent à Christophe d'organiser une « Assemblée constituante » en vue d'établir une République. Christophe, ayant su que les trente-trois paroisses du Nord et de l'Artibonite l'appuyèrent, n'hésita pas une seconde d'accepter cette proposition, car, il sut pertinemment qu'aucun candidat de l'Ouest et du Sud qui n'en comptèrent d'ailleurs que vingt-trois paroisses, ne pouvait gagner les élections. Les deux conspirateurs de Dessalines (Pétion et Gérin) retardèrent ces élections pour nommer deux représentants par plusieurs communes de leurs départements. Puisque ces deux braves furent les artisans de la mort de Dessalines, il fut normal qu'ils influencent la tenue des élections. L'Ouest et le Sud furent passés de vingt-trois à quarante-et-un députés, ce qui occasionna qu'un total de soixante-quatorze d'entre eux se réunisse à Port-au-Prince sous la bannière d'une Assemblée constituante. C'est à partir de ce tête-à-tête qu'Haïti devint une République.

À cette époque, la constitution prévoyait la nomination d'un Président pour une durée de quatre ans. Dans cette même disposition, on constituait un sénat de vingt-quatre membres qui eut pour tâche de faire les lois, diriger les finances, voter les impôts et nommer à toutes les fonctions civiles et militaires. Le 28 décembre de la même année, Henri Christophe va devenir Président d'Haïti, pendant son gouvernement, il souleva l'armée du Nord contre l'Ouest. Il y eut une peur généralisée lors de l'entrée triomphale de Christophe à Port-au-Prince et la population abandonna la ville par crainte de représailles. D'où l'affrontement entre

Christophe et Pétion en 1807 sur l'habitation Sibert à une douzaine de kilomètres de Port-au-Prince. Vous pouvez comprendre que toutes ces mésententes politiques entre ces deux compatriotes retardèrent la bonne marche du pays. Les hommes de Pétion qui ne firent pas le poids dans la lutte furent vaincus dans cette grande offensive. Alexandre Sabès Pétion n'échappa que grâce à l'héroïsme de son bras droit et homme de confiance, Coutillien Coutard, qui préféra mourir à sa place en se coiffant du magnifique chapeau de *panache*[3] du Président. Durant les manœuvres militaires de Coutard, Pétion eut le temps de se glisser dans un canot qui fit escale à Mariani pour se retrouver à Port-au-Prince. Christophe fut tout de même arrêté à l'entrée de Port-au-Prince. Très mécontent d'avoir perdu cette bataille contre Pétion, il ordonna un grand nombre de massacres dans la plaine du Cul-de-sac.

Suite à cette affaire, Christophe décida de créer ce qu'il appela « l'État du Nord » qui comprit le Nord, le Nord-Ouest et l'Artibonite. Ayant vu qu'il ne put prendre l'Ouest, il y tua beaucoup de gens et décida de former son Empire de façon sectorielle. Comme si Haïti fut un grand ensemble et à l'intérieur, il y eut des sous-ensembles (référence : Mathématiques 6e et 5e secondaire). Donc, quand on parle d'Haïti en tant que pays divisé et inorganisé, il ne faut pas se référer seulement aux périodes des Duvalier et post- duvaliéristes, il faut aussi puiser dans des décennies d'histoire avant Duvalier. Comprenez-vous ! Il y eut des controverses entre Pétion et Christophe et ce furent les innocents de la plaine du Cul-de-sac qui en payèrent les frais. Cela a toujours été ainsi, on se rappelle du massacre de la ruelle vaillant à Port-au-Prince, lors des élections présidentielles de 1987 qui allaient porter l'ex-Président Leslie François Saint-Roch Manigat au pouvoir.

Maintenant revenons au Nord, comment le Royaume du Nord fut-il fondé ? Lors de la mise sur pied de cet Empire, un conseil d'État de neuf

---

[3]**Panache** : *1. Faisceau de plumes serrées à la base et flottantes en haut, qui sert à orner une coiffure, un dais. 2. Queue de panache de l'écureuil. Panache de fumée. 3. Ornement en forme de plumes qui remplace parfois le feuillage d'un chapiteau, surface triangulaire d'une voûte sphérique.*

membres fut choisi par le général Henri Christophe pour procéder au vote le 17 février 1807 de l'acte constitutionnel d'Haïti. Cette fameuse constitution va conférer tous les pouvoirs à Christophe. C'est donc un comportement purement dictatorial. Christophe eut le contrôle de son administration, à titre d'exemple, quotidiennement « chaque intendant particulier » dut fournir à l'État les détails de la caisse du Trésor, ceux de la douane, des entrées et sorties du magasin de l'État et celui des denrées du domaine. Sous Christophe, il y eut une grande mouvance pour la promotion de l'éducation, on voulut construire des écoles dans tous les arrondissements du Nord. L'académie du Cap fut administrée par des professeurs venus d'ailleurs, en raison de la carence des professeurs locaux. On érigea une imprimerie publique pour l'édition des actes officiels, laquelle assura l'impression de « l'Almanach Royal ». Étant donné que la religion protestante ne fit pas encore son apparition en Haïti, la religion catholique fut la seule religion reconnue. Christophe accorda beaucoup d'importance au mariage religieux et il n'y eut pas de question de divorce. Cette pratique fut défendue sous la Royauté christophienne.

Alors, si on fouille bien l'Histoire d'Haïti, on verra qu'une partie de l'île (le Nord) fut un Royaume, car, après la réélection d'Alexandre Sabès Pétion, Christophe remarqua qu'il n'avait aucun espoir de gouverner l'île entière, il fut obligé de se faire proclamer Roi du Nord. Donc, ce pays a connu au cours de son Histoire une période de Noblesse et de Royauté sous Christophe, et d'Empire sous Dessalines. Non seulement Christophe s'intéressa à l'éducation, mais aussi, il fit régner l'ordre et la prospérité partout dans son Royaume. L'œuvre de Génie (Citadelle Laferrière) que Christophe fit construire au sommet du « Bonnet-à-Levêque » aurait pu demeurer une des gloires impérissables d'Haïti, un des sites touristiques les plus captivants de la Caraïbe, dont voici l'image de cet imposant monument :

Citadelle Laferrière (une de sept merveilles du monde)

2.1.15 Une indemnité illégitime payée injustement sous Jean-P. Boyer.

C'est aberrant d'apprendre que le gouvernement haïtien dirigé par Jean-Pierre Boyer fut forcé de verser en 1825, une somme gigantesque de cent cinquante millions de Francs « *OR* », sous forme de dette après que le peuple haïtien eût passé tout ce temps sous le joug humiliant de l'esclavage. Cette somme fut réduite à quatre-vingt-dix millions. Il faut préciser qu'à cette époque, ce montant représentait l'équivalent de vingt-et-un milliard de dollars américains. Cela signifie qu'Haïti fut libérée des chaînes, mais contracta une dette qui eut pour but de prolonger sa misère, ce fut donc le début d'un esclavage psychologique. L'ensemble des nations esclavagistes européennes et les États-Unis qui utilisèrent aussi de nombreux esclaves décidèrent d'isoler Haïti sur la scène internationale. Ce qui occasionna que le gouvernement haïtien eût beaucoup de difficultés à vendre les produits dont la culture avait été imposée, telles : café, sucre, campêche et coton. Ce nouvel État (Haïti) voulait à tout prix être reconnu sur le plan international et faire de l'échange commercial de façon légale. C'est justement pour cela que les Présidents Alexandre Sabès Pétion et Jean-Pierre Boyer engagèrent des pourparlers, notamment avec la France et proposèrent d'indemniser les installations et les biens laissés par les anciens colons.

En 1825, plus de vingt ans après la proclamation de l'indépendance d'Haïti, sous forme d'une ordonnance de Charles X qui n'avait pas caché son intention d'envahir le pays en envoyant plusieurs fois, des bateaux de guerre dans les rades du Cap-Haïtien, deuxième ville d'Haïti et de Port-au-Prince, la capitale. La France reconnaît l'indépendance d'Haïti moyennant que ce pays lui verse cent-cinquante millions de Francs « *Or* ». Imaginez-vous, cette somme représentait la valeur du budget de toute la France à l'époque, et Charles X exigea que le paiement se fasse en trois ans. Haïti mettra plus d'un siècle à payer et elle sera obligée de faire de multiples emprunts pour respecter ce « soi-disant » engagement. Haïti a donc consacré la quasi-totalité de ses ressources pour honorer cette dette. Les États-Unis envahiront militairement le pays en 1915, peu après en 1922, donc en sept ans, ils rachèteront la fin des créances et occupèrent le pays jusqu'en 1934. Le paiement de cette indemnité a pesé lourdement sur Haïti et est considéré comme l'un des principaux facteurs qui ont ruiné les possibilités de développement durable de ce pays, sans oublier l'insouciance de nos dirigeants.

2.1.16 L'univers de l'ex-Président Alexandre Sabès Pétion.

Alexandre Sabès Pétion bouda la politique à sens unique d'Henri Christophe. Plus tard, le sénat d'alors mit Christophe hors la loi. Alexandre Sabès Pétion va prendre les rênes du pouvoir le 9 mars 1807 au cours des élections présidentielles dites libres, honnêtes et démocratiques. L'œuvre de Pétion (la fameuse constitution de 1806), délégua tous les pouvoirs à la chambre haute (Sénat) pour mettre fin à la dictature et à la tyrannie de Christophe. Contrairement à son prédécesseur, Pétion ne voulut jamais diriger Haïti avec le bras de fer, bien que le Sénat qui l'eût élu lui donnât aussi tous les pouvoirs. Son administration fut très faible. La corruption fit rage partout, les vols des biens de l'État furent la monnaie courante. Pétion n'eut aucun pouvoir de punir les coupables de son régime.

Il n'y eut que le général Bonnet qui mit un peu d'ordre dans les finances haïtiennes en 1810. En ce qui a trait aux propriétaires, Alexandre Sabès Pétion se montra très généreux en distribuant des terres aux anciens soldats de la guerre de l'Indépendance ainsi qu'aux civils en signe de reconnaissance patriotique. Alexandre Sabès Pétion fut un réel partisan de l'éducation, il estima que l'instruction fut la meilleure préparation aux différentes carrières professionnelles. Cette vision l'incita à fonder en 1816, le Lycée de Port-au-Prince communément appelé « Lycée Pétion » au pied de Bel-Air, et il construisit aussi le pensionnat des Demoiselles notamment avec l'appui des professeurs haïtiens et étrangers. Ce lycée a formé beaucoup de générations d'intellectuels, cela prouve clairement l'importance du développement socio-économique durable dans un pays.

Sous Pétion, même les officiers et les fonctionnaires durent obligatoirement s'instruire pour mieux se préparer à servir Haïti. Une guerre civile eut lieu quand les troupes de Gérin et de Pétion, affrontèrent Christophe du côté de Saint-Marc. Les deux adversaires de Christophe (Pétion et Gérin) abandonnèrent cette offensive pour rebrousser chemin vers Port-au-Prince à la nouvelle du soulèvement de Goman, le pantalon de fer de la Grand-Anse. Qu'est-ce qui va mettre fin au règne de Christophe ? Port-de-Paix (Nord-Ouest) se souleva contre lui pour avoir fait assassiner François Capois, dit Capois-La-Mort. Les insurgés du Nord-Ouest ne voulurent plus être dirigés par Christophe. Ils décidèrent absolument de rattacher le Nord-Ouest à la République de l'Ouest par diverses tentatives, mais sans succès.

Après la mort du Général Lamarre en 1810, Christophe le couronna par des honneurs militaires pour sa bravoure. Ses successeurs qui tentèrent de continuer la bataille vont périr presque tous dans les terribles prisons de la Ferrière. La scission du Sud mit les généraux Rigaud et Pétion, dos à dos. Pour André Rigaud, le Sud dut être indépendant à la manière du Nord et de l'Ouest. Donc, vous voyez comment un pays fut morcelé, plusieurs fils d'une même nation luttèrent pour faire de leur département respectif, un pays. Dans une telle atmosphère, fut-il possible qu'Haïti se développe ? Christophe applaudit la scission du Sud, car pour lui, ce fut une occasion en or pour prendre le contrôle de ce département. Il va bannir cette idée quand Pétion reprit les rênes du pouvoir en 1811.

Christophe trouva qu'il fut possible d'envahir le Sud, il va totalement abandonner cet espoir lors de la révolte des marins de l'Artibonite contre lui. Ces hommes boudèrent Christophe et reconnurent carrément l'autorité de Borgella, successeur d'André Rigaud. Christophe devint très violent et méchant, il poussa son armée de quatorze-mille hommes jusqu'à Drouillard, près de Port-au-Prince. Il eut l'occasion d'envahir le champ de Mars pour bombarder la ville. Enflé d'orgueil contre l'Ouest et le Sud, il fit périr dans toutes les villes, un grand nombre de mulâtres, parce qu'Alexandre Pétion fut un Mulâtre.
Le gouvernement de Pétion fit face à beaucoup d'obstacles et d'adversaires, dont voici :

1. La conspiration de Yayou à Port-au-Prince en 1807.
2. La tentative de Magloire Amboise pour soulever la garnison de Jacmel, en décembre 1807.
3. La révolte de Gérin dans le Sud de 1809 à 1810.
4. Le projet de Delva d'exterminer tous les Mulâtres en 1811.
5. L'insurrection de Goman dans la Grand'Anse de 1807 à 1820.

Donc, pendant treize ans, Goman prit la Grand'Anse en otage ; Pétion délégua plusieurs émissaires de son gouvernement pour y faire régner l'ordre. Dans un premier temps, il expédia les colonels Bellefleur et Rigaud. Le troisième délégué à savoir Boyer Bazelais, arriva à démanteler quelques chefs et leurs bandes. Boyer devint alors le pacificateur de la Grand'Anse pour avoir fait taire ces activistes. La constitution de 1816 va voir le jour par l'initiative de Pétion. Cette constitution resta en vigueur jusqu'en 1867 après avoir subi quelques légères modifications. La révolte haïtienne qui a abouti à l'Épopée de 1804 va motiver les colonies espagnoles de l'Amérique du Sud à conquérir aussi leur indépendance.

Cependant, les deux chefs de file animés de cette velléité de liberté furent Francisco de Miranda et Simon Bolivar. Miranda vint d'Europe avec l'adrénaline de retirer les siens sous le joug du colonialisme, en bon intelligent, il s'arrêta à Jacmel (Haïti) pour recueillir les suggestions des grands chefs d'Haïti. L'histoire a rapporté que Dessalines lui aurait dit que la meilleure stratégie pour atteindre son objectif, fut de « koupe tèt, brile kay », en français : « couper les têtes et incendier les maisons » au lieu d'organiser des réunions et de prononcer de beaux discours. Miranda abandonna cette idée. Simon Bolivar, un grand ennemi des colons, va aussi se prêter à cette cause de libération espagnole. En 1808, Bolivar se bâtit farouchement pour conduire la Colombie, le Vénézuéla et l'Équateur à l'indépendance. Après quatre ans de combats intenses, Bolivar entra en 1812 à Caracas et fut acclamé : « Libérateur de l'Amérique du Sud ». Bolivar résolut avoir besoin des conseils des pionniers d'un pays qui se connaissaient en libération historique, pour gagner cette victoire.

Donc, trois ans après, soit en 1815, il s'y rendit à la Jamaïque, puis transborda aux Cayes (Sud d'Haïti) en compagnie de ses hommes remarquables pour n'avoir pas pu résister aux troupes de Ferdinand VII, Roi d'Espagne. Bolivar fut donc reçu chaleureusement par le général Marion, ex-commandant de l'arrondissement des Cayes. Puis, Bolivar eut de bons entretiens avec Alexandre Sabès Pétion et il bénéficia de ses précieux conseils, car Pétion posséda une longue et enrichissante expérience politique. Après que Bolivar eût fini de charger sa batterie politique des conseils salutaires d'Alexandre Sabès Pétion, il gagna sa remarquable bataille historique.

L'illustre Simon Bolivar, libérateur et fondateur des cinq Républiques de l'Amérique du Sud, avait dans la grande œuvre entreprise en 1811, à la suite de Francisco de Miranda, le dessin de secouer la domination de l'Espagne et de rendre indépendantes d'immenses contrées dont s'enorgueillissait la couronne du Roi Catholique. Il se rendit dénué de toutes ressources, il implora en vain le secours de l'Angleterre représenté par le gouverneur de l'Île. Désespéré et à bout de moyens, il résolut de se diriger en Haïti et de faire à la générosité de la première République noire, afin d'en tirer le secours nécessaire pour reprendre l'œuvre de libération qu'il avait tentée avec une vigueur remarquable. Lorsque les Anglais qui avaient tous les intérêts à voir ruiner la puissance coloniale de l'Espagne, s'était montrée indifférent, put-il compter qu'une nation naissante, faible, au territoire microscopique comme Haïti, veillant encore avec inquiétude sur son indépendance insuffisamment reconnue, se risquerait dans une aventure aussi périlleuse que celle qu'il allait tenter ? Il vint peut-être avec le doute dans l'esprit, mais Alexandre Sabès Pétion qui gouverna la partie occidentale d'Haïti, l'accueillit avec une parfaite bienveillance. Le gouvernement de Port-au-Prince qui eut à sa suprématie Alexandre Sabès Pétion, mit aussi à la disposition du Héros de Boyaca et de Carabobo (Bolivar), tous les éléments dont il avait besoin, car, Simon Bolivar manquait de tout. Hommes, armes et argent lui furent généreusement donnés. Pétion, ne voulant agir ostensiblement, par crainte de se compromettre avec le gouvernement espagnol, fut convenu que les hommes s'embarquèrent furtivement comme des volontaires, et qu'il ne serait jamais fait mention d'Haïti dans aucun acte officiel du Venezuela.

Donc, Bolivar partit muni de ces ressources. Confiant de son génie et son grand courage, il opéra donc héroïquement son débarquement sur les côtes fermes du Venezuela. Après avoir battu le général Morrillo qui voulut lui barrer la route, il marcha de triomphe en triomphe, jusqu'à la complète expulsion des troupes espagnoles et à la proclamation définitive de l'indépendance du Venezuelien. Bolivar continua la campagne avec une vigueur et une activité infatigables. Par la célèbre victoire de Boyaca, il conquit l'indépendance de la nouvelle Grenade et la réunit au Venezuela pour former la République de la Colombie, digne hommage rendu à l'immortel Colomb. Il donna la main aux habitants de Haut-Pérou qui, à l'aide des Colombiens commandés par le général Sucre, défirent les Espagnols dans une bataille décisive, livrée aux environs d'Ayacucho, et fit proclamer la République de Bolivie.

Par la victoire de Junin qu'il remporta sur les armées espagnoles, l'indépendance au Pérou fut donc complètement raffermie. Les contrecoups des actions héroïques que Simon Bolivar accomplit dans les gorges ombreuses ou sur les plateaux enflammés des cordillères ricochèrent sur les institutions séculaires de l'Europe, ils secondèrent les courants des idées révolutionnaires qui, comme une avalanche, ébranlèrent les rouages usés de l'ancien régime. On dirait que le Nouveau Monde sentait la sève de l'avenir, bouillonnée dans les idées d'égalité et de liberté. Lorsqu'on tient compte de l'influence que Bolivar a exercée directement sur l'histoire d'une partie considérable du Nouveau Monde et indirectement sur le mouvement politique européenne, est-il possible de ne pas admettre en même temps que l'action de la République Haïtienne a moralement et matériellement déterminé toute une série de faits remarquables, en favorisant l'entreprise que devait réaliser le génie du grand Venezuelien ? Les conseils et soutiens d'Alexandre Sabès Pétion à Simon Bolivar, lui permirent de remporter de belles victoires, et proclamer l'indépendance du Venezuela, de l'Équateur, du Pérou et de la Bolivie. Donc, tous les pays de l'Amérique du Sud devraient avoir du respect et de l'estime pour le peuple haïtien. Revenons à Alexandre Pétion, comment mourut-il ? À partir de 1816, Pétion fut accablé par divers problèmes politiques, tels : les nuisances de ses principaux adversaires (Bonnet et Boyer), la situation financière et la pluie de critiques de ses opposants. En 1818, il fut miné par une épidémie de maladie qui coûta la vie à beaucoup de personnes à Port-au-Prince. En mettant l'emphase sur cette épidémie, nous nous souvenons du tremblement de terre suivi de tristes ouragans et du Choléra meurtrier qui a renforcé les séquelles que le séisme a laissées dans la mémoire collective haïtienne. Aujourd'hui, on parle du maudit Ebola en Afrique mère. Enfin, Alexandre Sabès Pétion mourut de la fièvre typhoïde le 29 mars en 1818. Haïti fut endeuillé en entier par sa mort, car Pétion fut d'une bonté extraordinaire. Il se révéla donc un Président « chouchou » pour son peuple.

2.1.17 Le profil de l'Administration politique de Jean-P Boyer.

La mort d'Alexandre Pétion occasionna l'élection de Jean-Pierre Boyer à la magistrature suprême de l'État. Étant donné que Boyer évolua dans la cuisine politique de Pétion, il fut apte à briguer le poste présidentiel ; mais bien qu'il fût nommé commandant de la garde présidentielle, il ne manqua pas de critiquer les actes politiques de son chef. En 1818, il fut élu Président. Il resta une vingtaine d'années au pouvoir. Pendant vingt-et-un ans, il gouverna l'île entière. Le 31 janvier 1820, l'ex-Président Jean-Pierre Boyer fut reçu sous de chauds applaudissements à Jérémie, il y fut proclamé « le pacificateur de la Grand'Anse ». Rappelons que Christophe fut paralysé d'une crise d'apoplexie au palais Sans-Souci. Trahi par tous ses proches et envahi de remords et de chagrin, il se fusilla d'une balle au cœur et fut inhumé le 8 octobre 1820 discrètement à la Citadelle Laferrière.

Donc après sa mort, Boyer eut l'opportunité de vaincre les insurgés de Saint-Marc, des Gonaïves, de Plaisance et il foula le Cap le 26 octobre 1820 où il fut accueilli sous des applaudissements nourris et on cria « Vive Boyer ». « Vive le Président à vie d'Haïti ». Étant donné qu'Henri Christophe décéda, Boyer monta au pouvoir aisément et la scission entre le Nord et le Sud prit fin. Comment les Espagnols furent-ils chassés de l'Est ? Puisqu'après la chute de Napoléon Bonaparte en 1814, le nouveau gouvernement n'eut aucun intérêt dans la prospérité du pays, le 1er décembre 1821, le peuple réussit à démasquer les représentants de l'Espagne de la colonie espagnole (actuellement Rép. dominicaine). Une fois que ces représentants quittèrent la colonie, l'armée haïtienne d'alors, forte de vingt-mil hommes, quadrilla la frontière à partir d'Ouanaminthe et de Lascahobas. La tentative réussit, les généraux Bonnet et Boyer entrèrent à Santo-Domingo le 9 février 1822.

En conséquence, toute l'île d'Haïti resta sous l'autorité de Boyer pendant presque un quart de siècle (21 ans), donc de 1822 à 1843. Les combattants haïtiens qui luttèrent pour la réalisation de la conquête de l'île entière eurent beaucoup de surprises. Ils furent écartés des postes honorables qu'ils désirèrent d'après leurs mérites au sein de l'armée et de l'administration. Ceci les incita à quitter le pays (Haïti) pour s'établir à Cuba. La France essaya à maintes reprises de faire reconnaître son autorité sur Haïti. Elle finira donc par perdre l'espoir de la recoloniser. Le Roi Charles reconnut en 1825 l'indépendance d'Haïti à condition qu'elle payât sur une période de cinq ans une indemnité de cent-cinquante millions de Francs. Rappelons que cette faramineuse somme fut réduite à soixante-cinq millions de francs. Voilà comment les Haïtiens contractèrent une dette après avoir croupi pendant deux cents soixante-quatorze ans en esclavage. Puis, Boyer fut conspiré par ces trois adversaires que voici :

Romain en 1820, Quayer Larivière en 1827 et Izidor Gabriel en 1837. L'œuvre fut aussi très critiquée pour n'avoir pas mentionné les clauses respectant la liberté individuelle. Contrairement à Pétion, Boyer se montra très autoritaire dans ses prises de décision. Il ne fit aucune place à la génération montante, tandis qu'Alexandre fut très soucieux de l'éducation des jeunes. En d'autres termes, il opta pour une progéniture bien instruite. Jusqu'à présent, les jeunes haïtiens jouissent encore de son œuvre, « Lycée Pétion ». Boyer viola également la constitution qu'il conçut lui-même en faisant exclure de la chambre en 1838 et en 1842, les députés les plus hostiles à son gouvernement. Une telle mise à l'écart impliqua les *gérontes*[5] qui appuyèrent l'opposition parlementaire d'alors.

2.1.18 La lueur de division en Haïti, n'a-t-elle pas apparu à partir de 1806 ?

Jetons un coup d'œil sur la mentalité des gens qui pratiquent de la division en Haïti. Nous avons approché cet aspect de division politique, parce que Dessalines fut abattu par le plus petit soldat de l'armée, en la personne de Garat dont son nom complet n'a pas été révélé dans l'Histoire. Notons

---

[5]**Gérontes** : *Les vieux prétentieux et incapables de l'époque (1842) en Haïti.*

que Garat reçut l'ordre de faire feu d'un sous-officier de l'armée du nom de Duverger. À la suite de la mort de l'Empereur Dessalines, son Empire fut aboli. Un sénat composé de vingt-quatre membres vota la constitution de 1806 et élit le général Henry Christophe Président d'Haïti pour quatre ans. Christophe fut insatisfait du pouvoir que lui conféra cette constitution. Ainsi, il déclara la guerre aux populations de l'Ouest du pays. Après quelques jours de Saint-Siège à Port-au-Prince, il rentra dans le Nord et créa un État indépendant dont il fut le Chef.

Trois ans après l'indépendance, Haïti se trouva divisée en deux États distincts : le Nord, l'Ouest et le Sud. Le 9 mars 1807, le sénat se réunit et élit Alexandre Sabès Pétion Président de l'Ouest et du Sud d'Haïti. Il fut réélu en 1811 et en 1815. Après la constitution de 1816, Pétion fit voter une nouvelle constitution. À l'issue de ce vote, le pouvoir exécutif fut confié au Président avec le droit de désigner son successeur. Quant au pouvoir législatif, il fut confié au Sénat et à la chambre des représentants des communes ou des députés. Pétion changea le drapeau de 1805 et les deux couleurs furent placées horizontalement, avec au centre, des armoiries portant l'inscription : « l'Union fait la force ». Dans le Nord, sous le régime de Christophe, le drapeau resta noir et rouge. Alexandre Pétion fut un fervent défenseur de l'instruction publique et un dirigeant généreux. Il distribua des terres aux militaires à titre de don national.

Dessalines, à l'instar de Pétion, reconnut aux enfants illégitimes le droit d'hériter de leurs parents. Il gouverna sans abuser de son autorité, mais on lui reprocha de n'avoir pas eu assez de fermeté pour faire respecter les lois d'Haïti. Sa faiblesse politique fit naître beaucoup d'abus spéciaux et plusieurs cas de détournements de fonds d'État. Sous sa présidence, Haïti connut plusieurs cas d'insurrection. Les paysans du Sud se battirent pour leurs droits afin d'entrer en possession de leur terre et de pouvoir en disposer librement. Ils refusèrent de se soumettre aux codes ruraux et revendiquèrent le droit de devenir propriétaires. Après plusieurs tentatives, Pétion confia au général Boyer Bazelais, la mission de calmer les paysans en leur distribuant des terres et en leur accordant des droits de disposer de leur personne et de leurs biens.

Par ailleurs, le 28 mars 1811, le Nord d'Haïti devint un Royaume, Henri Christophe se fit proclamer Roi sous le nom d'Henri 1er. Le 4 avril 1811, une constitution royale créa la monarchie de Christophe. Sous son règne, il imposa un système féodal qui octroya aux élites aristocrates deux grands domaines et des lois qui obligèrent les cultivateurs à travailler dans ces domaines. Henri 1er fut un Dictateur, mais il fut un progressiste contrairement à Duvalier père. Le Royaume exporta du café, du coton et du sucre. Il organisa et contrôla tout avec une grande vigilance (le pouvoir législatif, l'administration, l'instruction et la religion). Aucun détail n'échappa à sa perspicacité et à son intelligence. Henry 1er fut obsédé par la crainte du retour possible des Français en vue de reprendre l'île. Il fit construire et édifier des bâtiments somptueux tels que : le « Palais de Sans-Souci, le Palais trois cents soixante-cinq portes et l'imposante Citadelle Laferrière » qui représentent une des merveilles du monde ?

Néanmoins, il multiplia des ennemis à cause de ses abus de pouvoir. Le Nord-Ouest le soupçonna d'avoir assassiné le célèbre « Capois la mort », un des Héros de l'indépendance. Sous son règne, il força tous les citoyens à respecter les lois. Le peuple, agacé par la tyrannie du Roi, choisit la liberté au risque de mourir. Henri 1er fut atteint d'une crise d'apoplexie et resta paralysé toute sa vie. Certains individus profitèrent de son handicap pour se révolter contre son gouvernement jugé trop drastique. Trahi par sa garde, il tomba dans un profond découragement et se suicida. De 1814 à 1815, suite à la signature d'un traité, le Congrès de Vienne réorganisa l'Europe au mépris des nationalistes après la chute de Napoléon, permettant ainsi aux citoyens de renforcer leur lutte contre l'esclavage. Le 2 juin 1816, une nouvelle Constitution fut promulguée et le Sénat élit Jean-Pierre Boyer Président à vie de la République.

Malgré les résultats dudit congrès qui abolit l'esclavage et condamna le colonialisme, la France ne reconnut officiellement l'indépendance d'Haïti qu'en 1825. Rappelons que Charles X, le Roi de France d'alors, imposa à Haïti une dette de cent-cinquante millions de Francs. Dans un autre accord, à savoir le traité de 1838, Haïti accepta de verser soixante millions de Francs « Or » aux colons français en compensation des pertes subies dans l'Île. Elle prit beaucoup de temps pour consolider son indépendance et son économie. En conséquence, le Nord et le Sud conspirèrent contre Boyer. Pour ne pas compromettre le pays, il partit en exil à la Jamaïque en 1843. En 1850, il se rendit en France sous le règne du Roi Philippe, il mourut à Paris dans un état miséreux.

2.1.19 La signature du concordat de 1860 entre Fabre Geffrard et le Vatican.

La réorientation historique de l'idéologie haïtienne fut annoncée par l'assentiment en 1825, du Président Jean-Pierre Boyer à l'exigence de la France d'une indemnité onéreuse pour les propriétés perdues par les anciens propriétaires et de plantations. La signature par Boyer de ce traité équivalait à la trahison de la fondation même de l'idéologie haïtienne. Boyer inaugura une ère d'incohérence idéologique qui aurait duré une grande partie du dix-neuvième siècle, jusqu'à l'occupation américaine de 1915 à 1934. Il semble qu'en occupant militairement Haïti, il s'agissait pour les États-Unis d'éviter qu'Haïti ne demeurât sous la tutelle de la France ou ne tombât sous celle de l'Allemagne. C'est à partir de cette occupation que les travailleurs haïtiens se dirigèrent vers les plantations de la canne à sucre de Cuba et à la République dominicaine, d'où le début de la soumission des Haïtiens à un nouveau modèle d'aliénation.

Tout au long de cette période, ces puissances impérialistes intervinrent à leur guise dans les affaires d'Haïti. Dressant une faction contre l'autre et réclamant des tributs alors qu'elles poursuivaient une campagne raciste de dénigrement de la première République et de ses concitoyens. La subversion de l'idéologie haïtienne par l'impérialisme occidental, une politique menée par les élites dirigeantes pendant cette période chaotique, éroderait de plus en plus l'intégrité et la cohérence de l'idéologie nationale. Le concordat signé entre le Président Fabre Geffrard et le Vatican en 1960 deviendra un vecteur efficace de l'aliénation culturelle, incorporant des contradictions centrifuges résilientes dans l'idéologie haïtienne. Le concordat fit du Catholicisme la religion officielle, légitimant la répression sociale de la religion vaudou et autre manifestation des croyances traditionnelles.

Notons qu'Haïti fut frappée par un terrible tremblement de terre le 7 mai 1842 sous le gouvernement de Boyer. Donc, le séisme du 12 janvier 2010 rappelle que cette catastrophe n'est pas la première qu'Haïti ait connue à travers ses annales historiques. Ce séisme de 1842 saccagea et détruisit totalement la ville du Cap. Les violentes secousses firent d'importants dégâts à Saint-Domingue, à Santiago et à Port-de-Paix (Nord-Ouest). Après cette catastrophe, beaucoup de problèmes suivirent, telles : l'incendie et la maladie. La catastrophe du 12 janvier 2010 suivie des ouragans et d'un choléra meurtrier a empiré la situation sociale haïtienne. L'autre réaction qui ressemble aux réalités haïtiennes de 2010 et depuis toujours, c'est quand des pillards descendirent dans les rues, machettes en main sous des décombres qui ensevelissaient leurs semblables, à la recherche de quoi manger, c'était pour nous le tableau le plus affreux aux yeux du monde international. Au milieu des ruines, on vit des gens se livrer à un pillage sans bornes. Donc, cent soixante-huit ans après, les mêmes causes produisent les mêmes effets.

Revenons à Boyer, la révolution de 1843 se forma dans la côte Sud d'Haïti (aux Cayes). Les tenants de cette mouvance produisirent une brochure intitulée « Manifeste de Praslin ». La teneur de ce papier soutint des reproches à l'administration de Boyer vis-à-vis des promesses faites au peuple haïtien. Rivière Hérard et ses hommes marchèrent rapidement vers l'Ouest contre Boyer en janvier 1843. En février de la même année, les révoltés de Hérard mirent l'armée de Boyer en déroute au « Mapou Dampuce » à Léogâne. Il se jeta de justesse à la Jamaïque, d'où il se rendit en France. Il s'éteint le 9 juillet 1850 à soixante-quinze ans. Il faut signaler que Boyer fut le seul chef d'État qui ait battu le plus grand record politique au pouvoir haïtien, de 1818 à 1843, donc il accomplit vingt-cinq ans de gouvernance.

2.1.20 Rivière Hérard se lança dans la mêlée politique.

Quels furent les principaux membres de son gouvernement ? Étant donné que Rivière Hérard fut l'instigateur principal du mouvement qui détrôna le plus Grand Dauphin politique haïtien (Jean-Pierre Boyer), il fut à juste titre, le chef de ce gouvernement intérimaire. À l'instar de Paul-Eugène Magloire qui fit un tri des hommes de poigne pour former son administration, Hérard compta aussi de grands intellectuels dans ses rangs, tels : Hérard Dumesle, David Saint-Preux et Honoré Féry. L'objectif de ces révolutionnaires fut de concevoir une nouvelle constitution qui se substituerait à celle de 1816 qui à leur avis ne donna pas assez de liberté au peuple. Après maintes réunions, investigations, et de beaux discours teintés de violence, on adopta enfin la constitution de 1843. Cette constitution fut votée sous deux conditions fondamentales, que voici :

1. Le Président dut être nommé par le « Vox populi » c'est-à-dire par la voix du peuple.
2. Les communes durent être administrées par les civils plutôt que par les militaires.

Ironie du sort, aucun des auteurs de cette constitution dite libérale ne la respecta. Rivière Hérard, chef de file du mouvement anti-Boyeriste fut élu Président de la République par la constituante le 31 décembre 1843. Vous allez voir comment cette constitution fut effectivement violée. Rivière Hérard et son cousin Hérard Dumesle devenu secrétaire d'État, n'acceptèrent pas le gouvernement civil ; tandis que ce fut alors l'un des points centraux du nouveau baptistère du pays. Cette violation créa toute une tension entre le gouvernement civil et la constituante. La partie de l'Est profita de cette mésentente politique pour déclarer son indépendance ; car après avoir passé vingt-cinq ans sous l'obédience de Boyer ; les séparatistes révoltés voulurent être libres. Ils prirent Santo-Domingo le 27 février 1844.

Les paysans envahirent la ville aux cris suivants : « Vive la Vierge Marie et la République dominicaine ». Qu'est-ce qui donna naissance aux piquets du Sud ? Tout d'abord, on dit piquets ou paysans révoltés. Pourquoi furent-ils fâchés tout rouge contre l'ex-Président Rivière Hérard ? Ces cultivateurs avaient beaucoup supporté Hérard dans sa manigance pour faire tomber Jean-Pierre Boyer. Ils crurent en des idées que véhicula Hérard, ces malheureux paysans attendirent avec impatience toutes les promesses qu'Hérard fit tandis qu'il fut dans l'impossibilité de les honorer. Très offusqués par des promesses non tenues, les piquets marchèrent vers la capitale sous la dictée de leur chef « Acaau » qui fut alors un activiste politique. Tenant compte de leur statut de paysans et de l'époque (1843), ils n'eurent pas d'armes, ils furent tous armés surtout de piques en bois qu'on appela « Piquets ». L'objectif principal de ces insurgés fut de chasser du pouvoir, les gens de couleur et de mettre un Noir à la présidence. On aurait pu même baptiser cette mouvance de : « la révolution des Noirs contre les Mulâtres ».

À l'insu de Rivière Hérard, les piquets continuèrent à s'avancer vers la capitale. Mis à part ces piquets, Pierrot incita aussi le Nord et l'Artibonite contre le régime de Hérard, puis les deux frères Ardrouin, Céligny et Beaubrun pour leur part, planifièrent une conspiration à Port-au-Prince. Sous toutes ces pressions adverses, Hérard ne put résister, il s'embarqua pour la Jamaïque le 3 mai 1844. Suite à son départ, l'octogénaire l'ancien général de la guerre de l'Indépendance (Philippe Guerrier) fut élu Président le 8 mai 1844, soit cinq jours après la chute de son prédécesseur. Guerrier fut donc l'un des plus vieux chefs d'État d'Haïti. En bon stratège, Guerrier nomma le chef du piquettisme « Acaau », commandant de l'arrondissement des Cayes. Étant donné qu'il fut un ancien vieux rat de l'armée, son expérience lui suffit pour gouverner sans constitution, à l'exception d'un conseil d'État de vingt-et-un membres qui l'assista. Signalons qu'il y eut trois œuvres importantes qui furent construites sous son administration, il s'agit du Lycée Philippe Guerrier des Cayes, celui du Cap-Haïtien et la poste aux lettres. Ce vieux dinosaure politique mourut à Saint-Marc le 15 avril 1845.

Après sa mort, un autre vieux routier politique, le général Jean-Louis Pierrot accéda à la magistrature suprême de l'État. Il ne passa qu'onze mois au pouvoir. Étant donné que Picrrot détesta Port-au-Prince, il décréta le Cap capitale d'Haïti le 1er novembre 1845. En tant que collègue et frère d'armes de Dessalines, il fit en sorte que la date de la mort de son ami (Père de la Patrie) sorte de l'oubliette, ce fut ainsi que le 17 octobre de chaque année devient une date mémorable du décès de Dessalines dans toute Haïti. L'un des principaux objectifs de Pierrot fut de rétablir l'unité politique de l'île, mais il fut contrarié par les troupes de Saint-Marc. Il fut obligé de quitter le pouvoir le 1er mars 1846. Le jour même de sa chute, Riché occupa le poste présidentiel. Riché eut beaucoup de problèmes dans sa courte présidence ; parce que sous l'administration de Rivière Hérard, en compagnie de son ami

Geffrard, il mit en déroute les bandes d'Acaau à Aquin (Sud). Donc, puisque Accau devint commandant de l'arrondissement de l'Anse-à-Veau depuis la mort de Guerrier, il se révolta contre Riché et refusa de se soumettre sous sa présidence. En conséquence, cette résistance fut réprimée rigoureusement par le Président. Riché fut très hostile aux sectes superstitieuses. Quiconque pratiqua les danses « Vaudou » passa de très mauvais moments sous son gouvernement. En d'autres termes, sous Riché, il n'y eut aucune liberté vaudouesque. Pendant son règne, il ne construisit que la maison centrale pour l'internement et le redressement des petits vagabonds, avant de s'éteindre le 27 février 1847.

2.1.21 Faustin Soulouque, F.Geffrard et Sylvain Salnave.

Les trois candidats qui se lancèrent dans la course présidentielle après Riché furent : Soulouque, Paul et Souffrant. Soulouque surnommé Bonhomme « Coachi » fut élu Président le 1er mars 1847. Il ne forma aucun cabinet ministériel. Il conserva tous les ministres de son prédécesseur (Riché). Ayant été un bon ami de Beaubrun Ardouin qui supporta sa candidature, Soulouque n'eut pas de choix, il dut tolérer Céligny Ardouin dans son gouvernement malgré que Céligny le vexât par des propos méprisants. On peut comprendre Soulouque facilement, car il fut le meilleur ami de Beaubrun Ardouin, frère de Céligny. Donc, pour ne pas entraver ses relations avec Beaubrun, il nomma quand même Céligny, ministre.

En juillet 1847, une forte tension s'éclata dans le Nord. Soulouque, ayant été Président, dut s'y présenter pour faire régner l'ordre. Tous ses ministres donnèrent leur démission à l'exception de Céligny Ardouin qui accepta de donner sa vie aux côtés de lui. Ardouin agit donc à l'instar de Charlotin Marcadieux qui fut criblé de balles avec Dessalines dans ses bras. Maximilien Augustin profita des vacances présidentielles pour créer des troubles avec le support de ses alliés, les « Zinglins ». Puis, Céligny Ardouin, un des ministres de Soulouque, fut accusé de complicité dans la révolte qui s'éclata à Aquin dans le Sud en1848. Un coup de feu fut tiré dans la cour du palais national, ensuite, une fusillade causa de nombreuses victimes dont Céligny Ardouin. Il fut blessé et conduit en prison. Suite à cette affaire, on massacra beaucoup de gens soupçonnés d'être ses proches. Si vous analysez le gouvernement de Soulouque en profondeur, vous comprendrez que le Sud le bouleversa le plus, car il dut passer quatre mois environ pour tenter d'y faire régner la paix. Donc, dans l'intervalle d'avril à août 1848, beaucoup de gens perdirent leur vie dans ce carnage populaire.

Le 9 mars 1849, à la tête d'une armée de quinze mille hommes, Soulouque franchit la frontière haitiano-dominicaine en vue de la conquête de la partie de l'Est. Puisqu'il s'agit d'une grande bataille, il fallut que tout le peuple s'unisse pour supporter Soulouque dans ses démarches, mais aucun parent ne voulut exposer ses enfants dans la défense d'Haïti. Malgré tout, l'armée haïtienne remporta partout des victoires à las Matas et à San Juan. Les Haïtiens furent aussi victorieux dans la bataille de la rivière d'Ocoa contre les Dominicains. Ils furent affaiblis quand ils reçurent l'ordre du Président Soulouque d'entrer à Port-au-Prince sous prétexte que la capitale se préparait à se soulever. En rebroussant chemin vers Port-au-Prince, ils passèrent de mauvais moments sous les mains de leurs adversaires dominicains.

Soulouque passa du stade présidentiel à celui d'Empereur le 25 août 1849 sous le nom de Faustin 1er. Donc, si vous analysez bien la trajectoire sociopolitique haïtienne, vous verrez qu'à trois reprises, sous Dessalines, Christophe et Soulouque, Haïti fut connue comme Royaume ou Empire. Le mois d'avril 1852 marqua une grande festivité en Haïti. Cette cérémonie du sacre de Soulouque mobilisa tout le pays. Le dimanche 18 avril 1852, on reçut des invités de marque estimés à huit mille personnes venant de partout pour participer au couronnement de Soulouque. La messe eut lieu en l'Église provisoire qu'on construisit pour la circonstance. Ce fut l'Abbé Cessens ainsi connu, qui dirigea cette cérémonie. Soulouque fit cette grandiloquence avec les frais de la République pour triompher sa gloire et son honneur. Il organisa cette cérémonie tellement grandiose, qu'il appauvrit le trésor public. Cela nous fait faire une rétrospection vers la malversation politique haïtienne où nous avons constaté que les mêmes bévues politiques perdurent encore après deux cents-quatorze ans d'Histoire. En 2010, nous avons vu des politiciens louer des avions pour des millions de dollars pour organiser leur campagne électorale. Ces appareils surplombaient le ciel d'Haïti pour donner des résultats truqués et honteux, tandis qu'un peuple amputé, affamé, fauché et attristé, patauge dans la misère la plus abjecte du siècle.

Revenons à Soulouque ; l'un de ses ministres Lysius Salomon, tenta de réparer ce gaspillage en vendant le café et le coton pour solidifier l'économie, mais cela demeura un scandale financier sans précédent. Le gaspillage et les fraudes appauvrirent le trésor public au point qu'on suspendit le prétendu paiement de l'indemnité de l'indépendance ; ce qui fit arriver dans les rades de Port-au-Prince une démonstration navale de l'Amiral français, menée par le nommé Duquesne. Alors, mon Dieu, quand on dit qu'Haïti est le pays le plus pauvre de l'Hémisphère occidental, il ne faut pas tenir compte uniquement des gouvernements des Duvalier, ni des militaires, ni de civils provisoires, ni d'Aristide, ni de Préval, pour bien comprendre l'origine de la pauvreté dont on parle au sujet d'Haïti, il faudrait faire l'autopsie de ce pays à partir de 1492 ; tout en cristallisant chaque gouvernement jusqu'à nos jours. Nous ne savons pas si vous comprenez ce qui se passa sous le gouvernement de Faustin Soulouque. Il vida tout le trésor public pour organiser une dispendieuse fête pour sa gloire personnelle. Alors, vous pouvez comprendre que c'est la réunion de tous ces gaspillages successifs qui a mis Haïti au fond de ce bourbier socio-économique dans lequel, elle se trouve.

Signalons que le régime de Soulouque fut despotique et pendant toute la durée de son despotisme, il dirigea Haïti avec un bras de fer. Beaucoup de gens connurent la prison sous son règne, dont : Céligny Ardouin, le Duc de Limbé, Similien et Bobo. En 1855, Faustin 1er (Soulouque) contrôla la partie de l'Est. Il fit face à deux embûches importantes :
1) Son gouvernement rendit le pays trop pauvre par des dépenses folles.
2) Les Dominicains avaient remis à leur tête le fameux Santana qui fut un agitateur dominicain, il organisa parfaitement la résistance à Saint-Domingue. Il fut donc connu pour sa perspicacité.

La fin de l'Empire de Faustin 1er fut marquée par la révolte de Géffrard, son homme de confiance. Geffrard complota avec le nommé « Aimé Legros » des Gonaïves pour conspirer contre Soulouque (Fautin 1er) en décembre 1858. Faustin, n'ayant pas pu donner une réplique à ses conspirateurs, sauva sa peau en se réfugiant au consulat français avant de s'exiler le 15 janvier 1859. Le jour même de sa destitution, Geffrard fut acclamé Président d'Haïti. Il fut officiellement locataire du palais national cinq jours après, soit le 20 janvier 1859. Fabre Geffrard, pour avoir été fils du général Nicolas Geffrard qui fut un participant à la révolution de 1843, commandant de l'arrondissement de Jacmel sous l'Empire, Chef de la garde du palais national, jouit de toute l'admiration et de la confiance de l'Empereur Faustin 1er. Fin stratège, Geffrard ne limogea personne à sa montée au pouvoir. Tous les courtisans de Soulouque gardèrent leur poste. Geffrard écarta tranquillement de son pouvoir, les dauphins de Soulouque tout en les substituant par des hommes intelligents, instruits, capables de l'aider. Geffrard fut pris dans un piège suite à la démission du général prophète, son ex-ministre de l'intérieur.

Il est très important de signaler que Geffrard fut un grand réformiste. Il réorganisa l'enseignement supérieur et fonda l'École de droit. Il fournit aux lycéens des professeurs haïtiens instruits et créa les Lycées des Gonaïves et de Jacmel. Il créa bon nombre d'écoles secondaires spéciales pour les garçons et les filles. Les deux ministres notoires laissèrent leur marque à travers deux œuvres importantes : Écoles Élie Dubois et J.B Damier. Puis, des écoles laïques et religieuses furent répandues dans tout le pays. À côté de toutes ces institutions classiques et professionnelles, Geffrard fit venir une mission étrangère et la fonderie nationale de Port-au-Prince dans l'objectif de former des contremaîtres et des ouvriers habiles. Dans le domaine commercial et financier, Geffrard ouvrit les ports que l'ex-Président Faustin Soulouque avait fermés, il favorisa le commerce national et établit un service des bateaux à vapeur. Le coton fut très recherché pendant *la guerre de Sécession*[7] et la culture prospéra.

En décembre 1863, une fillette nommée « Claircine » fut sacrifiée à Bizoton au Sud de la capitale dans une cérémonie vadouesque. Huit personnes, dont Jeanne Pelé et son frère Congo, furent condamnées à mort pour cette affaire. Ce sacrifice fut considéré à l'époque comme un crime affreux qui ternit l'image du pays et qui fit bouder l'opinion publique. Geffrard fut donc conspiré de 1861 à 1865 par ses multiples adversaires, par exemple :

1. En 1861, la prise d'armes du général Léon Legros aux Gonaïves fut soldée par douze condamnations à mort.

2. En 1862, quatorze personnes furent aussi condamnées lors du soulèvement d'anciens piquets des Cayes.

3. En 1863, Aimé Legros souleva l'Artibonite, dans ce soulèvement on enregistra huit condamnations à mort, dont Legros l'instigateur de la chute de Faustin Soulouque au profit de Fabre Geffrard.

4. En 1864, la prise d'armes à Port-au-Prince lors de la tournée de Geffrard dans le Nord, fit cinq condamnations à mort. Notons qu'aujourd'hui, on qualifierait ce mouvement de tentative de coup d'État.

5. L'insurrection qui frappa le gouvernement de Fabre Geffrard fut celle de Sylvain Salnave. Cette révolte institua en mai 1865, ce qu'on appela : « Comité révolutionnaire ou de salut public ».

6. Nissage Saget fit son apparition dans cette lutte contre Fabre Geffrard en prenant la tête de douze mille hommes au Cap.

7. En 1866, un certain Victorin Chevalier entra dans la mêlée politique en prenant les armes aux Gonaïves, puis une autre mouvance eut lieu à Saint-Marc.

En janvier 1867, Geffrard fut une fois de plus attaqué par les tirailleurs de la garde et des coups de feu furent entendus dans les appartements

---

[7]**La guerre de Sécession** : *Guerre civile aux États-Unis à propos de la suspension de l'esclavage (1860 à 1865).*

du Palais habités par Geffrard et sa famille. Après la riposte de Geffrard, on assista impuissamment au pillage des magasins, une mentalité qui perdure d'ailleurs jusqu'aujourd'hui. Les tirailleurs attaquèrent le Fort Lamarre ; lors de cette échauffourée politique, treize hommes, dont plusieurs de la haute société, comme Prosper Élie et son fils Justin, furent tués. Toutes ces tentatives ne bronchèrent pas Geffrard, il eut toujours le contrôle de la situation. Pour mettre un bémol dans cette tension politique, Geffrard proclama une amnistie générale et réforma son gouvernement. Son adversaire Victorin Chevalier, un exilé, souleva Saint-Marc et toute l'Artibonite, c'est ce qui provoqua la démission de Geffrard et il partit pour la Jamaïque le 13 mars 1867.

2.1.22 Un aperçu sur le gouvernement de Sylvain Salnave.

Maintenant, étudions le portrait politique de Sylvain Salnave. Il fut un grand aimé du peuple. Au départ de Geffrard, étant donné que Nissage Saget fut un de ses adversaires farouches, le Sénat d'alors le nomma Président d'Haïti, mais il refusa malheureusement cet honneur. C'est justement pour cela qu'un gouvernement provisoire vit le jour après la chute de Geffrard. Le 25 avril 1867, Sylvain Salnave se fit acclamer à Port-au-Prince par une foule en délire qui agita des mouchoirs et des branches de laurier. Le 4 mai, il fut nommé Président par la populace. Le 14 juin, il devint chef d'État pour 4 ans par la constituante. Salnave fut un homme de grande bravoure et très apprécié par le peuple. Il perdit toute la sympathie de ses partisans en vengeant des hommes qui l'avaient combattu.

Parmi les victimes de Salnave, plusieurs hommes remarquables, dont Desace Sévère avait été fusillé au Cap-Haïtien. Le général Montas fut mis en prison sans motif. Le vieux Robert Noël, adversaire farouche de Sylvain Salnave, souleva les *Cacos*[8] de Vallières et de Mont organisé en 1867 contre Salnave. Face à cette tension, le général Nord Alexis fit tout ce qu'il put pour faire soumettre les insurgés et Salnave accompagné de ses troupes, partirent pour le Nord en novembre 1867 dans le but de faire taire les révoltés. Le général Alexis fut un officier instruit et très respecté.

Il fut emprisonné pour avoir combattu Salnave. Cet agissement nous pousse à croire que la dictature exista aussi sous le régime de Salnave. Le 14 octobre de la même année, un groupe de femmes pro Salnave, envahit le parlement et chassa les députés après qu'un d'entre eux du nom d'Armand Thoby se prononça en faveur du prisonnier (Léon Montas). Ce carnage politique causa automatiquement la dissolution de la chambre. D'après le plus vieux quotidien haïtien (le moniteur), en date du 18 décembre 1867, Montas mourut dans la prison du Cap d'une attaque d'apoplexie. On chuchota qu'il s'agissait plutôt d'un étranglement téléguidé par l'ex-Président Sylvain Salnave. Et, les Cacos du Nord continuèrent à titiller les troupes du Président. Des révoltes éclatèrent partout, car Nissage Saget souleva l'Artibonite et Domingue mit le Sud en branle.

On fit donc face à une capitale très menacée, car, les insurgés du Sud et les Cacos du Nord, cernèrent Port-au-Prince en mai 1868. Sylvain Salnave avec ses soldats et ses volontaires réussirent à repousser les insurgés, mais la situation demeura très tendue. Ce furent les piquets d'alors que Salnave appela en renfort pour libérer Port-au-Prince. Nissage Saget profita de tous ces aléas politiques pour se faire proclamer Président du Nord et Michel Domingue gouverna le Sud. Voilà donc un pays divisé une fois de plus, en deux républiques en 1868. Par là, vous pouvez comprendre qu'Haïti n'aurait pas pu être développée dans tous ces litiges politiques mesquins. Alors, un pays avec deux Présidents, chacun nourrissait des idées différentes, on peut voir combien le sous-développement d'Haïti a toujours été évident.

Revenons à Salnave, dans ses premières tentatives pour conquérir le Sud, il fut fructueux en 1868, cependant, le général Brice Aimé le défia à Jérémie. Les troupes de Brice et de Boisrond Canal attaquèrent la capitale par voie maritime. Le 18 décembre de la même année, elles s'emparèrent de « Terreur » un bateau que Salnave venait d'acheter aux

---

[8]**Cacos** : *On entend par Cacos, les insurgés du Nord vers le début des années 1900. Ces hommes représentèrent la principale opposition aux gouvernements d'alors. Notons que dans le Sud d'Haïti, ces mêmes types d'adversaires politiques portèrent le nom de « Piquets ».*

États-Unis. Ce bateau se mouilla près du Fort l'Ilet. Le 19 décembre 1869, le palais national où une grande quantité de poudre fut entassée, explosa. Salnave fut arrêté par le général dominicain (Cabral), puis livré aux autorités haïtiennes, alors qu'il essaya de se sauver par la frontière haitiano-dominicaine. Après avoir immolé ses compagnons du côté de la Croix-des-Bouquets, Salnave fut condamné à mort par le tribunal révolutionnaire d'alors, pour les trois chefs d'accusation suivants : Meurtre, incendie et violation de droits humains. Il fut exécuté sur les ruines du palais le 15 janvier 1870. Pour faire un bref résumé de son gouvernement, l'ère de Salnave fut marquée par la guerre. Il ne laissa à son actif aucune œuvre qui aurait retracé son règne. On se souvient de comment s'appela par dérision la monnaie haïtienne sous Salnave « Z'oreille bourrique ». Car, à cette époque, pour avoir un dollar américain, il fallait « mille gourdes ».

2.1.23 Les gouvernements de N. Saget, M. Domingue, et de B. Canal.

Les Républiques du Nord et du Sud qui avaient été crées pendant le règne de Salnave, furent rapidement destituées, car, les tenants de cette révolte affirmèrent qu'ils se mirent à la tête de cette insurrection principalement pour déloger Soulouque. Après la mort de Salnave, un gouvernement éphémère le remplaça immédiatement, sous la bannière de la constitution de 1867. Le 19 mars 1870, le général Nissage Saget devint Président pour une période de quatre ans. Saget fut donc un homme intègre, droit et conciliant. Il témoigna un grand respect pour les lois et la constitution de son pays. Saget prononça cette célèbre phrase : « Que chaque bourrique braie dans son pâturage » après que Saget ait été trop flatté par ses courtisans qui lui demandèrent d'outrepasser les limites du pouvoir exécutif. Cette expression prouve qu'il ne fut pas influencé par l'ingérence ou l'excès de zèle de ses proches. Saget eut une opération colossale à faire au niveau des Finances. Il dut retirer en circulation la grande quantité de papier qui se propagea sur l'administration de Salnave. Saget commissionna ses deux hommes de poigne, c'est-à-dire Edmond Paul et Boyer Bazelais, pour faire un remaniement dans les Finances et mettre fin à la réforme monétaire de

Sylvain Salnave. À cette époque, le dollar américain et la monnaie de cuivre dominèrent la vie socio-économique haïtienne.

Comme cela a toujours été dans toutes les annales historiques haïtiennes, le règne de Sylvain Salnave prouva combien furent désastreuses les mésententes politiques en Haïti. Nous croyons que jusqu'à présent, cette situation perdure encore. Les multiples insurrections qu'Haïti a connues après la chute de l'ex-dictateur Jean-Claude Duvalier en 1986 ont sans doute hérité des différentes révoltes qui ont caractérisé Haïti par le passé. Par exemple : en 1871, un soulèvement s'éclata à Port-au-Prince, deux ans après, soit en 1873, trente hommes tentèrent un coup de force aux Gonaïves. En 1874, des exilés débarquèrent au Cap et attaquèrent l'arsenal (ancienne base militaire du Cap). Quels furent les résultats de la guerre des Cacos en Haïti ?

À cette époque, bon nombre de ressortissants qui vécurent en Haïti présentèrent des réclamations pour des dommages subis durant la guerre des Cacos. Deux Allemands n'ayant pas pu obtenir la totalité de l'indemnité qu'ils exigèrent, déposèrent des plaintes auprès de leur gouvernement. Le capitaine connu sous le nom de Batsch, commissionné par le gouvernement de Berlin, s'empara de deux *avisos*[9] de guerre haïtiens et exigea le paiement immédiat de quinze mille dollars. Naturellement, ce capitaine rendit les bateaux après avoir reçu cette somme. Le pire, le bicolore haïtien fut souillé de façon ignoble sur le pont des navires, cet acte indigna tous les Haïtiens de l'époque. Ulysses S. Grant, l'ex-Président des États-Unis ((1869 à 1877), signa un traité d'annexion avec l'ex-Président dominicain, Buenaventura Baez (1812 à 1884). Haïti sentit qu'un danger la guetta, elle favorisa donc les partisans de l'indépendance.

Heureusement, ce traité ne fut pas accepté par le Sénat américain grâce à l'intervention de l'ex-Sénateur américain « Charles Sumner ». Ce fut sans doute en signe de gratitude au Sénateur Sumner qu'une avenue à Port-

---

[9]**Avisos** : *petit bateau de guerre pour les stations lointaines. Autrefois, il fut chargé de porter les avis.*

au-Prince se nomme « Avenue Charles Sumner ». Le gouvernement de Nissage Saget toucha à sa fin lorsque les députés dissidents refusèrent de siéger en vue de favoriser la tenue des élections présidentielles. Nissage Saget remit tout doucement le pouvoir aux mains de Michel Domingue, le commandement en chef de l'armée d'alors. Le lendemain, il démissionna. Le Président Saget mena sa petite vie tranquille à Saint-Marc jusqu'à sa mort, le 7 avril 1880. Ce fut la fin du règne du chef d'État le plus intègre de toute l'histoire politique haïtienne.

Michel Domingue sut pertinemment que l'Assemblée nationale d'alors ne l'élira pas Président. Il utilisa son influence en tant qu'ancien commandant de l'armée pour accéder au pouvoir. Une assemblée constituante élue à la baïonnette brisa la constitution de 1867, elle vota celle du 6 août 1874. Ainsi, Michel Domingue devint Président pour huit ans.

Son plus grand problème, c'est qu'il fut un vieil homme non instruit, mais il tailla sa réputation pour avoir forcé Sylvain Salnave à abandonner le pouvoir. Que fit le vieux Président pour diriger Haïti ? Il nomma Septimus Rameau, son neveu (grand intellectuel), vice-Président. Rameau fut en principe, en termes de pouvoir décisionnel, le véritable Président, car il n'écouta même pas un mot de la bouche de son oncle Domingue. Rameau résuma tout son entêtement et son comportement autoritaire en deux principaux objectifs que voici :

1. La création d'une banque d'État.

2. L'érection d'un panthéon national à la gloire des Héros de 1804.

Les dettes que Rameau contracta en 1875, furent l'objet de tout un scandale financier, car, les douze millions de francs qui tombèrent sous ses mains, furent partagés entre lui, Domingue et les spéculateurs étrangers. Haïti ne bénéficia rien de cet argent. La pire bévue que le gouvernement familial (oncle et neveu) avait commise, c'est que la douane de Port-au-Prince fut administrée pour la première fois par un étranger dont l'histoire n'a pas révélé le nom et la nationalité. Ce fut tout un émoi pour les Haïtiens conséquents de l'époque. Les potentiels adversaires de Domingue et de Rameau, furent : Pierre Mont-Monplaisir Pierre, Brismard Brice et Boisrond Canal.

Suite à une violente attaque que Rameau et Domingue planifièrent contre ces derniers, Boyer Bazelais, Edmond Paul et Armand Thoby, trois hommes forts du gouvernement de Domingue et une cinquantaine de personnalités importantes, s'exilèrent. Étant donné que Michel Domingue perdit tous ses collaborateurs, son gouvernement devint de plus en plus impopulaire. Les insurgés de Jacmel, du Cap et même de la Croix-des-Bouquets, profitèrent de cette situation pour brandir leurs armes. Face à cette patate chaude, Rameau tenta de transplanter le siège du gouvernement dans le Sud (aux Cayes) en transportant des malles pleines d'argent. Cela nous fait penser tout de suite à l'ex-Dictateur Jean-Claude Duvalier en 1986. Port-au-Prince se fâcha tout rouge contre un tel pillage des fonds publics et se révolta. Domingue fut blessé dans les bras d'un ministre de France et Rameau y laissa sa peau. Voilà donc la fin d'un gouvernement fantoche qui ne laissa rien comme réalisation.

Cependant, les élections de 1876 mirent deux principaux candidats en face. Il s'agissait de Boisrond Canal, un adversaire farouche de Michel Domingue et de Boyer Bazelais, un proche partisan du gouvernement déchu. Boisrond Canal, un modéré et un homme de justice, remporta les suffrages et devint chef d'État d'Haïti. Dans les années 1800, sous le règne de Canal, les partis libéral et national s'affrontèrent dans la chambre basse. Ces deux opportunistes (Boyer Bazelais et Edmond Paul), voulurent instaurer un gouvernement bourgeoisial, c'est-à-dire qui ne se soucia pas de la misère des masses populaires, d'ailleurs ils scandèrent ce slogan : « Le pouvoir aux plus capables ». Tandis que le nationaliste Demesvar Délorme prôna : « Le plus grand bien au plus grand nombre ». Ce fossé politique des années 1800, nous pousse à zoomer deux candidats post-duvaliéristes, il s'agit de Louis Dejoie II qui se pencha du côté des Bourgeois et des Mulâtres communément appelés en créole « Ti-Woug » ou « petits rouges », puis, vers 1990, Jean-Bertrand Aristide, un ex-prêtre très populaire, s'est mis du côté du bas peuple et a parlé de son mariage et de sa lune de miel avec les plus ignorés et méprisés de la masse.

Revenons au Président Canal ; pour affaiblir le parti libéral de Boyer Bazelais, Boisrond Canal mena une politique d'insouciance « Lese grennen ou penyen lague » en créole. Canal fut défié par Louis Tanis qui commanda l'Ouest et les Bazelaisistes. L'insurrection du 30 juin 1879 à laquelle le Président Canal dut faire face, coûta la vie à plusieurs citoyens importants dont Chrysostome François, ministre de la guerre et deux frères de Boyer Bazelais. Malgré que le Président Canal se montrât inconscient lors de sa gestion politique, cela n'empêcha pas que son gouvernement marchât très bien. Beaucoup d'infrastructures furent érigées sous son gouvernement, parmi lesquelles, le pont sondé de l'Artibonite qui dessert encore la population. Les insurgés de Boyer Bazelais forcèrent le Président Canal à abandonner le pouvoir le 17 juillet 1879.

Après le départ du Président Canal, le pays connut beaucoup de crises sociopolitiques par le fait que Chrysostome François n'avait pas assumé les fonctions de ministre de la guerre ; ce qui poussa les autres membres du gouvernement à abandonner le pouvoir. Les pionniers de la révolution guidés par Hérissé Lamothe, formèrent un gouvernement intérimaire. Boyer Bazelais profita de cette brisure gouvernementale pour s'imposer comme chef du parti libéral, mais Hérissé Lamothe le contraria. Le général Lysius Salomon laissa la Jamaïque pour bondir en Haïti en vue de sauter sur cette belle occasion politique. Peu de temps après, Salomon devint le dirigeant du parti national qui fut administré par Démesvar Délorme. Salomon devint Président d'Haïti le 23 octobre 1879 par l'Assemblée constituante. Le soulèvement du général Salomoniste Duperval délogea le gouvernement provisoire de Hérissé Lamothe. En effet, Salomon fut un héritier des vieux routiers du pouvoir. Son grand-père eut le portefeuille de juge aux Cayes sous l'administration de Toussaint Louverture. Son père fut également juge de paix de la même ville sous le gouvernement d'Alexandre Sabès Pétion. Les Salomon montèrent fréquemment au créneau contre Accau, le puissant agitateur des Cayes en 1844.

Salomon fut un homme de poigne, du poste de Sénateur sous l'administration de Jean-Baptiste Riché en passant par celui de ministre des Finances sous Faustin 1ᵉʳ (Soulouque), Salomon devint un homme politique chevronné, son exil en 1959 à Paris (France) et à Londres (Angleterre) comme ministre d'Haïti, lui permit de se former en Finances et en Administration. Ces formations mirent Salomon à la hauteur de la haute et difficile fonction de Président d'Haïti. Ses qualités fondamentales firent de lui un homme progressiste, aimant son pays et qui connut pertinemment bien les réalités de sa nation. Par contre, on décela du Président un comportement rancunier et il fut quelque peu têtu et même cruel. Maintenant, comment l'ex-Président Lysius Salomon perdit-il son pouvoir ? Puisqu'il eut des adversaires à savoir les libéraux, ces derniers se soulevèrent à Saint-Marc contre lui en mai 1881, alors que le Président fut en tournée dans la côte Sud d'Haïti. Cette affaire montra clairement comment le gouvernement salomoniste ne fut pas trop démocratique, car Salomon fit mettre sous les verrous les citoyens qu'il soupçonna de correspondre avec Boyer Bazelais et Edmond Paul. Non seulement Salomon mit des museaux aux bouches de ses opposants, mais aussi, il prononça 48 condamnations à mort. En mai 1881, vingt-huit des condamnés furent exécutés du côté de Saint-Marc et des Gonaïves. On mit Salomon en déroute lorsque Boyer Bazelais monta au créneau le 27 mars 1883 à Miragoâne. Cette révolte incita Miragoâne, Jérémie, Jacmel, et d'autres villes du Sud à appuyer les libéraux de Bazelais. À la fin de septembre 1883, les autorités gouvernementales allèrent être confrontées par les libéraux de Miragoâne, tandis que ceux de Port-au-Prince tentèrent de déloger Lysius Salomon du pouvoir, mais le gouvernement survécut aux assauts en rétablissant l'ordre dans la métropole.

Sur le plan administratif, il faut mentionner que ce fut sous le gouvernement de Salomon que la « Soi-disant » dette de l'indépendance fut acquittée totalement. Salomon fit frapper une monnaie nationale qui comprit des pièces d'Or, d'Argent et de Bronze. On peut dire que sous la présidence de Lysius Salomon, la situation sociologique fut presque irréprochable. Le Président manifesta beaucoup d'intérêts pour l'agriculture, non seulement il facilita l'accès aux citoyens aux lopins de terre, mais aussi, il diminua les droits à l'exportation du café et du coton ; par exemple, l'exposition agricole qu'il organisa en 1887 à Port-au-Prince connut un succès écrasant. Salomon ne promit pas uniquement le secteur agricole qui représenta l'âme de la population haïtienne, il investit également dans l'éducation en réorganisant les Lycées de la République.

Puis, il obtint le soutien des professeurs français qui lui donnèrent un bon coup de main dans l'enseignement. Les Français méritent l'estime du peuple haïtien pour avoir formé les jeunes des années 1800. Ces jeunes firent plus tard la gloire et la fierté des Haïtiens de l'époque. Certains Présidents haïtiens croient d'habitude que Port-au-Prince se résume en « HAÏTI », en développant uniquement ses périphéries, tandis que Salomon établit beaucoup d'écoles dans les sections rurales du pays ; il fit même une retouche remarquable à l'École de Droit de Port-au-Prince. Homme de grande vision, Salomon, comme il le fit pour l'éducation, il remania l'armée et construisit le nouveau palais national qui fut explosé le 8 août 1912 sous l'administration de l'ex-Président Cincinnatus Leconte. Il y eut une forte tension politique en Haïti ; Manigat et Légitime, deux amis de confiance de Salomon, se soulevèrent contre lui.

Pour éviter un éventuel évincement du pouvoir, Salomon mit ses deux alliés en quarantaine. Étant donné que dans les annales historiques haïtiennes, l'armée a toujours aspiré au pouvoir, le général Seïde Télémaque monta au créneau au Cap-Haïtien en brandissant ses armes contre l'ex-Président Lysius Salomon. Cette prise d'armes incita Port-au-Prince à se mettre en branle contre Salomon. Ce vieux routier politique quitta le pouvoir et mourut à Paris le 19 octobre 1888, peu de temps après sa chute. La tombée de la maison de Salomon fit venir François Denys Légitime sur la scène politique, pour barrer la route à Légitime, le général Seïde Télémaque se dressa en opposant. Puisque Télémaque renversa Salomon, ce fut très difficile pour Légitime d'accéder au pouvoir bien qu'il fût un homme très instruit. Il y eut donc une lutte entre le Nord et l'Ouest. Le Nord appuya Télémaque et l'Ouest campa derrière Légitime. Haïti fut presque devenu un baril de poudre qui put s'exploser à la moindre étincelle à la fin de septembre 1889. Port-au-Prince connut de sanglants moments quand les troupes du Nord, attaquèrent le palais national, dont voici l'image avant le 12 janvier 2010.

(Le palais, avant l'inconscient séisme du 12 janvier 2010)

En conséquence, le général Télémaque périt dans cette terrible offensive. Ce fut ainsi que François Denys Légitime devint chef du pouvoir exécutif d'une part, puis fut nommé Président définitif par l'Assemblée constituante le 16 décembre 1888. Après la montée de Légitime à la magistrature suprême de l'État, le mécontentement de certaines villes du Nord, telles : Port-de-Paix (Nord-Ouest), Gonaïves et Saint-Marc, porta les opposants politiques à former ce qu'ils appelèrent « la République septentrionale » ; ceci revient à dire qu'Haïti ne fut pas seulement divisée en Royaume sous Christophe et Soulouque, mais sous Légitime, elle fut aussi morcelée en raison des divergences politiques et les intérêts mesquins. C'est justement pour cela que nous disons que, quand on dit qu'Haïti est le pays le plus pauvre de la Caraïbe, il faudrait également tenir compte de toutes les embûches sociopolitiques auxquelles, elle a fait face au cours de son Histoire. Revenons à François Denys Légitime, sa chute fut précédée d'une sorte de guerre opposant le nommé Jean Jumeau, défenseur des Gonaïves aux généraux Osman Piquant et Prophète. Tout à coup, les deux généraux

(Piquant et Prophète) abandonnèrent la guerre, Légitime jugea qu'il n'eut aucun espoir de triompher sur Hippolyte et Prophète, car il fut envahi par les troupes du Nord. Cette offensive força l'ex-Président François Denys Légitime à s'exiler le 22 août 1889.

À la fin de l'année 1889, Haïti fut administrée sous la bannière d'une nouvelle constitution avec un vieux rat politique à sa tête, il s'agissait de Florvil Hyppolite, l'adversaire farouche du Président déchu, François Denys Légitime. Cependant, qui fut Hippolyte ? Il fut lui aussi, un militaire, un vieux routier politique, car sous l'obédience de l'ex-Président Sylvain Salnave, il détint le portefeuille du ministre de la guerre. Hippolyte accorda beaucoup d'importance aux ressources humaines, au même titre que Michel Domingue et Paul-Eugène Magloire, car, il nomma Anténor Firmin, homme très instruit, actif et honnête, ministre des Finances et des Relations extérieures. Cependant, même après la montée d'Hippolyte au pouvoir, il y eut de fortes tensions politiques entre l'Ouest et le Nord d'Haïti. Les raisons qui expliquèrent les rivalités (Ouest-Nord) furent de l'aide que les nordistes auraient bénéficié des États-Unis en échange du Môle Saint-Nicolas pour y faire un dépôt de charbon et une station navale. Les accusations (Ouest-Nord) se confirmèrent quand l'Amiral Cherardi arriva à Port-au-Prince, muni de six bateaux de guerre pour réclamer l'application des promesses faites par les révolutionnaires du Nord au gouvernement américain.

À ce moment-là, Anténor Firmin, franc intellectuel, homme avisé, l'un des érudits haïtiens, se basa sur les prescrits de la constitution des Gonaïves pour calmer la fureur de l'Amiral Gherardi. Firmin, pour sauvegarder son image politique et sa probité intellectuelle, démissionna quelques jours plus tard. Après avoir perdu Firmin comme l'un des plus influents ministres, le Président Hippolyte connut beaucoup de conspirations. L'un de ses potentiels conspirateurs, fut le nommé Sully Guerrier qui complota avec la garde du palais présidentiel pour assassiner Hippolyte et libérer les prisonniers politiques. On a rapporté que le 28 mai 1891, Hippolyte quitta la fête traditionnelle à laquelle il assista, pour rentrer au palais en commençant par semer la terreur dans les rues. Pendant cette folie furieuse des révoltés, des gens paisibles, des coupables et des innocents périrent tous sous la colère d'Hippolyte et de ses alliés. À cette époque, ce massacre suscita l'envie de toute une pléthore d'Haïtiens vers l'exil.

Malgré qu'Hippolyte affichât ce comportement tortionnaire, il se montra très démocrate durant son administration. Les journalistes d'alors eurent libre cours dans l'exercice de leur métier et Hippolyte ne mit aucun bâton dans les roues des parlementaires, les empêchant d'exercer leurs fonctions. Il faut aussi mentionner que parmi tous les successeurs de Dessalines, Hippolyte fut le seul à juger nécessaire d'honorer l'Empereur, il fit ériger une magnifique pierre tombale sur sa fosse. En termes d'action, Hippolyte posa beaucoup de jalons sur le plan infrastructurel, car il signa beaucoup de contrats en vue d'instaurer le service hydraulique, le télégraphe, le téléphone, le câble sous-marin, des quais (wharfs), des abattoirs, des marchés publics et des ponts ; mais on constata qu' Hippolyte manifesta une certaine mollesse dans la gestion des projets publics, car, il ne put empêcher des particuliers à se remplir les poches et à s'enrichir. Sur le plan financier, Hippolyte voulut mettre Haïti sur le rail du changement, il déploya beaucoup d'efforts pour y parvenir ; par exemple, il fit la frappe de monnaie métallique, organisa le papier-monnaie et des emprunts sur place ; malgré qu'il utilisa toutes ces stratégies, il n'arriva pas à redresser la situation sociopolitique et économique d'Haïti. Le général Hippolyte mourut d'un arrêt cardiaque des suites de chute de son cheval le 24 mars 1896, au portail Léogâne en route pour aller contenir le nommé Mérisier Jeannis qui attaqua Jacmel (Sud-Est).

La mort subite d'Hippolyte traça la route vers le pouvoir à Tiresiais Simon Sam le 31 mars 1896. Sam fit face à la difficile affaire Luders. Quel fut l'essentiel de cette affaire ? L'administration de Sam se trouva dans un sérieux embarras diplomatique quand un présumé voleur s'introduisit chez Monsieur Luders pour échapper à un coup de filet de la police. Luders, un ressortissant allemand, se servit de l'influence de son pays sur Haïti pour frapper un des policiers qui entrèrent chez lui pour passer les menottes au recherché. À ce moment-là, les autorités haïtiennes n'eurent pas de choix, elles procédèrent à l'arrestation de ce dernier. Il fut libéré après certaines considérations diplomatiques. Pour le gouvernement haïtien, l'affaire fut close ; à son grand étonnement, il vit dans sa rade deux bateaux de guerre allemands. Ces navires furent gouvernés par un certain commandant Thiele qui remit au gouvernement haïtien l'ultimatum suivant :

1. Une indemnité de 20 000 $ dollars pour Luders.
2. La liberté pour Luders de revenir en Haïti.
3. Une lettre d'excuses au gouvernement de Berlin (Allemangne).
4. Un salut de vingt-et-un coups de canon au drapeau allemand.

Le gouvernement haïtien n'eut donc que quatre heures pour accepter ces conditions humiliantes ! Il fut obligé de céder à la pression allemande et on hissa le drapeau blanc au mât du palais présidentiel. Signe de soumission. Cela nous rappelle de la fable de Jean de la Fontaine : « La raison du plus fort est toujours la meilleure ». Revenons à Sam, jusque sous son gouvernement, Anténor Firmin va briller par ses compétences, car, il fut appelé par le Président Sam pour le redressement de la situation socio-économique. Le choix qui fut porté sur Firmin, l'une des icônes intellectuelles de l'ère, le mit dans une situation d'insécurité, à tel point qu'il fut agressé à la chambre législative, situation de laquelle, il sortit vainqueur. Cette agression suscita la démission d'Anténor Firmin comme ministre des Finances et son départ causa beaucoup d'irrégularités sur le plan fiscal et également dans la rémunération des fonctionnaires. Le Président fut forcé d'abandonner le pouvoir après avoir été confronté à de vives discussions sur l'échéance de son mandat. Pour certains, il dut quitter le pouvoir en 1902, pour d'autres, ce fut plutôt en 1903. Toutes ces controverses politiques contribuèrent à déloger Tirésias Simon Sam du palais national. Voilà donc la fin du pouvoir de Simon Sam, menacé de guerre par le gouvernement allemand, dirigé à cette époque par le chef de gouvernement du nom de Prince Bernhard Von Bülow.

Après son départ, Haïti fit face à beaucoup de troubles sociopolitiques aigus avant la tenue des élections Présidentielles. Les comités communaux dits révolutionnaires formèrent un gouvernement éphémère dont Boisrond Canal fut le chef. La formation d'un gouvernement provisoire se rapprocha des élections présidentielles et les trois candidats en vue, fut : Callisthènes Fouchard, Sénèque-

Montplaisir Pierre et Anténor Firmin. Le général Nord Alexis par ses expériences d'ex-militaire cacha ses intentions politiques. Alexis affronta Firmin lors de sa campagne au Cap, ce qui occasionna entre le 27 et 28 juin 1902, une terrible tension entre les partisans des deux candidats. Firmin se replia du côté des Gonaïves auprès d'un certain Jean Jumeau, ex-homme fort du bassin Artibonite. Firmin fut dégoûté par toutes les tendances politiques de l'ère, à l'exception d'un certain Chicoye, un leader de Petit-Goâve qui le supporta. Cet appui dont il bénéficia suscita un incendie et un pillage à outrance dans sa ville. Rappelons qu'Haïti fit encore face à l'Allemagne lorsque la Crête-a-Pierrot confisqua au profit de Firmin un bateau en provenance de Berlin, lequel transporta des armes et des munitions pour les troupes du gouvernement intérimaire.

Plus tard, les Allemands bombardèrent cet important bâtiment haïtien « Crête-à-Pierrot » le 6 septembre 1902. Les partisans de Firmin furent obligés d'abandonner cette lutte sporadique. Le repli des supporteurs de Firmin facilita l'entrée triomphale du vieux Alexis à Port-au-Prince à la tête de son armée. Le 21 décembre 1902, il fut élu Président d'Haïti par l'Assemblée nationale. Nord Alexis accéda au pouvoir à plus de quatre-vingts ans. Cela nous a fait sourire lorsqu'en 2010, on a qualifié l'ex-candidate à la présidence, Madame Mirlande Hyppolite Manigat, de trop vieille à soixante-dix ans juste pour minimiser sa candidature. Pour revenir à Nord Alexis, il prôna ce qu'on appela « Procès de la consolidation », c'est-à-dire, il traîna par-devant la justice, tous les grands fonctionnaires présumés fautifs de son prédécesseur, Tirésiais Simon Sam. Le vieil octogénaire fut très faible pour le culte des aïeux, il fut le premier à fêter en grande pompe, le centenaire de l'indépendance le premier 1904.

Cette fierté nationale conduisit à l'érection de la première statue de Dessalines au Champ-de-Mars. Ce fut à cette occasion que le musicien Justin Lhérisson entonna « La Dessalinienne », naturellement sous les fiers coups de baguette stridents de Nicolas Géffrard. Le général Jean Jumeau dont nous avons parlé plus haut, fut exécuté à Marchand Dessalines lors d'un coup de force qu'il orchestra au côté d'Anténor Firmin en janvier 1908. Quant à Firmin, il eut le temps de gagner le maquis pour sauver sa peau. La fuite de Firmin prouva que ce ne fut pas uniquement sous le règne duvaliériste que les grands intellectuels furent forcés de quitter le pays. Bien avant Duvalier, sous le gouvernement de Nord Alexis, on vit un octogénaire pourchasser un grand et imposant intellectuel comme Anténor Firmin. Qu'est-ce qui se passa après le conflit qui éclata entre Firmin et Alexis?

Le grand poète Massillon Coicou, très connu du monde intellectuel haïtien, devint un revanchard et voulut à tout prix déloger le vieux rat (Alexis) du pouvoir. Puisqu'il s'agit d'un secret de polichinelle, les trois frères Coicou furent conduits non loin d'un cimetière comme des animaux qu'on amène à l'abattoir et y furent massacrés. Qu'est-ce qui renversa Nord Alexis? La décision qu'Alexis prit de révoquer Antoine Simon qui fut alors le délégué du Sud sous son gouvernement, incita en novembre 1908, un véritable soulèvement au niveau de la presqu'île du Sud et de l'Anse-à-Veau. Nord Alexis, ne pouvant contenir les insurgés de Simon, partit pour la Jamaïque en décembre 1908 et y mourut deux ans plus tard, soit le 1er mai 1910. Maintenant, entrons dans la bulle d'Antoine Simon, précisons que malgré que Simon n'ait fait que ses études primaires, l'époque de 1908 joua en sa faveur. Il n'eut aucun problème à frayer graduellement son chemin comme chef du département du Sud. Du chef de section rurale en passant par commandant des Cayes où il passa vingt-cinq ans, Simon fit preuve d'un homme très modéré jusqu'à sa montée au pouvoir. Bien qu'il fût bombardé de critiques et de moqueries pour ses insuffisantes formations comme chef d'État, il fut selon nous, l'un des premiers progressistes haïtiens. Il ne faut pas oublier que ce fut sous le gouvernement d'Antoine Simon que Port-au-Prince fut électrifié. Les rues furent bétonnées, les premiers véhicules y firent leur apparition, et le Wharf fut construit. Par contre, les opposants de Simon lui reprochèrent la signature de mauvais contrats avec les financiers américains. Il s'agissait de la construction du chemin de fer (Cap-Haïtien-Port-au-Prince) et de l'exploitation de la figue banane avec la compagnie Macdonald.

Puisque le contrat de chemin de fer concerna directement les nordistes, ils se soulevèrent en février 1911 contre Antoine Simon. Très impuissant face aux insurgés de Fort-Liberté, Antoine Simon partit pour l'exil le 2 août 1911, ce vide présidentiel pava la voie à Cincinnatus Leconte. Il fut alors chef de rébellion et il dirigea son regard vers le palais national. Il fut donc considéré comme le chef d'État pressenti. Le 14 août 1911, les Haïtiens d'alors furent obligés d'accueillir avec émoi l'accession de Leconte au pouvoir pour avoir été condamné à quinze ans de travaux forcés lors du « Procès de la consolidation » fait par l'ex-général Nord Alexis.

Toutefois, Leconte mit beaucoup d'ordre au sein de l'appareil de l'État. La réforme de l'armée d'alors et l'éblouissante construction des casernes de Dessalines lui valurent l'estime et le respect de ses concitoyens, malgré que plus d'un ne fasse plus confiance à la probité de son gouvernement. L'autre raison pour laquelle le peuple ne fit pas assez de crédit au Président fut parce qu'il se servit des Cacos des Cayes pour défaire le pouvoir de Nord Alexis. D'après vous qu'est-ce qui arriva à Leconte ? C'est le cas de reprendre cette phrase biblique disant : « Qui frappe par l'épée périra par l'épée ». Pourquoi l'évoquons-nous ? C'est parce que les mêmes Cacos que Leconte utilisa pour renverser Nord Alexis pour parvenir au pouvoir montèrent aussi au créneau contre lui. Sans l'ombre de doute, un complot fut planifié contre Leconte. Le 8 août 1912, vers trois heures du matin, le palais national explosa. Le Président Leconte et trois-cents soldats périrent dans ce regrettable incident. Suite à cette tragédie, le général Tancrède Auguste se retrouva le 8 août 1912 avec un pays sans palais.

Malgré qu'Auguste fasse face à un pays incendié où trois-cent-une personnes perdirent leur vie, les Cacos du Nord se remirent à l'œuvre. Puis, Tancrède Auguste mourut le 2 mai 1913 après avoir tenté de pacifier la région. Il ne laissa comme oeuvre que l'École professionnelle « Élie Dubois ». Après la mort subite de Leconte, Haïti connut dans l'espace de deux ans, quatre présidents provisoires, il s'agit de : Michel Oreste, Oreste Zamor, Davilmar Théodore et Vilbrun Guillaume Sam. Ces Présidents provisoires eurent pour rôle la sauvegarde d'Haïti pendant les vacances présidentielles pour éviter un éventuel envahissement des Cacos. Ces hommes profitèrent de leur courte période au pouvoir pour s'enrichir. Entre temps, les États-Unis se mirent à la disposition d'Haïti dans l'objectif de prendre le contrôle des finances.

2.1.24 Coup d'œil sur la génération de la Ronde.

Permettez-nous de faire une récapitulation vers la fin des années 1800, pour vous parler de la génération de la Ronde. Cette génération eut pour but principal de faire d'Haïti une province culturelle française en vue sauvegarder l'existence de la littérature haïtienne. À cet effet, les poètes Georges Sylvain, Etzer Vilaire, Seymour Pradel, Charles Moravia, Edmond Laforest et Damoclès Vieux, se regroupèrent pour s'offrir le seul plaisir d'écrire. Dans cette même tendance, on retrouva aussi des romanciers comme : Frédéric Marcelin, Justin Lhérisson, Fernand Hibbert et Antoine Innocent qui repensèrent des récits réalistes ou burlesques incitant l'élite haïtienne à une prise de conscience nationale. Ce fut cet engagement social cristallisé par la littérature qui poussa Justin Lhérisson et Seymour Pradel à fonder *Jeune Haïti (1895 à 1898)*. En 1902, la Revue de la Ronde va disparaître à la mort de son directeur, Pétion Gérôme. Notons que vers 1901, Georges Sylvain, Dantès Belgarde et Etzer Vilaire promirent alors de refonder une véritable Ronde, mais ils ne parvinrent plus à le faire. Ce projet fut donc laissé au calen grecque.

2.1.25 La période de l'occupation américaine en Haïti.

Qu'est-ce qui fut à la base de cette première occupation américaine en Haïti ? La mort tragique d'Oscar Étienne mit Vilbrun Guillaume Sam dans une très délicate situation sociopolitique. Rappelons que Guillaume Sam fut le cousin de Tiresiais Simon Sam. Guillaume Sam cheveux noirs, tête prête à être chauve, grosses moustaches, costume ostentatoire, fut le chef des révoltés qui assassinèrent l'ex-Président Cincinnatus Leconte. Il fut contraint de démissionner, car il ne put pas payer les Cacos qui l'aidèrent à renverser Oreste Zamor. Puis, Guillaume Sam fit face à son adversaire qui fut un proche de son régime. Il fut soupçonné d'être l'auteur de la mutilation d'Oscar Étienne. Bien qu'il fût protégé par une légation de France, il fut capturé, tué et traîné dans les rues par une foule enragée. La plupart des tueurs (soldats et geôliers) furent arrêtés, puis acquittés vers 1917. Ce fut cette dérive politique qui incita l'ex-Président américain (Thomas Woodrow Wilson), ayant craint que Rosalvo Bobo prenne le pouvoir, d'ordonner aux marines américaines à s'emparer de la capitale Port-au-Prince. Ils foulèrent le sol d'Haïti le 28 juillet 1915 du côté de Bizoton au Sud de la ville. Ils ne tardèrent pas à s'emparer des principaux postes de capitale. Ils occupèrent Haïti pendant dix-neuf ans.

Donc, la mort d'Oscar Étienne résulta la toute première tutelle américaine en Haïti. Le successeur de Sam en l'occurrence le Président Sudre Dartiguenave, élu le 12 août 1915 sous la bannière de la constitution de 1889, fit face à un pays ensanglanté et occupé. Notons que Dartiguenave eut des cheveux blancs, grosses moustaches et un regard oblique. Peu de temps après sa montée au pouvoir, il reçut en main propre un projet de la convention qui fut approuvé par la chambre bicamérale et le Caucus américain. La teneur dudit projet fut un engagement pris par les Américains pour maintenir l'ordre dans le pays et établir solidement les Finances haïtiennes, tout en les contrôlant. Les marines prirent la direction de la Gendarmerie d'Haïti, du service d'hygiène et des travaux publics.

Examinons ce qui arriva après que les Américains eurent passé dix ans à la tête des administrations haïtiennes. Ils signèrent un contrat le 28 mars 1917 pour continuer à occuper Haïti pour une durée de dix autres années. La dissolution du Sénat de la République le 5 avril 1916 donna lieu à une assemblée constituante. La constitution du 19 juin 1918 vit le jour par un vote populaire, suite aux élections législatives de janvier 1917. Ce fut cette constitution de 1918 qui autorisa aux étrangers d'acquérir des propriétés immobilières et laissa la prise de décision de la date des joutes électorales à la discrétion du Président de la République.

Après l'accession du Président Sudre Dartiguenave au pouvoir, les Cacos du Nord cessèrent d'opérer et de troubler l'ordre des choses. Puisqu'ils ne voulurent faire aucun compromis avec l'armée et les marines américains pour remettre leurs armes, ils furent recherchés de partout par les militaires. Qu'est-ce qui mit fin à la révolte des Cacos ? Ce fut la « Corvée ». C'est une loi désuète haïtienne. Elle obligea tous les paysans à fournir six journées de travail annuellement pour la réfection des routes. Fâchés contre la mise en vigueur de cette loi caduque par les Américains, près de cinq mille révoltés manifestèrent au plateau central (Hinche). Ce soulèvement toucha à sa fin vers l'été 1920, un après la mort de son chef de file « Charlemagne Péralte ». Précisons que ce chef révolutionnaire des Cacos fut capturé et tué par les marines américaines le 01 novembre 1919. En 1922, trois ans après son assassinat, Louis Borno, visage rond, grosses moustaches, cheveux bouclés gris, devint Président par le Conseil d'État de l'Époque, et il exécuta tout de suite un ambitieux projet des millions de dollars. L'essentiel de cet emprunt fut de racheter la dette française, régler les dettes intérieures, et financer des projets visant à orienter Haïti vers la voie du progrès. Louis Borno se révéla donc un homme politique très charismatique.

Sous son gouvernement, le service d'hygiène et des travaux publics fonctionnèrent de manière impeccable. Borno construisit beaucoup d'infrastructures modernes, dont : des hôpitaux, l'école des infirmières, des routes nationales reliant certaines villes, des ponts et des écoles dans beaucoup de villes du pays. Par ailleurs, la grève d'étudiants de Damien vers la fin de l'année 1929, causa la mort de cinq ou six personnes au carrefour Marchaterre aux Cayes après que les Marines américaines eussent ouvert le feu dessus. Cette affaire incita le Président américain Hoover à déléguer un certain Forbes à Port-au-Prince le 28 février 1930. Cette commission coiffée par ce dernier présenta peu après, le fameux « Plan Hoover ». La teneur de ce plan fut d'établir un gouvernement provisoire qui remplaça Louis Borno le 15 mai 1930. La tâche principale de ce pouvoir éphémère fut d'organiser les élections législatives en vue d'aboutir à la création de la chambre bicamérale. Louis Eugène Roy, chauve, cheveux blancs, visage osseux, moustaches grises, fut nommé Président de la République par le décret du 21 avril 1941.
Vous comprenez que Louis Borno prépara la place pour son successeur Sténio Vincent. Grande taille, 1 m 70 environ, visage allongé, ce dernier fut nommé le 18 novembre 1930 par l'assemblée constituante. Vincent

eut du pain sur la planche. Son premier objectif fut de déloger les marines américaines d'Haïti. Voici donc les différents points clés de son agenda :

5 août 1931 — Accord entre le gouvernement haïtien et celui des États-Unis pour la remise à l'Administration haïtienne de quelques services publics pris depuis l'occupation américaine en 1915, dont voici : La direction générale des travaux publics, le service d'hygiène, le service technique de l'Agriculture et de l'enseignement professionnel.

1er octobre 1931 — Remise des services à l'administration haïtienne, selon l'article du 5 août 1931.

7 août 1933 — Accord avec le gouvernement des États-Unis, relatif à la désoccupation du territoire.

22 mars 1934 — Départ du Président Sténio Vincent pour les États-Unis.

5 juillet 1934 — Arrivée du Président Franklin Delano Roosvelt au Cap-Haïtien. Le lendemain, un « communiqué » parut dans les journaux annonçant la complète haïtianisation de la garde pour le 1er août suivant. Quinze jours plus tard, il ne doit plus avoir un seul soldat américain sur le sol haïtien.

Que fit l'ex-Président Sténio Vincent dans cette circonstance ? Il se mit aux côtés des États-Unis pour déclarer la guerre à l'Empire nippon du Japon. Puis, il se dressa contre l'Allemagne et l'Italie. À partir de ce constat, on peut comprendre qu'Haïti, mis à part son indéniable contribution dans la libération des pays de l'Amérique du Sud et des États-Unis, elle lutta aussi contre les grandes puissances totalitaires. Qu'est-ce qui provoqua la chute de Lescot ? La grève d'étudiants généralisée du 7 janvier 1946, prit l'allure d'une grande révolution qui engendra une véritable effervescence sociale en Haïti. Cette grève exigea l'ex-Président Élie Lescot à procéder à la tenue des élections législatives. Chauve, cheveux gris, mulâtre, richissime, il mesure 1 m 68 environ. Il démissionna pour n'avoir pas pu organiser son cabinet ministériel. Cette démission permit à un comité exécutif militaire de se former dont l'ex-colonel Franck Lavaud fut Président. Cheveux bouclés, teint très clair, grande taille, 1 m 70 environ, grands cils, Lavaud fut assisté des majors Antoine Levelt et Paul-Eugène Magloire. Cette équipe travailla objectivement jusqu'à l'accession de l'ex-Président Dumarsais Estimé au pouvoir. L'ex-Président Estimé fut reconnu comme l'un des plus progressistes d'Haïti. Noir fin, visage rond, il mesure 1 m 68 environ, cheveux courts, très progressiste, Estimé fut un ardent défenseur de la masse populaire et il valorisa l'instruction dans tous les paliers de l'éducation. Il est aussi important de noter qu'il fut l'auteur du salaire minimum du 23 décembre 1947, la libération financière du 12 juillet 1947, la modernisation de la ville de Belladère, la construction d'un pont dans la Grand'Anse et le 8 décembre 1949, il procéda à l'ouverture solennelle de l'exposition internationale en vue de la commémoration du bicentenaire de Port-au-Prince.

Pour des raisons non évoquées, Estimé abandonna le pouvoir le 10 mai 1950 et fut remplacé par une junte militaire composée du général Franck Lavaud, Antoine Levelt et Paul-Eugène Magloire. Le Président démissionnaire s'éteint à New-York le 20 juillet 1953, trois ans après la montée de l'ex-Président Paul-Eugène Magloire au pouvoir. Le Colonel-Président fut délogé du palais national suite à une grève générale, pour avoir été soupçonné de travailler à la préservation du pouvoir. Il faut souligner qu'avant sa chute, Magloire construisit les deux cités à Saint-Martin, des logements sociaux pour les officiers et les sous-officiers. Sous Magloire, le gouvernement entreprit des travaux d'asphaltage de la route Port-au-Prince au Cap, le barrage péligre, l'irrigation de terres de la vallée de l'Artibonite et l'inauguration de la place des Héros de l'indépendance. Après le renversement de Magloire par la grogne populaire, Haïti a connu plusieurs gouvernements provisoires dans l'intervalle de dix mois jusqu'à l'arrivée de l'ex-dictateur François Duvalier au pouvoir.

2.1.26 Le mouvement des Griots en Haïti vers 1915.

L'assassinat de l'ex-Président Jean Vilbrun Guillaume Sam suscita le débarquement d'un bateau de guerre américain, *le Washington,* dans la rade de Port-au-Prince. Ce bateau des marines fut commandé par l'ex-amiral William Banks Caperson. Donc, Haïti fut le théâtre de l'occupation américaine en juillet 1915. Face à cette mise sous tutelle, Charlemange Péralte et Benoît Batraville prirent les armes pour contrecarrer les envahisseurs américains. Les intellectuels haïtiens quant à eux, déclenchèrent une tradition orale et prirent leur plume pour déplorer vigoureusement cette présence étrangère. À travers ce combat, les écrivains haïtiens partirent pour une quête identitaire face aux mépris et aux préjugés de l'occupant. L'occupation américaine de 1915 à 1934 provoqua un réveil patriotique cristallisé autour de la Revue de la ligue de la jeunesse haïtienne et de la Ronde de 1925 à 1927. La génération des poètes de la Ronde, tels : Georges Sylvain (1866 à 1925), Etzer Vilaire (1872 à 1951), Seymour Pradel (1876 à 1915) et Ernest Douyon (1885 à 1951), contribua énergiquement à ce grand mouvement de résistance. En 1927, la création de la Revue indigène et la *La Trouée,* marqua l'apparition du mouvement indigéniste.

En 1938, elle fut suivie par le mouvement des Griots. Cette résistance hérite de la culture orale haïtienne, issue de l'époque de l'esclavage. Cette période se caractérisa par les contes, légendes, traditions populaires et les chants. Cette culture se convertit en une littérature engagée qui incita le peuple haïtien à retrouver sa propre identité pour mieux affronter la réalité quotidienne. En conséquence, les écrivains firent accepter aux Haïtiens, leur origine. Pour attendre cet objectif identitaire, les écrivains firent reconnaître aux Haïtiens leur appartenance à l'Afrique. Docteur Jean-Price Mars affirma ceci : « Nous avons de chance d'être nous-mêmes que si nous ne répudions aucune part de l'héritage n'est pour les huit-dixièmes un don de l'Afrique ». Donc, pour les écrivains haïtiens, un travail de réhabilitation de l'Afrique s'imposa. D'où, le remarquable Essai « Ainsi parla l'Oncle » du Docteur Jean-Price Mars, est très significatif. Il montra que les Africains furent aussi avancés que les grands empires européens. L'écrivain Anténor Firmin, le démontra bien avant dans son Essai titré : « De l'Égalité des races humaines » en précisant que les premiers esclaves noirs furent des Égyptiens, et ils furent surtout les pionniers de la civilisation.

Donc, prendre les Noirs pour des imbéciles aujourd'hui est une totale ignorance. Dans ce même contexte, la Bible dit dans Osée, chapitre 4 verset 6 : « Mon peuple périt, faute de connaissance… ». Pour apporter une réponse au « choc » causé par l'occupation américaine, au désarroi du peuple haïtien, les écrivains voulurent revaloriser le folklore haïtien et l'élite haïtienne bouda cette initiative. En conséquence, Docteur Jean-Price Mars n'hésita pas à dénoncer la vanité de l'aristocratie haïtienne. Il lutta contre l'acculturation des Haïtiens qui se crurent des Français colorés, selon lui, Haïtiens, c'est Haïtien tout court. Point barre. Il fallait donc que les œuvres soient tirées du folklore haïtien, de l'âme nationale. Ce fut donc le folklore que les écrivains utilisèrent comme instrument pour vaincre l'aliénation culturelle américaine. Parmi les outils dont les écrivains se servirent, on peut citer : « Contes, légendes, chansons, devinettes, proverbes et croyances ». Voilà une réalité dans laquelle, l'âme collective du peuple haïtien, s'est pétrie.

2.1.27 L'ex-Président Paul-E. Magloire, homme d'intégrité et d'ouverture.

Les recherches que nous avons faites sur l'administration de l'ex-Président Magloire ont révélé que le premier défi de son gouvernement consistait à décrisper une société exaspérée par les éternels tiraillements des élites. Magloire, homme de consensus, promettait un gouvernement d'ouverture et de réconciliation nationale à un moment où le peuple ne demandait qu'à sortir du climat toxique et desséchant de la compétition coloriste (litiges en Noirs et Mulâtres) rayonnant de charme, bonne humeur et de joie de vivre. Magloire répondait avec ses façons débonnaires au besoin du renouveau dans les simples rapports humains que réclamait alors le pays. L'administration de Magloire se définit comme un gouvernement d'union nationale, de redressements socio-économiques et de grands travaux de modernisation tout en valorisant les acquis essentiels du régime de l'ex-Président Dumarsais Estimé.

Paul-Eugène Magloire, animé d'esprit progressiste, exécuta le plan quinquennal de restructuration économique de quarante millions de dollars, élaboré sous le gouvernement de son prédécesseur en bénéficiant de la confiance populaire comme la plus large liberté d'action. Le Président s'autorisa à réutiliser le personnel politique estimiste auquel, il redonna du service dans son gouvernement tout en l'associant aux plus compétents gestionnaires publics de l'époque. Magloire s'acquitta des devoirs de sa charge en composant des ministères de coalition politique qui compteront parmi les plus efficaces et les plus dynamiques des années cinquante.

Il fit appel à des technocrates brillants, honnêtes, sérieux, dont il exigera des idées, de l'action et du travail, parmi lesquels, on compte : Luc E. Fouché, Clément et Ducasse Jumelle, Joseph D. Charles, Jacques François, Ernest Bonhomme, le Docteur Catts Pressoir, Franck Amboise, Pierre Liautaud, Franck Legendre, le Docteur Camille Lhérisson, Jacques Léger, Léon Laleau, Jules Dumond, André Dumesle, Félix Diambois, Louis Décatrel, Lucien Hibbert, André Laurent, Claude Préval (père de l'ex-Président René Garcia Préval), Roger Dorsainville, Marcel Dupuy, Pradel Pompilus, Antonio Rimpel, Georges Marc, Luc Grimard, Luc G. Prophète, Marcel Fombrun, Alain Turnier, Franck Turnier, Daniel Heurtelou, Adelphin Telson et Mauclair Zéphirin. D'autres cadres participèrent à ce gouvernement qui dut résoudre les problèmes de haute technicité. Ces derniers supportèrent le fonctionnement de l'État haïtien et accomplirent les transformations matérielles et administratives les plus remarquables que le pays a connues depuis plus d'un demi-siècle.

2.1.28 Prenons les pouls des gouvernements de Joseph Nemours Pierre-Louis et de Franck Sylvain.

Joseph Nemours Pierre-Louis est né le 24 octobre 1900 au Cap-Haïtien. Grande taille, 1 m 70 environ, cheveux bouclés, regard attentif, belle corpulence, Pierre-Louis étudia la Physique et le Droit. Il enseigna la Physique au Lycée Philippe Guerrier du Cap. Après ses neuf ans d'expérience comme professeur de Droit, il devint juge de la cour municipale du Cap-Haïtien. Il devint Président de la Cour suprême en 1964. Après le départ de Paul-Eugène Magloire en 1956, Pierre-

Louis devint Président par intérim d'Haïti. Il ordonna la libération du richissime candidat Louis Dejoie y compris d'autres prisonniers politiques. En janvier 1957, il fit saisir les biens de l'ex-Président Paul-Eugène Magloire. Pierre-Louis mourut en avril 1966.

Franck Sylvain pour sa part, vint au monde le 3 août 1909 à Petit-Goâve. Tempérament doux, cheveux bouclés, regard figé, Sylvain décrocha un diplôme en Droit et exerça la profession d'avocat. En 1934, il fonda le journal anticommuniste « *la croisade* ». Il fonda aussi le parti clandestin *Rassemblement du Peuple haïtien (RPH)*. Sous l'administration de Paul-Eugène Magloire de 1950 à 1956, Sylvain fut un juge très réputé. Le 7 février 1957, il fut nommé Président par intérim par les deux chambres. Il devint alors le successeur de Joseph Nemours Pierre-Louis. Franck Sylvain occupa les fonctions présidentielles pendant cinquante-six jours avant d'être renversé par l'ex-général Léon Cantave. Sa chute donna donc lieu à son mémoire titré « Les cinquante-six jours de Franck Sylvain ».

2.1.29 Comment Pierre-Eustache D. Fignolé accéda-t-il au pouvoir ?

Avant de se pencher sur Daniel Fignolé, présentons son prédécesseur, en la personne de Léon Gantave. Qui fut Cantave ? Il naquit le 4 juillet 1910 à Mirebalais. Il mesure 1 m 67 environ, cheveux blancs, grandes oreilles, regard oblique, il fut général et Président de la République d'Haïti. Il prit le pouvoir en deux temps. Il dirigea Haïti du 2 au 6 avril 1957 et du 20 au 25 mai 1957. En 1963, il essaya de faire tomber François Duvalier en envahissant Haïti par la République dominicaine. Il échoua dans sa tentative et fut arrêté un an après, soit en 1964 par le gouvernement dominicain et fut envoyé vers la France où il mourut en 1963.

Quant à Daniel Fignolé, il naquit à Pestel dans le département de la Grand'Anse le 11 novembre 1913. Fignolé fut un homme politique fougueux. Il mesure 1 m 68 environ. Cheveux Noirs, regard intelligent, il fut l'un des plus brillants professeurs de Mathématiques vers les années quarante. Il s'engagea dans un mouvement syndical et fonda le parti « Mouvement des Ouvriers Paysans » avec ses amis François Duvalier et Clément Jumelle. Ses vibrants discours lui valurent une très grande notoriété dans les quartiers populaires. Devenu ministre sous le gouvernement de l'ex-Président Dumarsais Estimé, il fut très hostile au Président Paul-Eugène Magloire qui le fit emprisonner. En mai 1957, lors du renversement de l'ex-Président provisoire Franck Sylvain, une guerre civile déchira Haïti. Un groupe de militaires attaqua les casernes de Dessalines. Beaucoup de soldats et civils moururent dans les affrontements populaires. Dans cette mêlée politique, les manifestants réclamèrent Pierre-Eustache Daniel Fignolé à la tête de l'État. Le conseil exécutif du gouvernement décida de lui confier la présidence provisoire. Il occupa ce poste jusqu'au 26 mai 1957.

L'ex-Général Antonio Kébreau se fâcha contre Daniel Fignolé pour avoir remporté les élections présidentielles qui eurent lieu en juin 1957. Le 14 juin de la même année, il s'empara du palais présidentiel avec ses soldats et força Fignolé à abandonner le pouvoir, puis, il l'expulsa à Miami à bord d'un avion militaire. Ce fut ainsi que le Conseil Militaire dirigé par Kébreau vit le jour. Le soupçon d'assassinat de Fignolé suscita de violentes réactions de ses partisans, tels : incendie et pillage d'administration publique. Kébreau mena le pays d'un bras de fer en battant les partisans de Fignolé et en les jetant en prison. D'autres furent massacrés au Bel-Air et à la Saline. Il occupa cette fonction jusqu'à l'arrivée de l'ex-dictateur François Duvalier au pouvoir. Après la chute de l'ex-dictateur Jean-Claude Duvalier, Fignolé revint en Haïti. Il mourut cinq mois plus tard à l'hôpital du canapé vert d'un cancer de la prostate.

2.1.30 Qui organisa les élections qui conduisirent F. Duvalier au pouvoir ?

Les joutes électorales de 1957 furent planifiées par le général de l'armée, Antonio Thrasybule Kébreau. Assis dans son costume militaire ostentatoire, casque plongée dans sa tête, beaux yeux, Kébreau fut celui qui pava le terrain politique pour le redoutable homme politique, François Duvalier en 1957. Kébreau assura la fonction de chef d'État militaire d'Haïti dans l'intervalle du 14 juin à 22 octobre 1957. Qui fut Kébreau ? Il s'enrôla dans l'armée et entra à l'académie militaire à l'âge de 21 ans. En 1957, il fut promu au grade de colonel. À la suite de la chute de l'ex-Président Pierre-Eustache Daniel Fignolé, Kébreau forma un conseil militaire de gouvernement avec ses deux collègues colonels, Émile Zamor et Adrien Valville, dont il fut le chef. En 1957, il organisa les élections présidentielles qui portèrent l'ex-dictateur François Duvalier au pouvoir. Ce conseil militaire va se dissoudre tout de suite après la montée de Duvalier à la magistrature suprême de l'État. Maintenant, prenons connaissance des stratégies politiques de François Duvalier.

C. L'ACCESSION DE FRANÇOIS DUVALIER AU POUVOIR.

Chapitre III

3.1 Les stratégies de F. Duvalier pour accéder au pouvoir en 1957.

D'où vient Duvalier ? Il naquit à Port-au-Prince le 14 avril 1907. Il est issu d'une famille immigrante Franco-Martiniquaise, information dont peu d'Haïtiens sont au courant d'ailleurs. Il décrocha son certificat d'études secondaires au lycée Alexandre Pétion 1928. Puis, il s'inscrivit à l'École de médecine de Port-au-Prince. Par la suite, il fit son stage dans les régions rurales. Il gagna confiance des populations pour avoir lutté contre le *Typhus*[1] et le *Pian*[2].

Duvalier imposa donc sa popularité au moyen des ravages que firent le pian et le typhus en Haïti. C'est donc grâce à cet urgent besoin de guérison de la population haïtienne que François Duvalier fut doté du surnom « Papa Doc ». En 1939, il épousa Simone Ovide Duvalier, une infirmière de profession. Elle portera, elle aussi plus tard, à titre de première dame de la République, le surnom de « Maman Simone ». Rappelons que l'actuelle « Cité Soleil » s'appela « Cité Simone » sous Duvalier. Ce couple présidentiel avait quatre enfants : Marie-Denise, Nicole, Simone et Jean-Claude Duvalier. François Duvalier va se lancer en politique en fréquentant l'Ethnologue Lorimier Denis, spécialiste du culte vaudou et militant de la cause noire.

---

[1]**Typhus** : *Stupeur ou torpeur (maladies graves pour l'homme). Cette maladie sévit chez les rongeurs (rats et souris) et fut transmise aux humains par des puces et des poux de corps au cours du vingtième siècle.*

[2]**Pian** : *Tréponematose causée par un tréponème (bactérie). Cette maladie fut diagnostiquée dans les régions tropicales d'Amérique latine, d'Afrique subsaharienne et d'Asie. Elle fut caractérisée par une infection cutanée, entraînant des lésions profondes.*

Il proposa ses idées politiques à travers la revue nationaliste « Les Griots ». Il rencontra Pierre-Eustache Daniel Fignolé par l'intermédiaire de Lorimier Denis.

Vers 1940, il fut un membre de la mission sanitaire américaine en Haïti. Il évolua dans ce secteur pendant plus de dix ans. Puis, il accéda au poste d'aide au major James W. Dwindel du corps médical de la marine américaine. Le jeune médecin d'alors jouit déjà d'une autorité suffisante pour entreprendre la course à la première magistrature de l'État. Plusieurs de ses fidèles partisans furent d'ailleurs, des employés du service coopératif Haïtiano-Américain de la Santé publique. Six ans après, soit en 1946, il va être secrétaire général du parti de Daniel Fignolé « Mouvements Ouvriers Paysans (MOP) ». Sa popularité lui permit d'attirer l'attention de l'ex-Président Dumarsais Estimé qui le nomma directeur de la santé publique en 1946. En 1949, il devint ministre de la Santé publique et du Travail.

Opposé au coup d'État du général Magloire qui renversa Dumarsais Estimé en 1950, Duvalier fut poussé à l'exil et se retrouva dans l'opposion. À la chute de Magloire en 1956, il se porta candidat à la présidence dans une conjoncture politique précaire. Il mena sa campagne en prononçant des discours basés sur le racisme « pronégritude ou noiriste », en projetant sa caméra politique sur la lutte contre les Mulâtres. Il fut élu le 22 septembre 1957 à 69,1 % des voix contre le richissime Louis Dejoie qui perdit les élections à 28,36 % des voix. Précisons que François se servit de la Guerre froide, de la Révolution cubaine et du Communisme pour asseoir son système dictatorial. Ce pouvoir totalitaire va hanter la mémoire collective haïtienne, voire même préoccuper l'opinion internationale.

3.1.1 La montée de l'ex-dictateur François Duvalier au pouvoir.

François Duvalier mesure 1 m 68 environ. Cheveux gris à pompons, lunettes noires à manches noires et cadrans noirs, lèvres pulpeuses, incarna la politique haïtienne par la férocité de son régime. Cette férocité qui chevaucha sur quatorze ans va faire suivre celle de son fils Jean-Claude qui, elle-même, s'est étendue sur quinze ans. Eux deux ont totalisé vingt-neuf ans de terreur à la tête d'un peuple doux, naïf et pacifique. En 1957, Docteur François Duvalier prit le pouvoir. Il fit régner sur le pays un régime de terreur grâce à sa police secrète, les volontaires de la sécurité nationale (V.S.N) communément appelés, « *Tontons macoutes*[3] ou miliciens ». François Duvalier aurait pu implanter la démocratie participative, en impliquant toutes les classes sociales haïtiennes dans son programme de gouvernement, si programme il y eut, au lieu d'implanter la démocratie dans le pays, il gouverna avec la classe élitiste, c'est-à-dire la bourgeoisie. Il se fit donc entourer des plus nantis de la classe privilégiée. Il créa une milice à sa solde, nous voulons parler des fameux et zélés tontons macoutes qui torturèrent le peuple, y compris une armée indigène sanguinaire qui serra encore plus, le boulon de la nation haïtienne. Voilà un peuple zombifié, n'ayant joui d'aucune liberté de parole et n'ayant pu réclamer aucun droit d'existence.

Pendant ce temps, le gouvernement plongea tête baissée dans la corruption. De 1957 à 1971, il a gouverné d'une main de fer, pendant quatorze ans d'une dictature sanglante. Aucun Président dans toute l'Amérique latine contemporaine n'a égalé le phénomène Duvalier. Au cours de ses trente ans de gouvernance, Porfirio Diaz a établi les bases du développement économique du Mexique moderne. Au Vénézuéla le Général Vicente Gomez, en livrant aux compagnies nord-américaines le pétrole, favorisa le développement d'une infrastructure économique et contribua à la naissance du capitalisme dans le pays. Après trente-et-un

---

[3]**Tontons macoutes** : *Milices des Duvalier. Ces gens maltraitèrent la population haïtienne durant la dictature (1957 à 1986).*

ans de dictature en République dominicaine, Raphaël Léonidas Trujillo Molina put s'enorgueillir d'avoir légué à son pays une prospérité issue d'un développement industriel imposant, surtout dans le domaine de l'exploitation sucrière. La dictature de Fulgencio Batista à Cuba coïncida avec une époque d'activité socio-économique, financière et touristique intense, laquelle permit quelques réalisations spectaculaires, comme le tunnel de la Havane que le gouvernement pouvait présenter comme fruit de sa gestion du pouvoir. Tandis que la dictature de Duvalier n'a à son actif, aucune œuvre d'infrastructure, aucune réalisation importante, rien qui ne pouvait alimenter sa démagogie, ou même donner à « l'ère duvaliériste ». Le vernis du mal nécessaire. Duvalier eut beau consentir à hypothéquer le pays au capital nord-américain, le bilan de son gouvernement fut tragiquement négatif, voire médiocre.

On pourra tout au moins porter à son crédit le pavage de l'Avenue Jean-Jacques Dessalines à Port-au-Prince, la construction de l'Aéroport de la capitale, d'un local moderne pour bureau central des contributions fiscales et d'un édifice des plus modernes pour le quartier Général de Police. La dictature ne peut pas se glorifier d'avoir réalisé davantage. C'est aberrant d'entendre Jean-Claude Duvalier dire : « Je laisse au peuple haïtien un cigare allumé aux deux bouts » après vingt-neuf ans de dictature et tortures exercées sur un peuple qui l'appelle « Baby-Doc » pour le flatter, sans avoir rien réalisé dans un pays qui avait et qui a encore plein de possibilités de développement socio-économique durable. Duvalier a contribué sciemment à diffuser le mythe de son pouvoir spirituel. Mais l'influence et l'efficacité de cette arme politique ne doivent pas être exagérées comme ont fait certains publicistes qui établirent implicitement une relation entre la barbarie du régime politique duvaliériste et le caractère « diabolique de cette secte de Nègres ». Une des règles de l'équilibre de Duvalier au pouvoir a été de maintenir la discorde entre ses propres partisans. Les clans minuscules et les petits chefs s'affrontèrent dans des querelles intestines et souvent pour des intérêts contradictoires, mesquins ou importants.

Par exemple, le palais fut divisé en deux clans hostiles, celui de Luc-Albert Fouchard et celui de Max Domingue. Tous deux, gendres du dictateur Duvalier. Le premier attribua au second la responsabilité de l'affaire des bombes au printemps 1967. François Duvalier, ayant craint d'un complot contre sa personne, ordonna l'exécution de dix-neuf de ses plus proches officiers dans la même année. Il existe aussi le clan Blanchet, opposé au clan Catalogne, tous deux, idéologues du duvaliérisme et des dizaines d'autres clans différents rivalisèrent d'intrigues, de zèle et de calomnie. Dans ses rapports avec ses courtisans les plus dévoués, Duvalier appliqua la maxime de Machiavel selon laquelle, les hommes durent être, ou caressés ou écrasés ; ils se vengèrent des injures légères et ils ne le purent quand elles furent très grandes ; donc quand il s'agissait d'offenser un homme ; il fallait le faire de telle manière qu'on ne puisse redouter sa vengeance.

Quand un des courtisans manifeste une certaine froideur, trop d'indépendance ou d'ambition, Duvalier (père) l'humilie de la façon la plus brutale, de manière à ce qu'il lui soit soumis. Duvalier eut l'habitude de gifler même certains de ses ministres. Et, il essaya d'avoir des témoins, hauts fonctionnaires et simples manœuvres. Ainsi, tout le monde sut que le ministre " *Untel* " a été giflé par son excellence (Duvalier). Il est arrivé que ce châtiment soit administré en plein conseil des ministres. De quel droit un Président gifle-t-il un ministre et l'avilit par la suite ? De tels gestes ont été posés juste parce que Duvalier se considérait comme « l'Alpha et l'Oméga » et ses ministres étaient comme des fantômes et des « *Restavec*[4] ».

Nombreux sont les cas des fonctionnaires qui, après avoir été destitués, emprisonnés et maltraités, officiellement pour le vol ou trahison, revinrent quelques mois plus tard occuper un poste de responsabilité. Ce furent des inconditionnels engagés à démontrer leur gratitude et leur fidélité sans limites. Le cortège présidentiel traversa les quartiers populaires en jetant de cinq, vingt, cinquante centimes à la foule pour l'humilier. Et, des gens se précipitèrent au cri de « Vive : Papa Doc ! »

---

[4]**Restavec** : *Des enfants déshérités vivant en domesticité chez les gens plus nantis ou aisés. On voit fréquemment ces genres de pratiques en Haïti et dans les Caraïbes entre autres.*

en se disputant avec les pièces, tandis que les luxueuses « Cadillac » se suivirent rapidement. L'étrange pratique d'injurier avec les mots les plus grossiers, d'une façon hystérique ses fidèles, obéïssèrent au même but : les avertir. Certains des ex-courtisans de Duvalier qui eurent le rare privilège de l'approcher dans ses moments de colère comparèrent les éclats de rage du sexagénaire d'alors, aux crises d'Adolphe Hitler de l'Allemagne nazie, selon ses biographes.

Des individus auparavant pauvres comme Job (réf : la Bible), détinrent des fortunes fabuleuses et vécurent dans des somptueuses villas. C'est le cas d'un nombre de duvaliéristes de la « première version du régime totalitaire », tel des officiers inconditionnels de l'armée et hauts fonctionnaires. Divers postes, spécifiquement privilégiés, assurèrent une fortune : la direction des entreprises décentralisées, comme la Régie du Tabac et de la Loterie nationale. Elles furent instituées de 1950 à 1955 et constituèrent « les comptes non fiscaux du gouvernement », lesquels atteignirent plusieurs millions de dollars annuellement et ne furent pas comptabilisés au budget officiel.

Avant l'arrivée de Duvalier (Père) à la magistrature suprême de l'État, Clémart Joseph Charles, un influent homme d'affaires, venait d'amasser une fortune considérable, sous forme de commissions substantielles à la suite d'un scandaleux trafic entre l'État haïtien et une compagnie téléphonique anglaise. Clémart parvint à gagner la confiance du nouveau Président en administrant des affaires « délicates » de hautes personnalités du régime. On lui concéda un édifice de la Banque Nationale afin qu'il y établisse sa Banque commerciale d'Haïti.

Après quelques années, il était devenu l'homme d'affaires le plus privilégié du régime associé à certains grands dignitaires duvaliéristes et de plusieurs firmes nord-américaines et directeur copropriétaire de vingt-sept entreprises commerciales et industrielles. La contrebande fut par définition, une des sources du vol institutionnalisé. Ce n'est pas un hasard si la République Dominicaine et Haïti dont les conditions socio-économiques et politiques évoluèrent de façon parallèle, eurent le privilège d'engendrer, à un quart de siècle de différence, des monstres aussi semblables que le Benefactor Rafaël Léonidas Trujillo Molina (1930 à

1961) et le Président à vie François Duvalier (1957 à 1971), furent les vrais complices de cet état de fait. Les pays aux structures socio-économiques les plus archaïques sont ceux qui, en Amérique latine, se distinguèrent par leurs dictatures « exotiques » ; citons comme exemples : le Guatemala de Estrada Cabrera (1898 à 1920) et de Jorge Ubico Castenada (1931 à 1934), le Nicaragua de Anatasio Somoza Debayle (1967 à 1972 et 1974 à 1979) et le Paraguay de Alfredo Stroessner (1954 à 1989).

3.1.2 Les mêmes causes produisent les mêmes effets.

En Haïti, il y a toujours un manque de contrôle dans les administrations publiques, dans la gestion des affaires courantes causées généralement par les vacances présidentielles. Il y a un proverbe haïtien qui dit : « Plimen poul la, men pa kite-l rele » en français : « Déplumez la poule, mais prenez garde qu'elle ne crie ». L'Écrivain Jacques Barros fit une intéressante approche sur ce dicton en disant que dans la réalité haïtienne, cette pratique est un énorme « racket » depuis le haut jusqu'en bas. Et, cela a été toujours ainsi dans les annales de l'histoire politique haïtienne. À ce stade, il faut comprendre dans quel cercle infernal tourne la population. Elle est saisie à la gorge par une misère abjecte, sans issue.

3.1.3 La misère est-elle la cause de la corruption ou la corruption est-elle cause de la misère ?

Vaine question ! Elles ont commencé ensemble. Le miroir réfléchit des effets, et des causes renvoient au débarquement des Espagnols. Les structures inchangées, l'absence de démocratie, la détresse généralisée rendent inévitables le pillage de la nation, la tyrannie. Et, cette tyrannie renforce la misère. Les Noirs au pouvoir sont-ils plus voleurs que les Mulâtres ? L'anarchie et la gabegie généralisées découragent tout travail sérieux. Il faut se « débrouiller » et « se débrouiller n'est pas péché », voilà un autre dicton populaire. Ce qu'on traduirait aujourd'hui en créole par « naje pou sòti » « nager pour s'en sortir ». Les pressions sont incessantes des passe-droits aussi. Les meilleurs cèdent s'ils ne s'exilent pas. Ce ne sont pas des hommes qui sont mauvais, mais c'est la pression des conditions extérieures qui les rendent ainsi, car les mêmes hommes, sous un autre climat, seraient d'excellents serviteurs d'Haïti.

Dans le catalogue des exactions, il faut seulement rappeler, avant d'en livrer quelques échantillons, que ces exactions sont aussi anciennes qu'Hispaniola. Immense pillage que la conquête espagnole, la corruption et la vénalité de l'administration furent largement répandues sous la colonie française. Il s'agissait du pillage par le corps expéditionnaire de Leclerc. Toussaint Louverture quant à lui, fit siennes les caisses de l'État. Dessalines pour sa part, disposa de l'empire à sa guise. Pétion et Boyer ne cessèrent pas de lutter contre la malhonnêteté généralisée. Ils furent donc des opposants à ces pilleurs. À la mort d'Henri Christophe, on ne récupère que 1 600 000 dollars sur les neuf millions du trésor public de la République d'Haïti. Faustin Soulouque et ses amis s'en servirent à pleines mains. Mais Lysius Salomon accuse Fabre Geffrard de voler tant et plus, « faisant du pays comme de son patrimoine ».

Dans ses mémoires, l'historien Thomas Madiou a écrit des pages terribles sur la corruption de l'oligarchie » des « gens de bien ». La classe dirigeante, quelle que soit sa couleur, a le niveau moral des bagnes ». Le scandale de la consolidation qui éclaboussa cette classe en 1902 fut le point d'orgue d'une malhonnêteté que déplorent tous les auteurs du 19e siècle. Pour le conseiller américain Arthur Millspaugh, la corruption est si banale qu'elle est amorale plus qu'immorale. Vincent Ogé, après avoir dénoncé « la République des compères », paya ses « protégés » avec le budget des administrations communales. Élie Lescot quant à lui, pratiqua bien avant Duvalier, les « recettes non fiscales » et les prélèvements sur des caisses diverses, les monopoles commerciaux concédés aux favoris.

C. L'ACCESSION DE FRANÇOIS DUVALIER AU POUVOIR.

En 1955, l'ex-Président américain Robert Nixon en visite en Haïti fut scandalisé par le luxe ostentatoire de l'ex-Président Paul-Eugène Magloire. La villa « Marèse » du chef de la police Prosper et le palais florentin. Les Duvalier ne firent donc que prolonger des pratiques ininterrompues et rendues fatales par l'environnement. Car, à la fois, on dénonce ces pratiques et on y succombe. En 1957, François Duvalier fit campagne au nom de la vertu contre un « régime de boue ». Après une décennie d'exercice du pouvoir, désireux de passer à la révolution économique, il en était à décréter l'austérité, à proclamer l'ère des facilités et des profits. Sans que rien ne change, le pouvoir absolu corrompit les dirigés. Au plus, on pourrait nuancer en étudiant si tel despotisme ne fut pas plus « *éclairé* » que tel autre, en calculant aussi le poids relatif des exactions par rapport à la richesse nationale et au budget des différentes époques. La Dominicainie, dut quelque équipement à l'ex-Président dominicain Rafaël Léonidas Trujillo Molina. Le Nord d'Haïti prospéra beaucoup sous Henri Christophe.

Les prélèvements depuis la présidence jusqu'au petit ancien milicien de Faubourg ou jusqu'au chef de section rurale d'alors, suffirent à compromettre tout progrès. La construction d'un bizarre mausolée à la mémoire de *Papa DOC* aurait coûté deux millions de dollars. Le mariage du fils représenta le salaire annuel de 4.166 des instituteurs (5 millions de dollars). Le yacht présidentiel fut évalué à 1 million de dollars. Au cours de sa généreuse adolescence, Jean-Claude Duvalier dotait ses maîtresses en voitures, en maisons, en magasins. Sa fortune personnelle s'éleva à plus de quatre-cent-cinquante millions de dollars environ. La Banque mondiale et le FMI incitèrent sans rudesse à y mettre fin. La régie du tabac et une multitude de taxes occultes (sur les assurances, et sur les coupeurs de canne « vendus » comme des animaux à la République dominicaine, permirent à la famille Duvalier de drainer près de 40% des recettes de l'État vers des comptes bancaires privés. Ils financèrent les « dépenses extra budgétaires » du chef : prébendes et faveurs, gratifications aux espions, aux tontons macoutes, et ces « dons » solennellement annoncés permirent au Président de jouer les bienfaiteurs avec l'argent du peuple. On se souvient du lancement de pièces de monnaie par l'ex-Président Jean-Claude aux curieux qui s'attroupèrent aux deux côtés des routes

nationales lors de ses différentes balades en province.
Autour du chef, la famille fut d'une avidité sans bornes. Elle posséda des actions un peu partout, à la HASCO, dans la région de Jérémie, dans des cinémas, des garages, l'exploitation de la Forêt des pins, systématiquement saccagée et le pouvoir promit à la grande trompe une politique de reboisement. La mère racheta l'usine sucrière des Cayes à un Cubain. Marie-Denise, la fille aînée, outre sa « pension » mensuelle, contrôla la plantation Dauphin et aurait multiplié les accaparements de terre dans l'Artibonite. Même l'accaparement du rivage jusqu'à cent kilomètres au Nord de Port-au-Prince où les longs murs de parpaings des propriétés de la famille présidentielle, enlaidirent et masquèrent le paysage, en alternance avec les plages payantes et privées de la bourgeoisie. Chaque année un bijoutier français vint proposer sa marchandise au Palais national (il fut l'un des nombreux témoins privilégiés au mariage de Baby-Doc). Mais des bruits beaucoup plus sinistres coururent sur la famille Bennett. Un frère de la mariée dut par exemple être jugé à Porto-Rico dans une grosse affaire de drogue. C'est pour nous que *Papa Doc* a « quitté » le pouvoir, s'exclamèrent ingénument les filles ! Comme si le pays appartenait uniquement à une seule catégorie de personnes. Comme si le pays était la propriété privée de la famille Duvalier.

Les membres du Gouvernement (y compris des universitaires distingués par nos jurys) furent persuadés que les forces occultes du vaudou purent leur valoir, puis leur conserver leurs postes. Tandis qu'ils se vouèrent corps et âmes aux loas et les « servirent ». Leur grande affaire fut de durer plus longtemps possible dans leur emploi et de piller assez vite et suffisamment pour assurer les lendemains de limogeages. Les salaires officiels, dérisoires, y incitèrent au demeurant, sans compter les maîtresses par lesquelles, les ministres prouvèrent qu'ils étaient des hommes, et qu'il fallait les honorer aux dépens du travail.

Dès lors, tous les moyens d'enrichissements sont bons. Les crédits du Département des travaux publics s'évaporent largement. En 1978, les députés manquèrent de recevoir le toit de la chambre sur la tête. Tel directeur du projet du DRIP, après avoir détourné un million de dollars, fut nommé ministre de l'Agriculture. Des contrats fructueux furent accordés à des étrangers véreux, ou étaient signés pour être revendus, tel celui qui bradait l'île de la tortue. Au contraire, les responsables du département de la santé publique repoussèrent la proposition d'un groupe privé américain de l'implantation d'un hôpital au Cap : des membres de ce département géraient une clinique privée dans la ville. Luc Désir, chef de la police secrète, se trempait dans de multiples combines. Les militaires partagèrent avec les gros commerçants, franchises douanières abusives et marchés noirs provoqués. Le directeur des contributions agissait comme le chargé d'affaires de la mère. Les dispositions de payants furent incessantes. En ville, des « autorités lourdes » envahirent et construisirent les terrains des propriétaires. Mais ces requins se dévorèrent entre eux. En 1980, tel grand avocat, ami du ministre des finances et conseiller privé revenu en cour, obtint la restitution de ses terres : la ruelle Nazon aux deux extrémités. La police dynamita les maisons (certaines de deux étages) construites sur les terrains. L'avocat manqua de se faire décapiter d'un coup de machette par une dame furieuse. La police dut tirer en l'air pour dissuader les gens.

Les salaires de familles du secteur public, encore érodés par l'infraction, ne permirent pas de vivre. Les « pensions » elles-mêmes ne furent qu'une faveur. Un employé de l'État ne demanda pas sa retraite. Il y fut mis comme en disgrâce. On se livra donc au cumul des « *chèques* », alors ce fut la mêlée pour les places. Les plus honnêtes gens essayèrent de s'exiler. Les autres louvoyaient dans un tourbillon crapuleux. L'État, l'Administration allaient à vau-l'eau. Un organisme tel que l'O.D.V.A manipula des fonds considérables, dont la destination, ne fut vraiment connu que par de très hautes personnalités. Les derniers lambeaux de forêts furent à l'encan. En 1978, à petite rivière de l'Artibonite, l'agent forestier dut demander son déplacement, menacé qu'il fut par des « autorités lourdes » que son implication stricte des mesures de protection des locaux. Les véhicules et le matériel d'État furent au service des plus puissants. Ces mêmes individus ne payèrent pas d'impôts et oublièrent facilement leur loyer et leurs dettes. Quant à la vente, par des officiels, des aliments de l'aide internationale, elle fit à certaines époques baisser le prix des produits agricoles.

Les officiers du corps des « léopards » et miliciens vendirent du riz des magasins de l'État. Les dépôts furent pillés. Le stockage des produits essentiels fut systématiquement organisé pour faire monter les prix. Les visas pour les États-Unis se vendirent pour plusieurs centaines de dollars sous Duvalier. Les réseaux d'émigration clandestine continuèrent à prospérer sous le fils. Mais, on vendit aussi les actes d'État civil et des cartes d'identité en qui personne n'a foi. On y vendit chaque année, jusqu'à cinq-cents dollars, les diplômes de Baccalauréat. Il faut signaler que cette pratique fut identifiée sous l'ère duvaliériste, nous ne pouvons pas soutenir cette thèse pour ses successeurs sans avoir recours à de sources fiables.

En 1979, une affaire de deux cents cinquante mille faux dollars fut étouffée parce qu'elle aurait été trop haute. Enterrée de même celle du gros lot truqué de la loterie nationale. Les vols des douaniers servirent de prétexte aux considérables majorations de prix des commerçants. Les maisons closes prolifèrent. On vendit des enfants à prostituer. La mafia exploita des salles de jeu depuis François Duvalier. Le trafic de la drogue fut l'une des activités criminelles que l'on attribua aux plus hauts personnages du régime. La mafia souhaita donc faire d'Haïti (l'île de la Tortue) une plaque tournante. Il s'ensuit des arraisonnements de bateaux, des plantations clandestines, des incendies suspects d'usines destinés à détruire les laboratoires.

Tandis que le patrimoine de la nation fut en train de tomber en ruine (routes non entretenues, Péligre envasé, ponts effondrés, archives à l'abandon). Un certain Henri Siclait, ex-directeur de la Régie du tabac, se retira aux États-Unis, après voir amassé deux -cent millions de dollars en moins de dix ans. À cette raquette énorme, des tenants du pouvoir politique s'ajoutèrent les agissements de l'oligarchie de la bourgeoisie. Les deux à l'évidence, se confondirent souvent. Il n'y avait rien à attendre de la classe bourgeoise qui n'avait pas de souci que son intérêt mesquin, qui profita de ses meilleures études, de ses relations pour s'enrichir et vivre au diapason occidental dans un pays exsangue. Les Noirs, pour atteindre leur niveau de vie, grugèrent l'État qu'ils occupèrent. Suffisance, égoïsme, insensibilité froide, mépris pour le peuple, caractérisèrent l'élite mulâtresse haïtienne. En 1977, des Français par exemple, des jeunes rotariens, eux-mêmes de « bonne famille » qui furent invités pour un voyage d'échange, en furent scandalisés. Un archevêque tourmenté par sa conscience tonna épisodiquement en chaire.

La Banque mondiale et FMI exigèrent avec une impatience croissante, la fiscalisation de gros revenus : les 4.000 familles qui disposèrent de revenus annuels supérieurs à 90.000 dollars échappèrent presque totalement à l'impôt. Les compradores des villes et les féodaux des campagnes furent solidaires. Un Kersaint géra directement ses plantations de café de Baradères. Brandt et Madsen recoururent à des « spéculateurs » affairistes du Secteur public et du secteur privé tantôt s'écharpèrent et tantôt s'acoquinèrent. Les anciens huiliers (Brandt-Madsen) disputèrent au niveau du clan Bayard, le marché national des huiles. Vrais « parrains », les commerçants qui jonglèrent avec le prix, monopolisèrent les ventes, conditionnèrent la livraison de tel produit essentiel (savon) à l'acquisition de tel autre d'écoulement difficile (pâte de tomate). L'opposition accusa la compagnie Cullighan, vendeuse d'eau purifiée, d'avoir soudoyé la famille présidentielle pour qu'elle ne se préoccupe pas trop rapidement de résoudre le problème de l'eau potable.

Et, les domestiques qui dressèrent les buffets de réception des riches (nationaux ou étrangers) surent que chacun d'eux équivalait à leur salaire annuel. Mais pendant que le peuple meurt de faim, tel propriétaire d'hôtel à cent dollars par jour, posséda deux *Rolls Royce* (voitures de luxe sous Duvalier). Les ouvriers furent livrés sans défense à leurs employeurs. Ni les prescriptions vagues du code de travail ni les dérisoires salaires minimas ne furent pas respectés. En 1978, un communiqué du ministre des Affaires sociales revint à supprimer le droit de grève. S'élevant à l'encontre, un technicien en électronique disait : « Je parle pour toute l'armée du silence qu'un communiqué vient d'enterrer vivante ».

Les plus écrasés restèrent évidemment les paysans. Ici, la menace est totale et permanente, le recours fut à peu près nul. Les campagnes furent à la merci des notables et des autorités. Le paysan fut soumis au « grand don », brutalisé par le chef de section, livré au milicien, au militaire, à l'avocat, au juge, « poignardé » par l'usurier et par le spéculateur en denrées, manipulé par le « chef de bouquement ». L'absence du cadastre, de titres de propriété intangibles, fit qu'il ne fut jamais assuré de son bien. Il dut se défendre en permanence contre les accaparements. Il paya les hommes de loi en terre ou renonça au partage légal à la mort d'un propriétaire. Les autorités et les citadins furent des ennemis. Le paysan se découragea devant tout investissement. Dès que la terre prit de la valeur, les rapaces accoururent au dépeçage. Les dépossessions furent courantes et multipliées. Elles appartenaient à la vie quotidienne du paysan et le précipitèrent vers la capitale et l'exil. Les Duvalier à l'évidence, abandonnèrent les masses paysannes aux vautours de province.

Fin 1977, par exemple, ce fut la ruée vers les terres rizicoles de l'Artibonite et vers celles du Nord, parce que l'État entreprit de les bonifier. Les paysans résistèrent, machette au poing, ce qui prouva bien qu'ils ne furent pas des « Zombis », mais qu'ils manquèrent uniquement d'armes et d'organisation. En 1979, il fallait paternellement tancer les miliciens du Nord qui vendaient les terres de l'État. Aux menaces de la déposition, s'ajouta la permanence du vol. C'est la norme quant aux poids et au prix des cultures commerciales. L'État n'ignora rien de la situation et en fut donc complice. Les dépenses excessives, la modicité et l'instabilité des prix, le manque de crédit, d'assistance technique, de coopératives, de routes, les exactions des intermédiaires paralysent la production. Mais, le vol franchement criminel aggrava les effets du vol commercial.

En 1978, à Dégand, à quatre kilomètres de Carrefour, près de Port-au-Prince, les récoltes furent pillées, les bêtes abattues et dépecées, transportées dans de sacs de jute ou de latanier dégoûtant du sang pour être vendues dans les marchés proches. Mêmes pratiques à Léogane, par des hommes armés agissant de nuit. Dans l'Artibonite, des bandes également armées, se disant soutenues par des membres du parquet et « des autorités lourdes » de St-Marc, font main basse sur le riz. D'autres enlevèrent le bétail, les poules « et tout ce qui tomba sous leurs mains ». Dans le Nord-Ouest, les autorités furent chargées de veiller au déboisement et les notables organisèrent le commerce du charbon de bois vers la capitale avec des bénéfices éhontés.

Le plus déroutant pour l'étranger novice, est sans doute que l'aveu du public et la dénonciation du sort fait au paysan, s'accompagnèrent de la poursuite impavide des pratiques incriminées. Les analyses techniques des maux de l'agriculture se succédèrent et se répétèrent. Plus généralement, beaucoup d'Haïtiens ont une conscience claire des causes de la situation de leur pays. La presse ne dédaignant même pas d'y faire allusion. L'inventaire des blocages et des correspondants se retrouva d'un auteur à l'autre. Mais les interventions techniques ne suffisaient pas. On entendit beaucoup parler des routes. Les autorités ne changèrent pas grand-chose, y compris celle de Jacmel.

La vérité, c'est que les campagnes furent soumises à tout moment et en toutes circonstances à un implacable quadrillage de violence et d'arbitraire. Le paysan n'avait que deux issues : fuir comme « boat people » où se faire milicien à son tour. Par exemple, dans une famille ayant cinq hommes, le père et ses quatre fils furent tous miliciens. À ceux-ci s'ajoutèrent les cousins. Être macoute fut donc la facilité de l'ère. Entre autres, plus de trois cents mille Haïtiens émigrèrent à Cuba et en République dominicaine sous l'occupation américaine. Les excès des Duvalier et la misère croissante des Haïtiens provoquèrent un nouvel exode (il y aurait plus d'un million d'Haïtiens à l'étranger). Dix mille « Braseros » furent « vendus » à la République dominicaine en 1977, quinze mille en 1979 pour un million de dollars. Le traitement d'esclaves infligé à ces « Congo », à ces « martyros vivos », les poussa à la grève et aux émeutes.

Entre 1972 et 1977, trois-mil Haïtiens débarquèrent en Floride. Ils y furent trente-mil à la fin de 1980. Ils arrivèrent au rythme de mil par mois. Des « autorités » organisèrent les traversées clandestines pour $ 1000 dollars chacun. Les Américains s'efforcèrent de les intercepter, les internèrent dans des camps en Floride ou à Porto Rico. À partir de 1978, ils commencèrent à être expulsés des Bahamas où ils constituèrent 17,6% de la population. Cuba les refoula lorsqu'ils y échouèrent. Toutes les Antilles et le Venezuela aussi. Ils gagnèrent la Guadeloupe, et de là, Paris. Ils submergèrent à la Guyane où ils furent plus de vingt-mil pour soixante-cinq mil habitants. Les Haïtiens fuient la misère façonnée qui est une source de l'oppression et la dépendance. La situation, les abus, les exactions sont-ils pires en Haïti que dans les autres pays ? Il serait facile de trouver mieux en Amérique latine, en Afrique ou en Asie. S'agissant des moins fortunés, il fut outrageux d'exiger de la vertu et de la conscience professionnelle. La vertu fut facile aux nantis. Les autres luttèrent pour la vie. Les puissants n'eurent évidemment pas les mêmes excuses. Ils furent à se ranger aux côtés des Somoza mis en place par les États-Unis pour être les garants de l'ordre américain qui possédèrent la moitié des terres, les tiers des activités industrielles et commerciales du Nicaragua. La situation qui prévalait au Zaïre ressemblait à celle d'Haïti. Et, François Duvalier n'aurait rien changé à ses habitudes en prenant la place du « Grand Timonier », on dirait un Mobutu Sese Seko.

Il serait surtout plaisant d'oublier les beaux exemples de nos sociétés occidentales. La presse haïtienne, à l'époque de cette étude, ne manqua pas de publier les malheurs de Nixon, intitulé : (« Dick le tricheur »). Une somme de quatre cents cinquante mille dollars fut détournée pour aménager sa villa de San Clemente. Les pots de vin touchés par le vice-Président Agnew, le Président Carter fut obligé de nommer des inspecteurs pour lutter contre la corruption de l'administration. Le ministre italien des Finances publiant la liste de trente-trois mille gros contribuables fraudeurs, les indélicatesses d'un prince des Pays-Bas où d'un premier ministre japonais, les scandales des Républiques, les démêlés de Présidents avec un Empereur qui ne valait pas mieux qu'un Duvalier. Il resta que la mise en coupe réglée du peuple haïtien paralyse d'autant mieux son progrès qu'elle s'accompagne d'une terrible violence.

3.1.4 Le mouvement des Haïtiens de La Havane contre François Duvalier.

Le 13 août 1958, à partir de La Havane (Cuba), les Haïtiens bénéficièrent de la profonde sympathie et de la solidarité du peuple cubain. Ils diffusèrent des émissions radiophoniques qui jouèrent un rôle prépondérant et d'agitation contre la dictature féroce de Duvalier (Père). À cette époque, on commença à parler en Haïti d'une évasion possible des exilés, avec la participation des membres de l'importante « colonie » d'Haïtiens, coupeurs de canne émigrés à Cuba. Fondé en 1953, le parti d'entente populaire de Docteur Jacques Stephen Alexis suscita l'enthousiasme de la jeunesse haïtienne avec son programme de la « nouvelle indépendance ». Le mouvement étudiant prit un essor sans pareil et devint dès 1960 une force combattante. Dans de telles circonstances, Duvalier comprit parfaitement que Cuba rebelle constitua un mauvais exemple pour les masses haïtiennes et que de dangereux nuages venaient de l'autre côté du canal du vent, large seulement de 78 000 kilomètres.

3.1.5 Un brossage de la migration haïtienne.

Il est d'une grande importance de retracer l'évolution des flux migratoires tant internes qu'externes. Il convient de rappeler que les mouvements significatifs de la population remontent au début du 20e siècle, en direction de Cuba et de la République dominicaine. L'écrivaine Suzy Castor, dans son livre titré : « l'Occupation américaine d'Haïti » a relaté que : de 1915 à 1929, on pouvait compter 209.080 Haïtiens qui laissèrent légalement Haïti en direction de Cuba, alors qu'un nombre plus important a traversé la frontière haïtiano-dominicaine. Cependant, elle a précisé que le massacre d'environ quarante-mil Haïtiens en République dominicaine en octobre 1937 ralentit la migration frontalière et provoqua un reflux migratoire de plus de quinze-mille

Haïtiens au cours de la même année. Avec la signature du premier groupe de travailleurs saisonniers en 1975 entre les autorités haïtiennes et dominicaines, l'émigration frontalière s'officialisât, et depuis lors, environ vingt mille Haïtiens traversèrent régulièrement la frontière chaque année, que ce soit de manière temporaire ou saisonnière. Elle poursuit pour dire qu'à partir de 1960, la migration haïtienne connut une autre allure et elle se caractérisera par la diversité des destinations (Europe, Afrique, Amérique du Nord, les Caraïbes) et la coexistence de tous types de migrations (migrations scolaires, temporaires, légales, illégales et fuite de cerveaux). Pour seulement une année, plus de douze mille Haïtiens arrivèrent illégalement sur les côtes de la Floride aux États-Unis (Atlas d'Haïti, 1985).

Selon l'écrivaine Castor, à partir des années soixante-dix, l'émigration des masses rurales et urbaines, et l'accélération de l'exode rural marquèrent un tournant décisif dans les mouvements de la population haïtienne. Pour la période s'étendant de 1981 à 1986, les prévisions relatives au taux d'urbanisation furent dépassées, allant de 20% à 32% (IHSI, 1989). Pendant notre enfance, nous avons vu grandir l'élevage de porcs qui constitua parallèlement à la culture du café, de la canne à sucre et du *vétiver*[5], le pivot de l'économie haïtienne. L'élevage de ces animaux représentait le livret d'épargne des paysans. L'éducation de la progéniture haïtienne en particulier se reposait sur l'existence des porcs de l'île d'Haïti, car un porc castré et bien engraissé se vendait aux environs de 700 à 800 $, soit 3.500 à 4.000 gourdes.

Dans les années quatre-vingt, on a procédé de façon impitoyable à l'éradication du peuplement de porcs créoles, en raison de la recrudescence de la peste porcine africaine. Tandis que cet abattage sans précédent aurait pu être évité par une campagne de vaccination

---

[5] **Vétiver** : *Plante graminée et herbacée originaire d'Asie. Ses racines servent à la fabrication des parfums. Notons que plus de la moitié des exportations mondiales proviennent d'Haïti. Les 90% de cette production sont destinées à la Suisse, à la France et aux États-Unis.*

et de protection de ces animaux. Ce fut la destruction des grands pôles économiques des Haïtiens. Les abatteurs n'épargnèrent même pas les truies à la veille de leur mise bas, voire les nouveau-nés. Les bourreaux d'alors, offrirent aux éleveurs traumatisés et paniqués, un prix dérisoire pour leurs bêtes. Cette campagne d'abattage fut scandée à la radio, la télévision et la radio mobile sous le fameux slogan : « $40 pour gros, 20 $ pour moyen, 5 $ pour petit ». Après le massacre des cochons, les Haïtiens se virent envahis par des ailes de poulet, des pattes et d'oreilles de cochons venant de l'extérieur. Voilà une des causes fondamentales de la misère de ce peuple. Donc, la migration et l'émigration haïtiennes proviennent aussi de la privation des porcs des paysans.

3.1.6 Le soupape de l'émigration

D'après l'écrivain Marcel d'Ans, cette désolante histoire aboutit à un pays écologiquement ruiné. L'agriculture, activité productive presque exclusive en Haïti, ne put s'exercer dans des sols éreintés, entourés de montagnes tragiquement déboisées que ravine l'érosion. De plus, Haïti est un pays sans véritables villes du moins si l'on entend par là des agglomérations modernes, sièges d'activités industrielles, dispensatrices de services qui bénéficient à tout le monde même aux non-citadins, et où la population peut espérer trouver des possibilités d'emplois et de mobilité sociale.

En Haïti, les villes se bornent à être des centres de commerce et de consommation, exclusivement destinés à satisfaire le parasitisme des citadins improductifs. En dehors de la capitale (qu'un écart de plus en plus grand met hors de comparaison avec les quelques autres agglomérations du pays), la très faible extension des infrastructures routières ainsi que des services essentiels (écoles et hôpitaux) en direction des régions rurales où pourtant réside la très grande majorité des Haïtiens, témoigne ce que la politique économique du pays n'intéressa qu'à la croissance de la consommation urbaine, au détriment de l'amélioration des conditions de vie et de production dans les campagnes, et au mépris de la constitution d'un appareil de production digne de l'époque moderne. Cette constatation renvoie l'auteur à l'image d'une organisation sociale injuste jusqu'à l'aberration, ayant pour conséquence la diffusion dans un pays où la pauvreté ubiquitaire implique pour le plus grand nombre des Haïtiens, le manque de santé et de scolarité, ainsi que toutes les souffrances qui accompagnent la sous-alimentation et la malnutrition. À ces déshérités, tout fait mauvaise figure et montre de la dureté. L'érosion et de la détérioration des sols ajoutèrent un sombre tableau aux zones de campagne. Pour un Haïtien des champs, il sembla que le meilleur service qu'il puisse rendre à soi même, aux autres et encore à la terre, serait de s'en aller !

De ce fait, depuis l'occupation américaine en 1915, l'émigration devint l'indispensable soupape de sécurité qui permit vaille que vaille au pays de survivre. Cependant, l'explication selon laquelle, la misère serait la cause directe de l'émigration, est inexacte. En fait, pour émigrer d'Haïti, il faut avoir les moyens, par exemple, des paysans vendent leur bétail pour le faire. Surtout pour émigrer clandestinement, ce qui coûte bien plus cher que de le faire de façon licite. La première couche des émigrés des années soixante (qui était d'origine bourgeoise, et plutôt cantonnée dans les professions intellectuelles et libérales), fut une immigration de qualité : sobre, travailleuse, discrète et aussi peu criminogène que possible. Elle s'adapta sans peine à « l'American way of life » et elle économise des dollars, dont elle expédia religieusement de l'argent à la famille restée en Haïti. Cette cotisation représente pour l'immigré, une dette contractée envers ses proches. En fait, les seules protestations contre l'immigration haïtienne, émana des groupes qu'elle concurrença directement : la minorité noire des États-Unis et les Cubains anticastristes, bénéficiaient les uns et les autres d'une priorité politique aux yeux des pouvoirs publics américains.

Toutefois, si l'émigration vers les pays industrialisés constitue à n'en pas douter, une solution dans l'ensemble satisfaisante, tant pour ceux qui partent d'Haïti que pour ceux qui y restent, il est clair qu'on ne peut voir en elle, une solution globale ou d'avenir aux problèmes du pays. En effet, l'émigration ne concernera que quelques privilégiés. Un apport de main-d'œuvre non qualifiée restera certes encore indispensable pour quelque temps dans les pays industrialisés. La tolérance que ces pays manifestent à l'égard de l'immigration varie de façon conjoncturelle, et en fonction de critères ou les besoins migratoires des pays fournisseurs d'émigration, n'entrent que pour peu de choses.

De toute façon, la capacité d'absorption de ces pays d'accueil est largement insuffisante pour faire face à la totalité des demandes d'immigration. Enfin, les considérations historiques et politiques font que les pays receveurs d'immigration ont déjà « leurs pauvres » attitrés. Ce qui leur convient de satisfaire en toute priorité (Noirs et Cubains anticastristes aux États-Unis ; Antillais et Maghrébins en France), de sorte que ce n'est jamais pour bien longtemps qu'ils maintiennent ouverte la vanne qui permet l'entrée dans leur pays aux immigrants haïtiens.

3.1.7 La tentative du mouvement « *Jeune Haïti* » en 1964 contre F. Duvalier.

En 1964, un mouvement baptisé « Jeune Haïti » à New-York, entreprit l'initiative de déloger Duvalier (Père) du palais national. Les groupes des « Forces révolutionnaires » d'Haïti naquirent respectivement en République dominicaine et « Jeune Haïti » à New York. Plusieurs membres du « Jeune Haïti » servirent dans l'armée américaine ou furent dans le camp d'entraînement de la C.I.A (Central Intelligence Agency). Certains membres de ces deux groupes furent animés de sentiments patriotiques et prêts à sacrifier leur vie pour Haïti. Les chefs de « Jeune Haïti » furent Guslé Villedrouin, Jacques Wadestrandt et Gérard Brière. Leur objectif fut de trouver des solutions aux problèmes d'Haïti, par une opposition ouverte aux préoccupations contemporaines. Ce groupe d'Haïtiens réalisa son débarquement sur la côte Sud d'Haïti le 5 août 1964. Les treize combattants du mouvement « Jeune Haïti » résistèrent pendant deux mois et demi aux assauts incessants de l'armée et luttèrent héroïquement jusqu'à la dernière cartouche. Onze d'entre eux tombèrent dans le combat, deux furent faits prisonniers et fusillés en public à Port-au-Prince le 12 novembre 1964. Ce qui fut drôle dans l'affaire, c'est que treize hommes combattirent pour trouver des solutions à une cause juste et que leurs noms resteront gravés dans les annales de la lutte du peuple haïtien. Tandis que maintenant l'on voit des Haïtiens qui constatent ce qui se passe maladroitement dans la cuisine politique, ils prétendent être soucieux du changement, mais ils ne font absolument rien pour améliorer la situation sociopolitique et économique du pays.

En ce qui a trait à l'opposition traditionnelle, elle a toujours été impuissante par son incapacité à parvenir à une alliance efficace, permanente et viable entre ses diverses fractions de la vie politique. Malgré les appuis politiques dont elle disposa avant et pendant le gouvernement de Duvalier, cette opposition ne fut pas en mesure de créer et de mettre en place une organisation clandestine solide. La coalition bénéficia de la générosité des services secrets des États-Unis. Ce fut par le biais de ces informations qui provenaient du palais présidentiel et de ses services secrets qu'on entendit la propagande de "*Radio Vonvon*". Les Haïtiens de la génération des années soixante s'en souviennent sûrement.

3.1.8 Les actions de la gauche révolutionnaire vers les années 1967.

À partir de 1967, la gauche révolutionnaire entreprit des opérations de « marronnage » qui eurent pour théâtre les régions du Cul-de-sac, Léogane, Grande-Anse, les localités de Deschappelles, Limbé, Duvalier-Ville et même la capitale. Le 7 novembre 1967 marqua le degré de décision et d'organisation des communautés. Cette date fut considérée en hommage au cinquantenaire de la révolution bolchévique. Un habile "commando" réussit un "hold-up" à la Banque Royale du Canada située au plein cœur de Port-au- Prince et s'empara de soixante-seize millions dollars. Les assaillants furent tellement astucieux qu'ils ne portèrent même pas de masques et n'utilisèrent pas leurs mitraillettes pour faire cracher du feu de semonce comme tout bon ravisseur fait d'habitude. Le gouvernement d'alors fut donc déconcerté par cet acte. Par la suite, la gauche armée fit preuve de sa capacité d'analyser la réalité nationale, de rechercher la solution au drame du pays et de mettre en application une ligne d'action efficace. Comme conséquence du profond sous-développement socio-économique et culturel, les milieux les plus avancés de la pensée libérale ou révolutionnaire d'Haïti se caractérisèrent par leur retard idéologique. Par le biais de "l'analyse schématique" de Jacques Roumain qui souleva les grandes lignes de la littérature révolutionnaire, toute une stratégie de développement fut ébauchée sur la base de recherches solides, utilisée comme élément d'analyse de la réalité haïtienne et de la politique économique, telles : réforme agraire, réforme du commerce extérieur, capitalisation de l'épargne, nationalisation des branches fondamentales de l'économie, constitution d'un secteur économique étatique comme moteur de développement durable. La recherche d'une formulation nationale et populaire aux problèmes d'éducation, de la santé et de l'organisation économique et sociale.

Voilà donc la somme d'idées maîtresses qui constitua les plans révolutionnaires des marxistes-léninistes. À côté du plan révolutionnaire qui fut mené par l'élite intellectuelle du pays, « on se souvient de l'arrestation du Docteur et écrivain Jacques Stephen Alexis en avril 1961, alors qu'il fut de passage clandestin en Haïti ». La lutte du peuple haïtien contre Duvalier pour le développement socio-économique et la révolution culturelle se heurta inévitablement à l'intervention nord-américaine sous toutes ses formes, cela mobilisa donc toute la nation haïtienne dans la lutte pour la libération nationale. Il faut noter que pendant la lutte contre l'esclavage institué par les colons français, les esclaves en fuite, connus sous le nom de « Nègres marrons » cachés dans les hauteurs inaccessibles des montagnes, descendirent dans les plaines pour piller les plantations, semant l'esprit de rébellion. Ce furent les initiateurs de la lutte qui aboutirent à l'indépendance en 1804. Pendant l'occupation américaine de 1915 à 1934, des groupes de paysans révoltés firent leur apparition dans les montagnes du Nord et constituèrent le ferment de la lutte armée des Cacos de Charlemagne Péralte.

Par ailleurs, notons que la Banque interaméricaine fut chargée d'élaborer les plans d'aide conjointement avec le comité de l'alliance pour le progrès. D'importantes valeurs « non remboursables » furent à la disposition du gouvernement d'Haïti pour des études techniques et deux prêts lui furent consentis : un de 5.1 millions de dollars en juin 1970 pour le système d'adduction d'eau potable, l'autre de 1.4 million de dollars pour la promotion agro-industrielle. En 1971 et 1972, des prêts de huit et dix millions de dollars furent prévus pour contrebalancer le déséquilibre de la balance des paiements.

3.1.9 La dictature en librairie, ne fut-elle pas exagérée ?

La dictature sans bornes instaurée par l'ex-dictateur François Duvalier de 1957 à 1971 fut débordée jusqu'aux rayons de librairies. Dany Laferrière, l'une des icônes littéraires les plus connues des romanciers haitiano-québécois, a fait état de ceci dans son livre titré : Je suis fatigué (publié en 2001), Laferrière soutient que : « durant les années de grande terreur de Duvalier (Papa Doc), les intellectuels, professeurs, étudiants comme les simples lecteurs, étaient les premiers obstacles du pouvoir duvaliériste. Laferrière poursuit pour dire que les sbires pourchassaient le bon livre, il a précisé qu'à cette époque, Maspero représentait le diable en personne. Lafontant, le propriétaire de la librairie la pléiade, avait au fond de cette librairie toute la collection de Maspero. Son travail, confirme Laferrière, consistait à détecter au premier coup d'œil l'espion (étudiant déguisé) envoyé par Duvalier pour prendre en flagrant délit de vente de livres interdits et du même coup, fermer sa librairie.

Laferrière a enfin précisé que ç'aurait été pour lui et ses camarades à titre de lecteurs affamés de terminer une difficile adolescence à Port-au-Prince, ville hérissée de danger ». Alors, on comprend qu'à partir de l'expérience de Laferrière, combien cette exagération dictatoriale était sans limites. Les intellectuels qui évoluèrent dans l'ère duvaliériste furent réellement bâillonnés par ce pouvoir sanguinaire. Que donna cette pression totalitaire comme résultante à Haïti ? C'est la mise en quarantaine de toute une pléiade d'intellectuels qui fut obligée de fuir Haïti pour s'établir à l'étranger. Dans presque tous les pays, notamment la France, les États-Unis, le Canada et même dans les Antilles, on trouve tout un bassin de cerveaux qui a quitté Haïti tant sous les fortes pressions de la dictature des Duvalier que pour des besoins socio-économiques et des conditions de vie précaires.

Comme nous l'avons déjà dit dans notre premier livre titré : « L'origine du phénomène de l'insécurité publique en Haïti », nous tenons ici à enfoncer le clou une fois de plus pour préciser que : « Tout pays dont les fils et les intellectuels y sont toujours en transit et sont considérés comme étrangers dans leur propre terroir, est livré à lui-même et est condamné à demeurer dans le sous-développement et la misère » ; car, personne ne décidera de développer Haïti à la place des Haïtiens. Ti Ken Jah Fakoly, le célèbre chanteur ivoirien chante : « Personne ne viendra changer l'Afrique à la place des Africains, c'est aussi vrai pour les Haïtiens, personne ne viendra changer Haïti en lieu et place des Haïtiens ». Donc, l'initiative de changement d'Haïti passera de toute façon par les Haïtiens, car les enfants d'Haïti représentent les premiers acteurs dans le cadre d'un processus de développement socio-économique durable véritable. Entendons-nous, qui va juger nécessaire que votre maison mérite d'être balayée, autre que vous ? C'est la même chose pour Haïti, son développement doit inévitablement être perçu par les Haïtiens et c'est incontournable !

3.1.10 Qu'est-ce qui alimenta la dictature de Duvalier ?

La thérapie nord-américaine a nourri pendant plus d'un demi-siècle, la démagogie des duvaliéristes et a idéalisé les plus honnêtes hommes et les réformistes de l'ère. Durant les trois décades, cette thérapie moyenâgeuse, héritée des plus vulgaires formules anticommunistes a constitué le suprême effort d'élaboration mentale de cette école politique, issue de la bourgeoisie féodale ou coloniale, à laquelle appartenait Duvalier. Cette politique dictatoriale que Duvalier cultiva réussit à s'enraciner par l'incapacité de l'opposition traditionnelle de dévier le dictateur dans l'exécution de son projet de présidence à vie et dans la conservation d'un pouvoir à sens unique. Parlant de l'opposition traditionnelle, il exista deux principales organisations politiques qui constituèrent cette opposition, il s'agissait du « Parti Union des Démocrates Aïtiens (PUDA) et le Parti d'Entente Populaire (PEP) ».

La première continua dans la même lignée que l'ancien Parti populaire de la Libération Nationale (PPLN). À partir des années 1960, jusqu'en 1966, cette organisation mena une vie militante active et devint le principal promoteur de la grève des étudiants de l'époque pour sensibiliser certaines couches des classes moyennes et populaires, dans un vaste mouvement anti-duvaliériste au moyen du quotidien titré : « Haïti Demain ». Le PEP (Parti d'Entente populaire) qui fut fondé par l'éminent écrivain, Jacques Stephen Alexis, réussit à conquérir certaines positions dans le mouvement ouvrier et de la paysannerie. Ce parti jouissait d'une certaine popularité à tel point qu'il maintint des rapports privilégiés avec le mouvement ouvrier et le communisme international. Il prit part à la conférence des 81 partis réunis à Moscou en 1960. Ces deux Partis (PEP et PUDA) participèrent à la conférence tricontinentale et à la réunion de l'OLAS à la Havane (Cuba), où ils manifestèrent leur appui sur la nécessité de la lutte armée en Haïti.

3.1.11 Pourquoi Papa DOC, pour le développement durable ou pour la dictature ?

D'après ce que les aînés rapportèrent, Docteur François Duvalier, appelé (Papa Doc) par un peuple bâillonné, conserva son pouvoir ainsi, comme nous l'avons déjà précisé, il y eut une épidémie de maladies communément appelée « Thyphus et Pian » qui firent rage en Haïti. Ces maladies rongèrent les pieds des Haïtiens. Duvalier pour sa part, en qualité de médecin de formation, fit du porte-à-porte dans les régions en vue de traiter les patients souffertsde ces maladies. Quand notre mère nous expliqua cela, nous réalisâmes que cette initiative ne fut qu'une stratégie politique. Nous fîmes le constat qu'il n'y avait pas de choses plus humaines que ce que Duvalier accomplissait en faveur du peuple haïtien. L'effet d'aller chez les gens pour compatir à leurs maladies et leur donner des remèdes efficaces pouvant les guérir fut déjà un geste qui prouva qu'il aimait ses semblables et qu'il voulait réellement servir sa communauté.

S'il avait agi ainsi, il aurait mis Haïti sur le rail du développement socio-économique véritable ; on aurait eu de métros, des voies ferrées, des campus, de grands centres hospitaliers, de grandes autoroutes. Duvalier avait eu assez de temps pour devenir l'une des plus grandes icônes politiques de toute la Caraïbe, à l'instar de l'ex-Président Nelson Mandela qui représente un Héros à travers tout le continent africain et est mondialement reconnu. Duvalier aussi, aurait pu représenter une référence politique pour tous les politiciens contemporains à travers le continent américain. Au lieu de se tailler cette réputation, il cultiva une dictature animée d'une politique à sens unique qui a plongé Haïti dans un labyrinthe socio-économique infernal pendant plus d'un quart de siècle.

3.1.12 La différence entre François Duvalier et Raphaël Léonidas Trujillo Molina.

Duvalier et Trujillo Molina furent deux dictateurs qui évoluèrent sur la même île d'Hispaniola. Chacun d'eux siégea dans sa République respective (Saint-Domingue et Port-au-Prince). Par contre, la dictature Trujilienne fut sensée par rapport à celle de Duvalier. Par exemple, Trujillo fut capable de se vanter d'avoir jeté les bases d'un développement industriel important en République dominicaine, spécialement dans le domaine de l'exploitation sucrière. Par contre, Duvalier, bien que des secteurs porteurs et des possibilités de développement durable lui fussent disponibles, au lieu d'enclencher le développement socio-économique véritable pendant ses quatorze ans de pouvoir, il instaura plutôt un régime de terreur, caractérisé par des tontons macoutes qui traumatisèrent un peuple naïf, tranquille et pacifique. Nous pensons donc qu'il est temps de dévoiler un tel état de fait. Ce n'est pas normal que Duvalier se soit érigé en Seigneur dans un pays pendant quatorze ans et qu'après cette longue période, il y plaçât son fils pour continuer sa politique de torture sans qu'il y ait aucune feuille de route, aucun projet de société et aucun programme de développement socio-économique durable. La différence entre ces deux dictateurs totalitaires, c'est que la dictature de Trujillo Molina fut radicale.

À Saint-Domingue, les Forces armées constituaient l'architecture du pouvoir Trujillien ; alors qu'en Haïti, les Forces armées de l'ère duvaliériste avaient plutôt joué le rôle de point d'appui, pour finir par constituer une sorte de revêtement extérieur lézardé. Le phénomène Duvalier sortait du cadre général des dictatures militaires latino-américaines et se rapprochait plutôt du fascisme hitlérien de l'Allemagne Nazie. Alors, quand on parle d'Haïti à titre de pays pauvre, il faudrait aussi tenir compte de quel mode de gouvernance ce pays a connu au cours des siècles. Haïti a-t-elle été dirigée par des visionnaires ? Ses dirigeants furent-ils aptes à copier des modèles de développement d'autres pays et à exploiter les différentes ressources du pays ? Il faudrait prendre le temps de se poser tout un certain nombre de questions. Dans l'espace de 1960 à 1961, le Dictateur François Duvalier, pour camoufler son incapacité par rapport à son homologue de la République dominicaine, le dictateur Raphaël Léonidas Trujillo Molina, entreprit la construction d'une cité qu'il a nomma « Duvalier ville » à Cabaret, à trente-cinq kilomètres de la capitale (Port-au-Prince).

Au moment où il construisit cette cité, il n'y avait aucune nécessité économique concrète ni un développement industriel régional important. Cette cité fut donc conçue presque inutilement, elle reste et demeure une cité fantôme. D'ailleurs, ce sont les contribuables qui en payèrent les frais. Questionnons l'appellation de cette cité : quand quelqu'un utilise l'argent des contribuables pour bâtir un immeuble, pourquoi est-il obligé de faire en sorte que l'œuvre porte son nom ? L'institution qui est érigée n'appartient plus au Président, ni aux dirigeants qui détenaient la gouvernance du pays, mais au peuple duquel, les impôts ont été collectés. On comprend que si un Président a jeté les bases d'une infrastructure importante, après sa mort, cette œuvre peut porter son nom, tout dépend de la qualité de sa gestion, mais pas de son vivant, alors pour certains dictateurs, c'est le contraire. Par exemple, ce fut le cas de ces trois dinosaures, les dictateurs : François Duvalier (père et fils avec plus d'un quart de siècle de gouvernance) en Haïti et de Omar Bongo (presque un demi-siècle) de gouvernance au Gabon en Afrique.

3.1.13 Le massacre des Haïtiens en octobre 1937 en République Dominicaine.

Le massacre des Haïtiens en République dominicaine a résulté d'un ensemble de meurtres perpétrés en octobre 1937, après la décision de l'ex-dictateur dominicain Raphael Léonidas Trujillo Molina d'éliminer tous les Haïtiens qui travaillèrent dans les champs de canne à Saint-Domingue. Ce massacre fut baptisé de *Kouto-a* en créole, en français, « le couteau », en espagnol, « el cuchillo ». Il commença dans la rivière de Dajabón, appelée depuis, la rivière du massacre, où quarante-mil Haïtiens (hommes, femmes et enfants) perdirent leur vie dans cette barbarie Trujillienne. Comme tout citoyen du monde, l'Haïtien doit être libre de vivre où il veut dans le village planétaire sans aucune espèce d'emmerdement. De façon générale, nos réclamons la liberté de l'individu sous quelque forme que ce soit. Précisons aussi que dans la nuit du 2 octobre 1937, les Dominicains organisèrent un autre massacre à la machette et tuèrent quinze à trente-mil Haïtiens environ. Lors de cette tuerie, le dictateur Trujillo Molina dit ceci : « Depuis quelques mois, j'ai voyagé et traversé la frontière dans tous les sens du mot. Pour les Dominicains qui se plaignaient, des déprédations par les Haïtiens qui vivent parmi eux, les vols de bétail, de provisions et de fruits et qu'ils les empêchaient de jouir des profits de leur travail. Je vais corriger cela. Et, nous avons commencé à remédier à la situation. Trois cents Haïtiens sont morts à Banica et ce remède va poursuivre ».

En conséquence, du 2 au 8 octobre 1937, les Haïtiens furent tués avec des fusils, des machettes, des gourdins et des couteaux par les troupes dominicaines. Pour empêcher leur fuite vers Haïti, les Dominicains fermèrent le pont de Dajabón reliant les deux pays. Ce massacre appelé « El Corte : la coupe » par les Dominicains, a été bien planifié par le dictateur Trujillo Molina. Son but fut d'homogénéiser la population de Dajabón, en détruisant cet embryon de la République haïtienne. Les Haïtiens tués à cette époque naquirent en grande majorité sur la terre dominicaine, mais n'avaient jamais d'actes de naissance. Bizarre ! Ce massacre porta aussi le nom du « massacre de persil » ou en Espagnol, *operacíon perejil* ; car les Haïtiens durent prononcer correctement les brindilles de persil que leur présentèrent les soldats dominicains. Ils ne purent pas le faire en raison de la difficulté de prononcer convenablement la lettre R, et en conséquence, ils furent massacrés. Par la suite, les survivants haïtiens moururent de faim, de froid et de paludisme. Quel cœur d'acier ! Quelle cruauté ! Quelle méchanceté !

3.1.14 Les relations diplomatiques entre Kennedy et Duvalier.

Malgré la preuve tangible de la décision du Président Fritz Gérald Kennedy de garantir la « démocratie représentative », l'opinion libérale des États-Unis en Amérique latine ne se montra pas pleinement satisfaite. Les crimes que le Dictateur haïtien commit, commencèrent à être connus sur la scène internationale. Le 22 mai 1961, sa décision de proroger son mandat présidentiel jusqu'en 1967, alors qu'il dut s'achever le 15 mai 1963, déplut à Washington. L'Administration de John Fritz Gérald Kennedy, ne tarda pas à manifester un certain mécontentement dans ses relations diplomatiques avec l'ex-Dictateur François Duvalier, pour n'avoir pas respecté même le minimum des normes de la « démocratie représentative ».

À cette époque, les milieux *bétancouristes* firent aussi pression pour l'adoption des mesures contre le Dictateur François Duvalier. Comme cela fut toujours le cas en Haïti ; le ministre des Relations extérieures dont le nom n'a pas été révélé dans l'histoire se fit remarquer à Dean Rush, secrétaire d'État américain d'alors, le ministre présenta Haïti comme un pays pauvre qui avait désespérément besoin d'aide. Comment présenter son pays comme étant pauvre, tandis qu'en ce qui concerne les ressources naturelles, c'est faux ! Au lieu de faire une caricature de pauvreté pour Haïti, pourquoi les tenants de ce pays, ne disent-ils pas à leurs partenaires internationaux que ce pays a beaucoup de ressources à valoriser. Ils pourraient aussi demander de l'aide en vue d'aboutir à une indépendance socio-économique durable ? Malgré toute bassesse faite par ce ministre des Relations extérieures d'Haïti pour obtenir cette aide, Kennedy bouda Duvalier et gela tout éventuel support économique à Haïti. Car, en août 1962, Washington prit l'initiative de suspendre l'aide à Haïti et la presse internationale entreprit une violente campagne de déstabilisation contre Duvalier.

Cependant, en octobre de la même année, au cours de la crise politique des Caraïbes, Kennedy envoya au Dictateur François Duvalier une lettre très fraternelle sollicitant l'appui de l'armée haïtienne et des volontaires de la sécurité nationale « les fameux et zélés tontons macoutes » pour la sauvegarde du monde libre et de la défense de l'hémisphère occidental ». L'arrivée de ce premier contingent de vingt mille Haïtiens, constitua une véritable traite des Noirs dans cette seconde moitié du 20e siècle. L'émigration des travailleurs haïtiens n'exprime pas seulement le drame de la race la plus exploitée au cours de l'histoire humaine, mais pose aussi sur le terrain idéologique, la problématique de la nation opprimée : « L'exploitation d'un pays arriéré par un autre tout aussi sous-développé ».

D'après les conditions du contrat des rémunérations données aux manœuvres, le gouvernement haïtien recevait une surpaye de dix dollars par tête et de quarante-neuf dollars pour le contrat de chaque travailleur, soit un total de 1 380 000 $, qui n'allaient pas au budget officiel haïtien, mais dans les poches des hauts dignitaires chargés de la négociation. En ce qui a trait aux nouveaux négriers, les directeurs d'entreprises sucrières dominicaines et nord-américaines payèrent les salaires dérisoires aux travailleurs haïtiens. Cette traite des Noirs constitua une excellente affaire. Les oligarchies des deux républiques avaient de quoi se féliciter de la coopération fraternelle établie sous l'aile protectrice des États-Unis.

La France fut occupée par l'organisation et par le perfectionnement de son appareil néocolonial dans des pays africains libérés. L'intégration de ces pays au marché commun laissa peu de place à Haïti qui, sur le plan socio-économique et politique, n'intéressa ni la France ni les autres pays du marché commun. Ces pays, acheteurs habituels du café haïtien, eurent le plus grand intérêt à équilibrer leur balance commerciale avec Haïti. On enregistra donc une faible importance de produits européens manufacturés. Le pays qui accorda le plus d'attention aux appels angoissés d'Haïti fut la République fédérale d'Allemande. Certains secteurs de l'opposition de droite aux USA signalèrent alors la possibilité que Duvalier, désespéré, put recourir aux pays socialistes, ce qui ouvrirait les portes au « Communisme international ». Ils se souviennent du discours du dictateur François Duvalier à Jacmel en 1961, lorsqu'il mentionna l'alternative de « l'autre pôle ». Dans le cas où l'aide américaine ne serait pas aussi importante, Duvalier se garda alors de se tourner vers le monde socialiste. Il tendit désespérément la main vers le Japon, le Mexique, l'Israël et le Canada dans l'espoir d'obtenir de l'aide ou des investissements.

3.1.15 La campagne propagandiste pro François Duvalier.

À partir des années soixante, le surnom « Papa Doc » sortit du stade officieux pour devenir officiel lorsque Duvalier organisa son « Plébiscite ». Le 22 mai 1961, lors de la manifestation populaire préparée pour la circonstance, le ministre de la propagande dont le nom n'a pas été révélé distribua des milliers de petits chapeaux de paille portant la légende « Vive Papa Doc ». Au mois de juillet 1964, on publia « le Catéchisme de la révolution ». Ce catéchisme fut conçu par le doctrinaire bien connecté au régime de Duvalier, il s'agissait donc d'un certain Jean M. Fouchard. Dans cette propagande, on distribua d'élégantes brochures sur la couverture desquelles, apparaissait le nouveau drapeau noir et rouge imaginé par le Dictateur, le portrait du Président à vie et de son épouse, Simone Ovide Duvalier. Dans le premier chapitre de la brochure, on lit ceci :

- Duvalier est le plus grand patriote de tous les temps.
- L'émancipateur des masses.
- Le rénovateur de la Patrie haïtienne.
- Le champion de la dignité nationale.
- Le chef de la Révolution et le Président à vie d'Haïti.

La propagande se poursuivit en faisant savoir que Duvalier fut aussi « le digne héritier du sang et l'idéal Dessalinien, Président à vie pour continuer son œuvre pour le bien du peuple et le bonheur d'Haïti. Cette Patrie chérie qu'il veut offrir au peuple haïtien dans toute sa beauté, dans toute sa grandeur, forte et digne des ancêtres, respectée par ses enfants et à l'étranger… » Vous pouvez comprendre que de telles manigances politiques visèrent à voiler les yeux d'un peuple en lui faisant croire à des perspectives politiques qui n'existèrent même pas en réalité. François Duvalier n'eut pas un regard si téléologique pour qu'on lui octroie tous ces éloges. En effet, force fut de constater que le peuple haïtien a toujours reçu beaucoup de mensonges de ses dirigeants. Comment voudriez-vous faire comprendre à un peuple que vous travaillerez pour son grand bonheur, alors que vous l'avez laissé dans son plus grand malheur après plus d'un quart de siècle de gouvernance aveugle ? Ces menteries sont donc évidentes, car après plus d'un quart de siècle de gouvernance, les Duvalier ne laissèrent rien de grande envergure en Haïti.

3.1.16 La répression : arme aveugle de François Duvalier.

Il y eut également beaucoup de victimes par erreur sous le régime des Duvalier. Il arriva qu'un citoyen ayant porté le même nom, ou eut l'air d'une personne recherchée par la police, soit appréhendé, torturé, assassiné. Cette pratique illogique de « tuer d'abord » et « vérifier ensuite » donna lieu à de véritables génocides ou de crimes odieux dans le milieu haïtien. Quand les agents duvaliéristes arrivèrent au domicile de François Benoît pour l'arrêter, celui-ci était absent. Ils assassinèrent tous ceux qui s'y trouvèrent : membres de famille, amis et domestiques.

La maison fut ensuite incendiée. Mais le crime le plus monstrueux commis par Duvalier fut sans aucun doute celui perpétré contre la famille Sansaricq dans la ville de Jérémie. En août 1964, un groupe de treize jeunes gens en provenance des États-Unis débarqua dans la zone de Jérémie. Dès qu'il eut reçu la liste des « débarqués », Duvalier ordonna le massacre de leurs parents résidant pour la plupart dans cette ville. En une seule nuit quelque quatre-vingts personnes furent égorgées de sans-froid, entre autres, les familles Drouin et Villedrouin.

D'autre part, de l'Ambassade d'Haïti au Mexique, parvint le nom de Daniel Sansaricq, étudiant dans la capitale mexicaine, comme présumé membre de l'expédition. Sans enquêter sur la véracité de l'information. Pierre Sansaricq, un commerçant apolitique, fut enlevé de son domicile avec toute sa famille. Personne n'échappa au massacre, ni une vieille paralytique, ni un enfant de deux ans. Au total, treize personnes furent égorgées en pleine rue. Les macoutes pillèrent le domicile et les magasins de la famille Sansaricq.

Les représailles, les prises d'otages, viols de femmes, incarcérations sans procès, assassinats de sans-froid, massacres de familles entières, telles sont les armes de l'arsenal répressif duvaliériste qui fonctionnèrent avec une violence terrible. Et comme cet appareil n'employa pas les techniques policières modernes pour atteindre un activiste, il fit frapper diverses personnes suspectées ou dénoncées. Et, l'escalade de la terreur arriva à paralyser la grande masse de la population. Les forces répressives de Duvalier agirent de préférence la nuit. Plusieurs voitures, généralement bourrées de civils, s'arrêtèrent devant la maison de la victime. Le vacarme des portières qui se fermèrent s'unit au retentissement des portes enfoncées à coup de crosse par les bourreaux de Duvalier. La maison fut cernée par des agents armés. Les coups de feu en l'air semèrent l'angoisse parmi les habitants du quartier. Les chefs de brigade en opération furent généralement des individus du plus haut rang de la hiérarchie répressive : Clément Barbot qui fut l'organisateur du corps des tontons macoutes (TTM) ; Éloïs maître successeur de Barbot, devint le maître absolu des vies et des biens ; Luc Désir, chef de la Police secrète, et quelques-uns des officiers les plus criminels comme Tassy, Borges et Beauvoir. Celui qui est « descendu » fut dénoncé comme « Kamoquin », c'est-à-dire des opposants. Quelles furent les charges précises retenues contre lui ? Personne ne sait. Pas même les « justiciers » qui n'eurent besoin d'aucun mandat judiciaire. Ils entrèrent de force, maltraitèrent tous ceux qui se trouvèrent dans la maison, ils s'emparèrent de tout ce qui se trouva à portée de main : argent, bijoux et emmenèrent leurs victimes vers une « destination inconnue » au milieu des cris désespérés de l'épouse, de la mère, ou des sœurs. (Gérard Pierre Charles, Radiographie d'une dictature, pp.54 à 55).

L'un des virus qui rongèrent le plus Haïti fut le règne duvaliériste. François Duvalier, pendant que ses tontons macoutes terrorisèrent le peuple haïtien, relata dans son discours du 4 avril 1964, ceci : « J'aime la sauvagerie de mes tontons macoutes ». Duvalier prit tellement du plaisir dans les réactions de ses mercenaires, qu'il dégradait les officiers de carrière dans l'armée en facilitant l'ascension de jeunes sous-officiers ambitieux et inconditionnellement attachés à sa personne. On constata que les anciens soldats jouaient en même temps le rôle privilégié « d'exécuteurs directs des décisions de Duvalier », sans passer par une académie militaire, sans prestige social ; ils furent placés aux points stratégiques de la hiérarchie de l'armée et des tontons macoutes. Le colonel Jacques Garcia, chef de la garde présidentielle, les Colonel Breton Claude et Luc Pierre-Louis, chefs militaires des casernes de Dessalines étaient quasi analphabètes.

À ce stade, on n'eut pas de difficultés à comprendre la philosophie politique de Duvalier. Il utilisa diverses facettes de son astuce pour s'éterniser au pouvoir. Pendant qu'il rangeait des soumis et des sous-hommes à ses côtés, il faisait la chasse aux intellectuels hostiles à son gouvernement. Par exemple : le 12 novembre 1964, François Duvalier ordonna l'exécution sur la place publique de Louis Drouin et de Marcel Numa, parce que ces deux courageux hommes furent très hostiles à son gouvernement et ils affrontèrent ses actes barbares avec bravoure. Par contre, l'ex-Président Paul-Eugène Magloire comptait tout un capital humain dans ses rangs. Magloire faisait place aux intellectuels de son époque pour consolider son gouvernement. (Gérard P. Charles, Radiographie d'une dictature, pp.74 à 75).

C. L'ACCESSION DE FRANÇOIS DUVALIER AU POUVOIR.

Le phénomène Duvalier n'a pas d'équivalent dans toute l'Amérique latine contemporaine. Au cours de ses trente ans de gouvernance, Porfirio Diaz, l'ex-Président mexicain contribua à établir les bases du développement socio-économique durable du Mexique moderne. Au Vénézuéla, le Général Vicente Gomez, en livrant aux compagnies nord-américaines le pétrole vénézuélien, favorisa le développement d'une infrastructure économique qui contribua à la naissance du capitalisme dans le pays. Après trente-et-un ans de dictature en République dominicaine, Raphaël Léonidas Trujillo Molina put s'enorgueillir d'avoir donné à sa nation, une période de prospérité avec un développement industriel important, surtout dans le domaine de l'exploitation sucrière. La dictature de Fulgencio Batista à Cuba coïncida avec une époque d'activité économique, financière et touristique intense, laquelle permit quelques réalisations spectaculaires, comme le grand tunnel de La Havane que le gouvernement pouvait présenter comme un fruit concret de son administration.

Le gouvernement de Duvalier n'eut à son actif, aucune œuvre d'infrastructure, aucune réalisation importante, rien qui puisse alimenter sa démagogie. Les vernis d'un mal nécessaire. Duvalier consentit beaucoup à hypothéquer Haïti au capital nord-américain. D'ailleurs, selon l'économiste Gérard Pierre Charles, le bilan de ce gouvernement demeure tragiquement négatif. On pourra tout au plus porter à son crédit le pavage de l'Avenue Jean-Jacques Dessalines à Port-au-Prince, limité à sept kilomètres ; la construction de l'aéroport de la capitale qui d'ailleurs fut réalisée grâce à un don du gouvernement américain, du local moderne pour le bureau des contributions fiscales et d'un édifice des plus modernes pour le quartier général de la Police. La dictature ne peut donc se glorifier d'avoir fait davantage. (Gérard Pierre Charles, Radiographie d'une dictature, p.70).

3.1.17 L'Administration de F. Duvalier après la mort de John. F.G. Kennedy.

Les pressions exercées par les Américains sur l'Administration de Duvalier Père diminuèrent peu après la mort de l'ex-Président américain John Fritz Gérald Kennedy. Le département d'État commença à encourager le tourisme vers Haïti. Il autorisa un emprunt de 2.6 millions de dollars pour alimenter Port-au-Prince en eau potable et une aide financière pour construire une raffinerie de pétrole, ce qui ne put se faire étant donné la corruption du régime sanguinaire de Duvalier. Plusieurs missions envoyées en Haïti dressèrent d'innombrables rapports pour signaler la détérioration catastrophique et de l'incapacité de l'appareil administratif haïtien. Malgré la corruption et l'incapacité gouvernementales de Duvalier, le gouvernement américain donna une aide massive qui atteignit quatre millions de dollars pour les années 1968, 1969 et 1970 afin d'ériger la construction du complexe hydroélectrique (Péligre) dont le financement fut assuré par l'Eximbank, soit trente-cinq millions de dollars de 1952 à 1956 sous l'ex-Président Magloire. Cette faramineuse somme constitua donc un scandale financier sous le gouvernement du dictateur François Duvalier.

L'âge d'Or d'Haïti se situa aux alentours des années 1880 à 1890. Nous voulons faire référence aux moments les plus florissants du pays. L'exportation du café atteignit son plus haut degré (36.910 tonnes). Les prix sur les marchés du Havre et de Hambourg furent très élevés. Les commerçants étrangers dans les ports, la faible bourgeoisie nationale, les latifundistes possédant les grandes plantations de café, réussirent à réaliser des profits considérables. Malheureusement, ces ressources ne furent pas destinées à une accumulation du capital pour moderniser l'agriculture ou développer l'industrie en Haïti. La bourgeoisie et les latifundistes importèrent des articles européens de luxe, et des armes pour équiper l'armée. Les groupes qui se succédèrent au pouvoir s'empressèrent de piller les ressources publiques sans la moindre intention de penser à prioriser le développement socio-économique durable d'Haïti.

Les prêteurs français, éternels créanciers du trésor public haïtien, perçurent des intérêts fabuleux sur les consentis. Après un siècle d'évolution d'Haïti, ces structures socio-économiques capitalistes furent capables d'assurer le passage de la vieille société haïtienne à des formes modernes de production et d'organisation socio-économique. La tendance à la baisse de la production de café (plus de 90% des exportations) refléta l'étendue de la crise agraire et ses conséquences sur le plan sociopolitique. Tandis qu'en 1883 et 1893, les exportations du café atteignirent trente-sept mille tonnes par an, puis elles tombèrent à 29.870 tonnes. Le baromètre politique se montra extrêmement sensible à ces importants déséquilibres au début du 20e siècle.

3.1.18 La Dictature en Haïti à partir de 1957, avait-elle sa raison d'être ?

À la fin du mandat de l'ex-Président Paul-Eugène Magloire, Haïti fut encore la Perle des Antilles, certains diraient même le petit paradis de la Caraïbe. Au moyen des réalisations concrètes, l'ex-Président Paul-Eugène Magloire présenta le pays sous un tableau très positif tant aux yeux de ses compatriotes que sur le plan international. L'ex-Président Magloire fut un homme intègre, progressiste et nationaliste. Il n'eut d'autre priorité que d'instaurer des infrastructures durables au cours de son gouvernement. En ce qui a trait à l'Agriculture, la terre fut très cultivable et rentable, jusque dans les années quatre-vingt ; à notre très jeune âge, nous vîmes des gens couper des cannes en trois ou quatre bouts, avant d'expédier des chargements aux moulins en bois aux fins de les faire broyer en vue d'extraire du jus (vesou), transformé plus tard en sirop, après l'avoir fait bouillir pour extraire du sucre. Il faut préciser aussi que ce sirop se transforme en Clairin et en Rhum qui constitue aujourd'hui, des boissons typiques haïtiennes.

D'autre part, en référence à notre premier livre titré : « l'Origine du phénomène de l'insécurité publique en Haïti, à la page 58 », nous avons mentionné qu'il y avait eu des coupeurs de poches (voleurs à tire) qui évoluaient timidement dans les marchés publics, mais il n'y eut pas autant de voleurs de grand chemin, ni les gangs de rues qui s'affichent autant de nos jours. Tout le monde s'occupait paisiblement de ses affaires. Le peuple pouvait subvenir à ses besoins sans ambages, car la terre d'Haïti était très fertile et des provisions alimentaires traînaient partout. La vie était rose, les citadins s'occupaient surtout de l'éducation de leurs enfants. Il n'y avait pas eu de luttes politiques si acharnées comme on l'a constaté à travers les années post duvaliéristes.

Donc, pourquoi ces gouvernements (Père et Fils) furent-ils obligés d'être dictatoriaux ? Lorsque nous étions petits, notre mère nous confia ce qui suit : « Suite à la mort de Duvalier Père, trois mois après, on avait encore peur de parler de sa mort, du moins si on prenait le risque de le faire, c'était avec les portes fermées, ou on le chuchotait quasiment en dessous d'un lit, tellement que ce gouvernement totalitaire était féroce. Les macoutes espionnaient les gens dans tous coins et les recoins d'Haïti. Cette férocité aveugla tellement ces dictateurs (Père et Fils) qu'après vingt-neuf ans de pouvoir de 1957 à 1971, et 1971 à 1986, qu'ils ne laissèrent rien comme infrastructures importantes en Haïti, à l'exception d'un aéroport et quelques routes provinciales étroites, asphaltées ou goudronnées. Cherchez-vous de grands campus en Haïti ? Y cherchez-vous de grands lycées ? Y avez-vous besoin de grands centres hospitaliers ? Y cherchez-vous des voies ferrées et l'accès au métro ? Y cherchez-vous des routes sécuritaires reliant Port-au-Prince aux villes de province ? Y cherchez-vous de grandes industries ? Ne perdez pas votre temps et ne vous sombrez pas dans l'illusion, il n'y en a plus, après vingt-neuf ans de gestion d'un pays et de litanie politique des Duvalier ! Plus d'un quart de siècle est gaspillé et utilisé uniquement à empocher les ressources d'un pays, oppresser et à torturer un peuple naïf et pacifique.

Le Dictateur François Duvalier fut un produit de la société haïtienne dans la phase la plus aiguë de la crise des structures et du système politique traditionnel, d'une société marquée par la violence sur le plan historique en ce qui a trait aux conflits politiques et aux luttes des classes sociales. Pour bien comprendre la structure dictatoriale des

Duvalier, il faudrait embrasser sa multidimensionnelle gouvernance et de définir à quelle étape elle appartenait. Le professeur Leslie François Saint-Roch Manigat, l'un des plus brillants représentants de l'élite intellectuelle haïtienne, réformiste et technocrate, qui a fait l'autopsie de la doctrine politique des Duvalier, a avancé ceci :

« Le rôle de la papadocratie historique aura été sur le plan collectif, la dépolitisation des forces traditionnelles, la mise à nu des contradictions du système traditionnel portées à l'absurde par le régime, l'insertion des masses paysannes dans le mouvement politique sans éducation ni conscience politique véritable, un certain brassage social au sommet par la montée de quelques secteurs sociaux modestes aux cercles des privilégiés de la fortune et de la politique, l'hypothèque de l'avenir économique national au profit de l'étranger et l'évidence que Duvalier lui-même, à défaut d'avoir été un réparateur ou même un justicier, a été pour beaucoup révélateur des maux des structures d'Haïti dont la gravité est illustrée par l'exode de nos cerveaux et d'une partie alarmante de ses forces vives, laissant sans encadrement politique compétent, suffisant et sans stimulant efficace à un potentiel humain, pourtant riche en virtualités… ».

Par le biais de la dialectique historique, l'entreprise duvaliériste rendit plus aiguës des contradictions sociopolitiques au sein de la société haïtienne. Elle élargit le fossé entre la nation et les classes dominantes (noires et mulâtres), alliées à l'Impérialisme nord-américain, d'où la mystification de l'idéologie de couleur, l'incapacité du système servirent aussi à assurer la « stabilité sociopolitique » au moyen de la brutalité des forces de domination.

3.1.19 Pluie de monnaie sous l'ex-dictateur Jean-Claude Duvalier.

Dans notre tout jeune âge, nous assistâmes à une pluie de monnaie qui se déversa sur la tête de la population haïtienne lorsque Jean-Claude

Duvalier était en tournée fantaisiste dans la ville des Cayes. Tenez-vous bien, si un Président voulait donner de l'argent à son peuple, c'est très bien, mais il doit le faire avec respect et dignité. Comment voudriez-vous lancer de l'argent par terre à un peuple pendant que vous prétendez l'aimer. Quand vous lancez les pièces de monnaie au milieu d'un groupe de personnes, vous savez pertinemment bien que cela peut y provoquer des bousculades, bagarres, agressions physiques et même du meurtre. Alors, pourquoi adopter une telle stratégie politique puérile ? Comment voulez-vous vivre dans le dilettantisme avec les taxes d'un peuple et flâner en Rolls-Royce, en Cadillac, pendant que vous utilisez les centimes des taxes de ce peuple pour l'humilier, lui lancer des centimes par terre.

L'ex-chef suprême de la première magistrature de l'État de 1957 à 1971 en la personne du dictateur François Duvalier, dans un discours du 4 avril 1964, comme nous l'avons dit, prononça cette phrase « J'aime la sauvagerie des tontons macoutes ou miliciens » rappelons-le !. Par cette parole mesquine, on peut comprendre que non seulement Duvalier déifia ses tontons macoutes au détriment de toute une population, mais il favorisa également le chauvinisme ou "le mounpaïsme" en Haïti, à tel point que ses plus proches amis furent inconditionnellement placés au grade d'officiers. Par exemple, sans avoir passé à l'académie militaire, sans prestige et sans scrupule, les anciens soldats furent placés aux points stratégiques de la hiérarchie de l'armée et des tontons macoutes ou miliciens.

3.1.20 Comment fut l'atmosphère sociopolitique après la mort de François Duvalier ?

Après la mort du dictateur François Duvalier en avril 1971, son fils, Jean-Claude Duvalier, alias (Baby Doc), lui succéda. À cette époque, peu de gens croyaient en l'avenir d'Haïti, par son âge trop précoce (20 ans), voire son inexpérience politique. Jeune homme costaud d'alors, Jean-Claude Duvalier connut des moments le plus glorieux. Ayant été enfant, nous avons grimpé des goyaviers pour voir son cortège filer vers la ville des Cayes. Les radios locales expliquèrent où il se trouva à chaque instant. Il fit pleuvoir momentanément des poignées de centimes sur les têtes des curieux massés au bord de la route nationale. Ouf, ce fut époustouflant ! Voilà, entouré par les grands barrons duvaliéristes, il a appris l'essentiel dans la cuisine de ce pouvoir exécutif que son père lui a légué. Pendant quinze ans, il régna aussi en dictateur sur Haïti. Il fut forcé de quitter le pays le 7 février 1986, notamment par des mouvements populaires qui ont débuté principalement aux Gonaïves. Les Gonaïviens se sont mis en branle contre son régime, puis ce mouvement s'est propagé dans le pays tout entier.

Notons qu'après sa chute, un nouveau mot : *déchouquage*[3] s'est ajouté aux encyclopédies. Ce vocable prit naissance à la suite des moments d'émeutes que connut le pays où le peuple dévalisa presque toutes les infrastructures établies. La population pourchassait le Macoutisme et le Militarisme. Ce furent ces deux systèmes qui supportèrent le régime sanguinaire de Jean-Claude Duvalier. La mort sanglante de ces trois élèves : Jean-Robert Cius, Mackenson Michel et Daniel Israël au lycée des Gonaïves, va susciter une révolte générale contre l'ex-Dictateur. Après la chute de Baby-Doc, il fut déposé en France et laissa le peuple haïtien dans la vraie MERDE. Il va passer vingt-cinq ans en exil en contemplant les fonds publics qu'il a déposés dans les grands paradis fiscaux européens. En 2011, il est retourné en Haïti à la grande surprise de la population. De nombreuses plaintes ont été déposées contre lui pour arrestations illégales, tortures, empoisonnements, exils forcés de ses opposants, détournements de fonds publics et crimes contre l'humanité perpétrés sous de son régime. Entouré de ses proches, il a

---

[3]**Déchouquage** : *Dans le contexte haïtien, ce terme signifie, Évincement ou renversement, chute, chasse d'un Président du pouvoir. Cette opération peut résulter d'incendie, de destruction et causer d'importants dégâts matériels. Les Haïtiens l'appellent aussi : Rache manyoc. En francais : Déraciner le manioc, c'est-à-dire, éradiquer un régime totalitaire ou sanguinaire.*

passé trois ans dans le dilettantisme dans un quartier huppé de Port-au-Prince. Malgré ces différentes plaintes, aucune justice n'a été rendue. Il a participé aux différentes fêtes nationales et mangé librement aux restaurants en compagnie de ses amis et flatteurs. Il aurait été mort d'une crise cardiaque le 4 octobre 2014 à l'âge de 63 ans. Voilà donc un sombre chapitre de l'Histoire du pays.

3.1.21 De Duvalier (père) au Duvalier (fils) : Un débat très intéressant !

N'est-il pas temps de crever l'abcès ? Pourquoi est-ce que Duvalier (père) a dû se targuer au pouvoir au point de modifier la constitution du pays pour placer son fils, alors âgé de dix-neuf ans à la magistrature suprême de l'État ? N'y avait-il pas des gens plus matures que Jean-Claude ? À ce moment-là, on peut comprendre que Duvalier (père) manifesta la velléité de conserver un héritage de pouvoir quasi royal. Il n'aurait pas eu de problèmes dans la mesure où son fils Jean-Claude aurait eu la maturité et les compétences qu'il fallait pour briguer ce poste présidentiel. Mais un jeune sans expérience politique à la tête d'un pays, c'est abandonner un bateau rempli de gens, en pleine mer sans gouvernail. L'égocentrisme politique en Haïti a toujours servi de handicap dans la bonne marche de la nation. Jean-Claude vécut dans le dilettantisme derrière les volants de ses luxueuses voitures de course, il allait faire la noce en compagnie des officiers d'ordonnance, des jeunes gens de l'élite mulâtre ou de la crème des duvaliéristes. Même après sa désignation et son installation à la tête du gouvernement, cette belle vie se poursuivit. Le journaliste William Ryan d'une Agence de Presse, dans une note du 23 août 1971, « souligna que le Président junior à savoir Jean-Claude Duvalier, apparaissait souvent sur les plages en jouant allégrement dans l'eau avec de petites amies qui l'adorèrent ». Ses aventures galantes, sa passion pour les belles voitures de course et les motocyclettes, exprimèrent sa nonchalance dans l'avancement d'Haïti. Jean-Claude continua donc à se réunir avec les jeunes de son âge pour mener « la belle vie ».

Chapitre III   C. L'ACCESSION DE FRANÇOIS DUVALIER AU POUVOIR.

Si Duvalier père avait eu ces collaborateurs suivants : Siclait, Blanchet, Désinor, Biamby et Luckner Cambrone, comme ses ex-proches collaborateurs, à tel point qu'ils occupèrent depuis 1957, des postes de contrôle stratégiques dans son gouvernement, de la charge de secrétaire privé du Président à celle de chef de police secrète qu'ils détenaient à la mort du Dictateur, alors, pourquoi est-ce que ces hommes matures précités, n'auraient pas pu assurer la relève présidentielle ? Ce fut un jeune de dix-huit ans qui dut jouer cet important rôle de chef d'État. Alors, quand on traite Haïti de pays pauvre, il faudrait aussi savoir que le destin de ce pays a été « puérilisé » ou « timounisé » pour employer un beau néologisme créole. Les forces politiques qui soutinrent le statu quo, garantissaient aussi le système socio-économique en fonction de la coïncidence d'intérêts des forces de domination politique et économique, tant sur le plan interne qu'externe. La bourgeoisie (mulâtre et noire) et les entrepreneurs étrangers n'avaient aucun intérêt à destituer la dictature parce qu'ils avaient réalisé d'excellentes affaires sous le manteau du duvaliérisme. En d'autres termes, ce système leur représentait une vache à lait.

L'initiative du Dictateur François Duvalier de laisser le pouvoir à son jeune fils Jean-Claude parut aux entrepreneurs et à la bourgeoisie un acte génial. On dirait qu'ils se donnèrent des accolades, se frappèrent les fesses, se donnèrent de grosses poignées de main, s'aiguisèrent leurs dents à tel point qu'ils savaient qu'ils allaient continuer à bambocher dans un pays qui n'aura aucun contrôle. Jean-Claude Duvalier, ex-adolescent gaspilleur, demeura donc un amant de la '' belle vie '' des Night-Clubs élégants et de jolies filles de cette bourgeoisie. Donc, son manque de maturité politique et son affiliation avec la bourgeoisie négromulâtre l'aveuglèrent. Il fut donc incapable de mettre de l'ordre dans le pays et d'exploiter ses ressources aux fins du développement socio-économique durable.
En Haïti, il y a un dicton qui dit : « Wòch nan dlo, pa konn doulè wòch nan solèy ». Traduction libre : « Les pierres qui sont dans l'eau ignorent la douleur de celles qui sont exposées au soleil ». Imaginez un François Duvalier qui s'est réclamé médecin de campagne pour courtiser un peuple, une fois accédé au pouvoir, il instaura une dictature et s'en

foutait du développement du pays et de la misère de son peuple. Ils se sont contentés, père et fils, des félicitations et de la flatterie de la bourgeoisie opportuniste. Le millionnaire Michael Madsen, un Danois pur sang, dont la famille possède en Haïti, une des plus importantes usines de préparation de café, dans sa philosophie de Renard, s'adressa à l'ex-dictateur Jean-Claude Duvalier alors jouant le rôle du corbeau, en lui disant ceci : « Grâce à la paix instaurée par votre père, grâce à la continuité magistralement assumée par vous-même et avec une étroite collaboration entre le secteur public, nous avons tous la ferme conviction que nous pouvons faire quelque chose de grand et de beau. Conscients de nos responsabilités et de nos devoirs, nous allons coudes serrés, travailler à la plus grande gloire de votre excellence qui est aussi la gloire de notre Patrie, afin que l'Haïti de Duvalier, soit plus que jamais, la vraie Perle des Antilles. »

Quelle belle parole ! Voilà un discours flatteur dans lequel, Madsen fit l'éloge du Dictateur François Duvalier et de l'apprenti Dictateur, Jean-Claude. En passant, il tourna le pays en dérision en l'appropriant à un homme : « l'Haïti de Duvalier ! » C'est justement parce que c'est « l'Haïti de Duvalier » qu'il a bâillonné le peuple haïtien pendant vingt-neuf ans de dynastie. Il fut le seul à être à l'avant de la scène avec ses fidèles courtisans. Alors si c'était vrai, la complicité des Duvalier et de la bourgeoisie insouciante, pourrait faire d'Haïti la vraie perle des Antilles, pourquoi après plus d'un quart de siècle de gouvernance, le pays demeure-t-il dans la misère la plus abjecte ? Nous présumons que vous dites que nous jetons toute la responsabilité du sous-développement uniquement sur les Duvalier. Comprenez bien nos approches, si dans les années cinquante, sous l'administration de l'ex-Président Paul Eugène Magloire, Haïti était encore la Perle des Antilles, donc les Duvalier après vingt-neuf ans de gestion du pays, avaient largement de temps et de fortes possibilités pour développer 27 750 kilomètres carrés. On s'entend ! Maintenant, comment l'armée a-t-elle pris les rennes du pouvoir haïtien en 1986 ?

D. LE REBONDISSEMENT DE L'ARMÉE À LA TÊTE DE L'ÉTAT.

Chapitre IV

4.1 Haïti une fois de plus, aux mains des généraux de l'armée.

Après la chute de l'ex-dictateur Jean-Claude Duvalier le 7 février 1986, l'ex-Général Henry Namphy s'autoproclama Chef du palais national, en compagnie de ses fougueux soldats. Taille normale, 1 m 68 environ, mine sérieuse, il avait l'air d'un grand général. Bègue, ce fut lui prononça le discours triomphal après la tombée de l'ex-dictateur. Nous vîmes vers quatre heures du matin, l'ex-Général Namphy, accompagné d'un de ses plus zélés soldats du nom d'Hébreux sur la plateforme du palais national. Le général prononça un vibrant discours pour rassurer la population qu'il avait le bon contrôle de la situation et qu'il prenait les rênes du pouvoir. Puis, un Conseil National de gouvernement (CNG) se forma. Les affaires courantes de l'État furent gérées par cette junte civile et militaire. Rappelons que l'ex-Général Henry Namphy termina son discours en ces termes : « Vive la nation haïtienne, à tout jamais unie ». Jeune élève au secondaire, nous avons vécu dans ce pays ensanglanté où on a perdu le contrôle de tout. Nous avons vu Haïti comme un bateau au fond de la mer sans gouvernail, tandis qu'un peuple revanchard réglait ses comptes avec les tontons macoutes et les cercles de reins (le corps paramilitaire habillé en couleur verte). Ces plénipotentiaires d'alors, constituèrent la police secrète du régime de Jean-Claude Duvalier. Ils terrorisaient un peuple fatigué de vingt-neuf ans de totalitarisme exacerbé.

En 1987, une constitution fut adoptée, elle prévoyait un parlement élu, un premier ministre, un cabinet ministériel et une cour suprême. L'évolution politique de l'ère fit revenir deux grandes figures de la diaspora haïtienne : il s'agissait de l'éminent professeur Leslie François Saint-Roch Manigat et l'ex-fonctionnaire de la Banque Interaméricaine de développement (B.I.D), l'Économiste Marc Louis Bazin. Ils furent les deux principaux candidats à la course présidentielle de l'année 1987. Le 17 janvier 1988, Manigat fut élu au cours des élections présidentielles organisées par le Conseil National du Gouvernement (CNG). Il succéda officiellement à l'ex-dictateur Jean-Claude Duvalier. Le 7 février 1988, il accéda à la magistrature suprême de l'État. Maintenant, présentons l'ex-Président Leslie François Saint-Roch Manigat. Qui fut-il ?

4.1.1 Le profil de l'ex-Président Leslie François Saint-Roch Manigat.

Né le 16 août 1930, Manigat est le fils de François Saint-Surin Manigat, ancien professeur de mathématiques au secondaire et de Haydée Augustin, institutrice. Avec sa première épouse, Marie-Lucy Chancy, Manigat eut cinq filles : Monique, Viviane, Jessie, Roberte, et Sabine. Avec sa seconde femme, Myrlande Hyppolite Manigat, il n'eut que Béatrice. Chauve, cheveux gris, moustaches grises, abondant et éloquent, Manigat sut bien articuler ses « R », et la prononciation de son « U » sortait de l'ordinaire. Il est issu de l'élite progressiste du Nord d'Haïti. Il hérite la trace de ses ancêtres, car son père, le général François Saint-Surin Manigat fut, vers le début des années 1880, sous le gouvernement de Lysius Salomon, ministre de l'Intérieur, délégué de la Banque Nationale et ministre de l'Instruction publique. Manigat fit ses études classiques au Collège Saint-Louis-de-Gonzague avec brio. Puis, il entra à l'Université Paris-Sorbonne (France), où il décrocha un Doctorat en Philosophie. Dans les années cinquante, il dirigea les Affaires politiques au ministère des Affaires étrangères en Haïti.

En 1958, il fonda l'École des Hautes Études internationales, laquelle va devenir plus tard, l'Institut National de Gestion et des Hautes Études internationales (INAGHEI). Les relations que Manigat entretenait avec le régime François Duvalier vont se détériorer lorsqu'il fut accusé d'appuyer les grèves d'étudiants des années soixante. En conséquence, il passa deux mois en prison en 1963, puis il s'exila en France, aux États-Unis et au Vénézuéla. Ses solides connaissances en Histoire et son expertise en Relations internationales, lui permirent d'enseigner dans plusieurs universités étrangères, dont la John Hopkins University à Baltimore aux États-Unis ; l'Institut d'Études politiques à Paris, West Indies Universities à Trinidad, le Yale University et à l'Université de Caracas au Vénézuéla. Manigat fut aussi écrivain. Il est l'auteur de plus d'une vingtaine de livres.

Cependant, toutes ces expériences internationales n'éteignirent pas la flamme de militance en Manigat pour sauter en politique. C'est cette ardeur qui le poussa à fonder en 1979, son parti politique, nommé : Rassemblement des Démocrates Nationaux et Progressistes (RDNP). Après la chute de Jean-Claude Duvalier, il se lança dans la course électorale de novembre 1987. Les actes de violence et de tuerie perpétrés dans les bureaux de vote, notamment à la ruelle Vaillant, forcèrent le Conseil National de Gouvernement (CNG), à annuler les élections et à décider de dissoudre le Conseil Électoral Provisoire (CEP).

Manigat se retrouva donc dans la course électorale du 17 janvier 1987 et le 7 février 1988, il devint le 43ᵉ Président de la République d'Haïti ; grâce au soutien des Forces armées. L'on se souvient de son fameux Rassemblement nommé « Anba tonel en français : sous la tonnelle » qu'il organisait avec les intellectuels de l'époque. Il limogea et mit sous arrêt l'ex-Général Henry Namphy pour cause d'insubordination. Ce fut cet acte qui mit fin à sa présidence de quatre mois (134 jours) de gouvernance. Manigat fut donc renversé par l'ex-général Namphy dans la nuit du 19 au 20 juin 1988. Le pouvoir exécutif tomba une fois de plus, sous l'obédience du Général Namphy, et Manigat s'exila au Vénézuéla. Il revint en Haïti à la veille des élections de 1990. En 2006, il se relança dans la course présidentielle où il perdit les élections en face de l'ex-Président René Garcia Préval. Depuis, il vécut aux côtés de ses proches jusqu'à sa mort le 27 juin 2014 à l'âge vénérable de 84 ans.

4.1.2 Mathieu Prosper Avril, un autre Général dans les rennes du pouvoir.

Qui est Prosper Avril ? Il est né à Thomazeau le 12 décembre 1937. Grande taille, 1 m 70 environ, cheveux noirs, front chancré, pas de barbe, il fut tour à tour, général de l'armée et Président du conseil militaire de gouvernement. Prosper Avril fit la majeure partie de sa carrière militaire au palais national où il travailla dans l'approvisionnement, en équipements et en armements. Il fut aussi l'un des conseillers de l'ex-dictateur Jean-Claude Duvalier. Le 17 septembre 1988, Avril calcula un coup d'État contre l'ex-Général Henry Namphy, alors chef de la junte civil-militaire. Il dirigea Haïti de septembre 1988 à mars 1990. Dans la même année, l'ex-général Avril s'exila sous les fortes pressions de ses adversaires politiques. La diaspora haïtienne fit pression sur la communauté internationale afin de forcer l'ex-général Président Prosper Avril à quitter le pouvoir. On lui reprochait donc d'être un partisan rouge des Duvalier.

Rappelons que ce soulèvement préoccupait grandement les Nations Unies. Il s'en suivit donc l'expression « BOURRIQUE CHARGÉE » qui est un surnom attribué à l'ancien ambassadeur américain en Haïti, Alvins P. Adams, qui déclara lors de son investiture à Port-au-Prince : « Bourik chaje pa kanpe ». Ce dicton se traduit par : « L'âne chargé ne s'arrête pas ». Le Général Prosper Avril qui, pour certains, n'obéissait pas à la force des choses, ne pouvait pas conduire Haïti dans la voie de la démocratie et du progrès, abandonna le pouvoir. Il revint discrètement en Haïti en 1993 et fut arrêté en 2001 pour conspiration contre l'État. Il passa trois ans en prison et fut libéré après la deuxième destitution de l'ex-Président Jean-Bertrand Aristide du pouvoir, le 29 février 2004. Prosper Avril est écrivain. Il est reconnu du monde littéraire pour son livre titré : « Le livre noir de l'insécurité ». Maintenant, prenons connaissance du court passage de son successeur, l'ex-Général Hérard Abraham au pouvoir.

4.1.3 Courte gestion de l'État par l'ex-Général Hérard Abraham.

L'ex-lieutenant général de l'armée, Hérard Abraham, est arrivé au monde le 28 juillet 1940. Grande taille, 1 m 70 environ, cheveux gris, homme très intègre. Son grade de Lieutenant général va le placer très proche du dictateur Jean-Claude Duvalier, contre lequel en 1986, il soutint un coup d'État. De 1987 à 1988, il fut ministre des Affaires étrangères sous le gouvernement civil-militaire de l'ex-Général Henry Namphy. Du 10 au 13 mars 1990, il fut Président du Conseil National de gouvernement intérimaire d'Haïti. Notons qu'en 2004, il fut ministre de l'Intérieur sous le gouvernement intérimaire de Boniface Alexandre, puis ministre des Affaires étrangères jusqu'au 6 juin 2006. Abraham se démarqua au cours du XXe siècle dans la politique haïtienne comme l'unique chef militaire ayant quitté le pouvoir de son propre gré. On a beaucoup louangé son intégrité par rapport à ses contemporains. Le 7 janvier 1991, il fit échouer la tentative d'un coup d'État planifié par Docteur Roger Lafontant contre l'ex-Présidente provisoire d'alors, Ertha Pascal Trouillot, pendant lequel, on l'a arrêtée chez elle. Elle fut forcée d'entrer au palais en toute hâte pour remettre sa démission. Après avoir fait échouer le coup d'État de Roger Lafontant, Ertha Pascal-Trouillot fut ramenée au palais pour continuer son mandat présidentiel provisoire, jusqu'à l'investiture de l'ex-Président Jean-Bertrand Aristide le 7 février 1991. Rappelons que Monsieur Lafontant fut un médecin et ancien chef de peloton des tontons macoutes, donc un duvaliériste rouge. Lors de cette tentative, soixante-quinze personnes ont perdu la vie et plus de cent-cinquante autres furent blessées. En conséquence, Lafontant fut arrêté avec une quinzaine de ses hommes et complices. Il a perdu sa vie le 30 septembre 1991 lors du coup d'État que l'ex-Général Raoul Cédras a perpétré contre l'ex-Président Jean-Bertrand Aristide.

4.1.4 Voilà Ertha Pascal-Trouillot à la magistrature suprême de l'État.

Qui est Ertha Pascal Trouillot ? Elle est née à Pétion-ville le 13 août 1943. Fille de Thimoclès Pascal, un forgeron, et de Louise Dumornay. Très belle noire, visage rond, beaux cheveux, tempérament doux, grande taille, elle mesure 1 m 70 environ. Elle fit ses études secondaires au Lycée de Pétion-ville avant d'entrer à la Faculté de Droit des Gonaïves. En juillet 1971, elle est licenciée en Droit. En 1980, elle va être la première juge au tribunal civil de Port-au-Prince et première femme à être membre du Barreau de Port-au-Prince. Elle est l'auteure de plusieurs livres. À date, elle est la première et unique femme à accéder au pouvoir exécutif haïtien. Première juge à la Cour de cassation, elle était la seule à pouvoir diriger Haïti provisoirement, du 13 mars 1990 au 7 février 1991, dans une époque tumultueuse de coups d'État et de gouvernements civil-militaires, suite au renversement de l'ex-Général Prosper Avril par l'ex-Général Hérard Abraham. Ertha Trouillot organisa les élections générales du 16 décembre 1990 qui portèrent l'ex-Président Jean-Bertrand Aristide au pouvoir. À cet effet, l'ex-Général Hérard Abraham a donc droit à l'estime du peuple haïtien pour avoir fait montre comme un général très intègre et facilité la transition démocratique du 7 février 1991.

4.1.5 Les potentiels pilleurs d'Haïti, votre attention, s'il vous plaît !

A- Lorsque vous stockez de l'argent dans les grands paradis fiscaux à l'étranger, et votre peuple, crève de faim, rendez-nous fous ou sages, vous êtes de pilleurs notoires…
B- Lorsque vous émettez des chèques zombis à vos ami(e) s ou à vos proches, rendez-nous fous ou sages, vous êtes de potentiels pilleurs.
C- Lorsque vous avez déjà un chèque et que dans les coulisses, vous pratiquez de la malversation et de la corruption, rendez-nous fous ou

sages, vous êtes de sacrés pilleurs...

D- Lorsque vous avez deux ou trois emplois et que vos semblables, ont passé toute leur vie sans travailler, rendez-nous fous ou sages, vous êtes de célèbres pilleurs.

E- Lorsque vous mettez tous vos proches à vos côtés et que vous ignorez les autres personnes, rendez-nous fous ou sages, vous êtes de vrais pilleurs, vous pratiquez de l'égocentrisme.

F- Lorsque vous achetez de belles voitures avec l'argent des contribuables et vous les stationnez pour rouiller dans les garages des pays étrangers, pendant que vous vivez en Haïti et que la police haïtienne n'a même pas assez de véhicules pour patrouiller, servir la population, rendez-nous fous ou sages, vous êtes de maudits pilleurs.

4.1.6 Voilà le trésor public encore une fois aux mains des pilleurs.

À cette période de crise politique, Haïti fut donc envahie par une multitude d'individus inconscients qui s'appropria des trésors publics et de l'aide internationale. Malheureusement, l'expression de « développement socio-économique durable » ne fut pas inscrite dans leur agenda politique. Pour arrêter ce désordre, les Haïtiens exilés des États-Unis firent pression sur l'ex-Président américain, Georges H.W. Bush (père) pour imposer des sanctions économiques et militaires sur Haïti.

4.1.7 Pourquoi madame Ertha P. Trouillot a-t-elle joui de ce privilège ?

Madame Hertha Pascal-Trouillot jouissait de ce privilège pour avoir été la première juge de la Cour de cassation selon le vœu de l'article 149 de la constitution. L'accession de Madame Trouillot à la magistrature suprême de l'État fit la fierté unanime des femmes haïtiennes et des Caraïbes entre autres, pour avoir été comptée comme une première aux timons de l'histoire politique haïtienne. Malheureusement, la présence de

Madame Trouillot à la présidence provisoire d'Haïti, ne préjudiciait ni à la sûreté, ni à la liberté qu'espéraient les Haïtiens. L'insécurité politique, sociale et publique battait son plein. Les arrestations se multipliaient et se poursuivaient en permanence. C'était donc le chaos en Haïti.

Ainsi, la violence politique fit naître un mouvement à saveur terroriste, il s'agissait, comme nous en avons déjà fait état dans notre premier livre titré : « L'origine du phénomène de l'insécurité publique en Haïti, paru en 2008 », de l'apparition des Zinglindos qui étaient des ravisseurs nocturnes. Imaginez, un groupe de Zinglindos a annoncé leur visite chez les gens, et ils y sont passés effectivement, sans aucune crainte de se faire pincer. Ils traumatisaient régulièrement, violaient et pillaient la population. Rien n'allait plus, on ne savait où donner de la tête. On était donc aux abois avec ces malfrats. Madame Trouillot dut remettre bien vite sa démission, car, elle était loin de répondre aux attentes du peuple haïtien. Cette époque fut également un émoi et la déception la plus totale pour la diaspora haïtienne et le peuple haïtien en général.

4.1.8 L'accession de l'ex-Président Jean-Bertrand Aristide au pouvoir.

L'avènement de l'ex-Président Jean-Bertrand Aristide au pouvoir sous la bannière du Front national pour le Changement et la Démocratie (FNCD), avec l'emblème de coq qualité # 5, fut accueilli et en Haïti, et dans la diaspora avec beaucoup d'enthousiasme. Cependant, quelle est la signification de ce symbole « Coq qualité » qui caractérisait l'idéologie politique d'Aristide au début des années 1990 ? Lorsqu'il était adolescent, il gagna le titre de « Chef de Patrouille » dans un mouvement de scout à Port-au-Prince. Ce mouvement portait le nom de « Coq ». Et voilà, alors âgé de trente-sept ans, Jean- Bertrand Aristide choisit un « Coq » comme l'emblème de sa campagne électorale. Le dimanche 16 décembre 1990, il fut élu Président de la République d'Haïti en récoltant 67,48% des voix. Ce fut la fête en Haïti et au milieu des Haïtiens d'outremer (Diapora). Les gens organisèrent des combites pour nettoyer leurs quartiers en prévision à l'investiture d'Aristide. Il fut investi dans ses fonctions le 7 février 1991.

Précisons qu'Aristide fut élu Président d'Haïti en *chouchou* du peuple, par ses discours charismatiques, ses propos charmeurs, tels : *mariage et lune de miel avec son peuple*, ses diverses positions positives en faveur de la masse populaire et pour ses différentes œuvres faites dans la société haïtienne. Notamment, *l'implantation de l'organisation politique* « Fanmi se lavi » en français, *la famille c'est la vie*, « Radyo timoun » « La Radio des enfants ». Et, surtout pour avoir prôné contre le Duvaliérisme, le militarisme, le macoutisme et le cercle de reinisme. C'était le premier chef d'État élu démocratiquement en cent-quatre-vingt-six ans d'indépendance d'Haïti.

Avant tout, d'où vient Aristide ? Qui est-il ? Qui était ce jeune prêtre intrépide qui donnait autant de problèmes aux duvaliéristes et aux macoutes ? Il est né le 15 juillet 1953 à Port-Salut, une ville côtière du Sud d'Haïti. Jean-Bertrand Aristide est issu d'une famille d'agriculteurs. Il mesure 1 m 68 environ. Chauve, incisives légèrement écartées, cheveux un peu gris, bon communicateur et très charismatique. Il a épousé l'avocate de profession, Mildred Trouillot, une citoyenne américaine née des parents d'origine haïtienne. Le couple Aristide a deux filles : Michaëlle et Christine Aristide. Jean-Bertrand Aristide fit ses études primaires chez les Frères salésiens à Port-au-Prince et secondaires au Collège Notre-Dame du Cap-Haïtien, puis en 1974, il fut admis au Noviciat salésien de la Vega en République Dominicaine pour faire ses études sacerdotales.

Vers 1975, il retourna en Haïti où il suivit un cours de philosophie au grand Séminaire Notre-Dame à petite place Cazeau, Port-au-Prince. En 1979, il obtint son diplôme de licence en psychologie à la Faculté d'Ethnologie de l'Université d'État d'Haïti. En automne 1979, on le retrouva en Israël, où il poursuivit des études théologiques. Amoureux des langues, il en parle plusieurs, il adore passer d'une langue à une autre, c'est sûrement pour cela qu'il profita de son séjour en Israël pour apprendre quelques rudiments de la langue hébraïque. Il fit aussi des études en Théologie biblique au Canada. En 1982, à l'âge de vingt-neuf ans, il fut ordonné prêtre. Malgré les risques encourus, Aristide n'a jamais mâché ses mots contre les dérives du pouvoir totalitaire de Jean-Claude Duvalier, et la méchanceté outrancière des militaires et des tontons macoutes.

En octobre 1985, on le retrouva à titre de responsable des études à l'École Nationale des Arts et Métiers (ENAM) de Port-au-Prince. Il est aussi écrivain ; il a publié une quinzaine de livres. Il devint un redoutable adversaire du régime Duvalier en basant sa stratégie politique sur la Théologie de libération. Dans sa philosophie politique, il réclama haut et fort, la justice sociale en faveur de la classe défavorisée. On le vit comme chef de file d'un mouvement de communautés ecclésiales appelé : *Ti Kominoté Legliz* (TKL). Le 11 septembre 1988, il échappa de justesse à une tentative d'assassinat perpétrée à l'Église de Saint-Jean Bosco qu'il dirigea au cœur de Port-au-Prince (la saline). Résultat : l'incendie de cette église, treize morts et quatre-vingt blessés environ. Notons que son organisation caritative « Fanmi se lavi » avait pour mission d'accueillir les enfants de rues et de les encadrer. En 1990, Jean-Bertrand Aristide fut choisi comme candidat potentiel pour participer aux élections présidentielles par le Front national pour le Changement et la Démocratie (FNCD), en lieu et place du leader du KONAKOM d'alors, Victor Benoît. Rappelons que le FNCD fut représenté par une quinzaine d'organisations centre-gauche très actives sur la scène politique haïtienne, vers les années quatre-vingt-dix. La teneur du discours d'Aristide fut de soutenir l'industrie et l'agriculture, garantir l'autosuffisance alimentaire par la réforme agraire, lutter contre la contrebande, réorganiser l'administration publique et augmenter le salaire minimum.

Comme nous l'avons mentionné, le 16 décembre 1990, il remporta les élections présidentielles avec 67,48 % des voix, contre son adversaire centre-droit, l'Économiste et haut fonctionnaire de la Banque mondiale, Marc Louis Bazin. Monsieur Aristide fut investi dans ses fonctions le 7 février 1991. Vers mai 1991, Aristide a scandé ce slogan : « Que la paix du dollar soit avec vous ! » en s'adressant à un peuple en délire. Il fut renversé le 30 septembre 1991, soit après sept mois vingt-trois jours de gouvernance, par un coup d'État militaire planifié par l'ex-Général de l'Armée, Raoul Cédras. Au cours de cet événement, l'ex-capitaine Fritz Pierre-Louis, un ex-proche d'Aristide, est tué de sans-froid. Lors du Putsch, l'ex-général Cédras, annonça ceci à Aristide : « Le Président désormais, c'est moi ! » Puis, des compagnons d'Aristide furent torturés et tabassés par des soldats zélés. Aristide passa trois ans en exil aux États-Unis et entreprit beaucoup de démarches pour retourner au pouvoir.

En conséquence, les États-Unis décrétèrent un embargo commercial contre Haïti en juin 1993. Cet embargo occasionna des conditions de vie encore plus précaires en Haïti. Jean- Bertrand Aristide fut reçu à la Maison blanche par l'ex-Président américain, Thomas Jefferson Bill Clinton le 4 octobre 1991, après avoir séjourné tantôt en République dominicaine, tantôt à Caracas (Venezuela) où il y fut accueilli par l'ancien Président vénézuélien, Carlos Andres Perez. Cette chaise vide présidentielle suscita le déferlement de toute une vague d'immigrants vers les États-Unis à la recherche d'un lendemain meilleur. Le garde-côte américain renvoya près de cinq cent-trente-huit réfugiés de la mer vers Haïti le 15 novembre 1991, peu de temps après le putsch de l'ex-général Raoul Cédras contre l'ex-Président Jean-Bertrand Aristide.

4.1.9 Raoul Cédras, dans le grand fauteuil en cuir du palais national.

Joseph Raoul Cédras est né le 9 juillet 1949 à Jérémie dans le département de la grande Anse. L'homme au teint très clair, cheveux bouclés, visage allongé, grande taille, il mesure 1 m 70 environ. Il fut le chef de la junte militaire qui renversa l'ex-Président Jean-Bertrand Aristide du pouvoir le 30 septembre 1991. Ce lieutenant général de l'ex-armée d'Haïti qui fut d'ailleurs nommé par Aristide, dirigea Haïti du 1er au 8 octobre 1991 avant que le pouvoir fût confié au plus ancien juge de la Cour de cassation, Joseph Nérette à titre de Président provisoire.

4.1.10 L'arrivée de l'ex-juge à la Cour de cassation, Joseph Nérette au pouvoir.

Qui fut ce vieux rat juridique ? Joseph Nerette est né en 1924. Il fut très clair, tempe grise, regard figé, cheveux bouclés, il mesura 1 m 70 environ. Il fut juriste et homme politique. Il occupa le poste de Président de la République à titre provisoire de 1991 à 1992. Juge à la Cour de cassation vers le début des années quarante vingt-dix, il devint chef d'État le 8 octobre 1991 à la suite du sanglant putsch dirigé par l'ex-général Raoul Cédras le 30 septembre de la même année, ayant contraint l'ex-Président Jean-Bertrand Aristide à l'exil. Cet homme qui nomma Jean-Jacques Honorat, premier ministre, fut considéré comme un Président fantoche et manipulé par les principaux chefs putschistes de l'époque. Le 19 juin 1992, il quitta le pouvoir et mourut le 29 avril 2007 après avoir lutté contre un cancer. Après Jean-Jacques Honorat, Marc Louis Bazin fut nommé ministre de salut public et Président provisoire par l'ex-Président provisoire, Joseph Nérette. Mais qui fut Bazin ? Il est né le 6 mars 1932 à Saint-Marc. Il fut ministre sous le régime de l'ex-dictateur Jean-Claude Duvalier, haut fonctionnaire de l'ONU, chef de parti politique (MIDH). Il fut aussi Président de la République à titre provisoire de 1992 à 1993 et il quitta le pouvoir le 15 juin 1993. Notons que Bazin a aussi écrit six œuvres littéraires.

En 2001, il fut ministre du plan dans le deuxième gouvernement de l'ex-Président Jean-Bertrand Aristide. En 2006, Bazin se lança dans la course présidentielle, il obtint 0,68 % des voix en face de l'ex-Président René Garcia Préval. Et, Bazin est mort le 16 juin 2010. Du 15 juin 1993 au 12 mai 1994, il y eut des vacances présidentielles, malgré que l'ex-Président Jean-Bertrand Aristide fût en exil, il fut considéré Président. Entre-temps, les militaires rôdèrent autour du pouvoir. Le 12 mai 1994, Émile Jonassaint, un autre vieux routier juridique continua cette litanie de gouvernements provisoires et l'avenir d'Haïti sembla très sombre. Qui fut Jonassaint ? Il vint au monde le 20 mai 1913 à Port-de-Paix, Nord-Ouest d'Haïti. Il fut juge et homme politique au même titre que son prédécesseur, Joseph Nérette. Jonassaint détint le pouvoir pendant cinq mois, donc, du 12 mai 1994 au 15 octobre 1994. Pendant son gouvernement provisoire, le gouvernement américain négocia intensément avec les dirigeants militaires haïtiens pour qu'ils abandonnent le pouvoir en vue de faciliter la réhabilitation de l'ex-Président Jean-Bertrand Aristide, au regard de la résolution 917 du Conseil de sécurité des Nations Unies. Cette intenable crise politique, suscita les allées et venues d'une centaine d'observateurs de l'Organisation des Nations Unies (ONU) dans la frontière haitiano-dominicaine, puis en Haïti, en vue de cesser la contrebande de pétrole dans laquelle, baignaient les dirigeants militaires haïtiens.

Rappelons qu'à cette époque, la communauté internationale décréta un embargo commercial sur Haïti en vue de forcer la junte militaire qui détenait le statu quo à quitter le pouvoir, aux fins de faciliter le retour d'Aristide à la magistrature suprême de l'État. Beaucoup de tentatives furent faites pour trouver une issue à la crise sociopolitique et économique. On se souvient de la fameuse rencontre de l'ex-Général de l'armée, Raoul Cédras et l'ex-Président Jean-Bertrand Aristide à Governer's Island aux États-Unis, sous l'observation des gros potentats de l'ONU. Dans cette crise sociopolitique, Aristide et Cédras négocièrent et y signèrent en juillet 1993 un accord de principe pour pallier cette crise. Pendant ce temps, l'embargo resta en vigueur sur Haïti. Il fit grimper les prix de tous les produits de première nécessité, d'où l'installation d'une inflation chronique dans la première République noire indépendante de la planète (Haïti). Les gens arrivaient jusqu'à regagner certaines de leurs villes natales à pied, en raison de la rareté ou du prix trop élevé du carburant.
Le 22 avril 1994, il y eut un massacre aux Gonaïves dans le quartier de Raboteau où nombre de partisans d'Aristide furent battus ou tués par les forces paramilitaires. Le général fut accusé par des groupes de défense des droits de l'homme, d'être l'auteur de ce massacre. L'ex-général Cédras fut forcé de quitter le pays sous la menace d'une intervention militaire américaine. Cette entente prévoyait une transition politique et le retour de Jean-Bertrand Aristide en octobre 1994. Les crises sociopolitiques auxquelles, les États-Unis faisaient face en Somalie, et la guerre qui s'éclata en Bosnie Herzégovine, retardèrent ce processus de restitution

à l'ordre constitutionnel. Les Nations Unies dépêchèrent enfin, deux-cents militaires américains et canadiens en Haïti, lesquels firent face à une foule de manifestants en colère contre le débarquement de ces militaires dans la rade de Port-au-Prince. Dans cette Haïti déjà sous une haute tension par l'assassinat de l'ex-ministre de la Justice François Guy Malary, un ex-proche du gouvernement d'Aristide, le 14 octobre 1993 dans un guet-apens, l'ONU décréta par la résolution 875 du 16 octobre 1993, le blocus naval d'Haïti. Dans la foulée d'une Haïti sans Président et le refoulement quotidien des réfugiés de la mer, l'administration Clinton étudiait et négociait avec la communauté internationale, la possibilité d'une action militaire plus importante en Haïti.

Le 31 juillet 1994, elle décida l'envoi d'une force multinationale en Haïti sous la bannière de la résolution 940 du conseil de sécurité de l'ONU. Le 16 septembre de la même année, l'ex-Président américain Jimmy Carter, l'ancien secrétaire d'État des États-Unis, Collin Powell et le Juriste et homme politique américain, Samuel Nunn, furent dépêchés en Haïti dans le but de proposer aux membres de la junte militaire menée par Raoul Cédras de quitter le pays. Le 13 octobre 1994, le général Raoul Cédras partit pour Panama City, la capitale de Panama.

Rappelons que ce fut dans cette tension politique que l'ex-juge à la Cour de cassation, Émile Jonassaint, se vit confier les rênes du pouvoir selon les prescrits de la constitution.

Dépassé par ces événements politiques, Monsieur Jonassaint déclara l'État de siège. Il dit : « Le monde a déclaré la guerre aux pauvres d'Haïti, qui n'a nui à personne », on s'en souvient. Rappelons que l'ex-Président provisoire Émile Jonassaint décéda le 24 octobre 1995 à l'âge de quatre-vingt-deux ans. Précisons que le mois d'août 1994 fut très mouvementé par l'armée et ses alliés paramilitaires, notamment : « Le Front pour l'Avancement et le Progrès d'Haïti (FRAPH) ». Ces deux forces boudèrent les partisans d'Aristide et luttèrent contre une autre invasion militaire américaine. Les Haïtiens se souviennent sûrement lorsque des militaires mal avisés, promirent de tirer sur l'embargo s'il venait en Haïti ! (blagues et rires). Haïti connut donc un grand tournant sociopolitique et économique jusqu'à la tombée du pouvoir civil-militaire de l'ex-Général Raoul Cédras. Cet effondrement militaire va tracer la route au retour de l'ex-Président Jean-Bertrand Aristide au pouvoir le 15 octobre 1994.

4.1.11 L'Empire du riz aux choux.

Précisons que vers le milieu de l'année 1993, le Front pour l'Avancement et le Progrès d'Haïti (FRAPH) qui fut alors un groupe paramilitaire opposé au gouvernement d'Aristide, ouvrit un recrutement pour avoir plus de bras dans ses rangs afin de lutter contre le retour d'Aristide et une autre invasion militaire américaine. Nous vîmes des milliers de jeunes hommes se diriger vers le champ de mars pour parader en soutien aux putschistes en place. Ces enrôlés, n'ayant pas eu d'espoir d'avenir, furent obligés de resserrer les rangs des adeptes du FRAPH avant de partager des chaudrons de riz à choux. Voilà donc l'origine du terme que nous baptisons de « L'EMPIRE DU RIZ AUX CHOUX ». Haïti se retrouva donc dans une situation sociopolitique très difficile, voire même intenable. La junte militaire triomphante se réjouissait après avoir saboté, selon la majorité nationale, un bel espoir de démocratie que prônait Aristide. L'embargo que les États-Unis décrétèrent sur Haïti dura trois ans (1991 à 1994). Lors de cette période cruciale, le peuple ne savait où donner de la tête. Cet embargo mordant occasionna la flambée des prix des denrées de première nécessité. C'était l'inflation totale dans un pays qui a toujours été fragilisé par les railleries politiques. Certains ont enduré ces moments épineux avant le retour à l'ordre constitutionnel. D'autres gagnèrent le maquis en se jetant à bord de petits voiliers clandestins à la recherche d'un lendemain meilleur. Une bonne partie de la population se dirigea vers les villes de province dans des voyages périlleux. Certains quittèrent Port-au-Prince à pied pour se rendre à la campagne. On ressentit le malaise d'un pays qui n'allait nulle part en ce qui concerne la survie sociopolitique et économique.

Le Président déchu lançait alors des messages d'espoir en faisant des promesses de retour dans ses fonctions. Aristide, connu pour son charisme, avait même promis au peuple, qu'il allait venir boire avec lui, la fameuse soupe de giraumon traditionnelle dès le 1er janvier qui suivait son renversement, c'est-à-dire le premier jour de l'an 1992. Entre temps, les Nations Unies déléguèrent beaucoup d'émissaires en Haïti en vue de négocier avec le Général Raoul Cédras pour un éventuel retour d'Aristide au pouvoir. On se souvient des multiples allées et venues des émissaires de l'ONU en Haïti pour trouver une issue à la crise sociopolitique. Parmi les délégués, on peut citer : Gorge Ramirez Ocampo, Dante Caputo, Baina Suarez et Boutros Boutros Ghali. Rappelons que la rencontre entre l'ex-Président Jean-Bertrand Aristide et l'ex-général Raoul Cédras au Governer's Island aux États-Unis, fut de faciliter un compromis entre les deux hommes. Cet embargo sans précédent fit crever les Haïtiens : manger leur était alors du luxe. Effectivement, comme nous l'avons mentionné, le 15 octobre 1994, Aristide retourna dans ses fonctions sous les auspices de l'Organisation de Nations Unies et l'Organisation des États américains (l'ONU et l'OEA).

4.1.12 L'achèvement du premier mandat de l'ex-Président Jean-Bertrand Aristide.

Le retour tant souhaité par la diaspora et la majorité nationale occupa la mémoire collective haïtienne. Aristide fut conduit au pays par un contingent militaire de 20.000 hommes de la force onusienne et fut restitué au pouvoir sous l'Administration de l'ex-Président américain, Thomas Jefferson Bill Clinton. Sans doute, les Haïtiens se souviennent de la fameuse expression : « Kote nou » ? En français « Où êtes-vous » ? Exclamée par l'ex-Président Jean-Bertrand Aristide au seuil du portique de l'avion militaire américain et la réponse était : « Men nou » ! En français « Nous voilà » ! Répondit un peuple plein d'espoir et soulagé, massé à l'entrée principale de l'Aéroport international Toussaint Louverture à Port-au-Prince.

Il va passer dix-huit mois au pouvoir. Sa restitution se caractérisa par deux grands faits marquants, il s'agit de la destitution de l'armée et la création d'une nouvelle force de police. Au début de l'année 1997, Jean-Bertrand Aristide fit enregistrer un nouveau parti politique nommé *Fanmi Lavalas*, lequel est différent de l'Organisation politique du peuple en lutte (OPL). La devise de Lavalas fut : « Justice, transparence, participation ». Les candidats pros-Lavalas se présentèrent aux élections du 6 avril 1997 sous la bannière dudit parti. À la fin de l'année 1995, on entendit dans les discours d'Aristide le fameux slogan : « Randevou 2001, mwen menm avèk préval se degouden ak senkante kob ». En français, cette expression veut tout simplement dire : « Je vous donne rendez-vous en 2001, Préval et moi sommes deux vrais jumeaux politiques ». Effectivement, le 7 février 1996, Aristide passa l'écharpe présidentielle à son successeur, l'Agronome de formation, René Garcia Préval, premier ministre d'alors. Vous comprendrez que ce mot de passe politique : « degouden ak senkante kob » va accrocher les lavalassiens encore plus à Préval. Préval prit le pouvoir dans un climat sociopolitique apparemment serein et il dirigea d'une manière très douce. Entre-temps, Aristide respire dans son fief à Tabarre, Port-au-Prince.

4.1.13 La montée de l'ex-premier ministre, René Garcia Préval au pouvoir.

Qui est Préval ? Il est né le 17 janvier 1943 à Port-au-Prince, il est le fils de l'ex-agronome Claude Préval. Il mesure 1 m 67 environ, incisives écartées, tête chauve, cheveux gris et très barbu, il a épousé tour à tour Guerda Benoît Préval, Elizabeth Délatour Préval. Notons que son père, Claude Préval, fut sous-secrétaire d'État sous l'Administration de l'ex-Président Paul-Eugène Magloire, il travailla aussi pour des agences onusiennes en Afrique. René Préval passa cinq ans aux États-Unis, à Brooklyn et à New York. Il retourna en Haïti où il trouva un emploi à l'Institut National des Ressources minérales.

Il a étudié la Gestion et l'Agronomie en Belgique ; puis, on le retrouva à l'Université Catholique de Louvain, Gembloux où il a décroché son diplôme à la Faculté des Sciences agronomiques en Belgique. Quelques années plus tard, il ouvrit une boulangerie à Port-au-Prince avec ses collaborateurs. La gestion de son entreprise ne l'empêcha pas de militer en politique et de participer à des oeuvres humanitaires par le canal de Jean-Bertrand Aristide. Par exemple, il fournit du pain à l'orphelinat de l'ex-père salésien, Jean-Bertrand Aristide, avec qui il tissa de très bonnes relations amicales. Eh oui ! L'établissement d'une longue période d'années de confiance entre les deux hommes, fit automatiquement de René Préval, le premier ministre de l'ex-Président de Jean-Bertrand Aristide en 1991. Préval fut élu Président de la République d'Haïti le 7 février 1996, après l'achèvement du mandat d'Aristide à la fin janvier 1995. Et, le 7 février 2001, Aristide lui succéda.

4.1.14 Voilà Jean-Bertrand Aristide une fois de plus, dans la mêlée politique.

En décembre 2000, l'ex-Président Jean-Bertrand Aristide fut réélu Président de la République avec 93 % des voix.
Cependant, les troubles politiques qui survinrent après les élections présidentielles de l'année 2000 exigèrent qu'on nomme Maître Gérard Gourgue, Président symbolique de la République d'Haïti, pour tenter de calmer la fureur politique. Qui est ce vieux routier juridique ? Teint clair, cheveux bouclés, visage allongé, il mesure 1m71 environ. Il est né le 1er décembre en 1925 à Port-au-Prince. Il est tour à tour, homme politique, avocat, militant des Droits de l'homme. Il fut ministre, ambassadeur, enseignant et ancien candidat à la présidence. Où a-t-il été formé ? Il fit ses études secondaires au lycée Alexandre Pétion. Puis, il poursuivit ses études universitaires en Haïti et en France. Il fut camarade de promotion du célèbre écrivain haïtien, René Depestre. Avocat de carrière, il enseigna le Droit constitutionnel à la faculté de Droit de Port-au-Prince. Il enseigna également à la faculté d'Ethnologie d'Haïti. Dans les années cinquante, il fit une courte expérience militaire, dans laquelle, il fut élevé au grade de lieutenant. En 1978, il créa la ligue haïtienne des Droits humains en vue de lutter contre le régime sanguinaire du tyran Jean-Claude Duvalier. En passant, rappelons que Fort-Dimanche est le lieu qui est ancré dans l'imaginaire collectif haïtien pour des tortures qui y furent exercées par les sbires des Duvalier. Le 7 février 1986, Maître

Gérard Gourgue forma partie du Conseil National du Gouvernement (CNG) de l'ex Général de l'armée, Henri Namphy, après la tombée des Duvalier. Dans cette période tumultueuse de la vie nationale, Maître Gourgue fut nommé ministre de la justice. Il exerça cette fonction pendant un mois. En 1987, Gérard Gourgue briqua la Présidentielle de la République sous la bannière du Front national de Concertation (FNC). Il faillit remporter les élections, n'eut été le massacre du 29 novembre de la même année, lequel planifié par la junte militaire d'Henri Namphy et des tontons macoutes. En février 2001, Gérard Gourgue fut nommé Président symbolique d'Haïti. Ce fut donc lui qui passa l'écharpe présidentielle à l'ancien Président Jean-Bertrand Aristide pour accomplir son deuxième mandat, rappelons-le !

En 2004, Gérard Gourgue fut tour à tour, nommé ambassadeur d'Haïti à l'UNESCO et représentant personnel du Président provisoire Boniface Alexandre, auprès de l'organisation internationale de la Francophone (OIF) à Paris. Enfin, Maître Gourgue épousa Rose Paula Castor, sœur ainée de l'historienne, Suzy Castor. L'ex-Président Jean-Bertrand Aristide fut investi dans ses fonctions, le 7 février 2001, dans un tendre climat sociopolitique et un grand enthousiasme populaire. L'année 2003 marqua un grand mouvement fâchiste aux Gonaïves contre son pouvoir, à la suite de l'assassinat d'Amiot Métayer, un activiste politique. Cette rébellion va se propager et devenir une opposition armée dirigée par Buteur Métayer, le frère d'Amyot. Cette mouvance sectorielle donna naissance à un Front pour la Libération et la Reconstruction nationale, dirigé principalement par les militaires mécontents du pouvoir Lavalas. Le gouvernement fut secoué par différents mouvements entrepris par le regroupement des anciens militaires, les manifestations d'étudiants, les différentes approches critiques de l'opposition et de la forte pression de la communauté internationale.

Par ailleurs, le pouvoir Lavalas fut aussi ébranlé par ce que nous appelons : Affaire Paquiot, où le Recteur d'alors fut victime à l'Université d'État d'Haïti lors des échauffourées entre étudiants et les forces de l'ordre. Lors de ce malheureux incident, il aurait eu un pied cassé. La prise d'otage de certains postes de police par les anciens militaires contribua aussi à brouiller les cartes du gouvernement d'Aristide. Sous les fortes pressions de la communauté internationale, la rébellion et quelques manifestations populaires, Aristide quitta le pays le 29 février 2004 pour séjourner tantôt à la Jamaïque, tantôt à Bangui, République Centre Afrique, et définitivement jusqu'au 17 mars 2011 à Prétoria, capitale d'Afrique du Sud. Il qualifiait haut et fort, sa chasse du pouvoir d'enlèvement ou de kidnapping politique.

Pendant son long exil en terre africaine, il n'a pas manqué de manifester son désir de retourner à sa terre natale. Malgré qu'il fût très ébranlé par la vie sociopolitique d'Haïti, fou pour les études, il a décroché un Doctorat en Littérature et en Philosophie à l'Université d'Afrique du Sud (UNISA). Sa thèse de Doctorat, titrée en Zoulou « Umoya Wamagama » qui signifie : « L'esprit des mots », montre comment le créole haïtien est connecté sur le terrain passager psycho dynamique avec nos ancêtres africains. Lors de son séjour en Afrique du Sud, il occupa un poste de chercheur honoraire à cette même Université. L'ex-Président Jean-Bertrand Aristide a fait aussi des études en langues africaines, notamment en *Zoulou et en Afrikans*. Il retourna en Haïti le 18 mars 2011. Depuis, il vit dans son fief à Tabarre, Port-au-Prince.

4.1.15 Boniface Alexandre, ex-Président de la Cour suprême, ex-chef d'État provisoire d'Haïti.

Une fois qu'Aristide était hors du pays, le plus ancien juge de la Cour de cassation, en l'occurrence Monsieur Boniface Alexandre, devint en 2004, conformément à l'article 149 de la constitution, Président provisoire de la République. Il fut assisté de Monsieur Gérard Latortue, Économiste retraité de l'ONU, comme premier ministre. Ces deux hommes furent désignés pour redresser le pays et réorganiser les élections. Dans la foulée de ce chaos politique, les gangs et les « *chimères*[1] » n'ont pas manqué de mener le bal. Ayant été à bout de souffle, la population appela cette recrudescence des chimères « Rat pa K K », en français « Les rats ne chient pas » ou encore « plume ne bouge ». De là, a vu le jour, l'expression : « Opération Bagdad ». Ce qui veut dire : Situation tendue, raide. Les Haïtiens l'appellent aussi, Opération : « grenn nan bouda », ce qui signifie, il faut être très énergique et viril pour y faire face (rires). Tout ceci pour dire que le peuple haïtien vivait une situation sociopolitique intenable. Dans cette conjoncture sociopolitique, en juin 2004, mille neuf cents soldats américains, neuf-cents Français, cinq-cents Canadiens et trois-cents Chiliens ont cédé la place à une force onusienne de plus de huit-cents militaires et policiers. Cependant, des rebelles contrôlaient toujours certaines régions du pays. Toutefois, ces turbulences politiques n'ont pas aidé à l'économie haïtienne, car dans un tel climat, les touristes avaient toujours craint le pays et évidemment le secteur commercial était perturbé. Puis, en mai 2004, des pluies torrentielles causèrent la perte des denrées et la mort de plus de deux-mil personnes aux Cayes, Sud d'Haïti.

---

[1]**Chimères** : *Ce sont des gens sans foi ni loi, qui sont prêts à crasser et briser comme ils veulent. Ils sèment le désordre et troublent l'ordre public comme ils l'entendent. Ils brisent les pare-brises. Ils cassent les vitrines des magasins. Ils foutent la merde dans la cité (ville), brûlent des pneus, obstruent les voies publiques à leur guise. Ils perturbent les réceptions de mariage. Ils s'emparent des gâteaux. Ils font courir la mariée. Ce sont des intouchables.*

Par ailleurs, prenons connaissance de Monsieur Boniface Alexandre. Qui est-il ? L'ex- Président Boniface Alexandre est né le 31 juillet 1936 à Port-au-Prince. Grande taille, il mesure 1 m 72 environ, très bronzé et cheveux apparemment teintés, il fut Président provisoire de la République de 2004 à 2006. À titre de Président de la Cour suprême, il va être selon l'article 149 de la constitution, le mieux placé pour occuper cette fonction, à la suite de l'exil de l'ex-Président Jean-Bertrand Aristide, le 29 février 2004 à la Jamaïque, en Centre Afrique, puis en Afrique du Sud (Prétoria). Monsieur Alexandre prêta serment quelques heures après le départ de l'ex-Président Jean-Bertrand Aristide. Il fut donc investi dans ses fonctions le 8 mars de la même année.

Une requête adressée au conseil de sécurité des Nations Unies pour l'envoi d'une force multinationale pour le maintien de la paix en vue de la restauration de l'ordre en Haïti était l'une des premières décisions prises par Monsieur Alexandre. Dans cette chaude conjoncture politique, Guy Philippe, un ex-militaire et ex-commissaire de police, devenu opposant au gouvernement d'Aristide, va manifester sa ferme volonté de collaborer avec Monsieur Alexandre. Notons aussi qu'Alexandre connut un moment regrettable au palais national, lorsque sa petite-fille, Charlotte, se noya accidentellement dans un bain.

Monsieur Alexandre est originaire de Ganthier, commune du département de l'Ouest d'Haïti. Son père, Audain Alexandre fut un éleveur et le patriarche d'une famille de onze enfants dont Monsieur Boniface est l'aîné. Il devient avocat et travailla pendant vingt-cinq ans au cabinet Lamarre dans les contrats d'affaires et le règlement des divorces. Ayant été à la tête de la justice en 2002, il se démarqua comme un avocat exemplaire et il acquit une grande réputation dans le système judiciaire haïtien. Monsieur Boniface quitta le pouvoir le 14 mai 2006 pour céder la place à l'ex-Président René Garcia Préval, réélu pour un deuxième mandat présidentiel.

4.1.16 Jetons un coup d'œil sur le deuxième mandat de l'ex-Président René Garcia Préval.

Malgré les situations sociopolitiques qui prévalaient à la chute de l'ex-Président Jean- Bertrand Aristide le 29 février 2004, la fin de l'année 2005 exigea, selon le vœu de la constitution, l'organisation des élections générales. L'ex-Président René Garcia Préval profita de cette belle occasion pour sauter une fois de plus dans la course présidentielle. Il fut réélu avec 51,15 % des voix contre son plus proche rival, l'ex-Président Leslie François Saint-Roch Manigat. Préval fut investi dans ses fonctions le 14 mai 2006. Étant donné l'inflation que connut Haïti, le pays vécut une période relativement stable à la prévalienne. Pendant le deuxième mandat présidentiel de Préval, Haïti fut secouée par un violent et inconscient tremblement de terre le 12 janvier 2010. Le pays va connaître ce puissant séisme après cent soixante-huit ans de son Histoire, car, rappelons qu'en 1842, un terrible tremblement de terre réduisit la ville du Cap-Haïtien en cendre. Et, les villes de Môle Saint-Nicolas, Port-de-Paix (Nord-Ouest) et de Fort-Liberté furent sévèrement touchées. Enfin, la tragédie de janvier 2010 causa la mort à plus de trois cents mille personnes, y compris des blessés, d'amputés, de traumatisés et de sans-abri. La population ne faisait que s'attrouper pour regarder les camions qui transportaient les cadavres pour les enterrer dans des fosses perdues du côté de Titanyen au Nord de Port-au-Prince. Peu de temps après cette tragédie, l'ex-Président René Garcia a regagné son village d'origine (Marmelade) au Nord d'Haïti, où il vit présentement. Puis, il s'en suit le Président Michel Joseph Martelly au pouvoir.

4.1.17 Le profil du Président Joseph Michel Martelly.

Né à Port-au-Prince le 12 février 1961, Joseph Michel Martelly est le fils de Gérard et Madeleine Martelly, Michel Martelly a vu germer son talent de compositeur, chanteur et de musicien dès son jeune âge. Il était un chanteur de Kompa et l'un des musiciens les plus populaires d'Haïti, sous le nom de scène, Sweet Micky. Micky pour les intimes. Après des études classiques, tantôt au collège Roger Anglade, tantôt à Saint-Louis-de-Gonzague, Martelly a reçu son bac du collège centre d'études secondaires. En 1984, Joseph Michel Martelly a laissé Haïti pour se rendre aux États-Unis où il a travaillé dans le métier de la construction pendant ses études. En 1987, il a épousé Sophia Saint-Rémy, laquelle lui a donné quatre enfants : Michel-Olivier, Michel-Alexandre, Michel-Yani, Malaïka-Michel. Martelly a mené sa campagne électorale sous le slogan « Tèt kale » en français « crâne chauve » et il a été officiellement vainqueur lors des élections présidentielles tenues le 20 mars 2011 avec 67,57 % de voix. Lesquelles, l'avaient opposé à la professeure, la constitutionnaliste et l'ex-première dame, Mirlande Hyppolite Manigat. Précisons que Martelly s'est servi de sa calvitie pour tirer le nom de son parti « Tèt Kale », en français « tête chauve ». Les points caractérisant de façon globale le pouvoir de Monsieur Martelly sont les suivants : la gratuité scolaire qui d'ailleurs, a été effective au niveau des écoles publiques, la redynamisation du tourisme, l'inauguration de certains hôpitaux, écoles, la finition et l'inauguration de l'Aéroprt international du Cap-Haïtien. Monsieur Martelly a quitté le pouvoir le 7 février 2016, il a laissé le pays dans une crise électorale. Les parties politiques adverses ont crié à la fraude massive des élections du 25 octobre 2015.

E. LE DÉVELOPPEMENT COMME ENTRAIDE SOCIALE

Chapitre V

5.1 La définition du développement en série ou linéaire.

Maintenant, parlons des stratégies de développement durable dans le contexte d'Haïti. Ces deux concepts : « Développement et Sous-développement » sont liés au contexte de développement socio-économique durable de n'importe quel pays. Pas question de pays pauvres, pays riches. Les différentes approches que nous allons faire, vous permettront de comprendre pourquoi Haïti est étiquetée de pays le plus pauvre de l'hémisphère Ouest, mais avant tout, parlons du développement en série ou linéaire. Rappelons que le concept développement fut conçu dans la tête de grands dirigeants progressistes avant qu'il soit appliqué sur le terrain. En d'autres termes, selon nous, le développement est tout simplement une question de vision, d'ouverture d'esprit ou du goût du beau.

Donc, un pays qui n'a pas la chance d'avoir des dirigeants visionnaires ne connaîtra jamais de développement socio-économique durable. Malheureusement, Haïti se trouve au cœur de cette analyse. Par contre, on peut la critiquer d'avoir été gouvernée par des leaders avares, mais on ne peut plus la sanctionner d'être à l'origine, une terre pauvre. Si elle avait été un pays originellement dépourvu de ressources, elle n'aurait pas été surnommée « La perle des Antilles ». L'ayant baptisée de joyau de la Caraïbe, voudrait tout simplement dire, qu'elle fut « développable » et elle est encore « industrialisable ». Donc, si cela n'a pas été fait, il est clair que toutes ses ressources ont été gaspillées et volées à outrance.

Maintenant, prenons connaissance du développement en série et, ou linéaire. Le développement linéaire veut dire qu'on peut utiliser les ressources des zones plus riches pour propulser celles qui sont plus pauvres. Prenons un exemple simple, vous construisez une maison, vous faites deux étages et que vous voulez en réaliser six, mais vous n'avez pas assez d'argent pour le faire, vous pouvez en louer au moins un étage pour trouver un peu d'argent pour continuer le travail graduellement. Nous empruntons ce terme de l'Algèbre linéaire qui est une branche des mathématiques, pour parler de « construction linéaire ». Les mêmes stratégies peuvent être appliquées dans le cas d'un processus d'un développement durable en Haïti ou dans quelques pays que ce soit qui est en voie de développement.

5.1.1 Quel devrait être le rôle des élites haïtiennes vis-à-vis du bas peuple ?

Dans cette section, nous voulons parler au nom de l'humanisme. Il n'y a rien de plus noble que le partage. D'ailleurs, tout le monde est bien imbu de cette manifestation divine, Jésus va faire un grand miracle, « cinq pains d'orge et deux poissons ». Il va nourrir cinq mille hommes et il en resta (Jean 6 : 1-15). D'autre part, le partage rend la personne qui reçoit, heureuse. Et, celle qui donne multiplie les bénédictions en sa faveur. Maintenant, parlons d'Haïti. La bourgeoisie haïtienne devrait-elle rester muette vis-à-vis de la misère d'Haïti ? Nous croyons que NON ! Pour notre part, elle devrait aider à relever ce défi de développement, par exemple, si les bourgeois haïtiens veulent transformer les bidonvilles en de belles cités où il faut bon vivre, ils le peuvent. Avec quelle conscience assistent-ils à des gens qui pataugent dans la misère, tandis qu'ils sont en mesure de leur venir en aide ? Avec quel cœur voient-ils des gens dormir par relève, tandis qu'ils disposent des maisons vides ? Pourquoi est-ce que l'élite haïtienne ne se soucie-t-elle jamais de ses compatriotes qui sont pris sous le joug latent de la pauvreté ?

À propos, parlons aussi des joutes électorales, quand quelqu'un veut arriver au timon des affaires, il baise tout le monde, il est souriant, il s'improvise charismatique, il présente un ensemble de projets, à ce moment-là, on lui fait confiance et on trempe le doigt dans l'encre pour voter pour lui, mais quand il arrive au sommet, il n'honore pas sa promesse. En tout cas, si nous étions vous, nous ne salirions pas notre doigt dans l'encre pour quiconque, sans voir le savon avec lequel, nous allons le laver. Hey mon vieux ! Lorsque vous nous demandez d'aller aux urnes, puis vous nous ignorez, nous prenez-vous pour des imbéciles ? Jamais, au grand jamais, nous ne mouillerons pas notre petit doigt pour quelqu'un qui ne peut pas nous définir un bon projet de société. Une copie de ce projet, nous devons l'avoir avant de nous manifester, car, si nous avons un exemplaire et que ce quelqu'un ne fait rien, son projet de société peut se tourner contre lui. Les paroles s'en vont, les écritures restent, a dit l'autre.

5.1.2 Pourquoi pas une Haïti développée, à l'instar du Botswana ?

Botswana est un pays très paisible de l'Afrique australe. Il est entouré de l'Afrique du Sud (Sud et Sud-Est), de la Namibie à l'Ouest, de la Zambie au Nord et du Zimbabwe au Nord-Est. Sa capitale est Gaborone. Les habitants s'appellent Botswanais. Ce pays comprend une population de 2.024.787 habitants environ, avec une superficie de 581.726 kilomètres carrés. Il devint indépendant de l'Angleterre le 30 septembre 1966. Il est réputé le plus grand producteur de diamant au monde, dont Debswana est la plus grande compagnie nationale de diamant. Le diamant représente le tiers du produit intérieur brut (P.I.B). Tenez-vous bien, notre objectif n'est pas de vous présenter des détails du Botswana, nous voulons plutôt vous donner un aperçu sur un aspect important du développement durable de ce pays.

En 1966, lors de la déclaration de son indépendance, le Botswana ne comptait que douze kilomètres de routes goudronnées. Grâce aux 15 à

20% d'investissements gouvernementaux dans les infrastructures. En 2003, le pays a eu près de 9000 kilomètres de voies goudronnées. Ces routes s'étendent jusqu'aux frontières de la Zambie et du Zimbabwe, tandis que la principale ligne de son projet reste la section du grand projet « Cap-Le Caire » qui relie la ville Sud-Africaine du Cap à son homologue zimbabwéenne de Bolawayo via Lobatse, Gaborone et Francistown. En ce qui concerne les transports aériens, Afrique-Botswana possède plus quatorze-mille-cinq cents entreprises et services du pays, dix d'entre eux ont des pistes permanentes dont seul le nouvel aéroport de Gaborone est d'envergure internationale avec une capacité d'accueil de deux millions de passagers annuellement. Le Botswana possède sa propre compagnie aérienne, appelée « l'Air Botswana ». À l'aide du profit du diamant, on construisit des hôpitaux, des cliniques et des écoles même dans les régions les plus reculées du pays. Tout est subventionné par le gouvernement botswanais, on remet même une allocation de cent-cinquante à deux-cents dollars à chaque étudiant botswanais mensuellement. Donc, les Botswanais ont intérêt à ne pas immigrer dans d'autres pays, car, ils sont bien encadrés et ils ont appris qu'ils ont une dette dont il faut s'acquitter envers leur terroir, celle de participer à son développement socio-économique durable.
Seretse Ian Karma, premier Président, le père de l'indépendance botswanaise, homme intègre et progressiste, fut un vrai modèle pour ses successeurs. Ils firent tous le même suivi de développement socio-économique durable qu'Ian Karma adopta. Grâce au Président Ketumile Masire, élu en 1980 au Botswana, ce pays n'eut aucun mal à devenir un petit paradis par sa prospérité et sa stabilité pour toute l'Afrique. Malgré que l'image de Ketumile Masire fût ternie au cours de sa politique, la situation socio-économique du Botswana demeure toutefois très bonne. La gestion des richesses en diamant du pays et les réserves en devises atteignirent plus de 1.75 milliard de dollars par semestre. Jusqu'en 2001, le pays aborde des réserves de change de plus de 45.6 milliards de Francs. Cette somme représente l'équivalent de plus de deux ans d'importations.

Maintenant, faisons un rapport sociopolitique et économique entre Haïti et le Botswana. En analysant l'évolution et le progrès économique des Botswanais, nous constatons que les leaders du Botswana furent successivement de réels progressistes, depuis Ian Karma jusqu'au dernier Président botswanais, tous eurent du souci pour le développement socio-économique durable de leur pays. Au Botswana, on a même inculqué aux jeunes que la corruption est un handicap au développement socio-économique durable. Les Botswanais manifestèrent dans les rues pour décourager les gens au vol, à la malversation et à la corruption. Donc, l'honnêteté, la loyauté et l'intégrité sont devenues une culture chez les Botswanais. Nous profitons de ce constat pour dire que tout pays qui ne prône pas de suivi sociopolitique et économique est voué à la régression la plus totale. En Haïti, on n'a malheureusement pas la culture de conservation des infrastructures et de suivis sociopolitiques. Cela se cristallisait dans le fameux déchouquage lors de la chute de l'ex-dictateur Jean-Claude Duvalier en février 1986, et après le deuxième renversement de l'ex-Président Jean-Bertrand Aristide, le 29 février 2004.

Chaque fois qu'un Président réalise un projet de développement socio-économique durable, son successeur devrait le chérir, le protéger et en créer d'autres pour faire avancer le pays, par contre, lorsqu'on procède à la destitution de cette institution, on finira par avoir un pays sous-développé, privé de bonnes infrastructures. Donc, il ne sera jamais prêt à accueillir dignement sa progéniture. Vous avez vu plus haut, comment la bonne gestion du diamant au Botswana facilita le développement socio-économique durable de ce pays. Parallèlement, Haïti aussi, aurait pu se développer au moyen de ses ressources, car beaucoup d'analyses d'exploration des ressources minières d'Haïti, ont montré quoiqu'Haïti fasse l'objet de pillage à outrance au cours de son Histoire, son sous-sol regorge encore des gisements de pétrole et de mines d'or. On en découvrit presque dans toutes les régions du pays. Donc, comme tout pays, Haïti dispose aussi des secteurs porteurs de développement durable. Ceci nous amène à vous donner un aperçu sur ce que l'or qu'on a exploré récemment au Trou du Nord et à Terrier rouge en a l'air.

5.1.3 En Haïti, de l'or au Trou du Nord et à Terrier rouge.

Le 14 mai 2012, l'Agence Associated Press rapporta qu'une mine d'or a été découverte au Trou du Nord, dans le Nord-Est d'Haïti. Selon des experts du secteur minier, cette mine d'or serait estimée à deux milliards de dollars. À la suite d'un forage exploratoire, on découvrit des métaux précieux d'une valeur potentielle de 20.000.000.000 de dollars au-dessus des crêtes tropicales dans les montagnes du Nord-Est d'Haïti. Ce dépôt d'or, le plus important au monde, est évalué à vingt-trois millions d'onces d'une valeur de plus de quarante milliards de dollars. Voilà un pays qu'on ose traiter de PAUVRE et qu'on fait en sorte que la majorité de ses habitants crève de faim, patauge dans la misère, imaginez-vous, ils vivent avec $ 1,25 par jour. Quel scandale !

5.1.4 Attention ! Journalistes, Haïti ne se résume plus en « Cité Soleil ».

On dit toujours que dans la vie, il y a des hauts et des bas. Cette relativité existe d'ailleurs, dans toute société. Nous remarquons que des journalistes qui font des reportages sur Haïti présentent uniquement les côtés négatifs du pays. Par exemple, en mai 2000, nous allâmes au centre-ville pour acheter un livre ; de retour à la maison, nous vîmes un monsieur qui s'abritait au pied d'une statue au carrefour de l'aviation, pour filmer tous les débris que les eaux diluviennes emportèrent. Toutes ces photos allaient être mises dans Internet pour montrer qu'Haïti n'a rien de bon, rien de beau, excepté des tas d'immondices.

Par contre, le pays n'a pas seulement de choses négatives à partager dans Internet. Par exemple, il n'y a pas uniquement de bidonvilles, si on explore les hauteurs d'Haïti, telles : Bouthillier, Fermathe, Laboule, Montagne noire, Kenscoff et Furcy, on verra qu'il y a aussi de beaux châteaux. Ces luxueuses maisons existent, non seulement dans ces zones, mais il y a en aussi sur la route des Frères, à Torcel, à Belleville et en Plaine (la plaine ainsi connue). De plus, Haïti possède de belles plages, celle de Labadie en est un exemple vivant. La plage Labadie située à 5 km, au Nord-Ouest de la ville du Cap-Haïtien, est l'un des plus beaux sites touristiques du pays. Elle accueille des visiteurs de partout à travers le monde. Alors, pourquoi n'en parle-t-on pas ? On a même osé dire que Labadie n'est pas en Haïti. Elle appartient à la République dominicaine, comme si Haïti n'a droit à rien de beau, rien de bon. À cet effet, il revient aux Haïtiens de lutter pour combattre ce préjugé qu'on a d'Haïti. Tel est le bien-fondé de notre plaidoyer en faveur de ce pays.

D'autre part, certains auteurs n'écrivent des livres que pour dénigrer Haïti faute de leur méconnaissance vis-à-vis de ce pays. Nous voulons réitérer qu'Haïti est un pays. Elle a une Histoire et une Culture comme tout autre pays. Alors, n'est-il pas gratuit de tenir un discours si pessimiste envers elle ? Nous estimons que c'est haineux d'avoir tenu un tel verbe, c'est tout simplement un manque de respect pour le peuple haïtien et une ignorance totale de son Histoire. Les Haïtiens font face à tous ces préjugés, tout simplement parce qu'Haïti n'a jamais connu des dirigeants visionnaires qui prennent réellement son destin en main.

Partout où ils passent, on leur parle toujours de pauvreté, comme si ce phénomène était la marque de fabrique des Haïtiens. Évidemment, ce n'est pas la faute de ceux critiquent Haïti et méprisent nos compatriotes, mais celle des dirigeants qui ont mis le pays dans cet état de dépendance et de pénurie. Notre mère disait toujours que si on s'assoit et on ne ramasse pas sa robe, c'est normal qu'on regarde les parties intimes. Ce proverbe rejoint la maxime qui dit : « Qui veut son respect, se le procure ». Le non-respect des Haïtiens découle de la nonchalance de leurs dirigeants. Exemple simple, les Chinois et les Japonais jouissent de l'estime mondiale partout où ils passent. N'en parlons même pas de Juifs, car ils ont de grandes infrastructures dans leurs pays. Nous répugnons de toute notre âme cette politique d'insouciance et du laisser-faire dont notre pays natal fait l'objet. Nous faisons exprès d'analyser Haïti dès sa naissance à nos jours. Nous avons trouvé que toutes ses annales historiques furent caractérisées par la discorde, la polémique et la calomnie. Rendez-nous fous ou sages, il est impossible qu'un pays se développe dans des litiges incessants, car, les querelles entravent toujours tout suivi sociopolitique harmonieux, toute fierté nationale et tout bien-être de la Patrie commune.

5.1.5 Le colonialisme, l'occupation et les coups d'État en Haïti.

Pour qu'Haïti soit dans cet état de pauvreté, plusieurs causes sont à la base de cette problématique. Elles constituent donc les principales ruines du pays, que voici :
1. La colonisation, un système autoritaire et arbitraire qui refoula les pays dits plus faibles. Ce manque de respect d'autrui a créé des cicatrices dans le cœur des peuples ou des nations victimes de cette tendance.

2. L'occupation pour sa part, représente pour nous, une entrée brusque ou lente, de tous pays dits plus puissants sur les sols de ceux dits plus faibles. L'occupation a toujours fait l'objet des intérêts mesquins des grands pays. Toute occupation appauvrit ou désapprouve les cultures des pays dominés. En étant assujetti sous la culture d'un autre pays, on a l'impression qu'on n'existe plus en tant que nation.

3. Enfin, les coups d'État qui furent perpétrés en Haïti eurent pour l'objet des haines ou des envies de l'armée contre les Présidents élus. Dans la culture politique haïtienne, on expulse toujours le Président à l'étranger ou le met dans un étau. Cette pratique ne contribue ni au bonheur d'Haïti, ni à celui de n'importe quel autre pays, car, quand on renverse un Président, il y a deux constats à faire :

a) la vie sociopolitique est troublée, on ne sait pas où donner de la tête. Il y a du carnage partout. On est tous angoissés.

b) Lorsqu'on se soulève contre un Président, il quitte le pouvoir en empochant le trésor du pays. On aurait dû lui demander de mettre au contraire sa richesse au service des démunis. Nous avons l'impression que c'est uniquement dans les petits pays qu'on a cette pratique. Dans tous les grands pays, les anciens Présidents demeurent dans leurs pays. Ils continuent à mettre leur expertise à profit pour faire avancer leur nation. On n'a qu'à prendre l'exemple de la génération de Présidents américains, canadiens et français. Pour la plupart, ces ex-chefs d'État demeurent actifs au sein du pouvoir établi. À titre d'exemple, l'ex-Président Thomas Jefferson Bill Clinton participe aux affaires politiques du gouvernement américain en Haïti. Alors pourquoi en Haïti un ancien Président doit-il être un ennemi du pouvoir en place ?

5.1.6 L'idéologie du développement socio-économique durable.

Le mot « Développement » apparaît dans la théorie économique après la Seconde Guerre mondiale, parallèlement à la mise en œuvre de la

décolonisation en Asie d'abord dans les années cinquante, puis en Afrique, dans les années soixante. L'aide économique doit aussi être délivrée dans l'intérêt du monde « dit libre » : il s'agit d'empêcher les pays dits pauvres de basculer dans le camp du communisme, c'est la première fois que le mot « Sous-développement » fut officiellement employé dans un discours par ailleurs resté célèbre, car, il jette aussi les bases du fameux plan *Marshall*, destiné à aider l'Europe à se reconstruire. Le concept de développement durable est donc bien un produit de la guerre. Il sous-entend aussi que les pauvres doivent forcément connaître un cheminement identique à celui des riches, qui les conduisent de la pauvreté à l'entrée dans une société de consommation. L'économiste américain Walt Whitman Rostow soutient que toutes les sociétés humaines seront appelées à passer par cinq étapes de développement, que voici :
- La société traditionnelle sous-développée,
- La mise en place des conditions préalables au décollage,
- Le décollage,
- Le progrès vers la maturité,
- L'ère de la communication de masse.

En 1986, la première définition internationale du développement fut donnée par la déclaration des Nations Unies sur le droit au développement : « Un processus global, économique, social, culturel et politique de tous les individus sur la base de leur participation active, libre et significative au développement et au partage équitable des bienfaits qui en découlent. Selon Rostow, le développement doit se faire comme les anciennes métropoles, mais aussi contre elles, en privilégiant les stratégies de substitution aux importations, permettre aux nations périphériques de rompre le développement autocentré ».

5.1.7 Le développement durable pour une collectivité viable.

Le développement durable est la recherche d'un développement optimal à long terme et non d'un compromis à court terme, en économie, environnement et société. Le développement durable est un idéal vers lequel, il faut tendre. Car, une fois les objectifs fixés sont atteints, il reste encore du travail à faire pour optimiser et « durabiliser » davantage les actions. Le développement durable est un processus d'amélioration continue. Il faut avoir la capacité de se projeter dans le temps, d'avoir une vision et des objectifs à long terme qui tiennent compte des ressources limitées et des choix optimaux dans toutes les facettes de la vie humaine.

5.1.8 Le labyrinthe socio-économique infernal.

Pendant vingt-neuf ans, plus d'un quart de siècle de dictature, l'ex-dictateur François Duvalier et son fils, Jean-Claude Duvalier, conduisirent Haïti dans un labyrinthe socio-économique infernal. À l'aveuglette, ils ont peint un sombre tableau au cœur de l'Amérique latine, à tel point que tous leurs successeurs ne purent éteindre la cigarette qu'ils laissèrent allumer aux deux bouts aux Haïtiens. Jean-Claude l'a dit d'ailleurs en quittant le pays en 1986. Après plus d'une vingtaine d'années qui ont suivi la chute des Duvalier, la fumée qu'a dégagée cette cigarette semble se propager encore. Cette cigarette a donc carbonisé l'imaginaire collectif haïtien. L'étiquette de pauvreté qui est accolée à Haïti, ne représente qu'un masque avec lequel, un festivalier est déguisé. Donc, cet instrument prend automatiquement la forme de son visage, mais un masque n'est plus le visage réel d'une personne, au même titre que la pauvreté n'est plus le vrai visage d'Haïti. Le pays s'est revêtu de ce costume de pauvreté après avoir été victime de tout le pillage dont il fit, et fait encore l'objet. L'insouciance de ses dirigeants, confirme alors son état précaire.

5.1.9 Les blocages du développement durable (l'égocentrisme).

Faisons un autre coup d'œil sur le duvaliérisme. S'il fallait encore une preuve de la vanité de certaines recettes de développement et de l'impossibilité d'un véritable progrès dans le cadre de structures vicieuses, l'expérience Jean-Claudiste en serait une. L'ex-dictateur François Duvalier fut le premier chef d'État haïtien à imposer une dynastie semblable à celle de Trujillo Molina et Somoza. Mort le 21 avril 1971, il eut le temps d'introniser son fils après avoir fait modifier dans la constitution, la clause relative à l'âge exigé pour être Président de la République. Rappelons-le, le jour de l'enterrement du dictateur, peu de gens crurent à l'avenir du gros garçon de vingt ans (Jean-Claude). Les bourgeois se réjouirent prudemment dans les hauteurs, tandis qu'autour du cercueil, les « cohortes » duvaliéristes furent prêtes à détaler à la première pétarade.

Entre-temps, la flotte américaine veilla au large. La diaspora frémit d'espoir. Mais les années passèrent vite et Jean-Claude célébra une première décennie du pouvoir et vingt-deux ans « d'ère duvaliérisme ». Né le 3 juillet 1951, Jean-Claude fit l'objet en 1963, d'une tentative de rapt concocté par Clément Barbot, chef des tontons macoutes d'alors. Le père se livra à une répression sauvage. Jean-Claude termina ses études secondaires à Saint-Louis-de-Gonzague. Il fut durant quelques mois, étudiant à la Faculté de Droit de Port-au-Prince quand il devint Président. Un journaliste du Jeune Afrique qui lui demanda, en 1978, s'il ne fut pas effrayé par le pouvoir, au moment de prendre la succession de son père, il répondit ceci :

« Pas vraiment. Il faut dire que mon père m'y avait préparé. Mais je savais qu'Haïti est un pays difficile et que les Haïtiens comme les Français ne sont pas faciles à gouverner. C'est pour cela que j'avais d'abord refusé. Par la suite, j'ai dû céder à la volonté de mon Père ».

Chez les journalistes, les diplomates étrangers, les Haïtiens eux-mêmes, la question fut longtemps posée à savoir qui exerce la réalité du pouvoir.

Et de fait, les premières années furent marquées par des luttes de clans qui ne cessèrent pas. Jean-Claude ne fut que pour le paysan symbole sans consistance de la continuité duvaliériste, le Président du conseil d'administration de cette affaire florissante : la mise en coupe réglée d'Haïti par la famille et les barons. Un « gamin » pour le politologue Manigat, un « pantin », un « *histrion* » pour l'économiste Gérard Pierre-Charles. Leslie François Saint-Roch Manigat pour sa part, distingua une pyramide à trois étages de pouvoirs superposés. À l'étage inférieur, le cabinet ministériel, comportant quelques techniciens et chargé de la gestion administrative, au-dessus, les conseillers spéciaux, beaucoup plus puissants, ont le pouvoir d'orientation. Luckner Cambronne, favori de la veuve, fut un moment, l'homme fort de ce gouvernement. Secrétaire privé de François Duvalier, chef de la police secrète, il obtint le poste au Ministère de l'Intérieur et déploya un affairisme sans bornes.

Luc Désir fut le nouveau chef paternel et impeccable de la police secrète. La famille Raymond fournit le chef d'État major, le ministre des Affaires étrangères et secrétaire privé de la mère. Breton Claude fut le chef des casernes Dessalines et l'illustre Garcia Jacques continua à répondre de La Garde présidentielle, tous deux incultes et dans le style des vieux chefs du XIXe. La mère consulta aussi, à l'occasion, d'anciens duvaliéristes : Siclait, Blanchet, Désinor, Biamby et autres. Florentin Boyer fut l'homme des situations difficiles. « À l'étage supérieur, la famille Duvalier et surtout la trinité veuve mère, fils et fille aînée, noyau réel de la toute-puissance, s'est réservé le pouvoir de décision ».

La mère, Simone Ovide Duvalier « ex-première Dame de la République » et gardienne de l'héritage, s'efforça de tenir l'héritier en laisse. La fille aînée, Marie-Denise, et son époux Max Dominique, couple trop ambitieux, furent dès lors confinés dans leur exil doré à Cambronne (Paris). Celui-ci décidément insatiable fut à son tour invité en novembre 1972 à prendre une retraite dorée, à Miami. Ce fut donc le nouveau tournant du régime Duvalier depuis l'avènement de l'ex-dictateur Jean-Claude au pouvoir. Dès les premiers mois, le relâchement de la terreur fut très sensible. Sous Duvalier père, elle en vint à envoûter les esprits. Conscient qu'il fallut lâcher du « laisser » pour mieux durer, le nouveau régime joua l'apaisement et l'ouverture. Un appel au retour des exilés, fut lancé. Sauf les « agents du communisme international », ce qui laissa trop d'incertitude pour être encourageant. Les tontons macoutes furent donc invités à plus de retenue.

Il est vrai qu'en même temps (dès 1971) furent créés les « Léopards », une sorte de corps d'élite antiguérilla. Et, Jean-Claude Duvalier lâcha cette expression pour que nul n'en ignore : « Pitit tig cé tig ». En français, « Tel père, tel fils ». Ainsi prépara-t-on les esprits au changement dans la continuité. Le pays sortit du ghetto infernal duvaliériste et renoua avec l'extérieur. À cette époque, des missions se rendirent aux États-Unis, en République dominicaine, en France, en Allemagne de l'Ouest et en Italie. La priorité fut au développement : « Mon père a fait la révolution politique. Je ferai la révolution économique », martela Jean-Claude Duvalier fièrement.

Et dans ce cas, le pays s'ouvrit à tous les capitaux étrangers, publics et privés. Cette évolution mit les États-Unis d'autant plus à l'aise pour soutenir le nouveau régime. Celui-ci n'eut pas sa consolidation qu'à leur tolérance. Le Président d'Haïti, disait-on, est le personnage le plus important de la République après l'ambassadeur des États-Unis. Le protégé fut embarrassant, mais on ne sut comment le remplacer et l'essentiel fut qu'il ne fut pas communiste. L'ambassadeur Knox thuriféraire du régime, noir et grand buveur, connut l'humiliation suprême quand il fut enlevé en 1973, par un commando qui l'échangea contre douze prisonniers politiques, après avoir demandé à son rival, l'ambassadeur de France, de conduire les négociations.
Mais, il apparut très tôt que la nouvelle orientation n'alla pas sans résistance et l'on commença d'évoquer la lutte sourde des « dinosaures », arc-boutés derrière la mère et de jeunes loups de Jean-Claude Duvalier. Celui-ci, découvrait-on, ne se satisfait pas éternellement des filles, des voitures ou des parties de plage à quoi ses mentors par les fidéicommis. « Baby Doc » fit l'apprentissage du pouvoir. Et, il commença une émancipation qui irait jusqu'à des ruptures inattendues. Le personnage prit de la consistance. À quoi la devait-il ? S'étant vu imposer un pouvoir qu'il n'eut pas désiré. Instruit à miner les actes de ce pouvoir qu'on

lui disait absolu (c'était l'époque des discours ânonnés et des réponses soufflées). Il avait fini par en faire l'application à ses propres précepteurs.

La caricature tracée à l'époque de ce Président trop jeune (vingt ans), trop gros par des journalistes vivant de sensationnel, est même trop facile. Sans la cruauté de Néron ni l'intelligence de *Caligula,* « je serais enclin, dit l'auteur », à croire qu'il aurait aimé bien faire. On parla un moment de Juan Carlos. Il n'en eut évidemment ni la formation ni les moyens. Lorenzaccio aurait été encore trop. Mais il y aurait peut être eu une pièce à écrire sur ce jeune homme élevé dans le pire sérail, conscient de l'excès de son père, fils d'une Agrippine chaperonnée par des assassins et des voleurs, dépositaire de vingt ans d'un pouvoir absolu, désirant le bien du peuple sans (ni pouvoir) le faire, ne sachant à qui se fier et peu à peu repris par le système, devenant ce qu'il aurait pu ne pas être. Ceci, pour le comprendre et non le justifier. En 1973, il ne fut pas encore assez fort pour empêcher la vieille garde de limoger, le Docteur Roger Lafontant devenu ministre de l'Intérieur et son conseiller. Mais, au fil des ans, le clan du Président revint sans cesse sur la nécessité d'une politique de paix, de détente et d'union. Les dinosaures, affairistes, rapaces et tyranniques, eurent plusieurs fois l'occasion de s'effaroucher devant certains rappels à l'ordre et des velléités de réformes.

À partir de 1976, il fallut tenir compte de la politique des droits de l'homme de l'ex-Président américain, Jimmy Carter. Un minimum de décence parut conditionner la poursuite de l'assistance économique. De 1974 à 1975, d'autre part, de « véritables prises de démocratie » commencèrent à s'opérer dans le pays. Jean-Claude Duvalier jeta ses cartes en 1977, vingtième anniversaire de la « révolution duvaliériste ». Le 20 septembre, cent-quatre prisonniers furent amnistiés. Le 22 du même mois, date obligée, le pays apprit la naissance d'une idéologie nouvelle : « Le Jean-Claudisme ». Partout, ce fut la fête des tontons macoutes, des mouchoirs rouges attachés à leurs épaulettes, ils furent endiablés, voire même enragés. Ce fut le délire macoutique. Plume ne bougea. Le promoteur de ladite doctrine dut revenir souvent dans les mois qui suivirent pour en expliquer la portée un peu floue de ce foutu pouvoir totalitaire. Le 27 septembre, Haïti adhéra à la Convention américaine des Droits de l'Homme, au siège de l'OEA (Organisation des États américains).

Le *Jean-Claudisme*, ce fut la poursuite de l'action duvaliériste, mais suivant un style nouveau, plus technique moins soucieux d'exploitation que d'améliorations concrètes. Jean-Claude fut le « second chef ». Il annonça la démocratisation progressive des institutions et renouvela son appel à la collaboration des Haïtiens d'outre-mer, à l'union de la famille haïtienne. Soumettrait-il un jour sa présidence à des élections ? Il fut donc le 9e Président à vie d'Haïti, ceci par un référendum populaire et une ratification de la chambre. Il n'écarta pas l'idée, mais il fut trop tôt. Il fallut en Haïti un pouvoir stable pour résoudre les problèmes socio-économiques criants.

La révolution économique, la libéralisation, la démocratisation et le rajeunissement vont devenir l'image de marque du *Jean-Claudisme*. L'objectif étant : « Le plus grand bien au plus grand nombre » qui fut un vieux slogan des nationaux et des Noirs. Des rassemblements populaires informèrent les masses de la bonne nouvelle. Le nouveau chef eut parfois grande peine à ne pas apparaître comme une condamnation du « Françoisisme » et on le ressentit quand même comme tel. Le 13 janvier 1978, le Président annonça la création du CONAJEC (Comité national d'Action Jean-Claudiste). Le comité constitua la force de frappe du Président, chargé d'imposer partout les idées nouvelles. Pendant ce temps, la Chambre avec une servilité indéfectible et unanime, « Citadelle du duvaliérisme civilisateur », renouvela chaque année les pleins pouvoirs, sur ce slogan : « Ak Jean- Claude, nou pap'pran pann' ». En français, avec Jean-Claude, nous n'aurons aucun problème.

Les représentants de la grande bourgeoisie blanche, mulâtresse et noire, furent : Élias Cassis, Georges Léger, Mews, Baboun, Sabala. Ces derniers furent des plus proches amis des Duvalier et ennemis des droits syndicaux, car ce régime leur procura leurs plus grandes richesses. Même la haute hiérarchie ecclésiastique s'embarqua dans le processus de flatterie au Duvalier (Père et Fils), à tel point que l'Archevêque de Port-au-Prince, Monseigneur Wolf Ligondé, dans son sermon au Te

Deum lors de la messe d'Actions de grâce célébrée à l'occasion de la consécration du nouveau chef d'État, déclara ceci :
« Vous savez que votre autorité est une participation à l'autorité divine. Chef d'État, vous n'êtes pas un simple délégué de la communauté, Excellence, mais un guide à la poursuite de ses fins les plus hautes. Vous avez compris que Dieu est le maître suprême et que le Chef appelé à conduire le peuple accomplit en définitive l'œuvre de Dieu… »

Bref, une telle expression n'inspire que de la bassesse et de la fausseté dans son discours, parce que la Bible dit dans Psaumes 33 : 12 « Heureuse la nation dont l'Éternel est le Dieu ». Donc, si quelqu'un dirige un pays sous la supervision du chef suprême de l'univers, ce pays ne sera pas malheureux. D'autre part, l'homme fut mis en captivité, Dieu a envoyé Jésus-Christ, son fils, verser son sang pour l'affranchir. Donc, si les Duvalier décidèrent d'opprimer un peuple pendant vingt-neuf ans, il était clair qu'il n'agissait plus sous la puissance de Dieu. Donc, toutes ces flatteuses expressions ne servirent qu'à faire l'éloge des plus grands et à jeter de la poudre aux yeux des plus petits ».

En décembre 1963, une délégation ayant à sa tête monsieur Luckner James Cambronne fut reçue en grande pompe à Saint-Domingue. En cette circonstance, l'ex-Président dominicain Joachim Balaguer décora cet ex-homme fort et influent d'Haïti de l'ordre Juan Pablo Duarte. C'est donc la plus haute distinction dominicaine. Le 10 mars de l'année suivante, arriva à Port-au-Prince le Président du Nicaragua, Luis Somoza (fils du dictateur Anastasio Somoza), le but de sa visite, fut de rendre hommage à son homologue politique, meneur d'une dynastie sanglante.

D'autre part, une importante délégation haïtienne, conduite par Luckner James Cambronne, visita Washington en mars 1972. Elle fut accueillie chaleureusement par le secrétaire d'État américain Williams Rogers et le secrétaire adjoint de la défense, Warren Nutter. À ce moment-là, le gouvernement des États-Unis vendit six bateaux de garde-côtes d'un coût de 1.2 million de dollars à la Marine haïtienne. Il revient à dire que l'appui des États-Unis au régime haïtien, fut basé sur une attitude calculée de soutien à un gouvernement terroriste qui foula aux pieds les droits les plus élémentaires de la personne humaine. Les pratiques chaotiques de François Duvalier conférèrent à chaque tonton macoute (milicien) un pouvoir de décision sans appel, en marge de toute hiérarchie fonctionnelle et administrative. Rappelons que les tontons macoutes partagèrent ses pouvoirs avec leurs proches. La femme, les enfants ou même un cousin d'un macoute sont aussi des macoutes. Ils pouvaient battre quelqu'un comme bon leur semblait. Ce fut donc une injustice sans bornes.

5.1.10 Un clin d'oeil sur l'agriculture d'autrefois en Haïti.

Quand nous fûmes gamins, notre terre natale (Haïti) fut très fertile. La pluie tomba souvent. L'environnement fut plus verdoyant et le système agricole fut plus rentable. Toutes les collines et même les plaines cultivèrent des tubercules, par exemple, ce furent les pintades et les poules qui mangèrent les patates douces dans les champs. Elles bourgeonnèrent çà et là dans les jardins. Les maniocs amers et doux, pourrirent au fond des sols, les gros régimes de bananes mûrirent à tribord et à bâbord, car les gens, ayant eu trop pour se nourrir, n'eurent même pas le temps de les récolter. Donc, les récoltes de maïs, de millet (petit-mil) et de riz qu'on mangea fréquemment retrouvèrent toujours les précédentes récoltes dans les greniers, en raison de l'abondance dont le peuple jouissait. Alors présentement, si l'on est arrivé à parler de famine en Haïti, il faudrait faire une remise en question pour dépister ce qui se produisait exactement dans son système agricole. L'agriculture n'est-elle pas livrée à l'archaïsme? Les paysans ne sont-ils pas livrés à eux-mêmes…?

Comment voudriez-vous avoir une agriculture rentable, tandis que vos arbres, voire même fruitiers, sont impitoyablement abattus en vue de la fabrication du charbon de bois. Il est impossible de réaliser de bonnes récoltes en Haïti, lorsque toutes les eaux se jettent dans la mer, sans être captées et exploitées en vue de l'irrigation et de l'arrosage des terres cultivables, quand les déchets pouvant servir d'intrants et d'engrais, sont partis en fumée ou emportés par les eaux diluviennes. Donc, le peuple haïtien rate de belles possibilités de promotion agricole. Non seulement les responsables d'Haïti n'ont pas utilisé ces déchets pour faire de l'engrais pour la promotion de l'agriculture, mais aussi ces tas d'immondices représentent un danger à l'environnement, par exemple, une fois que les détritus se sont rendus dans les côtes maritimes, ils représentent un potentiel handicap dans l'épanouissement des fruits de mer. Voilà donc une menace inouïe de l'écosystème haïtien.

5.1.11 L'attitude de l'opposition traditionnelle en Haïti.

L'opposition traditionnelle haïtienne dans sa façon de poser la problématique politique et proposer des solutions s'est toujours révélée infructueuse. L'opposant politique ne devrait avoir pour objectif que de chercher les failles, la faiblesse et les erreurs de son adversaire pour structurer sa critique et prouver qu'il détienne les bonnes stratégies et les meilleures solutions aux problèmes. L'opposition haïtienne, si une, il y en a, n'a pas toujours assez de tacs pour exiger que les choses se fassent correctement. Il y en a qui ont même limité leurs critiques aux intérêts mesquins et il n'y en a pas qui sont plus soucieux pour le peuple qu'elle, quand elle ne trouve pas encore sa part. Une fois que cela fait son affaire, le leader porte des lunettes noires pour ne pas voir la priorité du peuple, car, avec ces lunettes, il ne peut voir que sa femme, ses enfants, ses millions, ses luxueuses voitures, ses belles maisons, ses amis et ses flatteurs. Si l'opposition traditionnelle a toujours vu son intérêt mesquin et n'a pas pu destituer les Duvalier au pouvoir pendant ses vingt-neuf ans de main de fer, que dire de l'instauration du développement socio-économique durable et du progrès social en Haïti ?

5.1.12 L'analyse sociopolitique du professeur Leslie François Manigat.

L'éminent Professeur Leslie François Saint-Roch Manigat, l'ex-Président d'Haïti, politicologue et l'une des figures les plus connues de l'élite intellectuelle haïtienne, soutient que dès le berceau, Haïti traverse toute une crise d'orientation. Le nouvel ordre des choses allait se construire au service des intérêts des anciens affranchis qui disposèrent du contrôle de l'appareil économique et social par l'exploitation de la domination politique sans partage. Plus loin, professeur Manigat dit qu'en ce qui concerne les besoins du développement durable, le second centre d'intérêt était constitué par des besoins pressants du développement économique d'Haïti rendu impérieux par une crise générale de la société traditionnelle et les incitations de la révolution industrielle mondiale. Selon lui, jusqu'à la fin du dix-neuvième siècle, Haïti avait pu vivre sur les structures économiques aménagées dans l'improvisation au début de la période nationale, à partir de ce qui restait de l'héritage colonial saccagé et détruit par la résolution de la libération nationale. Durant les années du dix-neuvième siècle, ces structures qui associaient des modes de travail libre à des survivances féodales, se révélèrent incapables de satisfaire les besoins d'une population en pleine croissance démographique, bon gré mal gré, dans l'atmosphère des grandes mutations de la seconde moitié du siècle, et furent soumises malgré l'isolement à la pression de la compétitivité internationale.

Cependant, la comparaison des trois courbes : celle de l'évolution de la moyenne annuelle d'exportation caféière par tête d'habitant, indique que l'optimum démographique a été atteint puis dépassé au cours des dernières années du siècle passé, même en tenant compte d'une éventuelle augmentation de l'autoconsommation caféière du début à la fin du siècle. Au début du vingtième siècle, l'inadéquation des ressources de la population s'installe et s'aggrave en même temps que se confirme l'amorce du déclin, par rapport à la capitale, de villes de province autrefois florissantes et presque autonome par exemple, sur la côte Sud-Est ou même le Cap-Haïtien, deuxième ville du pays sur la côte Nord. Enfin, le dialogue entre Port-au-Prince et les villes de province devenait progressivement le monologue Port-au-Prince dans le pays pour faire face à cette conjoncture de crise structurelle et pour diminuer la surcharge démographique.

L'approche du professeur Leslie François Saint-Roch Manigat sur l'orientation d'Haïti est tellement vraie, qu'après la conquête de l'indépendance d'Haïti le 1er janvier 1804, les tenants du pouvoir n'ont dressé aucun plan de développement socio-économique en vue d'ôter le pays de son état de sous-développement. Ils préférèrent se livrer à des luttes fratricides sanglantes au lieu de penser au développement socio-économique d'Haïti. On se souvient du complot bien calculé dans lequel, Jean-Jacques Dessalines, père de la nation, fut lâchement abattu à Pont-Rouge par un petit soldat fougueux du nom de Garat. Les diverses tirailleries et divisions sociopolitiques traditionnelles haïtiennes ont plongé le pays dans un état de sous-développement totalement inacceptable.

5.1.13 Faisons une réforme fiscale pyramidale sérieuse en Haïti.

Si l'on veut exploiter toutes les ressources d'Haïti de façon minutieuse, il ne faudrait pas négliger les diverses possibilités de développement dont ce pays dispose. Parmi les possibilités d'exploitation, nous pouvons énumérer les constructions anarchiques qui se sont accumulées au cours des dernières années. Ce n'est pas le fait de construire qui est une problématique, là où le bât blesse, c'est la façon dont on entreprend ces travaux de construction. L'autre problématique qu'on pourrait soulever est la suivante : l'État haïtien a-t-il le contrôle de toutes les constructions qu'on fait dans le pays ? Sont-elles toutes enregistrées à la direction générale des impôts (DGI) ? Il y en a qui ont des numéros d'identification des mairies, mais l'habitude du laisser-faire en Haïti nous fait croire que ce ne sont pas toutes les maisons qui sont enregistrées.

Comme nous avons souligné dans le chapitre précédent, ce sont les propriétaires, les responsables ou les courtiers des maisons qui fixent à leur guise, les prix des appartements annuellement ou semestriellement loués. Par exemple, nous avons une cousine qui loua en 2000, une seule chambre pour $ 4000, donc 20.000 gourdes par année. Et, ceci tend à grimper avec les années qui suivent. En général, l'État n'en a aucun contrôle et n'entre rien dans son assiette fiscale. Les mêmes constats sont faits aussi pour les chauffeurs de taxis ou de motos taxis. Ce sont des activités qui échappent au contrôle de l'État, elles sont plus informelles que formelles. Tandis que l'État aurait pu financer ces entreprises, les aider à se dynamiser et en réclamer des impôts qui contribueront au développement socio-économique d'Haïti.

5.1.14 La coopération internationale : Quelle lutte contre la pauvreté ?

En l'an 2000, la communauté internationale eut pour « objectif militaire » de réduire l'extrême pauvreté de moitié d'ici à 2015. Réaliser cet ambitieux programme, suppose un effort accru de solidarité entre pauvres, riches et pays dits pauvres. La tendance qui circula à cette époque, fut d'amener les pays riches à se détourner du sort des plus pauvres, lesquels sont perçus comme des menaces pour la sécurité mondiale. Si la lutte contre la pauvreté est sans cesse réaffirmée dans les discours internationaux comme priorité de la coopération, la réalité diffère sensiblement des généreuses déclarations d'intention : non seulement les pays riches sont de plus en plus égoïstes, mais aussi la coopération internationale, affiche désormais une nouvelle priorité, celle de lutter contre le terrorisme. Évidemment, cette disposition fut prise après les événements terroristes qui se produisirent aux États-Unis en septembre 2001.

5.1.15 Du pétrole en Haïti, ce n'est pas un rêve ni une illusion.

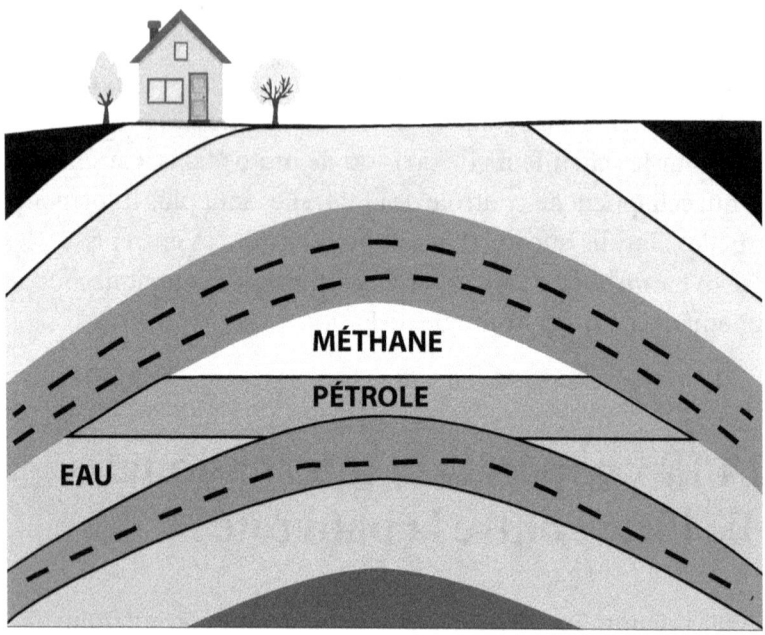

Selon l'Agronome et Économiste Jean Érick René, il existe bel et bien des gisements de pétrole en Haïti, ces réserves ont fait l'objet de deux explorations retraçables à deux périodes différentes dans l'Histoire sans qu'aucune exploitation ait été faite. Agronome René a soutenu qu'en 1949, le gouvernement de l'ancien Président Dumarsais Estimé fit appel à la compagnie « Atlantic Refining Company » ou *ATRECO* pour les recherches en hydrocarbures en Haïti. À cet effet, un puits de pétrole fut foré sur l'habitation « Caradeux » dans la plaine du Cul-de-sac, non loin de l'Aéroport international de Toussaint Louverture (Port-au-Prince).

René précise que jusqu'à présent, la base en béton du « Derrick » c'est-à-dire l'échafaudage devant supporter la foreuse, peut être vu sur les lieux. René a dit enfin que, les dossiers relatifs à cette tentative d'exploitation restent introuvables, car l'Agronome Jean David du Ministère de l'Agriculture, des Ressources naturelles et du Développement rural, qui fut exilé dès les premiers moments du gouvernement du dictateur François Duvalier, ne laissa pas des traces pour d'éventuels suivis relatifs à cette affaire.

5.1.16 Maires des différentes villes d'Haïti, où êtes-vous ?

En date du 8 juillet 2009, nous nous rendîmes en Haïti pour visiter notre mère qui fut malade, étant donné que nous écrivions un livre sur la problématique sociopolitique et économique d'Haïti, nous fûmes à l'affût des sujets qui purent nous inspirer à développer d'autres chapitres de notre livre. Les problématiques environnementales qui nous interpellèrent le plus à Port-au-Prince et aux Cayes où nous eûmes la chance de faire un tour, ce furent les piteux états des zones urbaines. Nous vîmes avec quelle insouciance, les gens déversèrent des tas d'immondices dans les rues, combien les caniveaux s'engorgèrent de déchets de tous genres. En ce qui concerne cette culture populaire désastreuse, les responsables de ce pays, ne devraient-ils pas prendre des mesures draconiennes pour empêcher cette pratique ? Nous comprenons qu'éradiquer une telle habitude sera un dur à cuire, dissocier des gens de cette manière de fonctionner, ne sera pas chose facile. Le gouvernement haïtien, par le biais des maires qui sont habilités à s'assurer de la propreté des municipalités, aurait pu entreprendre une campagne d'éducation civique en vue d'informer le peuple de l'importance de la propreté dans les villes, mais aussi des enjeux et des répercutions de la mauvaise gestion des déchets. Par exemple, il y a deux considérations qu'on aurait pu faire :

1. Quand les gens déversent les ordures le long des rues, les eaux diluviennes les charrient et les engouffrent au fond des égouts, puisque ces eaux ne trouvent pas assez d'espaces pour couler aisément dans les égouts, elles refont surface et inondent les villes en causant des milliers de pertes de vies humaines chaque année.

2. Quand les gens brûlent de gros tas d'ordures en plein cœur des villes, ils y dégagent une fumée nocive, susceptible d'affecter la santé de la population, sans oublier la pollution de l'air. Par exemple, en face de l'hôpital Bernard Mews à l'entrée du village de la solidarité sur la route de l'aéroport à Port-au-Prince, il y a de grosses piles de déchets et lorsqu'elles débordent, elles s'engouffrent dans les égouts, ou l'on y met du feu. La fumée toxique qui dégage envahit

l'hôpital qui héberge des malades, voire même des nouveau-nés. Voilà donc les enjeux majeurs que cause la mauvaise gestion des immondices dans les villes haïtiennes. Que les mairies fassent leur travail ! Il est inacceptable de constater que des gens sont bien payés pour s'occuper de la propreté des villes, et qu'ils y tolèrent des tas d'immondices çà et là. C'est répugnant !

5.1.17 Que devraient faire les maires d'Haïti pour garder des villes propres ?

Instaurer une propreté urbaine durable en Haïti est complexe. Les responsables des municipalités devraient former des agents de propreté pour entreprendre une campagne d'information et d'éducation au sein des différentes populations urbaines. Ces agents assignés, devraient informer les gens de divers impacts que cela pourrait causer dans leur propre vie. Ce n'est pas tout ! On devrait surtout placer des poubelles au moins à chaque trente mètres le long des rues dans des points stratégiques et exiger sous la supervision de ces agents de propreté que les gens ne déversent pas leurs ordures à même les trottoirs. Quiconque enfreint les mesures appropriées, sera passible d'une amende, et sera sujet à au moins d'un an de prison. On pourrait même former des équipes dans chaque quartier pour faire appliquer cette mesure. Évidemment, pour que les gens se plient sous les règlements établis, il faudrait que des balises soient jetées, telles : information, formation civique et publicité. Puisque les gens savent que toutes ces dispositions sont prises à leur égard pour éradiquer ce fléau généralisé, et que les déchets sont nocifs pour leur santé, ils finiront par contribuer au bien-être et au succès de cette mesure.

5.1.18 Les tas d'immondices ne sont pas que nocifs, voici leur côté positif.

Les immondices n'ont pas seulement un angle négatif dans l'environnement urbain, car, on peut s'en servir pour réaliser beaucoup de choses. Par exemple, si l'on déverse les déchets sur un lopin de terre infertile, après un certain temps, les fumiers peuvent le revitaliser et le transformer en terres cultivables. D'autre part, dans la nature rien ne se perd, tout se transforme. Donc, la transformation des déchets peut être utile dans la fabrication d'engrais ou d'intrants pour promouvoir l'agriculture. Donc, les fatras d'Haïti peuvent produire du compostage qui servira au reboisement national. Dans les pays développés, on utilise l'engrais qui est fait à base d'immondices pour fertiliser la terre et faire pousser les plantes et cultiver les jardins. Tous les aliments qu'on trouve en abondance dans les supermarchés ont poussé grâce à l'engrais qui est un produit de base des ordures. Donc, les déchets peuvent contaminer les gens, polluer l'environnement, mais aussi servir à nourrir une population par le biais d'engrais et des récoltes que cela produit. En d'autres termes, les immondices ne sont pas diaboliques sur toute la ligne, c'est la façon dont on les gère qui est sorcière en milieux urbains.

5.1.19 Vers un développement socio-économique durable.

Le développement durable, tradition anglaise vise à une gestion harmonieuse des ressources naturelles et humaines avec un souci de préservation du futur. Il se caractérise par une gestion des espaces combinant une rationalité écologique et économique en accordant une importance primordiale aux ressources humaines et au savoir-faire. Dans un écosystème fortement caractérisé, diversifié et fragilisé, les contraintes du milieu mieux appréhendées deviennent un champ d'exploration privilégié pour les programmes de développement durable. De plus, la notion de durabilité est relative en fonction des réalités locales, de l'état de la forêt, mais aussi des caractéristiques sociales, tandis que les remèdes proposés par les écologistes sont souvent radicaux.

5.1.20 Les stratégies réalistes du développement durable.

Le droit au développement doit être réalisé de façon à satisfaire équitablement les besoins relatifs au développement des générations futures. Pour parvenir au développement socio-économique durable, la protection de l'environnement doit faire partie intégrante du processus de développement et ne peut être considérée isolément. Cependant, les orientations écologiques expliquent l'extrême réticence des pays en développement vis-à-vis du concept du développement durable, qu'ils perçoivent comme une machine de guerre dirigée contre leur croissance économique. Rappelons que l'un des principes de base du développement socio-économique durable, c'est de concilier la protection de l'environnement, l'efficacité économique et l'équité sociale (Sylvie Brunel, 2004).

Autant dans les pays dits pauvres que dans les riches, lutter contre la pauvreté est considéré comme beaucoup moins important que d'assurer sa sécurité : les dépenses militaires dans les pays riches, représentent 11% des dépenses publiques et 2.4% du P.IB en 2002 (3.4% aux États-Unis, 5.2% en France). Ces chiffres sont dépassés pour les pays en développement : 12.3% des dépenses publiques et 2.6% du produit national brut. Par exemple, on peut prendre l'Éthiopie comme un cas tangible. Ce pays ne cesse donc pas de solliciter l'aide alimentaire de la communauté internationale. Malgré les insuffisances criantes de la coopération, il est à affirmer que le développement est un échec, depuis le début des années quatre-vingt. La proportion de la population mondiale considérée comme extrêmement pauvre fut réduite de près de moitié, passant de 40 à 21% de la population des pays en développement, malgré la rapidité de la croissance démographique,

1.5 milliard de personnes furent concernées en 1981 et 1 milliard en 2001 (Sylvie Brunel, 2004).

5.1.21 La pauvreté est plutôt sociétale et cosmopolite.

Ce n'est pas seulement en Haïti qu'on voit des impacts de la pauvreté, nous eûmes l'occasion de voyager à travers différents grands pays, nous vîmes des gens traîner à même le sol (itinérants, homeless, sans-abri). Donc, la pauvreté est omniprésente sur toute la planète. Comme nous l'avons déjà souligné, c'est donc une problématique sociétale et cosmopolite. Par exemple : l'Inde qui opta en 1991 pour la libéralisation de son économie, compta à cette époque, trois-cents millions des huit-cents millions de personnes démunies dans le monde. En Chine, près de huit cents millions de paysans appauvris, endettés, marginalisés restent aux oubliettes du miracle économique. En Afrique, la pauvreté et les inégalités sociales s'accroissent et nourrissent le sentiment d'injustice de populations privées de revenus et d'avenir. La pauvreté doubla aussi au Sud du Sahara ; en passant de cent soixante-quatre à trois-cents quatorze millions de pauvres.

5.1.22 Jetons un coup d'œil sur le profil socio-économique du Japon.

D'après Marianne de Boisredon, l'auteure du livre titré : « Inventer une économie », le Japon représente un cas particulier dans l'histoire du capitalisme. Ce pays a fait couler beaucoup d'encre, parce que ses performances économiques depuis 1945, l'ont hissé au deuxième rang des puissances mondiales en quelques dizaines d'années. Le Japon est la preuve qu'un pays avec peu d'atouts au départ, peut arriver à des résultats surprenants en adoptant les principes capitalistes. Son originalité est d'avoir transformé ses faiblesses en forces. En effet, le

Japon est reconnu comme un pays qui fut pauvre et retardé jusqu'à la fin de la Seconde Guerre mondiale. Ce peuple de pêcheurs vécut aussi, et vit encore dans des conditions précaires. Il est souvent menacé par les tremblements de terre, car il demeure un pays ayant un climat rude et un relief hostile. Il possède donc peu de richesses naturelles. Étant constitué d'une série d'îles, il se vit replié sur lui-même. Par étapes successives, il intègre des apports venus d'ailleurs.

Dans les premiers siècles, c'est de la Chine, de la Corée et d'autres pays d'Asie que viennent les nouveautés : la culture irriguée du riz, l'écriture sous forme de *Kanji,* l'architecture, l'urbanisme et le bouddhisme. Lorsque les premiers Européens, principalement des Portugais, arrivèrent au XVIe siècle, les Japonais prirent conscience qu'il exista d'autres civilisations qui maîtrisèrent des techniques plus avancées que les leurs. Puis, s'ensuivirent beaucoup d'échanges culturels, techniques et commerciaux. La période de *Meiji* en 1868, entama de grandes transformations en vue de faire du Japon une grande puissance politique. Les Japonais s'appuient sur les réussites des pays industrialisés pour asseoir leur dépendance économique. Haïti devrait aussi appliquer cette même méthode. Les Japonais sélectionnèrent donc de l'étranger, ce qui put améliorer leur potentiel technique et économique. Ils formèrent du personnel local, capable de prendre le relais des innovations. L'ouverture fut contrôlée. Beaucoup de techniques entrèrent dans le pays, peu en sortirent. Une nouvelle élite dirigeante, des industriels ou des financiers, se substitua à l'ancienne. La culture et les traditions nipponnes comme la valorisation du travail, le dévouement à la Patrie, la discipline, l'organisation sociale, la recherche d'un consensus, se marièrent bien avec les principes capitalistes.

Le pouvoir central joua un rôle clé dans la définition des objectifs et des moyens à mettre en oeuvre. La fiscalité orienta les recettes vers l'investissement industriel. La monnaie se modernisa. Un effort d'instruction de la population éleva le niveau industriel grâce à l'appui de l'école primaire gratuite et obligatoire dès 1871. Un fort contrôle social garantit un climat de sécurité propice au développement socio-économique durable. L'État se substitua à l'initiative privée pour donner l'impulsion de départ. Son domaine d'intervention concerne les infrastructures, mais aussi l'industrie lourde, essentielle pour le reste de l'économie. Les grands groupes, appelés « zaibatsu », firent leur apparition à la fin du XIXe siècle. Ils formèrent les bases d'un tissu industriel, financier et commercial pour lancer le Japon sur le plan économique. Le pays connut un vrai démarrage industriel après la défaite de la Seconde Guerre mondiale. Son économie se modifia profondément, donnant en quelques années, l'image d'un pays moderne à la pointe des technologies. En 1950, 48,3% de la population active du Japon occupe encore le secteur primaire. Si on prend le milieu du 20e siècle comme point de départ, il aura fallu moins de deux générations pour rattraper le niveau de la plupart des pays industrialisés. Ces résultats furent surprenants parce qu'ailleurs, plusieurs générations furent nécessaires pour intégrer les changements liés à l'industrialisation. Deux phases se succédèrent dans l'émergence économique du Japon : La première, dans les années cinquante, résulta de l'augmentation des gains de productivité. La spirale positive des profits s'enclencha.

Dans une seconde période, l'accent fut mis sur le développement du marché intérieur pour offrir des débouchés à la production. Le marché intérieur servit de tremplin aux exportations. La force du Japon fut de miser sur un appareil productif performant. Les transferts de technologies, *le Yen* sous-évalué et le protectionnisme contribuèrent à la croissance de l'offre. Dans un premier temps, le Japon renforça son taux d'investissement, ainsi que les budgets de recherche et de développement qui rejoignirent les plus élevés des pays occidentaux. L'effort personnel et collectif pour ce démarrage industriel alimenta la croissance, sans qu'il y ait encore des retombées sur le pouvoir d'achat.

À partir des années 1960, les gains de productivité se répercutèrent sur les salaires. Une deuxième phase du capitalisme japonais commença, celle où la régulation fordiste prit le relais de l'amélioration de la compétitivité des entreprises. La demande intérieure devint le moteur de la croissance économique. L'augmentation du pouvoir d'achat permit aux Japonais de s'équiper en biens de consommation. Le marché intérieur, très dynamique, devint le laboratoire des grandes firmes nipponnes qui visèrent les marchés mondiaux. Sur le marché intérieur, elles testèrent leurs produits et éliminèrent leurs défauts. Ensuite, elles les écoulèrent sur les marchés étrangers. Les exportations massives créèrent un solde commercial structurellement excédentaire. Durant les années 1960, le PNB (produit national brut) du Japon augmenta à un rythme annuel supérieur à 10%, l'ayant hissé au troisième rang mondial après les États-Unis et l'Allemagne.

Le rattrapage réussit. Les objectifs furent même dépassés. De nos jours, le Japon représente la vitrine de la modernité et de l'industrialisation accomplie. Son développement durable sert de modèle pour de nombreux pays d'Asie. Le capitalisme japonais entra dans une phase adulte. Il grandit plus tard, mais plus vite que les autres. Son économie est bien équilibrée : la production industrielle forme une colonne vertébrale solide et droite. La modernisation de l'agriculture libéra de la main-d'œuvre et augmenta ses rendements. Au début des années 1970, le Japon est devenu le nouveau pôle d'émergence du capitalisme mondial. Il devient donc incontournable. Comment le Sociologue Guy Rocher conçoit-il le développement durable ?

F. LE DÉVELOPPEMENT DURABLE EN TANT QUE CONCEPT

Chapitre VI

6.1 Les concepts du développement socio-économique durable.

Selon le sociologue Guy Rocher, le concept « Développement durable », à l'instar de celui du *Sous-développement*, est une terminologie multidimensionnelle à laquelle, les auteurs attribuèrent diverses interprétations suivant les courants théoriques, politiques ou idéologiques auxquels ils appartiennent. Parfois, ils utilisèrent indifféremment des équivalents, tels que : développement économique, modernisation et industrialisation. Le sociologue Guy Rocher l'assimile volontiers à la modernisation et estime que : cette richesse et aussi cette ambiguïté de la terminologie représentent probablement l'indice de la difficulté qu'on rencontre à cerner une réalité nouvelle, mouvance extrêmement variée en pleine ébullition.

6.1.1 Les conditions de vie de la population.

Les conditions de vie misérables du peuple haïtien ont empiré constamment au cours des dernières décennies, de sorte qu'il se conforme à une situation beaucoup plus précaire que celle qui prévalut au début du siècle. Soumise à un appauvrissement graduel, mais inexorable, Haïti est devenue le pays de la faim par excellence, en attendant de se transformer en foyer de famine. Cette détérioration croissante résulte notamment :

A. De la pression abusive et excessive sur les modiques ressources nationales d'une part, par les économies étrangères dominantes et en particulier celle des États-Unis d'autre part, par les élites politiques, les prélèvements opérés par ces diverses catégories des parties prenantes, difficiles à évaluer, mais en tout cas excessifs, conduisirent à un rétrécissement de plus en plus poussé de la portion congrue à la disposition de la majorité de la population.

B. De l'évolution numérique à la population qui tripla pratiquement en plus de soixante ans, passant de 1600.000 en 1915 à 4584.000 en 1975. Cet accroissement spectaculaire eut pour conséquence de perturber l'équilibre qui se réalisa aux alentours de 1885. Selon l'économiste haïtien Frank Bayard, entre le potentiel économique du pays et son potentiel démographique, il faut entrer Haïti dans une phase de surpeuplement relatif caractérisée par de fortes densités d'occupation du sol, nettement défavorable pour les rendements de l'agriculture. Comme les investissements collectifs n'ont pas suivi un rythme correspondant à l'ampleur de la pression démographique, chaque génération nouvelle se trouve condamnée à une existence plus médiocre que celle que connut la précédente.

C. De la stagnation ou du déclin de la production nationale. Malgré un renforcement considérable des effectifs de la population active, la production agricole a tendu à stagner ou même à diminuer continuellement au cours du demi-siècle, sous l'effet de la structure agraire inadaptée, d'un taux d'investissement productif dérisoire et de la faiblesse des connaissances techniques à la disposition de l'agriculteur. Le pays est réduit à un état de pauvreté extrême qui a pour effet d'assujettir la population à des privations particulièrement dures dans des domaines aussi essentiels que ceux de l'alimentation, de la santé et de l'éducation. Dans les secteurs sociaux avancés où une prise de conscience se développa, cette situation de misère est ressentie avec d'autant plus de vivacité qu'elle contraste avec l'opulence des minorités privilégiées et elle a conduit les dirigeants à recourir à la mendicité internationale alors qu'une gestion plus rationnelle, plus honnête et plus équitable des ressources nationales disponibles aurait permis d'éviter l'ampleur de la faim que connaît Haïti.

Les catégories sociales victimes d'une misère si effroyable sont conduites logiquement à s'efforcer de provoquer le renversement de l'ordre sociopolitique, responsable des conditions inhumaines. Alors qu'à l'étranger, les inégalités extrêmes de répartition des revenus engendrent invariablement des troubles politiques graves, ou une situation de violence révolutionnaire. La persistance du statu quo n'a pas abouti en Haïti à une conjoncture politique explosive. L'explication majeure réside dans la présence américaine qui a toujours contribué à réduire l'ampleur et l'intensité des mouvements sociaux et compromettre les possibilités de déclenchement d'une action révolutionnaire visant à anéantir l'hégémonie des forces politiques traditionnelles, attachées au maintien des structures sociales existantes.

6.1.2 La définition de la croissance socio-économique.

Lorsqu'on parle de la croissance socio-économique, on se réfère en général à une situation dans laquelle, les valeurs de certaines variables macro-économiques, considérées comme importantes, augmentèrent continuellement dans le temps. La croissance est donc un phénomène de longue période, c'est-à-dire qu'elle peut s'échelonner sur plusieurs années ou plusieurs décennies. Cependant, l'augmentation une fois pour toutes, ne peut pas être considérée comme un phénomène de croissance économique. Parler de croissance sous-entend qu'il existe un processus par lequel, les valeurs successives des variables concernées, se génèrent les unes par les autres.

Un processus de croissance économique ne s'identifie pas à partir des concepts directement définis sur plan macro-économique, tels que : le revenu national et l'investissement. Toute activité humaine et tout développement économique proviennent toujours d'un processus intellectuel. Toutes les sociétés, tous les « pays » sont aptes à se développer, car tous les individus ne sont pas capables de s'engager dans des processus de changement. Pour se développer, un pays a besoin de capital et l'on entendra en général par là, un ensemble de moyens matériels, tels que : machines, usines ou moyens de transport. L'accumulation de capital est le résultat des efforts intellectuels qui donne de la valeur aux choses et le résultat de ces efforts, s'appelle : l'Épargne. D'habitude, lorsqu'on prétend écrire les caractéristiques économiques d'un pays et ses possibilités de développement, d'insister sur ce qu'on appelle : ressources naturelles. Le processus de développement économique s'inscrit donc dans la « nature ».

6.1.3 Comment construire l'économie d'un pays.

La marche de l'économie dépend de l'initiative individuelle de chaque agent économique, qu'il soit chef d'entreprise, consommateur, épargnant et salarié. Chacun fait en sorte de maximiser son intérêt et sa satisfaction. Le chef d'entreprise agira dans le but de faire des bénéfices qui lui permettront d'envisager sereinement l'avenir, d'accroître la valeur de son affaire, ce qui renforcera la fidélité de ses actionnaires. Le salarié n'a qu'une envie : progresser dans son emploi pour gagner davantage, avec une activité plus intéressante. De toute façon, c'est le jeu du marché qui fait apparaître la résultante de toutes ses forces. La question est de savoir si l'intérêt collectif est ainsi optimisé. La vérité, c'est que le pouvoir politique peut difficilement intervenir directement dans ce vaste et complexe processus de changement. Avec la mondialisation, les gouvernements ont perdu leur pouvoir sur les entreprises. Dans d'autres domaines comme l'éducation ou la santé, son intervention est certes déterminante, mais elle n'est plus en situation de monopole. Ainsi, dans la plupart des domaines de la vie sociale et économique, l'État ne peut désormais agir que sur l'environnement des divers acteurs. Son objectif est de créer un contexte favorable à la croissance et au partage équitable à la fois géographique et social de ses fruits.

6.1.4 Pékin au cœur du capitalisme mondial.

Faisons un tour à Pékin pour prendre les pouls de la base de son économie. S'il y a un pays dans le monde qui a bien profité de la mondialisation, c'est la Chine. Elle en a tiré non seulement un modèle de développement durable qui lui a permis de sortir de la misère près de quarante millions de Chinois par an, ce qui est la principale vertu du système, mais aussi des moyens financiers considérables, au point de pousser les Occidentaux à reconsidérer certaines des conditions du fonctionnement de l'économie mondiale. Les Chinois ne se soucient pas seulement de faire tourner leur économie, il est donc évident qu'ils ont aussi un projet politique sur le reste du monde. Les pays occidentaux mettent Pékin en garde contre la croissance trop rapide de son économie, contre les risques de la pollution de la planète, contre l'épuisement des ressources, et surtout contre le cours trop bas de sa monnaie qui permet d'adopter ses exportations et d'ajouter à l'avantage compétitif de ses coûts de production très faibles, celui d'une monnaie systématiquement sous-évaluée.

Chaque fois, les autorités chinoises écoutent religieusement, sourient, et clignent les yeux, affirmant enfin qu'ils auraient besoin effectivement d'un retour au calme. Mais, en pratique, les cadences de production augmentent, les chantiers de construction se multiplièrent, les mouvements sociaux sont rapidement réprimés et, la plupart du temps, les Chinois accroissent leur pression économique et financière sur l'Occident. Il arrive que les Chinois répondent aux éclats de voix très médiatisés des Occidentaux par des corrections monétaires, mais elles sont purement symboliques. Ils ont légèrement augmenté leurs taux d'intérêt, ce qui aurait dû avoir favorablement un renchérissement de leur monnaie.

De plus, Pékin fait dire dans les colloques internationaux que les Européens et les Américains sont mal placés pour formuler de telles exigences alors que la croissance chinoise approvisionne les pays occidentaux dont les consommateurs sont toujours aussi gourmands.

De quel droit, protestent-ils ? Devrions-nous abandonner les chances d'un développement économique qui permet aux Chinois de sortir de la pauvreté ? Au nom de quelle morale les Occidentaux viendraient-ils nous interdire les mécanismes de croissance qui ont fait fortune ? Pour lutter contre la raréfaction des énergies fossiles ou le réchauffement climatique de la planète, il doit quand même exister d'autres solutions que la croissance « zéro ».

Depuis très longtemps, les États-Unis et l'Europe utilisèrent la Chine pour faire fabriquer à bas prix une bonne part des produits, tels : les écrans de télévision, les ordinateurs et les tee-shirts. Tout ce qui concerne la vie de tous les jours. La Chine est donc devenue l'usine du monde, et cela permit à une partie de sa population de sortir de la misère. Les Chinois fabriquèrent tellement de produits qu'ils sont devenus très riches. La Chine a accumulé des réserves monétaires considérables les plus importantes du monde. Plus de mille deux-cents milliards de dollars ! Pékin tient là une arme redoutablement puissante. Jusqu'alors, les Chinois s'étaient contentés de placer ces réserves sur les marchés financiers occidentaux en prenant le moins de risques possible : ils achetèrent des bons du Trésor des États-Unis et jouèrent ainsi le rôle de banquiers des Américains en finançant leurs crédits et leurs déficits. Cela ne manqua pas de pain. Mais les choses commencèrent à bouger. Les Chinois, qui possèdent déjà leurs ateliers à Changhaï, peuvent aujourd'hui racheter les sièges sociaux des entreprises sans parler des immeubles à New-York et à Paris. Ils ont aussi décidé de faire évoluer leur politique de placement.

Leurs réserves monétaires pourraient progressivement s'orienter vers des opérations plus risquées, en direction des fonds d'investissement. C'est ainsi qu'ils ont commencé par mettre trois milliards de dollars dans les fonds de Blackstone. Ils ont acquis par ce moyen en 2007 pas moins de 10% de leur capital. Cette petite révolution pourrait donc avoir des répercussions pour les entreprises américaines ou l'immobilier de New York. Les Chinois arrivent donc sur la pointe des pieds. Ils jurent qu'en investissant une partie de leur argent dans des fonds occidentaux, ils s'interdissent de surveiller la politique d'engagement de ces derniers.

Tous les capitalistes de la terre savent qu'un investisseur ne peut pas se désintéresser de l'usage qui est fait de son argent. Les Chinois eux, ont tellement de moyens qu'ils sont à même de prendre des positions clefs dans l'économie occidentale, comme l'ont fait les Japonais il y a plus de cinq ans. Enfin, l'Occident qui rechignait à mettre en place des mécanismes de gouvernance mondiale des règles, des procédures, va accepter de relancer les négociations dans ce domaine.

6.1.5 Les impacts de la pauvreté dans le monde.

Un milliard de personnes avec moins d'un dollar par jour, et un autre milliard avec deux dollars : l'extrême pauvreté touche à une personne sur trois. Dans l'ensemble, la pauvreté a reculé. L'indice de pauvreté extrême est passé de 28 % de la population mondiale en 1990 à 21 %. Ce résultat est du au développement de l'Asie du Sud-Est et notoirement en Chine. En revanche, la pauvreté a augmenté en Afrique et dans les anciens pays communistes de l'Est de l'Europe. En chine, cent trente millions de personnes passèrent au-dessus du seuil d'un dollar par jour. Le récent décollage économique de l'Inde laisse espérer un résultat similaire. Avec une croissance de 4% par an depuis le début des années quatre-vingt, le revenu des Indiens double tous les dix-sept ans. Les revenus moyens en Afrique subsaharienne sont plus bas qu'en 1990. Par exemple en 2001, cette région comptabilisa un accroissement de cent-millions de personnes vivant en dessous du seuil d'un dollar par rapport à 1990. Avec un taux de croissance moyen de 1.2% constaté depuis l'année deux-mil, les habitants des pays africains devront attendre 2012 pour retrouver leur niveau de vie de 1980.

En Europe de l'Est, en Russie et dans les États musulmans d'Asie centrale issus de l'éclatement de l'URSS, le nombre de personnes vivant avec au moins deux dollars par jour est passé de 23 millions en 1990 à quatre-vingt-treize millions en 2001. Depuis 1990, les revenus réels en Russie et dans les ex-pays de l'Est chutèrent de 10%. La réduction de la pauvreté fut plus importante dans les années quatre-vingt que dans les années quatre-vingt-dix. Depuis le milieu des années quatre-vingt-dix, la pauvreté a baissé cinq fois plus lentement qu'entre 1980 et 1996, alors que la croissance économique a été plus vive. Les populations les plus pauvres profitent moins des opportunités de développement durable. La redistribution des richesses produites se fait plus difficilement.

6.1.6 Les écarts de richesse entre les riches et les pauvres : un constat alarmant.

La question de la redistribution des richesses est discutée dans une économie mondialisée. Le constat général est que l'écart entre les riches et les pauvres, est en train de se creuser. En 1990, l'Américain moyen était trente fois plus riche que le Tanzanien. Aujourd'hui, il est soixante-et-une fois plus riche. Ce fait se constate du fait de la différence très importante de croissance du P.I.B des pays émergents qui dépassent les 5% l'an vis-à-vis des pays développés aux taux plus faibles. En réalité, l'écart de richesse est tel qu'une convergence de niveau de vie n'est envisageable qu'à très long terme. Avec un taux de croissance annuel de 5%, l'Inde ne rattrapera les pays riches qu'en 2016.

Par ailleurs, les écarts de revenus initiaux sont trop importants. Une hausse moyenne de revenus de 3% en Afrique ne rapporterait que cinquante-et-un dollars par personne. La même hausse de 3% en Europe amène un gain de huit-cent-cinquante-quatre dollars. Sur le plan mondial, le rapport entre les 10% de revenus plus faibles et les 10% les plus élevés montre un écart évident. Cet écart s'explique aux deux tiers par des inégalités de richesse entre les pays et pour un tiers par des écarts à l'intérieur même de chaque pays.

6.1.7 Le développement durable : Un grand défi pour le tiers-monde.

La durabilité se marie avec la perpétuité des changements et l'adaptabilité. C'est là un paradoxe et une ambiguïté dans les pays tiers-mondistes. En effet, le terme « Développement » est une notion extrêmement dynamique, non linéaire, discontinue et elle s'oppose résolument au terme « durable ». Pourtant, le développement durable n'est possible et envisageable qu'au travers de la notion de changement, sans quoi, les discours resteront éternellement déconnectés de la réalité. Dès lors, on admet que le développement durable consiste à avoir en permanence une alternative aux actions engagées, à fuir le linéaire établi.

Par ailleurs, le développement durable doit nécessairement être local du fait du manque de gouvernance tout aussi nationale qu'internationale, alors que le concept de développement exige un régime démocratique participatif au travers de l'appropriation de ce développement. À travers l'information, la déconnexion avec le local, est démontrée par la latence excessive maintes fois avérée de la capacité de réactivité nationale et internationale, face aux problèmes contemporains et par l'inertie des États à s'accorder pour agir.

Le développement durable est une affaire à traiter avec une approche très transversale ; les acteurs gouvernementaux, les industriels, scientifiques, institutionnels ou citoyens doivent s'approprier les informations, mais également les transmettre et les partager. Or, une seule organisation horizontale peut permettre de contourner les blocages dus à la verticalité des structures. L'espoir réside dans les nouvelles technologies, outils merveilleux, à condition toutefois de s'affranchir au préalable du danger, du manque d'insertion contextuelle et culturelle du progrès au sein même des collectivités. Ce rôle doit être mené par les instances gouvernementales pour assurer l'accès à ces commodités pour tous, ainsi que leur bon apprentissage. Cependant, d'autres sujets comme la justice nécessitent bel et bien une gestion verticale pour assurer la cohérence de l'ordre. Le développement durable naît donc d'une inspiration et d'une aspiration personnelle.

6.1.8 Les blocages de la structure économique et sociale.

Les effets de l'intervention de l'armée dans la vie politique débordent la structure politique proprement dite pour s'étendre à la dynamique et à l'ensemble du système social. Ils s'intéressent à la fois à la nature et à l'orientation. Par son action sur le mécanisme de recrutement de dirigeants politiques (coups d'État militaires, gouvernements provisoires, élections fictives ou truquées). L'institution des forces armées a tendance à favoriser l'émergence de leaders de type nationaliste, incapables d'amorcer les réformes fondamentales qu'exige l'évolution économique et sociale. Soucieux avant tout d'assurer la pérennité de leur pouvoir, les gouvernants ne peuvent se résoudre à mettre en branle des informations radicales qui exposent l'existence du même régime à des risques politiques graves. Par conviction ou opportunisme, ils s'attachent au statu quo, dont la défense qui conduit inexorablement aux formes extrêmes de dictature personnelle. Par contre, le comportement politique de l'armée entrave l'action des forces démocratiques et progressistes qui se heurtent à l'incompréhension et l'hostilité de l'organisation. Aucun leader de gauche n'a bénéficié du soutien du corps qui n'a que trop tendance à voir en tout réformateur un ennemi de l'ordre social dont le militaire se porte garant. La bête noire de l'armée, fidèle en cela à l'empreinte du régime d'occupation, est bien le nationaliste favorable aux transformations politiques, économiques et sociales indispensables au développement de la société haïtienne.

En raison de l'appui décisif de l'armée aux forces conservatrices, les tendances progressistes ne parviennent pas à se développer et à se dégager. Elles conservent une vocation minoritaire. L'omniprésence de l'armée bloque la constitution et le développement des forces politiques nouvelles, particulièrement les étudiants et les ouvriers. Les éléments d'avant-garde de l'intelligentsia se trouvent empêchés d'organiser la masse paysanne et de la mobiliser contre la domination et l'exploitation cruelles auxquelles, elle est assujettie.

6.1.9 La situation sociale paysanne en Haïti.

La situation sociale des paysans haïtiens dépend directement de leur place dans la structure socio-économique. Aussi représentent-ils la classe la plus dominée, celle dont la quasi-totalité des membres est la plus pauvre du pays. Malgré les liens multiples qui les attachent à la terre, la plupart des surfaces cultivées appartiennent à une minorité dominante comprenant des notables de la ville ou du bourg, quelques riches paysans (petits-bourgeois), des ministres, des députés, des spéculateurs, des avocats, notaires et des hommes d'affaires. La majorité ne procède que des parcelles qu'elle travaille pour le compte de ces grands propriétaires. De plus, l'érosion, la sécheresse et la situation socio-économique des citoyens sont autant de facteurs qui aggravent la situation de la classe moyenne. Et, nombreuses sont les régions qui sont souvent touchées par la famine. Ce sont les grands propriétaires et les exportateurs de denrées agricoles qui se trouvent être les principaux bénéficiaires du régime agraire. Possédant la terre, ils occupent une position dominante dans le monde rural. Ne sachant ni lire ni écrire, et ne possédant aucune organisation de défense de leurs intérêts, les paysans sont entièrement assujettis et exploités par les classes supérieures, d'autant plus qu'une partie des grands propriétaires se situent directement au sein des appareils du pouvoir étatique.

6.1.10 Le filtrage sociopolitique.

Les limites structurelles ne sont point infranchissables, ces individus peuvent changer de situation et connaître ce qu'on appelle : « Un transfert de classe ». Ainsi à travers les structures économiques, politiques et idéologiques, notamment à l'École et à l'Université, un mouvement complexe d'ascension sociale s'accomplit. Ce mouvement au bout duquel, apparaissent les deux fractions bourgeoises dominantes et plus particulièrement les sommets de l'État, constitue un véritable filtrage sociopolitique au sein de la société. La bourgeoisie politico-administrative connaît, en raison du jeu et de la lutte politique, un dynamisme interne lié entre autres, pour beaucoup de ses membres, aux nominations et révocations touchant aux organismes supérieurs de l'État. Celle-ci formant avec la bourgeoisie politico-administrative une unité de domination, il importe pour que cette unité ne se désintègre pas ou encore ne connaisse pas des tensions internes. Le filtrage sociopolitique à la limite des classes dominées représente un phénomène conscient.

6.1.11 La tradition du *caudillisme*[1] en Amérique centrale.

Le Caudillisme se développa partout en Amérique centrale où les chefs militaires qui aspirèrent à prendre les rênes du pouvoir, dans la tradition du 19ᵉ siècle et par pure ambition personnelle. Ce fut notamment le cas du général Raphaël Léonidas Trujillo Molina en République dominicaine (1930), du général Anastasio Somoza au Nicaragua (1933), du général Rubén Fulgencio Batista y Zaldívar à Cuba (1933) et du général Paul-Eugène Magloire en Haïti (1950). Si l'on ne retient que le cas haïtien, on observe que l'intervention militaire des États-Unis en 1915, eut pour effet, de façon paradoxale, d'accentuer les tendances au caudillisme après avoir assuré dans un premier temps, la primauté du pouvoir civil en portant des coups décisifs aux régimes d'Administration militaire par la primauté mise en place dès la conquête de l'indépendance nationale à l'aube du 19ᵉ siècle. Victorieux du corps formidable expéditionnaire français, les chefs de l'armée indigène instaurèrent un état militariste en se caractérisant par l'hypertrophie du pouvoir militaire, libre de mobiliser la puissance des armes de guerre à sa disposition.

---

[1]**Caudillisme** : *Cette doctrine s'est développée en Amérique latine au cours du XIXᵉ siècle. C'est un ensemble de gouvernements dictatoriaux et totalitaires qui s'arrangent pour conquérir leur pouvoir par violence et par voies électorales truquées. Ils dirigent surtout en Maîtres et Seigneurs.*

Dès l'invasion et l'occupation du territoire national par un contingent du *Marine corps,* ce dernier modifia de fond en comble, la répartition des rôles au sein du système politique. Les autorités américaines abolirent le champ de bataille comme voie d'accès royal au pouvoir et imposèrent la stricte application de la règle de la suprématie du pouvoir civil, avec pour corollaire la soumission du militaire. Désormais, les gouvernements ne purent être que des régimes civils, instaurés en conformité avec des mécanismes constitutionnels et électoraux.

La démilitarisation de la présidence de la République, du gouvernement et de l'administration publique, alla de pair avec la constitution d'une gendarmerie nouvelle, qui se substitua à l'armée et la police, deux entités dissoutes par le gouvernement de l'ex- Président haïtien, Sudre Dartiguenave. Placée sous le commandement américain et bénéficiaire d'un traitement particulier, cette force publique à structure militaire se vit confier des fonctions administratives multiples dont l'exécution absorba près du tiers du budget des dépenses publiques. L'importance des attributions de la gendarmerie, qui disposa dans chaque circonscription territoriale d'un pouvoir qui l'emporte fort souvent sur celui des autorités civiles, dut aboutir à la résurgence d'un caudillisme encore plus virulent dès le retrait du corps expéditionnaire américain en 1934. À partir de 1946, Haïti fut secouée par de multiples coups d'État militaires dirigés contre le pouvoir civil.

6.1.12 Les différentes périodes de crise sociopolitiques en Haïti.

La crise de 1946 s'ouvrit avec la chute de l'ancien Président Élie Lescot, qui marqua l'accession des militaires sur la scène politique. L'intervention du 11 janvier 1946 se produisit dans la foulée du soulèvement insurrectionnel dont l'initiative revint à des étudiants en grève et qui s'élargit à d'autres secteurs de la société politique, en particulier aux classes moyennes noires et aux forces populaires urbaines. L'armée confisqua le pouvoir et imposa son arbitrage à l'ensemble des groupements politiques multiples et hétérogènes. Chacun voulut assumer la responsabilité des affaires publiques en tant que représentant des intérêts du peuple. Elle se chargea de la gestion des problèmes de la transition vers l'instauration d'un gouvernement constitutionnel.

Organisées le 12 mai, les élections législatives furent suivies, le 16 août, par la désignation du Président de la République par l'Assemblée nationale pour six ans, sous la bannière de la constitution de 1932 qui fut remise provisoirement en vigueur. Le choix du Corps législatif se porta sur l'ancien Président Dumarsais Estimé. Cette première ingérence de l'armée favorisa certainement l'inflexion du régime politique autoritaire dans un sens libéral. Elle eut aussi pour conséquence, la dévolution du pouvoir à une fraction de la classe moyenne animée par l'intelligentsia noire, qui se substitua aux représentants de l'oligarchie au teint noir. L'arrivée au pouvoir de l'ancien Général Paul-Eugène Magloire le 6 décembre 1950, ne modifia pas l'emprise de la classe moyenne noire sur l'appareil d'État. On note un retour aux pratiques répressives du régime politique traditionnel ainsi que l'accroissement des avantages que le système économique réserva à la bourgeoisie haïtiano-étrangère.

6.1.13 La crise de 1956.

Cette crise qui s'amorça avec la chute du gouvernement de l'ancien Président Élie Lescot eut pour origine la confiscation du pouvoir qui se produisit lorsque l'ex-Président Magloire, ayant refusé d'organiser l'élection de son successeur, fut obligé d'abandonner ses fonctions en décembre 1956, sous la pression de certains cadres militaires. Succédant à une pléiade de gouvernements provisoires civils, l'armée d'Haïti menée par le général Antonio Thrasybule Kébreau, s'installa au pouvoir le 14 juin 1957 et accorda l'investiture à François Duvalier par le biais des élections présidentielles truquées. Le nouveau chef de l'État prêta alors serment le 22 septembre 1957 et instaura un régime dictatorial à caractère héréditaire dont l'existence se prolongea presque sur une trentaine d'années, grâce en particulier au soutien de l'armée et le macoutisme qui furent alors asservis au pouvoir. Récusant tout rôle protecteur à l'égard de la population, l'appareil militaire s'affirma la pièce essentielle du dispositif de la répression, à côté de la milice civile, du corps des gardes champêtres (chefs de section rurale). Les formes violentes de l'action politique (arrestations arbitraires, assassinats et persécutions) connurent alors une intensité et firent plusieurs milliers de victimes au sein de la population. Les mesures exceptionnelles adoptées par le gouvernement dictatorial pour se maintenir au pouvoir conduisirent à l'anéantissement de tout édifice constitutionnel de la République. L'État de droit s'effondra, les institutions politiques et administratives se délabrèrent, aucun respect de la vie sociale et économique ne fut observé.

6.1.14 La crise de 1986.

Après la déposition du dictateur Jean-Claude Duvalier le 7 février 1986 ; les chefs militaires qui se succédèrent au pouvoir, à savoir les généraux : Henri Namphy et Prosper Avril et Raoul Cédras, s'employèrent à entraver la transition vers un régime démocratique. Très liés à la fois à l'administration (C.I.A, Pentagone et Département d'État américain) et aux diverses oligarchies nationales qui ne se termineront que le 7 février 1991 avec l'installation d'un gouvernement constitutionnel issu des élections régulières qui portèrent l'ex-Président Jean-Bertrand Aristide au pouvoir. Dès le 30 septembre 1991, le général Raoul Cédras, chef de l'armée d'alors, mit un terme brutal à la phase de démocratisation en cours en prenant la tête de la rébellion militaire qui renversa l'ex-président Jean-Bertrand Aristide. Faute de pouvoir déboucher sur une élection présidentielle, ce renversement aboutit à une impasse aux conséquences graves, intenables, voire même catastrophiques.

Au cours de la période de 1986, l'armée apporta un soutien actif aux régimes de la dictature militaire réduits à se verser dans le terrorisme, dans la tradition du Duvaliérisme. Pour sauvegarder l'essentiel des structures existantes, l'appareil militaire se livra à un véritable génocide en tuant sans pitié hommes, femmes et enfants. Devant les exactions des forces de l'ordre, des milliers de citoyens furent obligés de fuir vers la campagne ou de prendre la mer en direction des États-Unis sur les embarcations de fortune. La répression atteignit surtout les partisans de l'ex-Président Jean-Bertrand Aristide et les militants du secteur démocratique. D'une sauvage brutalité, elle souleva donc l'indignation de la société civile, la diaspora et de la communauté internationale.

De son existence à sa destitution, l'armée joua un rôle primordial dans l'endiguement des aspirations nationalistes ainsi que des revendications du mouvement démocratique. Ce rôle fut d'ailleurs conforme à la convocation historique de l'institution militaire qui fut définie par la tutelle américaine : servir de bouclier et de force de frappe aux minorités dirigeantes qui furent essentiellement des conservatrices. Le principal portier du régime politique instauré en 1915 par le protectorat des États-Unis, à savoir l'armée, fit montre d'une continuité stupéfiante dans son hostilité à tout changement politique et social. Elle resta donc figée dans ses orientations traditionnelles. Rester figée veut dire qu'il n'y eut pas de développement socio-économique, c'est-à-dire aucune des cinq phases de développement ne pouvait être appliquée. À propos, voyons comment le sociologue Guy Rocher définit ces cinq stades.

6.1.15 La définition des cinq stades de la croissance économique.

a) La société traditionnelle.
La société est caractérisée par une technologie à l'âge pré newtonien et en conséquence, par une productivité plafonnée.

b) Les conditions préalables au démarrage.
Selon le Sociologue Guy Rocher, pour qu'un processus de développement s'engage à l'intérieur d'une société traditionnelle, il faut qu'y apparaissent certaines conditions et certains facteurs indispensables à ce démarrage. « D'après le Sociologue, le progrès économique peut être axé principalement sur le bien-être général, la fierté nationale ou le profit personnel, l'instruction concourt à développer de nouveaux besoins et de nouvelles aspirations, par

exemple, des entrepreneurs mobilisent l'épargne au service d'entreprises privées ou publiques; les banques et autres institutions financières font leur apparition; les institutions s'accroissent; certaines entreprises industrielles sont lancées; le commerce s'étend à l'intérieur du pays; un pouvoir politique central s'établit sur la base des coalitions qui favorisèrent un nouveau sentiment nationaliste. Cela peut constituer une étape de transition entre la société traditionnelle et le stade suivant; ces changements sont pourtant limités à un secteur restreint de la population et de l'activité économique, à l'intérieur d'une société qui demeure traditionnelle ».

c) Le démarrage
Le sociologue Rocher a fait savoir que le démarrage est la période critique, le point décisif qui va marquer la différence entre la société traditionnelle et la société développée. Le démarrage suppose que les forces favorables à l'expansion économique, mise en place dans la phase précédente, ne restent pas une enclave à l'intérieur d'une société traditionnelle, mais s'étend et gagne toute la société.

d) La maturité
La maturité se caractérise principalement par la diversification de la population industrielle. Dans la phase précédente, l'industrie ne peut encore se développer que dans certains secteurs de production, en particulier dans les secteurs de base. Selon Walt Whitman Rostow, la maturité économique est atteinte une quarantaine d'années après la fin de la période de démarrage.

e) La consommation de masse.
La phase de consommation de masse est marquée par l'élévation générale du niveau de vie pour l'ensemble de la population, l'augmentation des cols blancs et des travailleurs qualifiés dans la main-d'œuvre, l'accroissement des investissements consacrés à la sécurité sociale, au bien-être et à la santé.

6.1.16 La place des pays en voie de développement.

D'après Rostow, les pays en développement sont de toute évidence, ceux qui se situent dans la deuxième et la troisième étape. La plupart des pays se trouvent dans la deuxième phase, celle de la mise en place des conditions qui permettent ensuite le démarrage. C'est-à-dire que ces pays traversent une étape de transition, que les conditions favorables à leur croissance économique demeurent limitées et que de nombreux obstacles devront encore être franchis.

6.1.17 L'industrialisation et le développement économique.

L'industrialisation est la recherche d'une productivité constamment croissante du travail par l'innovation technique et par l'organisation rationnelle de la main-d'œuvre. Le développement socio-économique pour sa part, consiste dans l'utilisation des différents facteurs économiques en vue d'élever le revenu national, de hausser le niveau de vie général de la population d'un pays ou d'une région et de favoriser le bien-être général. Le développement socio-économique suppose des investissements de capitaux, la mise en place de systèmes bancaires et d'institutions financières, la création de moyens de transports et de communications, divers services publics, un régime fiscal et des mesures de sécurité sociale.

6.1.18 Le développement ou la modernisation.

La modernisation suppose la totalité des actions entreprises pour orienter une société vers la réalisation d'un ensemble ordonné de conditions de vies collectives et individuelles, jugées désirables par rapport à certaines valeurs. La notion de modernisation ou de développement global fait nécessairement appel à des jugements normatifs et à un ordre de valeurs. L'économiste peut considérer le désir d'une élévation du niveau de vie comme une donnée. Pour le sociologue Guy Rocher, ce désir se rattache à un ordre de valeurs dont il est fonction. Selon lui, toutes les sociétés humaines n'ont pas également valorisé l'élévation du niveau de vie et ne lui ont pas accordé une même importance. Ainsi, le contenu de l'éducation peut être conditionné par les exigences de l'industrialisation et du développement socio-économique ; mais il est aussi orienté par certaines qualités humaines, par une image de l'homme idéal, qui exprime une hiérarchie de valeurs.

Dans cette perspective des valeurs, chaque société est un sous-système dont le système global est la société internationale. Ce peut être dans le système plus vaste que chaque société puise les valeurs dont elle s'inspire ; ou encore, chaque société peut mesurer son développement en se référant aux « plus modernes », ou encore à des sociétés considérées comme des modèles « plus valables ». Le développement apparaît comme la recherche d'un équilibre jamais atteint, ou encore la solution des tensions toujours renouvelées, entre différents « secteurs » de la vie sociale et humaine. Dans la société moderne, le progrès moral de l'homme n'est pas égal au progrès technique et la culture populaire est en retard sur les techniques de communication de masse. De telles expressions d'opinions révèlent non seulement d'un ordre de valeurs, mais aussi le besoin d'une sorte d'« harmonie idéale » que devrait pouvoir réaliser une société parfaite, suivant une certaine définition normative de l'homme. Le développement socio-économique ou l'industrialisation s'applique aussi bien aux pays dits développés ou industrialisés autant qu'aux pays en voie de développement. À la lumière de ces définitions, il n'y a pas de pays développés dans l'absolu, c'est-à-dire qui aurait atteint un stade final de développement. Les processus de développement se retrouvent dans toutes les sociétés qui connaissent au moins une certaine forme d'industrialisation.

Le Sociologue Rocher croit enfin que le développement ou la mondialisation a un sens plus large, plus compréhensif que le

développement socio-économique et l'industrialisation qu'il englobe. Pour l'économiste brésilien, Celso Monteiro Furtado, l'idée de développement possède au moins deux dimensions importantes, que voici :
- Celle de la satisfaction des besoins élémentaires de la population.
- Celle de la réalisation d'objectifs auxquels aspirent les groupes dominants d'une société et que rivalisent dans l'utilisation des ressources rares.
Quant à l'économiste français, Serge Latouche, « la notion de développement demeure très proche de celle de la civilisation. Il s'agit plus du domaine socioculturel, que du seul point de vue économique ». Georges Canguilhem, Médecin et Philosophe français, estime que le concept de développement lié à une opposition pertinente à celui de croissance apparaît comme la transposition métaphorique à l'organisme socio-économique d'une conception évolutionniste empruntée à la Biologie. La représentation du développement et du sous-développement reste marquée de façon indélébile par cette origine. Lambert, de son côté, affirme que : le développement ne se résume pas à la simple croissance économique, pour être authentique, il doit être intégral, c'est-à-dire promouvoir tout homme et tout l'homme.

Le Philosophe, Économiste et haut fonctionnaire de l'UNESCO, Edgar Montiel, pense que « le développement » n'est plus conçu comme devant être une course au rattrapage sur le plan économique, des nations plus favorisées, conception de qui, a prévalu jusqu'à un passé récent, mais bien comme une mise en oeuvre des potentialités propres des sociétés en développement en plus d'une exigence de répartition plus juste des richesses sur le plan national et international. Par cette action, le développement intégré débouchera sur le droit à l'expression des valeurs de civilisation issues de l'histoire et des situations sociales spécifiques des sociétés émergentes sans renier les apports fécondants issus d'autres aires culturelles. Certaines formes d'authenticité sont désormais revendiquées comme les facteurs de développement. Le concept de développement a des visions différentes telles que: « mal développement, développement solidaire, autocentré, endogène, communautaire, intégré, authentique, autonome, populaire et socialiste ». Le développement est un phénomène structural global, un processus difficile et long par lequel, les pays sous-développés doivent opérer un ensemble de transformations et mettre en place une panoplie de mécanismes, leur permettant de s'aventurer progressivement, aux graves problèmes de la faim, de la santé, du logement, de l'analphabétisme et de la très mauvaise répartition des richesses, c'est-à-dire les conditions infrahumaines dans lesquelles, vit l'immense majorité de leur peuple.

6.1.19 Les étapes historiques de la croissance économique.

D'autres auteurs très proches des économistes keynésiens, sur le plan idéologique et méthodologique, prirent le contre-pied de la théorie de la croissance économique. Ils commencèrent par étudier les caractéristiques générales des économies sous-développées à partir desquelles, ils élaborèrent leur stratégie du développement. Parmi les plus célèbres : Arthur Lewis qui les considère comme des économies où il existe un excédent généralisé de main-d'œuvre. Quant à l'Économiste Walt Whitman Rostow, le développement est une succession d'étapes ayant été jugée trop mécanique et trop simpliste par les théoriciens de la dépendance qui reprochent aux représentants de cette école de décrire seulement les différentes étapes sans faire montre d'aucune capacité analytique pour expliquer le passage d'une étape à une autre.

6.1.20 Les modèles de développement socio-économique durable.

La problématique de développement fut au centre des principales préoccupations des différentes idéologies, de différentes écoles qui marquèrent le déroulement, élaborèrent sa théorie et définirent sa stratégie de développement. Aussi, il faut affirmer que la typologie des courants économiques se base en grande partie sur leur approche de cette problématique.

6.1.21 La théorie de la croissance économique.

Certains auteurs considèrent le développement comme un processus de croissance. Pour eux, le degré de développement d'un pays s'exprime en fonction de son taux de croissance. De ce fait, ils choisirent le revenu per capita comme idéal pour déterminer le niveau et le rythme de développement d'une société. À partir de ce critère très contesté par les théoriciens marxistes, ils établirent une typologie en fonction de laquelle, certains pays sont considérés développés, et d'autres, sous-développés, selon que leur revenu par habitant est supérieur ou inférieur à un chiffre qu'ils établirent arbitrairement. Et, certains auteurs subirent en grande partie, l'influence des théories macro-dynamiques modernes.

6.1.22 Le processus de changement structurel et global.

À partir des recommandations de la commission économique pour l'Amérique latine (CEPAL), de nombreux pays latino-américains élaborèrent des programmes de développement qui auraient dû leur permettre de sortir du cercle vicieux du sous-développement. Ils investirent dans le domaine de l'industrialisation et de l'infrastructure. Alors que dans certains cas, on assista même au blocage du processus d'industrialisation et de croissance économique de ces pays, sans oublier le cauchemar de leur endettement chronique, ce qui conduisit certains auteurs à parler de « mal développement » ou du « sous-développement ». Maintenant, regardons comment l'économiste Carl Max a analysé le développement socio-économique durable.

G. COMMENT CARL MARX A-T-IL VU LE DÉVELOPPEMENT ?

Chapitre VII

7.1 Le développement au centre de l'analyse théorique de Carl Marx.

Carl Marx, Économiste et homme politique allemand, estima que le système devient un obstacle à l'expansion des forces productives, sous l'action de la loi générale du processus historique et d'une situation révolutionnaire, des contradictions, surgira dialectiquement, enfantera le développement à un rythme supérieur à ce qu'on connut, leurs successeurs s'en chargeront et s'attelleront à l'élaboration d'une théorie et d'une stratégie de développement qui permettrait aux pays sous-développés de briser le cercle infernal de la domination et de l'exploitation capitalistes de se développer. Certains théoriciens marxistes soutinrent que le sous-développement est en grande partie, le produit de la domination et de l'exploitation exercé par les puissances impérialistes sur les pays d'Afrique, d'Asie et d'Amérique latine. À partir de là, ils formulèrent des recommandations qui devraient permettre aux pays sous-développés d'accéder au développement socio-économique.

7.1.1 Le profil de l'échange commercial d'Haïti vers les années 1800.

Revenons à Haïti, en 1822 et 1823, Haïti se classa au septième rang des clients des États-Unis avant le Brésil, l'Italie, la Russie et le Portugal, qui furent respectivement huitième, neuvième, dixième et onzième. En 1939, sous le gouvernement de Sténio Vincent, les exportations d'Haïti vers les États-Unis se chiffrèrent à $ 2 .347 556 et les importations atteignirent $ 1815 212. Les importations de toutes les Antilles anglaises pendant la même année totalisèrent $ 1.815 217 et les exportations furent estimées à $ 1.522 347 laissant ainsi une balance favorable pour Haïti de plus de $ 500.000. Cette même année, 1839, Haïti exporta aux États-Unis plus de marchandises que toutes les nations européennes à l'exception de la Grande-Bretagne, de la France et presque autant que la Russie. Ce fut remarquable si l'on considère que la population des États-Unis fut vingt fois celle d'Haïti et cependant son commerce ne fut seulement que vingt-sept fois plus important.

Cependant, depuis le début du XXe siècle, la nation haïtienne resta dans l'immobilisme en ce qui concerne le changement. Le pays s'épuisa dans les guerres civiles sans fin et menaça de sombrer dans l'anarchie. Le destin d'Haïti sembla fixé, elle ne saura plus s'insurger contre l'inéluctable extension des États-Unis, ce qui résulta en 1915, l'occupation américaine de son territoire. Lors de cette occupation, on avait l'impression que cela pouvait entraîner le développement durable en Haïti, fatigué de la guerre civile et des despotismes gouvernementaux, on accepta de ravaler son orgueil patriotique et l'on parla alors de collaboration loyale, mais temporaire, convaincu que la condition indispensable du progrès social, est l'ordre dans la liberté et qu'une telle condition ne pouvait se réaliser que par l'établissement d'un gouvernement réellement démocratique.

Du point de vue politique, la gestion américaine fut despotique, dans la loi martiale, avec l'imposition de deux Présidents et la concentration de tous les pouvoirs dans les mains du haut commissaire américain. Après la dissolution des chambres législatives, le pouvoir exécutif, aux mains du haut commissaire, s'exerça avec l'aide d'un conseil d'État dont les membres furent nommés par lui et qu'il révoqua à son gré ; l'inamovibilité des juges fut abolie, le pouvoir judiciaire changea à sa fantaisie, suivant les besoins de sa politique personnelle. La liberté de la presse n'exista pas et les journalistes furent emprisonnés. La gendarmerie qu'il mit en place fut aussi brutale que les marines, elle coûta 15% du budget. On évalue le nombre de morts pendant la guerre des Cacos de Charlemagne Péralte à dix millions, ce qui est probablement davantage que toutes les révolutions haïtiennes réunies.

Du point de vue social, l'occupation provoqua l'exaspération des antagonismes sociaux, pour s'être ouvertement appuyée sur l'élite mulâtresse au détriment de l'élite noire. Le mépris de l'occupant allait jusqu'à interdire le club américain aux Haïtiens. Même Marshall citoyen américain, mais homme de couleur, qui servit dans l'armée américaine au grade de capitaine, pendant ses six ans en Haïti comme employé de la légation américaine, n'en avait jamais franchi le seuil. De là, on peut comprendre l'extrémisme du racisme, et comment les Noirs ont été marginalisés du cercle purement blanc.

D'autre part, pendant l'occupation américaine, l'éducation ne reçut aucun support, les augmentations de taxes pesèrent très lourd sur la population, le standard de vie de l'Haïtien n'augmenta pas, « industrie » commerce, tout fut aux abois. C'est à ce moment que débuta le cycle des périples migratoires des Haïtiens, d'abord vers les champs de canne de Cuba, avant de déborder la Caraïbe vers l'Amérique du Nord, notamment aux États-Unis et au Canada. Les compagnies américaines cependant, favorisées par l'occupant, firent des affaires d'Or avec Haïti, telles : la SHADA, la J.J White, la Standard Fruits, la HASCO, la *Haïtien Americain Development Corporation*, la Banque Nationale et la compagnie McDonald. La Compagnie électrique fit payer trois fois plus le Kilowatt en Haïti qu'à Porto-Rico, à Cuba et en République dominicaine.

Du point de vue économique, si l'on ne peut pas dire que l'occupation a précipité la ruine d'Haïti, on peut certainement affirmer qu'elle n'a rien fait pour l'arrêter, encore moins pour l'empêcher, contrairement aux attentes de la population. Les résultats chiffrés sont là et se passent des commentaires. En 1925, le commerce extérieur d'Haïti atteignit seulement $ 39 644 000, soit pour l'exportation $ 19 404 000 et pour l'importation $ 20 238 000. La France acheta pour $ 12.300 000 et vendit à Haïti pour seulement $ 1 360 000. Les États-Unis n'achetèrent d'Haïti que pour $ 2 300 000 et lui vendirent pour $ 15 568 000.

En 1933 et 1934, le commerce d'Haïti atteignit, seulement $ 19 449 000. Ces chiffres montrèrent avec éloquence l'importance de la détérioration globale du commerce haïtien sous l'occupation, le déséquilibre de la balance commerciale entre Haïti et les États-Unis. The Year Book du département du commerce publié en 1935 place Haïti avant les douze pays latino-américains pour son commerce extérieur pour l'année 1911 à 1912. Ce fut donc sous l'administration américaine, avant l'occupation d'Haïti.

7.1.2 Haïti sous l'occupation américaine de 1915 à 1934.

Si nul ne peut contester la réalité du prétexte qui amène les États-Unis à intervenir en Haïti, personne non plus ne peut sérieusement mettre en doute qu'il s'agissait ni plus moins que d'un prétexte. Sur le plan géopolitique, Haïti cessa d'occuper une position telle que le monde entier puisse se désintéresser des remous de sa politique intérieure, comme cela fut le cas pendant la plus grande partie du XIXe siècle, lorsque la Caraïbe apparaissait encore comme une plaine du Cul-de-sac, éloignée des points névralgiques où se jouait le destin de la planète. Mais désormais avec la poussée des États-Unis vers le golfe du Mexique, la Caraïbe, cette « Méditerranée américaine » fit figure aux yeux des Américains de la « zone de sécurité » voire même de frontière avancée.

À l'issue de la guerre hispano-américaine de 1898, l'Oncle Sam s'installa en position de force à Cuba et à Porto-Rico. Dès ce moment, en remplacement de la piastre espagnole, le dollar américain devint la monnaie internationale de référence de toute la Caraïbe. Enfin, à partir de 1914, l'intérêt stratégique de la région se fit plus évident encore compte tenu de l'ouverture du canal de Panama, reliant l'Atlantique au Pacifique, ce qui fut d'une importance stratégique incalculable. C'est ce qui explique les interventions américaines en Haïti en 1915 d'abord, puis en République dominicaine de 1916 à 1924. Pour Haïti, l'imposition du protectorat américain marqua donc le terme d'un long siècle où le repli sur soi, tint lieu d'indépendance, indépendance que l'incapacité et la stérilité des querelles de « l'élite » échoua définitivement à s'asseoir dignement sur la scène internationale.

Quant aux États-Unis, la nécessité dans laquelle, ils se trouvent d'intervenir en dehors de leurs frontières, va désormais contraindre à déguiser leur politique extérieure. Les Américains ne peuvent pas se permettre de se présenter partout comme les champions des colonisations, et simultanément de remettre carrément sous tutelle ces pays remuants de la Caraïbe, à l'indépendance avortée. C'est pourquoi il leur faut agir avec diplomatie, et déguiser leurs interventions militaires et humanitaires se destinant à apporter à ceux qui en sont privés les biens de la civilisation et du progrès. Après avoir rétabli l'ordre, les Américains s'efforcèrent de faire évoluer la réalité haïtienne vers quelque chose qui ressemble davantage à une nation moderne. Au moment du retrait des soldats américains en 1934, le moins avisé des observateurs, pouvait déjà se rendre compte que pour ce qui fut de la normalisation d'Haïti, les intentions de l'occupant n'avaient guerre été couronnées de succès.

Au début de l'intervention américaine, on procéda au désarmement général de la population, même si celui-ci ne fut obtenu qu'au prix certain nombre d'affrontements sanglants dont les Cacos (milices paysannes haïtiennes) payèrent généralement les frais. Néanmoins, par ce désarmement, il y eut l'introduction en Haïti d'un élément de paix civile que les populations paysannes des régions autrefois gravement affectées par le cacoïsme, ne cessèrent de faire savoir aux Américains : ce qu'ils pensèrent des raisons de leur intervention ainsi que de la façon dont ils menèrent les opérations militaires. N'importe quel litige opposant entre eux les « grands dons » ne se traduit plus par des affrontements des bandes armées semant uniformément la destruction et la désolation dans les populations qui se trouvèrent sur leur passage.

À l'actif de l'occupation américaine, il convient également d'inscrire la mise en place en Haïti d'un embryon d'armée nationale, suffisamment préparée et institutionnalisée pour qu'à défaut de pouvoir s'en emparer pour en faire sa chose. Le revers de la médaille étant évidemment que dans la mesure où elle va se découvrir des raisons de croire qu'elle incarne la continuité et la légitimité nationale. Cette armée s'arrogea désormais le droit d'intervenir dans le destin du pays, chaque fois qu'elle estima que celui-ci s'écarte de la voie tracée aux peuples du continent par la politique et l'efficacité militaire, définies par les États-Unis. La construction de cette armée fut donc une réussite pour les Américains, puisque dans ce domaine le résultat de leur action se révéla conforme à leurs intentions.

En revanche, si à l'origine le projet de l'intervention américaine fut sincèrement de contribuer au sauvetage économique du pays par une modernisation de son infrastructure et par une réactualisation de ses modes de production, il faut bien dire que sur ce plan, l'insuccès fut total. Bien qu'ayant laissé le triste souvenir de gardes-chiourme encadrant militairement des escouades de prisonniers commis de force à l'entretien des routes, les Américains ne léguèrent finalement au pays qu'un réseau routier sensiblement peu amélioré par rapport à l'état lamentable dans lequel, ils l'avaient trouvé. Quant au chemin de fer, il ne vit le jour que dans des propositions bien inférieures au projet initial : seule existera en fin de compte, une ligne Port-au-Prince vers Saint-Marc qui fonctionnait encore il y a quelques années, jusqu'à ce que la mise en service d'une route enfin digne de ce nom, fasse apparaître le caractère désuet de cette voie ferrée.

L'échec des Américains s'expliqua en grande partie, par la hâte et la brutale naïveté avec lesquelles, ils s'efforcèrent de mettre en place un régime favorable à leurs desseins. Avant leur intervention entre les deux factions qu'impliqua le débat politique haïtien, les Américains avaient leur choix : en faveur de la bourgeoisie du Sud et de l'Ouest contre les militaires noirs principalement basés dans le Nord du pays. Les méthodes dévergondées avaient de quoi choquer les adeptes de la démocratie à l'Américaine. Mais fallait-il pour autant se rendre aux protestations de libéralisme que venaient faire auprès d'eux, Mulâtres de « l'élite », lesquels n'avaient rien d'autre à proposer au capital américain que de jouer auprès de lui, un rôle d'entremetteur en vue de la restauration en Haïti du système des grandes plantations ?

Outre la compagnie McDonald, la Haytian American Sugar Company (HASCO), la Haytian Products Company, la United West Indies Corporation, la Haytian Development Corporation, la Haytian Meat Company, la Standard Fruit and Steamship Corporation…, furent mobilisés sur le sol d'Haïti pour y ravigoter la production caféière, tenter d'y ressusciter celle du coton et du sucre, et s'efforcer d'ouvrir de nouvelles lignes d'exportations en matière de bétail, de sisal et de fruits (principalement les bananes). Pour cela, ils employèrent une méthode unique : obtenir des autorités haïtiennes des concessions à long terme sur les « terres vacantes », s'assurer le monopole de la commercialisation pour la totalité du type de production envisagé, et enfin bénéficier des conditions extrêmement complaisantes sur le plan fiscal. Tout cela fonctionna cahin-caha tandis que l'occupant américain resta présent. Mais dès qu'il fut rentré chez lui, les choses périclitèrent en peu de temps, seule la production sucrière, ranimée d'une manière plus durable, la Hasco atteignit par la suite un certain seuil de stabilité.

Pour l'essentiel, le pari des Américains en Haïti trébucha sur le fait que l'appui que leur avait offert la bourgeoisie mulâtre se révéla finalement moins sûr et surtout beaucoup moins efficace que prévu. Moins sûr d'abord parce qu'en dépit du fait qu'elle avait souhaité l'intervention des États-Unis, et que celle-ci lui était indiscutablement favorable sur le plan politique (André Marcel d'Ans, pp.200 à 202).

7.1.3 La lutte des classes sociales en Haïti.

La lutte de classe, lutte raciale et pour la liberté contre les oppresseurs : le tout fut cristallisé dans une guerre de libération nationale. Dans de telles conditions, la nouvelle classe dirigeante, noire mulâtre, héritière du pouvoir économique et politique des colons esclavagistes, fut elle aussi, marquée par l'hypothèque de la violence. Et, cette situation reposa sur les antagonismes entre les féodaux Noirs, mulâtres et la tâche permanente des uns et des autres d'opprimer les masses noires, insatisfaites de ne pas avoir conquis avec la « liberté de coups », une situation économique qui leur permit de se sentir libres. Les puissances étrangères, aussi bien l'ancienne métropole que l'Allemagne, l'Angleterre et les États-Unis profitèrent de cette situation. Haïti fut un marché sûr pour les fournisseurs d'armes. Ce fut aussi un terrain facile pour les aventuriers qui désirèrent faire fortune rapidement et profitèrent des luttes intestines pour s'enrichir et retourner dans leur pays d'origine pour bâtir leur Empire.

À mesure que le régime féodal fut secoué par les crises les plus fortes, la violence revêtit un caractère plus brutal. De 1908 à 1915, sept Présidents se succédèrent ; ils avaient tous été les victimes d'une instabilité politique. Le dernier, Vilbrun Guillaume Sam, avant de se réfugier au consulat de France, ordonna le massacre de tous les prisonniers politiques enfermés au pénitencier national. Résultat : 167 tués. L'exécutant fut le général Charles Oscar Étienne. La colère populaire éclata avec fureur. Le Président Guillaume Sam et le général Oscar Étienne furent arrachés au consulat et écartelés dans les rues de Port-au-Prince. Les États-Unis qui, dès le début du siècle, avaient manifesté dans le cadre de leur politique du « Big Stick » en français « gros bâton », leurs prétentions annexionnistes à l'égard d'Haïti, ne tardèrent pas à débarquer leurs marines en Haïti. Le prétexte classique fut celui d'y protéger « les vies et les intérêts nord-américains ». Ce fut donc le 28 juillet 1915.

7.1.4 Père Lebrun : Instrument de revanche populaire en Haïti.

Parlons de la pratique de la brûlure des pneus en Haïti. Quelle est la définition exacte du mot « Père Lebrun » ? C'est un slogan tiré d'une publicité des magasins de pneus en Haïti. Ce slogan a sûrement été utilisé dans des émeutes avant 1986 et en 1915, lors de l'occupation américaine. Nous avons bien compris le rôle de ces pneus usagés, quand ils allèrent servir d'instruments de revanche ou de haine contre les macoutes ou miliciens, après la chute de l'ex-dictateur Jean-Claude Duvalier. En 1986, à son départ, nous fûmes jeune élève au 6e secondaire, nous vîmes des gens se livrer au déchoquage et au pillage sans bornes, à tribord et à bâbord. Là où nous habitâmes à Delmas 24, rue Sylvio Cator, dans un appartement situé au sous-sol ayant sa façade sur la rue Casimir, nous vîmes des gens identifiés comme macoutes, sauter à travers les fenêtres, ils se firent attraper par une foule en colère munie des caoutchoucs usagés. Ces gens furent donc brûlés vifs par des pneus enflammés qu'on mit autour de leur cou. Il ne faut pas en douter, beaucoup d'innocents furent aussi la proie de cette euphorie populaire. Le pays fut donc considéré comme un baril de poudre qui n'attendit que la moindre étincelle pour s'exploser. Les gens qui s'apprêtèrent à en assurer la relève n'eurent aucun contrôle de cette dérive sociopolitique. Ces événements restent sûrement gravés dans l'imaginaire collectif haïtien.

7.1.5 Le développement international et ses aspects positifs.

Maintenant, parlons du développement international et ses différentes facettes. La théorie de base économique et la théorie keynésienne attribuent la croissance à la demande externe. La théorie centrale met l'accent sur la taille de la ville en tant que variable déterminante de la présence des activités économiques. La théorie du pôle de développement trouve de la croissance dans les secteurs et dans les industries propulsives. La théorie de l'économie de l'agglomération soutient que l'ensemble des avantages intangibles de la ville constitue un facteur important de la croissance, alors que la théorie culturelle met l'accent sur la structure sociale et l'attitude des citadins.

Enfin, la théorie néo-classique trouve de la croissance dans l'économie d'échelle et dans la productivité de l'économie locale. La théorie centrale permet de voir la domination des centres urbains de taille importante sur ceux de taille moins importante, surtout dans le domaine des activités tertiaires. La théorie de pôle de développement spatial, ainsi que la théorie de croissance dissymétrique expliquent des effets négatifs de la croissance du pôle de développement sur les villes de taille moins importante. Par contre, la théorie de la diffusion des innovations, examine les conditions dans lesquelles, la croissance peut être dissymétrique. Enfin, la néo-classique s'intéresse à la mobilité spatiale des facteurs de production et à l'impact de cette dernière sur la croissance de la ville. C'est ainsi que, si une théorie particulière donnée est insuffisante, pour expliquer la croissance de la ville, l'ensemble des théories partielles peut donner un cadre conceptuel global, conduisant à une théorie générale de la croissance de la ville.

7.1.6 La politique de la croissance économique urbaine.

Prenons connaissance de la politique de la croissance urbaine. Toute politique gouvernementale, qu'elle soit de nature économique ou sociale, doit s'inspirer d'une compréhension adéquate du mécanisme responsable du problème qu'on veut régler. Le mécanisme de la croissance d'une ville est extrêmement complexe et l'état de la connaissance actuelle est loin d'être suffisant. La théorie néo-classique de la croissance économique est trop simpliste et naïve pour pouvoir en dégager une politique valable. Il faut avant tout reconnaître l'importance de l'aspect spatial de la région, des réseaux routiers, de la structure spatiale de l'armature urbaine, de la distribution des tailles des villes, de la qualité des infrastructures, du rôle de développement des économies d'agglomération, de la diffusion des innovations et d'autres variables qui ont été trop souvent ignorées dans les débats portant sur l'économie régionale et urbaine. Les principales conclusions des différentes théories examinées peuvent se résumer comme suit : l'importance de différents facteurs de croissance varie selon la phase de la taille des villes. Dans les petites villes qui se trouvent au début de leur existence, la demande extérieure joue un rôle important et primordial dans la croissance. À mesure que la ville devient importante en taille, qu'elle atteint la maturité et que son économie devient plus diversifiée. La croissance peut débuter non seulement par la demande externe, mais par de nouvelles idées et d'innovations. La croissance des villes de taille importante dépend de la présence des industries manufacturières motrices, de l'importance relative des quaternaires, de la qualité du leadership local et de toute une série d'autres variables qui constituent l'économie d'agglomération.

La croissance de la ville dépend aussi des rapports socio-économiques intervilles. La capacité d'attirer la main-d'œuvre, le capital et d'autres facteurs de production dépend non seulement de la différence de revenus, mais de la croissance de l'économie d'agglomération qu'offre la ville. De plus, la croissance de l'économie d'une ville dépend de la taille de sa population, de la structure industrielle de son économie, de la distance entre elle et d'autres villes, des caractéristiques spatiales et industrielles du système urbain dont elle fait partie et de la capacité de créer ou d'adopter les innovations. La politique en matière de croissance de l'économie régionale et urgente ne doit jamais perdre de vue le stade de l'évolution de la ville et la position relative de cette dernière dans l'ensemble du système urbain. Ainsi, pour toutes les petites régions, la politique doit consister à découvrir d'autres matières premières et à assurer la croissance de la ville en fonction de la demande externe.

En ce qui concerne les villes, des régions de transformation, il faudrait consolider la population régionale dans le pôle de développement régional et assurer le rayonnement de ce dernier au moyen d'aides pour l'amélioration des réseaux routiers et de communication, des infrastructures, de l'implantation de nouvelles industries et de l'expansion des industries existantes. Quant aux villes, la politique consisterait à moderniser les infrastructures du pôle de développement, à maximiser les économies d'agglomération du pôle de développement, à redéfinir la spécialisation économique des villes de la région, à déconcentrer les industries traditionnelles et à les amener vers les villes de rangs inférieurs. Il faudrait aussi centraliser davantage les industries motrices et tertiaires de pointe dans le pôle de développement et renforcer les positions des villes intermédiaires au système urbain régional.

7.1.7 Les tendances du développement urbain.

La dynamique du développement urbain fut marquée par deux phénomènes interreliés : l'étalement urbain et la dégradation des centres. Depuis le développement accéléré des moyens de transport industriels (automobiles, camions), on assiste à une forte décentralisation de la population et des emplois vers les banlieues. Ce phénomène soulève plusieurs problèmes, dont celui du financement des villes centrales et de la dégradation de leur stock immobilier. Il pose également le problème de l'empiétement du développement urbain sur les zones agricoles.

7.1.8 Les quatre jalons du développement occidental.

1. Le premier se définit comme la naissance du modèle de développement régional.
2. Le deuxième présente les tentatives politiques de renversement du développement officialisé.
3. Le troisième vise la consolidation de la classe transnationale constituée des élites économiques et politiques.
4. Le quatrième montre l'émergence d'un mouvement global.

7.1.9 La naissance du modèle de développement régional.

Les progrès réalisés dans certains domaines par le développement, mesurés par le P.I.B (Produit intérieur brut) furent exceptionnels et eurent des répercussions bénéfiques incontestables, surtout dans certains pays de faible I.D.H (Indice de Développement humain). Entre 1950 et 1980, sur le plan sanitaire et social dans les pays en voie de développement, ce progrès fut même spectaculaire. Cela est extrêmement clair pour plusieurs pays de l'Amérique latine, et largement repris dans les divers discours, les médias dans la propagande. Ce ne fut pas le cas sur les plans politique et économique, domaines dont la dynamique conduisit ces pays vers une dépendance qui hypothéqua leur avenir. Par exemple, Saguenay Lac Saint-Jean (Québec) n'échappa pas à cette phase historique de l'après-guerre, lorsque le développement est planifié et contrôlé par « le haut » par l'État productiviste et centralisateur. L'origine du développement unique se retrouve dans le plan d'aide indispensable pour produire. Selon l'économiste Walt Whitman Rostow, c'est l'étape du démarrage qui va transformer une société traditionnelle en une société moderne à l'Américaine.

7.1.10 Les tentatives politiques de renversement du développement officialisé.

Au début des années 1960, l'injustice des échanges commerciaux fut déjà tellement évidente que sept pays se regroupèrent dans le cadre des Nations Unies afin de réclamer que justice soit faite. Ils se nommèrent pays « non alignés » afin de signifier leur refus de se positionner en faveur des États-Unis ou de la Russie, lors de la guerre froide. Ces sept pays ne réussirent pas à apporter de correction aux règles du jeu réelles du commerce international, si ce n'était pas dans la lettre et les discours injustes dans la pratique et continuant à défavoriser les pays « sous-développés ». La mainmise des États-Unis sur les Nations Unies fut amplement suffisante pour empêcher leur réussite.

En 1973, lorsqu'un groupe de pays du Tiers-monde réalisa pour la première fois un coup de force avec le choc pétrolier de l'OPEP. Les pays du Nord n'avaient pas d'autre choix d'ouvrir le dialogue. Le prétexte du ralentissement de l'économie, considérée comme une grande crise pour les pays « développés », et le manque de coopération ferme des pays du Nord, malgré leur engagement, les feront échouer. Le GATT (General

Agreement on Tarifs and Trades) fut alors au bord de l'échec, mais il sera vite transformé en 1994, à Marrakech, lorsqu'on l'inclut presque intégralement dans l'OMC. La confiance désormais perdue, suivit la résignation de ne pas trouver que des améliorations mineures. Les trois nouveaux blocs : la triade des États-Unis, Europe et l'Asie de l'Est, avec le Japon en tête. En novembre 2000, les pays du Tiers-monde, sans poids dans la négociation, restèrent à l'écart et s'affaiblirent encore. Ils furent considérés comme des pairs sauf sur le papier et dans le discours. Un mépris de l'Occident commence à payer par la détérioration de sa paix intérieure et par l'agression du terrorisme.

7.1.11 La consolidation de la classe transnationale.

La consolidation des élites économiques et politiques dans les pays dits sous-développés les empêcha de garder leur autonomie économique et de changer les règles injustes du développement, comme fut nommé le modèle en vigueur par les scientifiques des pays en voie de développement. Cette classe, acteur social principal dans la situation actuelle de déséquilibre, est alors identifiée comme « hyper class ». Avant l'effondrement du mur de Berlin, le 9 novembre 1989 il y avait un discours de liberté dans les pays avancés, qui chercha à justifier le climat de contrôle considéré comme inévitable et celui d'une économie de guerre considérée comme nécessaire. Les pays décrétés sous-développés n'avaient pas de choix. Mais une fois la guerre froide terminée, cette justification n'existait plus. La liberté brandie comme un drapeau glorifié dans le discours sur le libre marché.

Cependant, la corruption avait déjà fait son œuvre : les élites dirigeantes furent désormais de connivence avec les intérêts du Nord. Les nantis, les gouvernants, la présence croissante des multinationales dans ces pays n'avaient aucun intérêt à ce que des voix s'insurgent contre la dépendance. Dans les pays les plus pauvres, la classe transnationale constitua avec ce que l'on appelle l'« aidocratie », désormais installée comme une véritable industrie de l'aide extérieure branchée sur les flux financiers et commerciaux, le crédit et la coopération.

En effet, quand l'Agence canadienne pour le Développement international (ACDI) doit justifier les milieux des affaires qui protestèrent contre son aide au développement, elle ne broncha pas en affirmant que son aide est toujours une aide liée, permettant de signer de grands contrats avantageux avec les pays pauvres. L'analyste Danielle Goldfard a affirmé que les critères relatifs à la réduction de la pauvreté devraient être le facteur déterminant dans l'aide au développement. Mais les millions de dollars attribués à soulager la pauvreté sont comme des mirages dans le désert de l'éthique internationale.

7.1.12 L'Émergence du mouvement global.

Le changement ne vient d'aucune élite au pouvoir, d'aucun dirigeant des pays tiers-mondistes, d'aucun pays qui proportionne « l'aide » internationale. Tout commença lorsque le groupement des cinq-cents organismes non gouvernementaux (ONG) aboutit aux protestations massives non violentes contre les organismes internationaux de financement et de commerce qui favorisèrent la mondialisation. Les RCO (Regroupements des Citoyens Organisés) avaient exigé en 1994, la suppression pure et simple du FMI et de la Banque mondiale en raison des résultats désastreux de leur administration produisant le contraire de leurs objectifs. Prenons connaissance de la stratégie de développement de l'Inde.

H. COMMENT L'INDE A-T-ELLE FAIT POUR ÊTRE PRODUCTIVE

Chapitre VIII

8.1 Le développement du système productif de l'Inde indépendante.

De façon générale, chaque pays a sa propre philosophie de développement de ses ressources, selon les moyens dont il dispose. Par exemple, le gouvernement indien procéda à plusieurs techniques dans son projet de développement. À travers notre analyse des stratégies utilisées par différents pays, nous vous invitons à jeter un coup d'œil sur la technique indienne de développement durable. Les deux négociateurs indiens de l'indépendance, le « Mahatma » Gandhi (assassiné en 1948) et le Président Jawarharlal Nehru, représentèrent les deux grands visages de l'Inde à la fin de la période coloniale :
- L'idéologie gandhienne valorisa la tradition et l'expression des valeurs du monde rural, comme l'artisanat urbain.

- Nehru, porte-parole de l'Inde moderne, celle des élites formées dans les universités britanniques, celle qui assista à la montée des mouvements indépendantistes et aux premières victoires du socialisme. Les débats dominés par ces deux forces, imposèrent à la vie politique et sociale, la combinaison parfois explosive du socialisme industriel, et du développement rural au service d'une indépendance jalousement gardée.

8.1.1 Le projet politique et économique de l'Inde indépendante.

L'indépendance de l'Inde fut décrétée en 1947. Le « Parti du Congrès », fondé au XIXe siècle, profondément remanié par Gandhi puis par Nehru, arriva au pouvoir avec un projet constitutionnel d'inspiration britannique et de l'expérience de la Russie soviétique. La constitution de 1949 institua la démocratie parlementaire dans le cadre de l'État fédéral. La nature laïque de l'État doit garantir, au moins, l'égalité des Indiens devant la loi, et donc abolir la discrimination qui peut résulter de l'existence des castes. Cette constitution représente une sorte de greffe occidentale sur l'organisation traditionnelle de la société indienne. Ces électeurs, ruraux à 70%, en majorité des analphabètes, représentent l'enjeu des rivalités de castes et des antagonistes religieux ou ethniques. La vie politique échappe ainsi en grande partie à la rationalité occidentale.

Sur le plan économique, la propriété privée est reconnue en particulier dans le domaine rural, mais la stratégie de développement est explicitement d'inspiration socialiste, tant par l'intervention massive des capitaux publics, que par l'instauration d'une planification en grande partie impérative. Il sait en fait de fonder une industrialisation rapide à partir d'une priorité vers les industries de base. L'initiative publique prévue dès 1948 est régie par l'« Industrial Policy ».
La révolution de 1956 attribua à l'État la mainmise sur l'armement, l'énergie atomique, le chemin de fer, l'aéronautique, la sidérurgie, les mines, l'électricité, la construction navale et les télécommunications. Dans les faits, la nationalisation ne toucha qu'une partie de ces activités, mais l'État contrôla rapidement une large part des activités financières et bancaires. Le dirigisme fut justifié par la nécessité de mobiliser une épargne qui ne serait guère dirigée spontanément vers les secteurs du système productif et ces secteurs furent considérés comme prioritaires. Il s'agit également de se protéger de la concurrence comme de la mainmise étrangère. Une législation fortement protectionniste fut alors mise en place. Cette politique d'accumulation accélérée demanda de

gros sacrifices à la population. En contrepartie, la réforme agraire doit améliorer l'autoapprovisionnement alimentaire de cette population et assurer le nouveau pouvoir de l'adhésion des masses rurales. Elle doit liquider les séquelles du passé féodal et colonial :
- Au niveau des surfaces, avec la définition d'une taille maximum de la propriété en fonction du type de sol et des conditions d'irrigation (l'encadrement des campagnes de compenser l'empiétement des surfaces).
- Au niveau des statuts, en réglementant les conditions d'utilisation des sols par les fermiers et les métayers.
- Au niveau fiscal avec une rationalisation de l'impôt foncier.
Il s'agissait également de promouvoir le progrès technique, et plus encore d'éliminer l'usure, véritable fléau de campagnes indiennes, en incitant les paysans à se regrouper dans des coopératives de production, de crédit, de commercialisation et de services. Malheureusement, la productivité de la main-d'oeuvre rurale restait trop faible eu égard aux besoins alimentaires : au cours de la fin de la décennie 1960. Les pouvoirs publics abandonnèrent donc cette démocratisation rurale en faveur de la modernisation accélérée qui s'appelle « Révolution verte ». La planification a d'emblée une place déterminante dans le processus d'industrialisation de l'Inde indépendante. Étudier la croissance indienne revient pour les premières décennies, à exposer le contenu des plans successifs et à en évaluer les résultats. Le développement contemporain de l'économie indienne connut trois phases bien distinctes, rythmées par la vie sociopolitique et la logique d'accumulation interne, du fait de la crise pétrolière de 1973. Les sept plans de l'économie indienne depuis 1951 (le septième plan couvre la période de 1985 à 1990) eurent pour objectifs de donner au pays, les fondements d'un développement autonome, souvent au prix d'un ralentissement de la croissance.

8.1.2 Le « Socialisme indien » de 1951 à 1966.

Aux yeux des premiers planificateurs, le programme de développement économique doit s'ajuster aux contraintes du sous-développement : la capacité interne d'épargne est insuffisante et ne permet guère de sortir du « cercle vicieux de la pauvreté ». L'accumulation du capital s'avère impossible en raison de la faiblesse de consommation et de l'épargne internes) : la croissance du revenu national devait induire un processus d'accumulation auto entretenue en accroissant la consommation et surtout le taux d'épargne marginal. L'Économiste argentin, R. Prebish, de la Commission des Nations Unies pour l'Amérique Latine (CEPAL), soutenait la thèse de l'élasticité de la demande des produits en provenance du Tiers-Monde de la part des pays développés et de la baisse des recettes d'exportations: la hausse des revenus et l'accélération d'un projet technique dans les pays riches, du fait de la saturation de la consommation courante.

8.1.3 Le comportement de la diaspora chinoise vis-à-vis du développement de la Chine.

La diaspora chinoise collabore dans le processus de développement durable de son pays. Nous essayons de faire un rapport entre les Haïtiens et les Chinois, pour montrer la différence que la diaspora d'un pays peut faire dans son développement socio-économique. La diaspora chinoise joue un rôle prépondérant dans l'économie de son pays. Elle représente une force de frappe commerciale considérable un peu partout dans le monde. Quand on connaît l'attachement des Chinois à la terre des ancêtres, il est évident que ceux qui vivent à l'étranger et y ont bien réussi reviennent volontiers dans le village de leurs parents ou grands-parents pour y bâtir une école communautaire ou un dispensaire. Les liens entre les Chinois du continent et ceux d'ailleurs, sont l'un des atouts non négligeables de l'ouverture économique de la Chine. Estimés à plus de cinquante millions, les Chinois qui fuirent leur pays, nombre d'entre eux sont devenus prospères.

Éparpillés aux quatre coins de la planète depuis des siècles, ces immigrants sont à l'origine des allées et venues incessantes : plus de six millions à Hong Kong, deux millions à Taïwan, plus de cinq millions en Thaïlande, sept millions en Indonésie et cinq millions en Malaisie. Aux États-Unis, leur présence n'est pas négligeable avec plus de deux millions d'individus, un million en Amérique du Sud, six-cents mille en Europe et cent-mille en Afrique. Ils vivent aussi au Canada, en Australie et au Japon. Ces populations chinoises expatriées financent beaucoup de projets dans leur pays d'origine. Ces 2 ou 3% de la population chinoise éclatée, mais soudée, sont à l'origine de réseaux d'activités commerciales, industrielles et immobilières puissantes en Asie orientale comme ailleurs. Dans les années quatre-vingt-dix, les Taïwanais, Hongkongais et Singapouriens, détiennent les deux tiers des investissements extérieurs en Chine. Le gouvernement comprend que ces liens apportent des capitaux et du savoir-faire tout en créant des pôles de consommation.

Nous avons considéré les divers exploits des immigrants chinois pour montrer combien il est important lorsqu'on est très attaché à sa terre natale. Les recherches que nous avons faites sur la diaspora chinoise indiquent que ce sont des gens qui laissèrent la Chine pour des causes sociopolitiques et économiques. Bien qu'ils soient éparpillés aux quatre coins du monde, les immigrants chinois ont toujours contribué au développement socio-économique de leur pays. Et, la Chine, tenez-vous bien, n'est pas un petit pays comme Haïti. Rappelez-vous qu'Haïti a seulement une superficie de 27.750 kilomètres carrés, avec une population de huit millions d'habitants environ, tandis que la Chine mesure 9.596.960 kilomètres carrés. Donc, si on fait un décompte des Haïtiens vivant à l'extérieur d'Haïti, on peut comprendre que si ces ressortissants avaient manifesté le même sentiment que les immigrants chinois. Donc, la diaspora haïtienne aurait pu faire également un changement manifeste dans la situation socio-économique de sa terre natale.

Par contre, nous ne voulons pas dire que la diaspora haïtienne n'a pas expédié de fortes sommes d'argent en Haïti. Au contraire, certaines statistiques révèlent qu'elle y aurait envoyé six milliards de gourdes par jour, soit un total de $ 1.69 milliard de dollars par année. Les gens peuvent toujours envoyer des transferts à leurs proches, mais s'ils avaient offert la moitié de cette somme, soit $ ½ milliard de dollars, et avaient encaissé l'autre moitié pour instaurer le développement socio-économique durable et la création d'emplois, ils auraient réalisé de grands projets de développement durable en Haïti. Il faut comprendre que lorsque les gens reçoivent des sommes d'argent pour lesquelles, ils n'ont pas travaillé, certains d'entre eux les dépensent follement et attendent d'autres transferts. Dans ce cas, on ne les aide pas, car, on ne crée pas de structures durables leur permettant de se débrouiller de par eux-mêmes. Donc, on les rend plutôt oisifs.

8.1.4 Les étapes du développement socio-économique de la Chine.

Nous remarquons que les conditions climatiques ont forgé le caractère des Chinois. Dans les steppes arides de Mongolie, les températures oscillent entre 40% l'été, parfois moins 40% l'hiver. Les Chinois développent une résistance au froid comme à la chaleur. Plus qu'ailleurs, la lutte pour survivre les a obligés à employer ruse et génie. Les précipitations conditionnent les pâturages. Les rives des fleuves attirent les populations grâce à leur fertilité. Malgré les inondations régulières, les gens reviennent pour s'y installer. Les crues aux effets dévastateurs ne les découragent pas. Ils sont toujours prêts à recommencer à zéro, c'est de là que se cristallisent le courage et l'optimisme de ce peuple. Les gens issus des régions côtières profitent de la pêche et forment la façade la plus développée du pays par la mer. Cette ouverture aiguise leur curiosité et les Chinois sont de grands voyageurs.

Comme la nature les a façonnés, la politique a constitué l'autre pilier de leur identité. À certaines époques, ce pouvoir opère de fabuleux déploiements et à d'autres moments un extrême repli sur soi. Chaque Empire est unifié, il devient puissant tandis que les divisions internes affaiblirent son rayonnement. Avant l'ère chrétienne, la Chine enrichit sa civilisation. La médecine, le premier calendrier, les unités de mesures et inventions techniques, comme celle du chariot, virent le jour. La chine revendique alors sa supériorité et l'universalité de sa culture, mais au IVe siècle avant Jésus-Christ, le morcellement du territoire, en fait une juxtaposition de petits royaumes guerriers.

La guerre fut coûteuse, elle absorba les ressources. Il faut attendre la dynastie des Qin, en deux cent-vingt-et-un ans avant Jésus-Christ pour réunir les États chinois et imposer l'unité de la monnaie, de l'écriture et des unités de mesure. La Grande Muraille et la construction d'un réseau de communications mobilisèrent une bonne partie de la population. La dynastie de Han en deux cents six ans avant Jésus-Christ, ouvrit une période prospère, où le commerce devient un moteur de déploiement économique. Ils échangent avec l'île Java, îles aux épices, et les peuples d'Asie centrale, par la route de soie. À la fin du VIe siècle, la dynastie entame des travaux importants, comme celui d'un canal reliant le Nord et le Sud du pays. L'agriculture s'améliora avec la mise en place des méthodes d'irrigation plus perfectionnées et de la redistribution des terres. La grande dynastie des Song de 960 à 1279 instaura une nouvelle centralisation qui participe à une expansion intérieure et extérieure du commerce. Le peuple chinois nourrit donc l'esprit innovateur et conquérant. Il a le sens du commerce et le goût du risque. Ingénieux, les Chinois sont à l'origine des découvertes. Quand la paix domine, leur savoir-faire fleurit. Ils sont avides de connaître ce qui se fait ailleurs.

« L'empire du Milieu » surnom de la Chine évoque la manière dont elle se positionne au cœur des pays voisins. Sa soif de grandeur reste intacte au travers des siècles. Comme au Japon, celle-ci est un dépassement de soi. La réussite économique est perçue comme la voie royale pour prouver ses capacités et se situer dans le concert des grandes nations. L'arrivée de Deng Xiaopong en 1978 fut le point d'inflexion d'une nouvelle politique. Il opéra un revirement magistral par rapport à la politique de fermeture de ses prédécesseurs. Quand le Japon fit son décollage économique, cela ne laisse pas indifférent son voisin chinois. Les performances nipponnes vinrent réveiller l'amour-propre des Chinois : s'ils sont capables de tels résultats avec le potentiel du pays, alors la Chine peut le faire aussi. Parmi les hauts fonctionnaires rouges, Deng Xiaopong incarne le mieux cette volonté de modernisation. Se lançant dans le défi du dépassement, il fit des réformes en 1978 concernant quatre priorités : l'industrie, l'agriculture, la défense nationale, les sciences et les techniques.

Très pragmatique, le leader chinois d'alors embarqua son pays dans un vaste programme de restructuration de l'appareil productif, dont le moteur fut emprunté au monde occidental. En déclarant : « Il est glorieux de s'enrichir » ou encore : « peu importe que le chat soit noir ou blanc, pourvu qu'il attrape des souris » ! Il encourage une volonté d'enrichissement par tous les moyens. Il suscite ainsi une « une économie socialiste de marché ». Cette politique se met en œuvre grâce à une délégation du pouvoir vers les provinces, les régions et les grandes villes. Les Chinois sont très concrets. Ils développent de multiples astuces pour faciliter leur quotidien. Que ce soit les pantalons fendus des petits enfants pour leur permettre de faire leurs besoins ou leurs soupes de nouilles toutes prêtes, ils ont un sens pratique indéniable. Ils regorgent d'idées et de créativité. Ils n'ont pas peur d'entreprendre leur activité commerciale.

8.1.5 Le village indien, le téléphone et la démographie.

L'écrivain Guy Noël déclara que Pitroda devient convaincu qu'aucun grand pays ne peut se prétendre concurrentiel dans le siècle qui approche sans disposer d'une industrie des télécommunications. L'Inde eut donc l'obligation d'équiper ses villes et villages de moyens de télécommunications modernes. Elle doit le faire avec ses propres ressources. C'est de là que l'aventure du transfert de technologie a commencé. Pour réaliser ce rêve, Pitroda élabora un plan de

développement des télécommunications pour l'Inde, lequel consiste à équiper le pays des technologies. Pour cela, il lui faut engager de jeunes ingénieurs compétents et les installer à l'intérieur d'une nouvelle organisation pour qu'ils fassent la sagesse et le développement nécessaire avant de passer à la production en série. Il met au point une stratégie à plusieurs volets, dont les caractéristiques principales sont :
- l'engagement des décideurs politiques au plus haut niveau de l'État ; quand le cabinet lui annonce qu'il a une entrevue de dix minutes avec le premier ministre de l'époque, Mme Indira Gandhi, Pitroda refusa, car il a estimé qu'il lui fallait une heure pour transmettre correctement l'intégralité de son message ;
- l'appui à l'intérieur de la structure gouvernementale, en la personne de Rajiv Gandhi, fils de la première ministre Indira Gandhi.
- la création consacrée d'un « Centre for development of Telematics » à la recherche et au développement des produits ;
- l'embauche d'un groupe d'environ trois cents jeunes ingénieurs en télécommunication, sans grande expérience, mais ils furent bien formés et animés du désir de faire de grandes choses pour leur pays ;
- l'identification très détaillée des besoins dus en moyens de télécommunication et, en conséquence, la détermination des produits, à la fois, pour répondre aux besoins des utilisateurs et pouvoir se passer de la technologie étrangère.
Pitroda affirma plus loin que :
- les télécommunications sont pour lui, une des conditions pour le progrès politique et civique : un bon réseau permet de communiquer avec le monde extérieur, de recevoir des informations et d'en donner ; l'instauration de méthodes de gouvernement plus ouverte devient possible ;
- on peut dire la même chose du progrès économique : un bon réseau favorise la création de richesses, et la prospérité est partout une incitation à un comportement plus civilisé, plus respectueux des droits de la personne, dont l'arrêt du travail des enfants.

8.1.6 La contribution des universités américaines au développement socio-économique durable.

D'après des études et rapports datés du 30 novembre 2007, faits à propos des universités américaines à propos dans l'innovation et le transfert de technologie, le rôle des universités dans le développement socio-économique est très important. Ce texte soutient que l'impact socio-économique de l'enseignement supérieur sur l'économie a différents aspects. Les activités de recherche fondamentale et appliquée favorisent le stockage de connaissances au sein de l'économie régionale. Les universités fournirent des ressources humaines hautement qualifiées et favorisèrent la production d'innovations ainsi que le transfert technologique. Elles peuvent jouer un rôle de catalyseur dans le développement économique et régional.

8.1.7 L'Extrait du programme des Nations Unies pour le développement agricole.

Le sous-secteur de la formation agricole constitue l'ossature de la stratégie de la production et vise à assurer tant aux formateurs qu'aux paysans une formation solide, pratique et théorique dans le domaine agricole. La démocratisation du monde agricole, processus conduisant à la création des conditions nécessaires à l'autodétermination, à l'autopromotion et à la prise en charge des agriculteurs par eux-mêmes, est le processus pédagogique fondamental qui doit transcender les diverses actions. Ainsi, le pays sera libéré de l'emprise de l'État et des autres intervenants. Il sera placé en position de partenaire à part entière. La formation doit permettre aux paysans :
- D'améliorer ses capacités de production, de commercialisation et de gestion ;

- De choisir librement et de mettre eux-mêmes en œuvre, les solutions qu'ils jugent possibles compte tenu de leurs moyens et des contraintes liées à leur propre développement ;
- De s'organiser en coopératives ou en groupements pour poser des actions mieux coordonnées et plus efficaces.

Pour y parvenir, une déclaration politique nationale en matière d'enseignement et de formation agricoles fut définie et sera soumise à une Commission nationale pour finalisation et approbation. Elle fut élaborée en fonction des axes définis notamment par les États généraux de l'Agriculture et du foncier tenus à TOVE du 2 au 6 mars 1992 et par le Séminaire Atelier sur la Revue des programmes et des projets de développement du secteur rural tenu à Nangbéto du 4 au 11 avril 1992, citons :

- L'intensification des programmes d'alphabétisation fonctionnelle dans tout le pays ;
- Le développement de la capacité d'innovation des paysans ;
- La participation effective des paysans au processus d'identification de leur besoin de formation ;
- La professionnalisation du monde rural par la formation de jeunes agriculteurs actifs en tenant compte du rôle de la femme et de la nécessité de la protection de l'environnement ;
- La formation ponctuelle des cadres et agents avec l'évolution du monde rural ;
- La planification de l'emploi en matière de formation en développement rural,
- Le suivi d'évaluation des programmes d'enseignement aux écoles primaires, collèges, lycées, centres et instituts de formation ;
- En matière d'information agricole, une importance capitale à l'élaboration d'un programme et de sensibilisation des masses à savoir : la radio rurale, les cinés, bus ambulants radiophoniques et télévisés spéciaux en langues locales.

8.1.8 Les relations des pays en développement avec les pays industrialisés.

Paul Beaudry, Luc Bois et Gilles Tanguay s'entendirent pour dire que les pays à faible revenu connurent le cheminement influencé en grande partie par des rapports qui furent imposés par l'étranger. Le colonialisme amena plus ou moins volontairement le pays à se spécialiser dans certaines cultures et dans l'extraction de ses ressources naturelles pour répondre aux besoins des nations industrialisées. Les grandes firmes multinationales prirent la relève des colonisateurs pour maintenir ces relations commerciales si bénéfiques aux pays industrialisés. Ces grandes firmes assurèrent le transport, la transformation et la distribution des produits du secteur primaire. Cette situation où les pays à faible revenu voient leur rôle économique être réduit à alimenter les industries installées dans les pays industrialisés créa des problèmes humains et économiques importants, tels :

- Sous-alimentation.
- Chômage élevé.
- Instabilité du prix des produits de base.
- Endettement et surendettement.

8.1.9 La sous-alimentation : une problématique sociétale préoccupante.

La spécialisation de l'agriculture en fonction des besoins des clients étrangers ne profite pas à l'ensemble de la population. D'une agriculture d'autosuffisance, elle passe à un état de dépendance de l'étranger pour se nourrir. À une partie importante de la population, ces produits importés sont inaccessibles en raison des problèmes de transport et de leurs prix trop élevés, dus en particulier aux taxes et aux marges bénéfiques. Pour eux, ce sont la malnutrition, les maladies, la faible productivité du travailleur, les faibles revenus qui déterminent le cercle vicieux de la misère planétaire.

8.1.10 Le chômage élevé dans les pays tiers-mondistes.

En grande partie, l'activité économique se réduit à la production de matières premières qui seront transformées à l'extérieur du pays. À titre d'exemple, ce qu'un mineur extrait en une journée de travail dans une mine de fer nécessite l'emploi de huit travailleurs pendant la même durée pour assurer la transformation du minerai. Ces travailleurs se trouvent pour la plupart dans les pays industrialisés. Les matières premières extraites des pays en voie de développement contribuent alors à créer des emplois dans les pays industrialisés et à maintenir le sous-emploi chez les fournisseurs. En outre, pour le paysan, l'expansion de ces grandes cultures entraîne souvent la perte de son lopin de terre qui lui permettait de nourrir sa famille. Le paysan se voit alors forcé de chercher un emploi agricole rare et plutôt mal payé.

8.1.11 L'instabilité du prix des produits de base.

Pour la plupart de pays à faible revenu, l'essentiel de leurs exportations réside dans quelques produits de base. De nombreux pays voient leurs exportations dépendre à plus de 80% d'un seul produit de base : le Fer en Mauritanie, le Cuivre en Zambie, le Pétrole au Gabon et l'Étain en Bolivie. Ces produits sont susceptibles de variations de prix importantes. Durant la période de 1950 à 1996, les prix de la plupart des produits de base poursuivirent leur chute pour atteindre leur plus bas niveau en 1986. Si les pays en voie de développement connurent en 1982, des prix semblables à ceux de 1976 pour leurs produits, leurs recettes auraient augmenté de cinquante milliards de dollars.

8.1.12 Les changements proposés dans l'économie internationale.

La situation des pays en voie de développement est préoccupante et ne s'améliore que très lentement. Le chômage, la malnutrition, les fluctuations, telles sont quelques-unes des caractéristiques propres aux pays à faible revenu. Les responsables de cette situation se trouvent tant du côté des pays industrialisés que de celui des pays en voie de développement. Les pays riches ne sont pas nécessairement responsables de l'explosion démographique, des facteurs climatiques, de l'analphabétisme, des politiques onéreuses et peu productrices de beaucoup de gouvernements en matière d'armement. Toutefois, il est de l'intérêt des pays riches, tant pour des raisons humanitaires et pacifistes que pour des motifs d'ordre strictement économique, de modifier leurs relations avec le tiers- monde de façon à lui permettre d'améliorer sa situation économique. Le problème est complexe chaque fois qu'un pays en difficulté présente sa situation particulière. Il n'existe pas de recette miracle qui apporterait une solution rapide et efficace à ces problèmes. Il n'en reste pas moins que la nécessité de certaines mesures visant à améliorer la situation des pays à faible revenu, semble se dégager des différentes études d'organismes internationaux et des spécialistes.

8.1.13 La lutte contre la faim : une problématique universelle.

On ne peut exiger d'un peuple au sein duquel, sévissent la famine et la malnutrition de fournir une main-d'œuvre dynamique et efficace, c'est le facteur le plus important de développement socio-économique. L'économie internationale pourrait alors s'attaquer en premier lieu à cet obstacle de taille au développement. En plus de fournir une aide alimentaire importante aux pays pauvres, les pays riches contribuèrent à assurer une sécurité alimentaire si souvent menacée par des facteurs climatiques (sécheresse) ou humains (guerre). En deuxième lieu, il serait approprié que les pays riches, par des programmes d'aide, encouragent les pays du Tiers-monde à réorienter leur développement agricole vers l'agriculture de subsistance plutôt que vers l'agriculture menant à l'exportation. L'aide devrait porter sur les différents moyens à prendre afin de rendre la production agricole moins vulnérable aux différents facteurs climatiques : travaux d'irrigation et forage de puits.

8.1.14 Le métro de Caracas (Venezuela) : une infrastructure impressionnante.

Le Venezuela et sa capitale Caracas sont à l'avant-scène de l'actualité en raison des événements sociopolitiques qui ont changé le visage socio-économique de ce pays du Sud américain. Le Venezuela s'est depuis longtemps engagé dans la voie de la modernité. En effet, Caracas dispose depuis le début des années quatre-vingt, d'un réseau de métros ultramodernes qui est largement utilisé par ses 4.5 millions d'habitants. Un véritable vent de fraîcheur dans ce pays qui produit tellement de pétrole qu'il peut se permettre de le vendre au rabais (seulement cinq sous, le litre !) à la population.

La construction du métro de Caracas commença en 1978 sous la supervision de la firme française SYSTRA, qui collabora à la réalisation des métros latino-américains de Mexico, Santiago et Rio de Janeiro. Contrairement à Montréal, Mexico et Santiago, qui adoptèrent les voitures sur pneumatiques aux styles parisiens, Caracas suivit l'exemple de Rio de Janeiro et opta pour un métro à grand gabarit, semblable à ceux des États-Unis. Le 2 janvier 1983, la ligne 1 du métro de Caracas accueillit ses premiers voyageurs. Voilà donc comment le gouvernement vénézuelien, nourri successivement de grandes idées de développement socio-économique durable, a implanté un système de transport sous-terrain le plus moderne. Il utilisa ses ressources naturelles et ses recettes fiscales pour réaliser cette merveille de développement endogène. Haïti quant à elle, regorge aussi de ressources minières, notamment : l'Or, le Pétrole, de l'Iridium et de la Beauxite, alors, qu'est-ce qui empêche ses dirigeants d'y implanter une bonne structure de développement socio-économique durable ? Comme on dit : « Diriger c'est prévoir ». Nous paraphrasons cette pensée pour dire que : développer un pays, c'est avoir de la vision. Donc, tant et aussi longtemps qu'il n'y aura pas de visionnaires dans la direction d'Haïti, ce pays continuera à patauger dans une ignominie sociopolitique interminable. Voilà pourquoi nous vous proposons ce roman plutôt apocalyptique.

8.1.15 Une forte compétition au développement durable à Caracas.

Quatre ans plus tard, la ligne deux entra en service, suivie de la ligne trois en 1993. Il devait aussi y avoir une ligne quatre. Cette ligne fut mise en chantier en 2001 et est inaugurée en 2006, elle fut donc greffée depuis, à la ligne deux. Notons également qu'un service ferroviaire s'apparentant au métro, relie Caracas à la ville de *Los Teques* au Sud de Caracas, à partir des terminus de la ligne deux. Comme à Montréal, des Métrobus, les lignes d'autobus desservant certaines stations de métro permettent aux voyageurs de correspondre rapidement d'un système à l'autre. L'offre de transport est complétée par plusieurs lignes régulières d'autobus ainsi qu'un funiculaire, car la ville de Caracas est située entre deux chaînes de montagnes. Même d'autres prolongements au réseau sont à l'ordre du jour, l'avenir du métro de Caracas suscite bien de points d'interrogation. En effet, comment inciter la population à utiliser ce mode de transport écologique alors qu'il est beaucoup moins coûteux de remplir le réservoir d'essence d'une automobile ? On constate enfin que le boom pétrolier eut également pour effet d'attirer un grand nombre de Venezueliens dans la capitale Caracas. Le lien que nous faisons entre le Venezuela et Haïti tend à montrer qu'Haïti aurait pu aussi se développer si ses dirigeants avaient eu la velléité d'y concevoir un développement durable, car comme tous les pays, Haïti regorge aussi de beaucoup de ressources naturelles et humaines.

8.1.16 Coup d'œil sur le développement stratégique de la Mauricie, Québec.

Pourquoi est-ce que notre problématique se porte sur Haïti et que nous parlons du Venezuela, de l'Inde, de la Chine et du Québec ? C'est parce que nous voulons nous référer à des stratégies de développement socio-économique réussies. Dans notre approche, nous voulons montrer comment les agents de développement de ces pays s'y prennent pour jeter des bases économiques durables. Maintenant, permettez-nous de faire un coup d'œil sur le processus de développement de la Mauricie (Québec). Dans le cadre de notre démarche sur le développement socio-économique, il nous est important d'indiquer quelques aspects du développement stratégique de la Mauricie à partir de 1999 à 2004. Vous verrez comment ces techniques pourraient servir de modèles à un programme de développement durable dans le cas d'Haïti. En plus de l'énumération des forces et des faiblesses de la Mauricie, on y trouve la définition avec des constances qui sont communes: l'influence de la mondialisation des échanges de la nouvelle économie, de l'élargissement des écarts entre les riches et les pauvres, et du désengagement de l'État, on signale :

1. Une démographie stagnante et marquée par le vieillissement de la population qui atteint 260.000 personnes en 1996.
2. Une compensation de la baisse du secteur manufacturier par le développement du tourisme.
3. Fidèles aux principes du développement local, les concepteurs précisent le plan de développement stratégique en favorisant le développement global, durable, endogène concerté, et en refusant toute forme d'exclusion. Les grands thèmes du plan se rapportent à la culture régionale, au développement de l'économie et de l'emploi, au développement de la qualité de vie, et aux stratégies impliquant les jeunes, les femmes, les aînés, les communautés culturelles et les personnes handicapées.

À l'intérieur du thème « développement de l'économie de l'entreprise », on trouve, après l'identification des forces et des faiblesses, quatre axes et pour chacun une description des priorités et des moyens préconisés

pour atteindre les objectifs :
a) Développer et stimuler une culture entrepreneuriale ;
b) Soutenir la diversification de l'économie régionale ;
c) Soutenir les efforts de développement technologique ;
d) Mettre en place une stratégie régionale commune et intégrée de développement socio-économique.

Les moyens signalés pour y parvenir se rapportent aux facilités de financement, au soutien et aux nouvelles formes d'entreprises, de la vieille technologie, à l'encouragement, à l'exportation, aux efforts de recherche et de développement, à l'appui, à la production, à forte valeur ajoutée, à l'aide au maillage et au partenariat pour la réalisation des projets d'innovation technologique. Un conseil régional de développement, aux pouvoirs limités ne peut exercer un rôle que celui d'offrir des balises susceptibles de guider les véritables décideurs économiques tout en cherchant à créer un climat favorable aux orientations privilégiées.

8.1.17 La conception des projets de développement montréalais.

En général, le développement socio-économique a pour rôle de changer radicalement et de dynamiser une société. À cet effet, l'approche du développement que nous tenons à propos d'Haïti est tout de même liée au côté du développement socio-économique durable, un projet concret de transport en commun réalisé au cœur de Montréal. L'écrivain Jean Toulat, dans son livre titré : *Canada, terre promise*, a fait savoir que dans un déploiement moins harmonieux de bulldozers et pelles excavatrices, la métropole prépara les voies aux visiteurs de l'exposition.

Selon Toulat, les casques jaunes élargirent des artères, firent des autoroutes, aménagèrent des échangeurs où s'entrelacent à des niveaux superposés, une multiplicité impressionnante d'avenues. La transcanadienne, destinée à relier le Pacifique à l'Atlantique, la distance de l'Oural, traverse la ville dans toute sa longueur, puis ses six voies plongent sous le Saint-Laurent pour émerger aux trois quarts du fleuve, sur l'île Charron, et de là, répartir sur un large pont. Aux piétons, Montréal offre un cadeau princier : le métro qui, avec plus de trois cent-soixante-neuf wagons sur pneumatiques, ses cent-vingt-trois tapis roulants, son contrôle électronique de billets, est le plus moderne de la planète. La première rame fut mise en branle par un ministre français, M. Louis Joxe. Le 17 octobre 1966, aux accents de la Marseillaise, donc le métro de Montréal est de conception française. N'est-ce pas une idée de la France, encore, Terre des hommes, de Saint-Exupéry qui fournit le thème de l'expo 67 ? Sa réalisation, néanmoins, est bien du Canada qui, une fois encore, releva un défi de développement. En 1960, l'URSS fut désignée pour organiser, après Bruxelles, l'exposition universelle.

Le Canada accepta de la relayer. Trois années de retard, en outre, aucune terre ne rallie les suffrages. Alors, le Maire d'alors, M. Jean Drapeau, pour qui, impossible n'est pas canadien que français, à cette idée « folle » agrandit l'île Sainte-Hélène. L'Écrivain Toulat avança que les organisateurs exigèrent que les terres fussent prêtes en juillet 1964, quatorze mois après. Et, sous les yeux des sceptiques, commence un Carrousel de camions qui, nuit et jour, au rythme d'un changement de toutes les trente secondes, charrièrent les déblais du métro pour les jeter dans le fleuve Saint-Laurent.

Et, le 1er juillet, à zéro heure (00:00) à la date prévue, le Maire remit au commissaire de l'exposition, M. Pierre Dupuy, la totalité des terres promises. Voilà donc une infrastructure importante que des visionnaires québécois dressèrent au cœur de la zone métropolitaine de Montréal. Cette ville représente donc un pôle positif de développement socio-économique durable en milieu québécois. On peut comprendre par là que les leaders politiques nourrirent de belles idées de développement durable, car, ils permirent à des générations de bénéficier du bienfait d'une telle grande infrastructure comme le métro de Montréal. Nous voulons montrer par là, comment la stratégie de développement durable, peut servir de modèle aux pays émergents ou dits sous-développés. Ce modèle de développement durable profite non seulement aux Québécois, mais aussi aux gens issus du monde entier.

8.1.18 Un autre exemple du développement durable important au Québec.

La caisse populaire du Québec, communément appelée « Caisse Desjardins », représente un bon exemple de développement sociocommunautaire. Cette réalisation germa dans la tête d'Alphonse Desjardins. Qui fut Desjardins ? Il naquit à Lévis (Québec) en 1854. Il prit l'initiative de fonder la caisse populaire « Desjardins » lorsque plusieurs voix s'élevèrent déjà en Europe contre les abus du capitalisme industriel et les offres du prêt usuraire. Animé par un idéal de justice sociale et de solidarité, et inspiré par divers modèles d'épargne et de crédit populaires qui furent en cours en Europe, Desjardins proposa en 1900, une solution de rechange aux banques, et fonda plusieurs caisses populaires dans des villes et villages du Québec. Son influence se fera vite sentir jusqu'au Canada anglais et en nouvelle Angleterre. Voilà comment une simple idée peut s'étendre et servir de génération en génération. Par exemple, quand quelqu'un a une bonne idée, il peut en créer tout un Empire, s'il sait comment l'exploiter. Nous pouvons prendre l'exemple de McDonald qui commença avec un tout petit restaurant. Maintenant, il est devenu mondial. C'est une grosse machine. Tout ceci fait partie du développement durable.

8.1.19 La stratégie de développement industriel.

La stratégie industrielle formulée s'inscrit dans une nouvelle dynamique. Elle est le fruit d'un travail d'équipe et s'inspire des succès obtenus pour réagir à une conjoncture particulière de crise et d'émergence de nouveaux consensus. Lorsqu'en décembre 1991, le ministre Tremblay lança officiellement sa stratégie par les principaux fonctionnaires qui contribuèrent à sa formulation, par les huit ministres qui durent participer à sa mise en œuvre ainsi que par les dirigeants des organisations patronales et syndicales. Ensemble, ils en appuyèrent les principes et s'entendirent sur l'établissement d'un cadre institutionnel souple qui permit la modernisation du système productif. Enfin, un pays sans développement durable solide est appelé à disparaître.

8.1.20 Un aperçu sur l'existence de ressources naturelles en Haïti.

Étant donné que les ressources naturelles sont la base du développement durable, voyons ce que Docteur Georges Michel a dit à ce sujet. Selon Docteur Michel, il existe dans le sous-sol des deux États qui se partagent l'île d'Haïti et dans les eaux avoisinantes, d'importants dépôts d'hydrocarbures encore inexploités. Au début du XXe siècle, c'est la carte physique et politique d'Haïti, dressée en 1908 par messieurs Alexandre Poujol et Henry Thomasset qui signalèrent une telle découverte. Un important gisement de pétrole s'étend donc en Haïti, au voisinage de la source du « Rio Todo el mondo », affluent de droite du fleuve Artibonite, connu sous le nom de la rivière de Thomonde. Ce gisement se trouve à cheval sur les limites entre les arrondissements de Hinche et de Mirebalais dans une zone située aux pieds des montagnes noires en direction Ouest de Thomonde (Docteur Georges Michel, 2004).

Plus loin, cette même carte indique de façon parallèle, un gisement de pétrole dans la plaine dominicaine d'Azua. Ce gisement fut mis en exploitation dans la première moitié du XXe siècle. Il produisit jusqu'à soixante mille barils de pétrole par jour. En 1982, on découvrit un gisement en face de la plaine d'Azua et un immense autre, au large de Barahona. Donc, le sous-sol de l'île d'Haïti (République dominicaine et la République d'Haïti) regorge encore des ressources naturelles importantes. L'auteur avança qu'il y a des chances raisonnables pour qu'il y ait des dépôts d'hydrocarbures dans la région haïtienne homologue, d'autant qu'il y a des indices géologiques de la présence de pétrole dans la baie des Cayes, entre Les Cayes et l'île à vache. À propos de ce pétrole, Docteur Georges Michel rapporta ceci : « Nous nous baignions en 1975, aux Cayes, quand nous eûmes les pieds souillés par une sorte d'huile noirâtre qui suintait du fond du marin. Un pécheur nous avait expliqué que c'était chose courante à cet endroit... »

Donc, tout porte à croire qu'il y aurait du pétrole dans cette région du pays. Paraît-il dans la plaine de Léogâne et au pied du morne à cabri, il y en aurait aussi des nappes. La présence de schistes bitumineux dans le département de la Grand-Anse est aussi signalée. De plus, de nombreux endroits dans notre île (Haïti et République dominicaine) présentent tous deux, les critères géologiques de présence d'hydrocarbures. En Haïti, citons la plaine des Cayes, la plaine de Léogâne, la plaine du Cul-de-sac, la plaine des Gonaïves, la savane désolée et la plaine du Nord. L'île de la Gonâve et les littoraux correspondants pour les gisements « off-shore », sans oublier le grand bassin sédimentaire du plateau central.

Au cours des années cinquante, la compagnie Knappen-Tippen Abbet, baptisée humoristiquement par les populations locales « Petit pain à beurre », effectua des forages à la Gonâve dans la plaine du cul-de-sac, au plateau central et dans la région des Gonaïves. Tous ces endroits s'étaient avérés extrêmement promoteurs et les résultats avaient été au-delà des espérances. Les grosses multinationales pétrolières dont certaines opérèrent en Haïti firent pression pour que les gisements découverts ne fussent pas exploités. On garderait les gisements haïtiens ainsi que d'autres gisements en réserve pour le XXe siècle quand le pactole du Moyen-Orient aurait tari. Les puits de la « Knappen-Tippen-Abbet » furent numérotés, soigneusement cadenassés ou scellés avec du ciment et laissés aux oubliettes. C'est malheureux de constater un peuple forcé de croupir dans la misère, tandis que son sous-sol regorge d'importantes ressources minières pouvant le rendre heureux. Haïti possède assez de ressources pour se développer, et même aider d'autres pays amis à s'émanciper. Donc, elle n'est pas aussi pauvre comme on veut toujours le faire croire.

8.1.21 Le projet partenarial du Québec visant à enclencher la Révolution tranquille.

Selon Gilles Bourgue, pendant le deuxième mandat du PLQ (Parti libéral du Québec), on assista à une sévère critique du projet marchand, dont l'esprit continua à hanter les acteurs politiques. La récession qui frappa alors le Québec ne fut pas étrangère à cette critique. Pour Bourgue, elle fut à l'occasion, une réfutation générale du modèle culturel qui domina les orientations politiques qui tinrent alors les responsables des échecs. Bourgue soutint aussi que la résistance et la gravité de la récession de 1990 à 1992, entraînèrent une dénonciation généralisée du modèle marchand, bien qu'il ait été, dans les faits, plutôt mal appliqué. D'ailleurs, la critique dénonça moins la stratégie offensive destructive qui avait été proposée dans les rapports des « sages » que l'esprit du laisser-faire et la passivité de l'État.

D'après Bourgue, Gérald Tremblay, ex-maire de la ville de Montréal, dans une entrevue donnée 1992 sur l'histoire de développement du Québec, soutient que : le Québec s'est doté collectivement d'un système enviable depuis la Révolution tranquille, mais la situation changea et mit en péril sa viabilité. C'est pour assurer cette viabilité qu'il propose un modèle avec lequel, on puisse agir individuellement. L'individualisme et la vision à court terme du monde marchand devinrent des cibles privilégiées de son discours. Les réussites individuelles sont moins des phénomènes isolés que le résultat d'un ensemble des facteurs interreliés, de synergies qui sont les véritables clefs du succès. Tout, dit-il, devient possible lorsque l'individualisme s'efface pour céder la place à l'intérêt commun, que l'on prenne conscience des interdépendances entre tous les acteurs économiques et qu'en conséquence, l'on agisse sur une base de relations partenariales.

Par ailleurs, Bourgue fit savoir que depuis que Tremblay se lança dans l'arène politique, il ne cessa pas de critiquer le « court-termisme » de nombreux gens d'affaires dont la vision reste fixée aux résultats trimestriels, ou celui de beaucoup d'acteurs politiques trop intéressés par les retombées immédiates des solutions non durables. À cette critique, des principes du monde marchand s'ajoutent à celle du monde industriel. Il est urgent de dépasser le système de production de masse, de produits de mauvaise qualité et sans distinction qui privilégie les investissements matériels aux dépens des investissements immatériels, alors que ces derniers prennent une importance accrue. Les conventions d'État catalyseur proposées dans la stratégie industrielle ne monopolisent plus cette légitimité au profit du seul acteur étatique. Conscient à la fois de l'établissement de ses pouvoirs et des effets pervers d'un exercice bureaucratique de ceux-ci, on adopte une démarche où l'État anime, suscite et facilite l'action collective, cherchant à mobiliser l'ensemble des acteurs, à les responsabiliser autour d'un projet commun axé sur des valeurs collectives fondamentales d'une société en mutation. Mais ces valeurs collectives fondamentales dont nous parlons sont aussi celles du monde domestique. Ces dernières relèvent davantage de la domestique que la grandeur civique, ou les différences s'effacent devant le collectif homogénéisateur. Le collectif communautaire se différencie en cherchant à susciter la synergie entre elles, à favoriser les complicités, à s'engager dans de nouveaux partages. C'est en grande partie sur ces complicités, sur le respect et la confiance, qu'on veut faire reposer le partenariat et l'effort collectif pour une société porteuse d'avenir.

Bourgue précisa enfin que le modèle socioculturel qui inspire la nouvelle stratégie de développement industriel, résulte d'une riche combinaison de principes au sein de laquelle, l'action collective est omniprésente. Cette combinaison débouche, en ce qui concerne l'acteur étatique, sur une vision stratégique qui veut de plus en plus, faire appel à une nouvelle cohésion, à un nouveau contrat social, qui devrait contribuer à préciser les éléments du nouveau modèle de développement économique. C'est en ce sens que la stratégie de développement formulée conjointement avec celles portant sur le développement régional et celui de la main-d'œuvre représente une critique du projet marchand du premier mandat, annonce du même coup le renouvellement du modèle culturel construit dans la foulée de la Révolution tranquille. Ce renouvellement implique continuité et rupture : d'une part, la continuité avec le modèle québécois s'exprime à travers les appels à une mobilisation des forces vives du Québec, aux traditions québécoises de concertation et de cohésion. D'autre part, la rupture réside dans la critique de certains principes du monde industriel, en particulier les grandeurs propres au fordisme, en remplaçant la légitimité d'une production de masse standardisée, des hiérarchies technocratiques et des grands programmes universels par celle des produits différenciés, d'ailleurs des stratégies et de mesures d'aide adaptées aux besoins.

8.1.22 Le caractère unique des régions urbaines.

L'hinterland de certaines villes au-delà des banlieues est une juxtaposition confuse d'activités agricoles, industrielles et commerciales. Ces hinterlands ou régions urbaines ont un caractère unique : après les villes elles-mêmes. Elles constituent les plus riches, les plus denses et les plus diversifiées des économies. Les régions urbaines ne se définissent pas, par leurs frontières géographiques puisqu'elles sont complètement influencées par les villes qui sont des pôles. Leurs frontières reculent ou s'immobilisent au gré de l'énergie de l'économie de la cité. La région urbaine la plus étendue et la plus dense est actuellement celle de Tokyo. Au fil des années, elle franchit des montagnes escarpées. Dans les autres directions, elle se dissémine jusqu'à des campagnes vallonnées et s'arrête sur des frontières imperceptibles. La région de Boston pousse ses tentacules dans le Sud du New Hampshire, ce qui exaspère les représentants des municipalités et de l'État qui préféreraient que l'activité économique soit répartie également sur l'ensemble du territoire. C'est pourquoi ils tentèrent d'attirer des entreprises de Boston dans le secteur Nord où sévit une grave pénurie d'emplois et de freiner les implantations dans le Sud qui fut alors déjà prospère. Les villes ne se créent pas toutes urbaines.

Par exemple, Glasgow, dans la première décennie du XXe siècle, fut à l'avant garde de l'industrialisation et du progrès technique ; ses ingénieurs concevaient des produits renommés dans le monde entier et ils furent vendus sur de nombreux marchés d'exportation. À moins de cent kilomètres à l'Est se trouve Édimbourg, capitale culturelle et commerciale de l'Écosse. Cette ville a également beaucoup exporté, mais n'a jamais donné naissance à une région urbaine. Même combinées, les économies de ces deux villes n'ont pas pu créer ce réseau dense et riche d'activités urbaines et rurales dans les territoires qui les séparent. Tandis que Marseille est la ville portuaire de France et elle développa à côté du transport maritime, un volet industriel considérable. Elle ne possède pas à proprement parler des régions urbaines, même si elle est la métropole du Sud de la France.

Au XVIe siècle, Naples pour sa part, était la plus grande ville de la chrétienté. Elle exporta des volumes considérables de soie, de lin, de dentelles, d'articles de passementerie et de confiseries. À la même époque, la régionalisation urbaine progressa autour des villes moins importantes, telles : Milan, Paris, Londres, Anvers et Amsterdam. Aujourd'hui, une grande ville comme Rome ne s'étend guère au-delà de sa proche banlieue. Dans les économies en pleine expansion du Bassin du pacifique, poussèrent très rapidement des régions urbaines, remarquablement denses et complexes autour de certaines villes, telles : Singapour, Séoul, Taipei et Hong-Kong. La région urbaine de Hong Kong envahit la province adjacente de Kuan-Tung en Chine, alors que Cantan (Guangzhou), l'ancien moteur de la province, n'a pas de régions urbaines.

De toute évidence, la réussite dans l'exportation, le tourisme ou la vie culturelle, politique ou religieuse, n'entraîne pas nécessairement la création des régions urbaines. Savoir exporter ou administrer ne suffit pas. Il faut une capacité supplémentaire, celle de remplacer rapidement et de façon dynamique une vaste gamme de produits importés. Seules les villes qui ont cette capacité sont entourées des régions urbaines dignes de ce nom. Le processus même du remplacement commande automatiquement la création de régions urbaines lorsqu'une ville s'engage vraiment dans un processus de la substitution des importations.

Cette activité se fait par phases explosives et déclenche cinq grandes forces d'expansion économique : marchés urbains, nouvelles techniques destinées à accroître la production et la productivité rurales, la délocalisation d'entreprises urbaines, capitaux d'origine urbaine. Ces forces puissantes jaillissent simultanément dans une ville productrice des biens de remplacement, mais ce n'est que dans l'hinterland urbain avoisinant qu'elles se conjuguent, chacune s'exerçant à peu près dans la même proportion que les autres.

Dans l'optique d'une analyse comparative, prenons connaissance du cas d'un village japonais autrefois à l'extérieur de la zone d'influence de Tokyo et les transformations qui s'y sont produites. Lorsqu'à la fin des années cinquante, il a été rejoint par la prolifération urbaine et englobé dans l'économie régionale de cette ville, il s'agit là d'un cas extrême, car l'économie de Tokyo est très puissante, mais la nature des changements est identique dans toutes les régions du globe.

Au cours d'une série de visites échelonnées sur vingt ans à compter de 1955, l'économie rurale traditionnelle était intacte. À cette époque et par la suite, les villageois lui révélèrent avec tant de franchise leurs revenus, leurs échecs, leurs succès ainsi que leurs préoccupations personnelles et collectives que l'auteur donna un nom fictif au village afin de protéger la vie privée de ses habitants. Néanmoins, Shinotha est bel et bien un village réel situé dans une région urbaine, il compte quarante-neuf ménages d'exploitations agricoles. Adossé à la montagne au fond d'une vallée, il se trouve à quelque cinquante kilomètres de Tokyo, bien au-delà de ces montagnes abruptes que la région urbaine de cette ville a franchies.

Jadis, Shinohata vivait sans doute de l'agriculture et de l'artisanat de subsistance. Le village n'avait aucun lien commercial avec les villes, mais aussi loin qu'on s'en souvienne des marchands d'Edo y vivaient de temps à autre. Les villageois leur vendirent quelques denrées agricoles contre certains produits (thé et papier), et l'argent nécessaire au paiement de l'impôt. Les deux grandes cultures commerciales de cette économie traditionnelle furent le riz et le coton de soie (ce dernier produit prend de plus en plus d'importance au fil des années). Les villageois vendirent aussi un peu de bois, de petites quantités de champignons en saison et du charbon de bois qu'ils fabriquèrent eux-mêmes. Pour recueillir ces trois produits, le bois fut nécessaire à leurs besoins. Ils ratissèrent inlassablement la montagne boisée. Et, dans les années de disette, la forêt devint leur planche de salut.

Entre 1900 et 1955, l'amélioration des méthodes et de l'outillage agricole accrurent considérablement la production de riz. Ce fut un travail important dans la première moitié du siècle puisque respectivement, la soie représenta la principale exportation du Japon. Bien que certaines familles soient parvenues à acquérir quelques produits nouveaux comme des bicyclettes, le village demeura pauvre et la vie était une suite sans fin de tâches monotones et d'inquiétudes, du moins d'après les souvenirs de ceux qui l'ont vécue. Maintenent, voyons le côté pragmatique du développement économique.

I. LE PRAGMATISME DU DÉVELOPPEMENT ÉCONOMIQUE

Chapitre IX

9.1 La définition du développement économique pragmatique.

Un développement socio-économique réussi doit être flexible plutôt qu'axé sur un objectif fixe. Il doit aussi progresser de façon empirique et pratique selon les circonstances ou les besoins de la cause. Par exemple, les pays qui ont développé l'agriculture ne pouvaient pas prévoir l'appauvrissement du sol. Ceux qui ont inventé l'automobile ne pouvaient pas prévoir les pluies acides. L'écrivaine Jane Jacobs a décrit le développement comme un processus permanent d'improvisations dans un contexte qui rend possible l'intégration de ces improvisations dans la vie quotidienne. Elle a défini le développement comme une dérive inventive dans des activités innovatrices et suscitant des problèmes nouveaux, dérive conduisant ensuite vers des solutions improvisées qui, à leur tour, crée des activités novatrices qui font émerger des problèmes inédits. Des « stratégies industrielles » visant à atteindre des « cibles » grâce à une « intention ferme », à une planification à « long terme » et à un « esprit déterminé » sont des modes de pensées militaires. Derrière ces mots, se profile l'hypothèse, consciente ou inconsciente, selon laquelle, la vie économique peut-elle être conquise, mobilisée ou poussée dans une direction donnée ? Comme cela se produit lorsqu'elle est axée sur la guerre, mais elle est toutefois inspirée par le développement socio-économique et l'expansion.

La métallurgie a débuté, rappelle-t-elle, par le martelage du cuivre pour en faire des colliers ou d'autres ornements, longtemps avant de servir à la fabrication d'objets utiles comme des couteaux et des armes en cuivre ou en bronze. L'alliage, la fonte et le moulage des métaux furent d'abord utilisés en joaillerie et en sculpture. Les pigments (premier usage connu du minerai de fer), la porcelaine et bien d'autres produits céramiques, le verre et l'art de la soudure ont tous contribué initialement à façonner des produits de luxe ou des ornements. Il se peut même que les roues aient servi au départ, à des fins frivoles puisque les plus anciennes roues que nous connaissions se retrouvent dans des jouets ou d'autres objets d'amusement, comme ce fut le cas des premières machines hydrauliques et plusieurs autres mécanismes ingénieux. Les tours servirent à fabriquer des tabatières un siècle avant de servir à l'industrie lourde ». La fonte de moulage fut mise au point comme produit de remplacement du fer forgé pour la fabrication de portails ornés. « L'industrie chimique doit à la naissance trouver divers mordants alcalis et produits de blanchiment pour les tissus fins et le verre ».

De plus, les planches servant à la production de gravures ont précédé celles d'imprimerie. La galvanoplastie servit d'abord à donner du brillant aux statuettes en métal de base et à faire étinceler la table de ceux qui ne pouvaient s'offrir de l'argenterie. Les fusées ont d'abord été des objets d'amusement avant de servir à des fins militaires, à l'exploration de l'espace et à lancer des satellites de communication. Les petites innovations sont détruites par leur environnement à moins d'être valorisées pour des raisons plutôt esthétiques qu'utilitaires. Cette observation rejoint « l'esthétique de la dérive d'Umasco ». Les scientifiques savent bien que les découvertes sont souvent les produits inattendus d'autres recherches. Il en est de même de la dérive économique. Les premiers puits de pétrole furent forés pour extraire un combustible destiné à l'éclairage quelques décennies seulement avant que l'électricité ne rende la lampe à l'huile désuète, mais dès que les puits de pétrole furent mis en opération, de multiples autres usages apparurent sans cesse. La colle servant à fixer l'abrasif au papier émeri connut bien d'autres utilisations et se révéla économiquement beaucoup plus utile que le papier émeri lui-même. Les premières lignes de chemin de fer n'avaient été conçues que pour servir au transport des marchandises jusqu'à des canaux. Les premiers appareils de radios ne devaient être vus que comme des suppléments aux lignes de communication télégraphique et téléphonique lorsqu'elles étaient impraticables comme à bord des navires. Nombre de processus fondamentaux que l'on retrouve dans les écosystèmes et dans les économies sont étonnamment similaires.

La richesse de la vie et la diversité des moyens de subsistance s'accroissent. La même observation vaut pour les systèmes économiques : plus leurs divers créneaux sont remplis, plus elles sont pourvues de moyens de subsistance diversifiés. Cela revient à dire que les économies qui produisent de façon abondante et variée pour la population, leurs entreprises et pour d'autres clients, sont dans une meilleure position que les économies spécialisées des régions ressources et celles de la transplantation industrielle. Dans un milieu naturel, la flexibilité s'accroît aussi avec la diversité. Selon les écologistes, cela est du au plus grand nombre de « boucles d'équilibre homéostatique » qui s'y trouvent, c'est-à-dire de rétrocontrôles assurant automatiquement l'autocorrection du système. Le nombre insuffisant de boucles d'équilibre homéostatique est justement le défaut qui rend les pays si dangereusement instables économiquement et leurs villes si peu capables de corriger elles-mêmes, leur économie. Il est naturel pour l'être humain de développer de nouvelles activités et de nouvelles compétences à partir des anciennes, parce qu'il a la capacité de le faire, comme sa capacité inhérente de comprendre et d'utiliser la langue avec beaucoup de flexibilité. Les effets de la taxe sont différents selon qu'un bien est produit par une grande entreprise intégrée qui pourvoit elle-même à une bonne partie des besoins d'intrants ou par une multitude de fabricants interdépendants qui se vendent mutuellement des choses dont ils ont besoin chaque jour. Dans le premier cas, la taxe ne figure pas dans les multiples transactions internes de l'entreprise.

Dans le second cas, elle intervient constamment dans le processus de production et doit être financée comme n'importe quel frais de production, mais on aurait pu imaginer une mesure plus ingénieuse pour favoriser les grosses entreprises relativement autosuffisantes, comme les firmes multinationales avec leurs nombreuses filiales et leurs multiples transactions internes pour pénaliser les réseaux producteurs interdépendants. Parallèlement, les solutions normalisées à des problèmes pratiques qui sont imposées obligatoirement à l'échelle nationale ou internationale vont inconsidérément à l'encontre du développement, que ce soit dans le domaine des transports, de la production d'énergie, de la lutte contre la pollution ou dans tout autre domaine. Par exemple, il est important d'imposer aux pollueurs des normes d'émission à l'échelle nationale et internationale, car, la pollution voyage par air et par mer. Cependant, une telle réglementation est fort différente de l'imposition de critères de normalisation aux produits et aux méthodes de production. Au contraire, plus les produits et les procédés de production font l'objet d'expérimentation et de diversification, meilleurs ils sont. Soulignons à ce propos que lorsqu'un nouveau problème pratique atteint des proportions nationales et internationales, c'est le signe que les villes commencent à manquer de créativité de force.

Par exemple, le fait que les déchets toxiques représentent aujourd'hui un problème généralisé aux États-Unis, un constat montre que les villes ont négligé les problèmes de prévention et d'élimination au moment où ils ont fait leur apparition. Si les villes américaines du passé n'avaient pas mieux réussi à préserver leur eau potable de la contamination des eaux usées, la pollution des réseaux d'alimentation constituerait aujourd'hui un énorme problème pour ce pays. Les villes résolvent leurs problèmes pressants, puis exportent leurs solutions dans d'autres villes et dans les zones rurales ; lorsqu'elles ne le font pas, les problèmes irrésolus ne font donc que s'accumuler.

Tout monopole nuit sans raison aux villes et réduit leur potentiel économique. On s'objecte habituellement aux monopoles parce qu'ils fixent des prix exorbitants et font des profits déraisonnables aux dépens des marchés captifs. Fort de cet argument, on ne croit pas que la réglementation de leurs prix et de leurs profits les rend inoffensifs. Si, en même temps, on parvient à ne faire valoir que la protection des monopoles contre la concurrence, que permettent des économies d'échelle, on en vient à penser que ces monopoles sont bénéfiques. Les prix exorbitants qu'ils imposent représentent les moins importants des désavantages engendrés, car ceux-ci entravent le développement de procédés de production, de biens et de services alternatifs. Souvent, ces entraves deviennent évidentes au moment de leur apparition. Lorsque le Congrès américain a forcé les compagnies d'électricité détenant un monopole à acheter l'énergie aux producteurs indépendants et à la payer au même tarif que leurs propres prix de revient les plus élevés, on a vu surgir une quantité de nouveaux petits producteurs d'électricité.

Notamment dans les régions urbaines de Boston et de San Francisco, certains produisent leur énergie au moyen de méthodes expérimentales. D'autres remirent en service de petits barrages hydroélectriques abandonnés qui fournirent une part appréciable de la production totale et qui causèrent beaucoup moins de dommages environnementaux qu'une centrale énorme, tout en coûtant généralement moins cher. Lorsque les tribunaux américains enlevèrent à la « Bell Telephone System » son monopole sur la fabrication des équipements de communication, on a vu bondir rapidement des biens et services novateurs, provenant de quelques-unes des nouvelles entreprises non monopolistes. Ce sont là des exemples de la place un peu plus grande qu'un pays a accordée à la dérive économique flexible, sans subir le moindre préjudice en tant qu'entité politique.

9.1.1 L'environnement : la revanche de la nature.

Le journaliste et écrivain Éric Meyer a souligné qu'au cours des années soixante, la Chine a fait face à une dégradation de l'environnement la plus spectaculaire dans son espace écologique. Le déboisement, la pollution de l'air et de l'eau occasionnèrent que le gouvernement chinois envisageât différentes mesures pour redresser la situation en ébauchant des plans de développement durable. Meyer a soutenu qu'en l'an 2001, la Chine a consacré 0,93 % de son P.I.B à la protection de l'environnement. Ce sont donc 93 milliards de dollars, entre les ressources de l'État, des provinces, des entreprises d'État et les prêts internationaux, qu'elle investit dans le nettoyage de son cadre de vie.

Pour ce pays, c'est un effort intense, a fait valoir l'écrivain Meyer. À travers son analyse, il a montré que le montant alloué à l'Éducation fut de 2,66 milliards de dollars ; celui de la défense fut estimé par les experts anglo-américains à quarante-cinq milliards de dollars. En moins de vingt ans, la protection de l'environnement qui était à l'époque tout bonnement inexistante se développa pour devenir la première préoccupation du pays, du législateur comme l'homme de la rue. Ce sujet qui s'est imposé lui-même, est désormais presque le seul qui compte, le plus urgent, comme le révèle le sondage de l'institut Horizon effectué en octobre 2000, devant le chômage, l'insécurité, l'éducation et la corruption, a précisé Meyer.

Meyer s'est questionné aussi en disant : comment un tel bouleversement dans les priorités a-t-il pu prévaloir en un temps si court ? Selon lui, c'est tout simplement parce que si la Chine, dans sa course à la croissance, a oublié la nature, celle-ci s'est souvenue de son bon souvenir. Plus concrètement, l'air, l'eau et le sol chinois sont dans un état de dégradation parmi les plus avancés du globe, sauf à prendre des mesures draconiennes, la Chine s'achemine droit à la catastrophe. Notons qu'il est prudent d'associer cette analyse à l'époque où le livre de Meyer a été publié, donc à partir de 2002, car tout comme le monde, la nature évolue, n'est-ce pas ?

9.1.2 Lanzhou : la sacrifiée.

Dans un diagnostic axé sur le développement de la Chine, Érick Meyer a aussi mis l'accent sur Lanzhou (Gansu), « la ville bleue » sur la route de la Soie, cordon ombilical de l'Islam reliant Pékin, Ispahan et Istanbul, traversée par le fleuve jaune, enserrée dans son corset de montagne à perte de vue. Avec ses marmitons coiffés d'une calotte blanche qui étirent inlassablement leurs pâtes fraîches et légendaires, bien au-delà des coffins de l'Asie, avec ses centaines de milliers de musulmans qui déambulèrent nonchalamment, à pied ou en amazone à dos d'ânes dans les vieilles ruelles. Lanzhou pourrait être une oasis de calme et de paix.

Meyer a aussi soutenu que trop souvent, Lanzhou culmine au pic de la pollution urbaine chinoise, à l'indice cinq-cent. Chaque année, des milliers de gens meurent de pneumonie et les autres maladies respiratoires, mortes qui seraient évitées avec un air moins vicié. Pour rendre l'air moins nocif, le maire recourut à une générosité. Les sept-mille taxis de la ville ne furent pas autorisés à circuler que les jours pairs ou impairs selon leur immatriculation. Mais cette mesure eut pour premier effet de priver la communauté urbaine d'un revenu, d'un emploi et d'un service, appauvrissant les démunis. Les 13 et 14 mars 2000, les chauffeurs provoquèrent donc des échauffourées dans la ville.

Lanzhou, ville de 2,7 millions d'habitants environ, sait qu'elle n'a pas le choix. Sa volonté de s'affranchir de la pollution ne répond pas seulement à une écologique lancée par les gens de la côte, deux-mille kilomètres plus à l'Est. Elle sait aussi qu'une chance peut-être unique de mieux vivre s'offre aujourd'hui à elle avec le Xe Plan de 2001 à 2005. La priorité est en effet d'aider les régions de l'Ouest à rattraper leur retard en injectant des dizaines de milliards de dollars dans le financement d'infrastructures. Mais pour qu'un tel projet réussisse, la règle est claire. Afin de convaincre l'Occidental de venir installer son usine, il faut d'abord lui offrir un environnement propre et net : « Pas d'investissements étrangers, ni même chinois, sans air ni eau propres », déclara Bruce Murray, le représentant de la Banque asiatique de développement d'alors. Tout le problème est là. Vu l'état de la dégradation de la ville et la pauvreté locale, les besoins pour enrayer la pollution sont infinis.

En désespoir de cause, Lanzhou eut une idée « révolutionnaire », curieusement inspirée d'un célèbre conte, dans sa version revue par Mao Zedong, « Comment Yokong déplaça la montagne », qui relate les efforts inlassables d'un vieillard et de son clan pour araser une colline et désenclaver leur village. La ville bleue a entrepris au printemps 2000 de faire disparaître à coups de pelle, de pioche et d'engin de terrassement, les cent cinquante mètres de flancs de terre rouge du mont Daqing, afin de permettre le passage du vent. Bien sûr, le projet « Déplacer la montagne » ne changera pas grand-chose au bilan général de Lanzhou, puisque la première cause de ses maux vient de sa situation. Seule une réfection complète du parc industriel et des transports urbains changera radicalement son sort.

Mais par ce geste symbolique, la ville veut montrer sa volonté de s'en sortir. Quant à la ville de Chongqing, elle bâtit son nouveau port, ses lignes de chemin de fer, son aéroport grâce aux aides de Pékin. Ses autoroutes déjà bien avancées la rapprocheront de la côte. Elle promet de fermer cinq mille firmes polluantes en 2005 et met en place un réseau de retraitement des eaux usées, d'un coût de 1,25 milliard de dollars, dont un sixième fut prêté par la Banque mondiale. Le gouvernement central, de son côté, annonce l'allocation de 4,8 milliards de dollars pour équiper cette mer intérieure de deux-cent-soixante centrales de recyclage et de deux-cents centres de tri des ordures, celles-ci étaient dans le fleuve. Mais, l'effort n'était pas suffisant pour garantir la propriété du bassin.

9.1.3 Le reboisement : une urgence tardivement reconnue.

Depuis les années quatre-vingt, après la dissolution des communes populaires qui faisaient des paysans des serfs des temps modernes, on coupe les arbres le long des fleuves. L'opération est tentante : on récupère du bois et on permet à de jeunes agriculteurs sans lopin de s'installer sur les plus belles terres du monde, fines et noires enrichies par les alluvions. Les digues, elles, deviennent aussi friables que du tofou, selon le mot de Zhu Rongji qui brocarda ainsi en 1999, l'incapacité de son prédécesseur Li Peng d'entretenir le patrimoine des aménagements pour la maîtrise de l'eau. Or, on ne plaisante pas impunément avec la géographie chinoise. Partant d'Himalaya à plus de huit-mille mètres d'altitude, c'est une des fortes pentes de la terre qui descend d'Ouest en Est, ses cours d'eau impétueux charriant chaque année des milliards de mètres cubes de sédiments vers la mer et déposant une partie de ces corpuscules dans leur lit. Les Chinois, depuis des millénaires, plantent des arbres pour entretenir les rives. Sitôt dénudés de leur armature, les rubans de collines au-dessus des villes et villages risquent de s'effondrer. Ils menacent donc des dizaines de millions de vies humaines.

9.1.4 Le développement en tant qu'impératif social, selon Harry S. Truman.

Dans la vision de l'ex-Président des États-Unis, Harry Truman, les deux parties de son double mandat se fondent sur l'impératif du développement socio-économique. Ainsi, chaque bouleversement signalé dans la conception de la vérité servit à promouvoir la notion de développement au statut de règle universelle. Pour la rhétorique coloniale, telle qu'on la retrouve dans le « Colonial Development Act » de l'année 1929. Par exemple, le mot développement est employé dans son sens absolu : le concept ne fait référence qu'au premier volet du double mandat, l'exploitation économique des ressources, telles que : la terre, les minéraux et les produits de la forêt alors que la seconde mission est qualifiée de progrès ou de bien-être. Seules les ressources peuvent être développées, pas les hommes ni les sociétés. C'est d'abord dans le cercle du « State Department » pendant la guerre, que l'innovation conceptuelle mûrit, laissant se dissoudre le progrès de civilisation dans la mobilisation socio-économique en intronisant le développement devenu concept directeur des États-Unis. Ainsi, l'image du monde a trouvé son expression concise : le degré de civilisation d'un pays se mesure au niveau de sa conception. Plus, aucune raison de restreindre la sphère du développement aux seules ressources. Désormais, les hommes et les sociétés entières peuvent et doivent même être perçus comme des objets de développement socio-économique durable.

Donc, parler de développement pour désigner l'utilisation économique de la terre et de ses richesses est donc l'héritage du productivisme arrogant du XIXe siècle. Pour employer une métaphore d'ordre biologique, une simple activité économique devient un fait de nature, un facteur d'évolution. Sacks et Esteva coauteurs d'un manifeste sur le développement socio-économique durable, découvrirent la mise en œuvre d'un plan caché, progressant vers sa forme finale. Comme l'exprime cette métaphore, la véritable finalité des biens de la nature est leur utilisation économique : chaque exploitation économique démontre qu'un pas de plus vers cet objectif a été accompli dans le déploiement d'un potentiel inné.

9.1.5 La politique d'ajustement et les perspectives de développement en Tanzanie.

Pour faire face à une rupture économique, l'inflexion « libérale » du nouveau gouvernement tanzanien avait été précédée dès le début de la décennie quatre-vingt par un réexamen de la stratégie économique antérieure. En 1983, une vaste campagne de lutte contre la spéculation et la corruption vise à épurer la bureaucratie économique pour rassurer les milieux économiques privés nationaux et étrangers. C'est après cinq années de consultations, et dans l'étroite perspective des politiques d'ajustement économique et financière préconisées par le Fonds Monétaire international (F.M.I), que la plupart des mesures sont adoptées. La Tanzanie n'avait en effet au début de l'année, aucune marge de manœuvre : le gouvernement voulait maintenir un taux d'investissement élevé, alors que l'épargne nationale et le solde des opérations courantes, se détérioraient. La Tanzanie devait donc comme une grande partie des pays du Tiers-Monde, continuer à s'endetter. La dette extérieure totale atteignit trois mille six cents neuf millions de dollars (70% du PNB), dont six-cents millions à court terme.

Cependant, le service de la dette publique extérieure (2.982 millions de dollars), ne représentait en 1985 que 16,7% des exportations des biens et services (contre une moyenne de 18, 4 %) pour l'ensemble des pays à faible revenu (Chine et Inde exclues). Mais la hausse par rapport à 1970 est considérable (un en cours de 257 millions de dollars et un service de la dette représentant 5,2% des exportations des biens et services), et le déséquilibre persistant de la balance commerciale ne lui permet pas de faire face aux échéances (550 à 750 millions d'arriérés d'intérêts en 1986). Sur le plan interne, l'inflation s'accélère (19, 6% de 1980 à 1985 contre 9.6% de 1965 à 1980) atteignant 40% au cours de l'année 1985. De 1980 à 1985, la croissance du P.I.B ne fut que de 0,8% par an en moyenne (contre 3,9% de 1965 à 1980) soit une décroissance annuelle moyenne de 2,7% par habitant. La situation peu brillante pour l'agriculture (une croissance annuelle de 0,7% de la production agricole) est pire encore pour l'industrie (- 4,5%) de baisse moyenne par an au cours des cinq premières années de la décennie.

Dans le domaine financier, le déficit budgétaire fut ramené de 2.5 milliards de shillings à 236 millions de 1987 à 1988 (le shilling valait 32,7 dollars fin 1986), grâce à l'institution de nouveaux impôts. Le quart des dépenses fut consacré au remboursement de la dette publique. La valeur de la monnaie est certes affectée par une inflation qui demeure élevée (autour de 30% en 1986 et en 1987), imposant un glissement continu de la monnaie, mais l'écart entre le coût officiel et parallèle de la monnaie est passé de 1 à 10 début 1986, de 1 à 2,3 mi 1987, ce qui signifie un retour relatif de la confiance.

Au niveau agricole, le tournant effectué est profond avec :

- Une réévaluation des prix agricoles internes et la garantie donnée aux producteurs de produits exportés de recevoir la contre-valeur de 60 à 70 % du chiffre d'affaires à l'exportation,

- L'accès des petits exploitants aux prêts,

- L'introduction croissante des techniques permettant d'accroître la productivité agricole : pesticides, engrais, nouvelles semences,

- La politique de privatisation de certaines exploitations tournées vers les cultures d'exportation. Par contre, l'industrialisation piétine : le programme de redressement prévoyait une meilleure utilisation des capacités de production (sous-utilisation des capacités productives atteignant 70 à 80 % en 1984) avec une priorité affirmée en faveur des secteurs de biens de consommation courante et aux industries exportatrices. Mais les entreprises se heurtent à la mauvaise organisation du système de crédit, la médiocrité des transports et des infrastructures contribuant aux déficiences endémiques d'approvisionnement en matières premières et en pièces détachées.

Le résultat global de la politique du nouveau gouvernement est plutôt favorable. En 1986, la croissance économique aurait dépassé le taux de croissance démographique de 3,3% pour atteindre près de 4%. La bonne performance des cultures vivrières permit à la population de ne pas trop souffrir du réajustement opéré. En 1987, les récoltes atteignirent un niveau tel que les importations alimentaires ont dû être réduites et les exportations ont dû s'accroître. Sur le plan industriel, la tâche n'était pas aisée, mais l'aide chinoise permit d'inaugurer la première mine de charbon du pays, et la libéralisation des importations donna un peu de souplesse aux entreprises en permettant l'importation des pièces détachées.

9.1.6 La croissance économique permet-elle aux pays pauvres de se développer ?

Diane Gabrielle Tremblay et Vincent Van Schendel, deux auteurs qui ont coécrit un livre sur l'économie du Québec, ont avancé que le développement humain constituait l'objectif ultime de l'activité humaine au lieu de la croissance économique. Ses origines conceptuelles remontent à l'approche suivie par l'organisation internationale du travail (O.I.T) et par la Banque mondiale sur les besoins essentiels, ainsi qu'au concept de capacité des individus. Selon ces auteurs, le développement humain est défini comme le processus permettant d'élargir les choix des personnes, afin qu'elles puissent mener une vie plus longue, saine et créative. Cette définition du développement humain semble cependant trop générale. Notre objectif étant d'explorer les liens qui unissent le développement et la croissance économique.

Cependant, Tremblay et Schendel considèrent le développement humain d'un pays comme l'amélioration du système sanitaire et éducatif de ses habitants, bien que cette interprétation soit quelque peu réductrice. Il est clair que la croissance économique et le développement humain sont liés. D'une part, la croissance économique fournit les ressources nécessaires au développement humain. D'autre part, l'amélioration de la qualité de la main-d'œuvre contribue fortement à la croissance économique. Enfin, Tremblay et Schendel ont soutenu que bien que cette relation bilatérale entre le développement humain et la croissance économique soit désormais largement acceptée, les facteurs spécifiques qui les unissent n'ont pas été systématiquement explorés, ni la question des priorités dans la mise en œuvre progressive des politiques.

9.1.7 De la croissance économique au développement humain.

Le produit intérieur brut (PIB) contribue au développement humain, principalement par l'intermédiaire de l'activité du gouvernement des ménages : la société civile, grâce notamment aux organismes communautaires et autres organisations non- gouvernementales. Le même niveau du P.I.B peut ainsi entraîner des résultats radicalement différents sur le développement humain, selon la répartition du P.I.B entre ces institutions et les variations dans leur comportement. La propension des ménages à dépenser leurs revenus après les impôts dans des produits qui favorisent directement le développement dans les pays pauvres, par exemple la nourriture, l'eau potable, l'éducation et la santé varient non seulement en fonction des facteurs, tels : le niveau et la répartition des revenus entre les ménages, mais également selon la personne qui contrôle la réparation des dépenses au sein de ces ménages. Les ménages pauvres dépensent généralement une plus grande part de leurs revenus dans des produits favorisant le développement humain que ceux dotés de revenus élevés. Des résultats similaires découlent des plus importants impôts sur le revenu des ménages.

9.1.8 Le développement « durable » ou « soutenable » : l'obligation de tous les pays.

D'après Diane-Danielle Tremblay et Vincent Van Schendel, le développement soutenable est celui qui répond aux besoins du présent sans compromettre la capacité des générations futures de répondre aux leurs. Pour ces auteurs, deux concepts sont inhérents à cette notion : Le concept de besoin et plus particulièrement des besoins essentiels des plus démunis, à qui il convient d'accorder la plus grande priorité. L'idée des limitations que l'état de nos techniques et de notre organisation sociale impose sur la capacité de l'environnement à répondre aux besoins actuels et à venir. Les objectifs du développement économique social sont définis en fonction de la durée, et dans tous les pays développés ou en développement, à une économie de marché ou à une économie planifiée. Les interprétations pourront varier d'un pays à l'autre, mais elles devront comporter certains éléments communs et à s'accorder sur la notion fondamentale de développement soutenable et sur un cadre stratégique permettant d'y parvenir. Le développement implique une transformation progressive de l'économie et de la société. Cette transformation, au sens le plus concret du terme, peut théoriquement intervenir même dans un cadre sociopolitique rigide. Cela signifie qu'il ne peut pas être assuré si on ne tient pas compte des politiques de développement, des considérations, telles que : l'accès aux ressources ou la distribution des coûts et des avantages. Même au sens le plus étroit du terme, le développement soutenable présuppose un souci d'équité sociale entre les générations. Ce souci qui doit s'étendre en toute logique à l'intérieur d'une même génération. Le principal objectif du développement consiste à satisfaire les besoins et les aspirations de l'être humain. Les besoins essentiels de la quantité d'habitants des pays en développement ne sont pas satisfaits : le besoin de se nourrir, de se loger, de se vêtir, de travailler. Au-delà de ces besoins essentiels, ces gens aspirent à une amélioration de la qualité de leur vie. Un monde où la pauvreté et l'injustice sont endémiques sera toujours sujet aux crises écologiques et autres. Le développement soutenable signifie que les besoins essentiels de tous sont satisfaits, y compris celui de satisfaire leurs aspirations à une vie meilleure. Un niveau supérieur au minimum vital serait envisageable à la seule condition que les modes de consommation tiennent compte des possibilités à long terme. La notion des besoins est certes, socialement et culturellement déterminée à assurer un développement soutenable. Il faut toutefois promouvoir des valeurs qui faciliteront un type de consommation.

Pour répondre aux besoins essentiels, il faut réaliser tout le potentiel de croissance. Le développement soutenable nécessite de toute évidence, la croissance économique, là où ces besoins ne sont pas satisfaits. Le développement et la croissance économique sont soutenables, à condition que le contenu de celle-ci respecte les principes : que sont la soutenabilité et la non-exploitation d'autrui. Pour que le développement puisse survenir, les sociétés doivent faire en sorte de satisfaire les besoins, en accroissant la productivité, mais aussi, en assurant l'égalité de chances pour tous.

Finalement, Tremblay et Schendel ont ajouté qu'il se peut que l'accroissement démographique intensifie les pressions qui pèsent sur les ressources et ralentisse l'amélioration du niveau de vie dans les sociétés où la pauvreté est endémique. S'il est vrai qu'il ne s'agit pas d'une question démographique, mais aussi de la répartition des ressources. Le développement soutenable n'est possible que si l'évolution démographique s'accorde avec le potentiel productif de l'écosystème. Le développement technologique peut certes, résoudre certains problèmes, mais il peut quelquefois en créer d'autres plus graves. Le développement inapproprié peut en effet, marginaliser des portions entières de la population. L'agriculture sédentaire, le détournement des cours d'eau, l'extraction minière, l'émission de chaleur et de gaz toxiques dans l'atmosphère, l'exploitation commerciale des forêts, les manipulations génétiques, sont des exemples de l'intervention de l'homme dans les écosystèmes à l'occasion d'activités de développement. Le développement soutenable signifie qu'on ne doit pas mettre en danger les systèmes naturels, tels : l'atmosphère, l'eau, les sols, et les êtres vivants.

9.1.9 Haïti : Île aux ressources cachées et ignorées.

L'île d'Haïti fut tellement emmaillée de ressources naturelles et des secteurs porteurs de développement durable, qu'elle faisait l'objet d'une cible évidente aux yeux des pays impérialistes. Sauveur Pierre Étienne, dans son livre titré : L'énigme haïtienne, a soutenu que la dynamique globale de l'Occident, amorcée aux 16e et 17e siècles, impliquait la mise en place du système capitaliste en expansion. L'Alliance entre les États nations et les bourgeoisies respectives, la rivalité entre les États pour la suprématie militaire, la répartition du pouvoir et la concurrence entre les capitalistes nationaux pour le contrôle et la distribution de richesses, avec la bénédiction de la « Très Sainte » Église catholique romaine et le zèle que seule la foi chrétienne pouvait procurer, allaient transformer la face du monde. Ainsi les grandes explorations, les conquêtes, les guerres, le pillage, la mise en valeur des colonies par des investissements massifs des capitaux et de technologie, le trafic des esclaves. Le développement du commerce et de l'industrie assurait l'expansionnisme européen et le partage du monde par une poignée de puissances occidentales.

Étienne a souligné plus loin que lors de la « découverte » du Nouveau Monde, la fertilité du sol faisait de ce continent le champ de bataille de prédilection des puissances colonialistes. Mais, le cœur des conflits était les Antilles, « le lieu où toutes les guerres devaient commencer ou se terminer ». Étienne a précisé enfin que c'est dans ce contexte que l'Espagne céda à la France, par le traité de Ryswick en 1697, la partie occidentale de sa colonie d'Hispaniola, « la plus belle et la plus fertile partie des Antilles et peut-être…du monde », laquelle porta d'abord le nom de Saint-Domingue avant de devenir Haïti le 1er janvier 1804.

9.1.10 Regard sur la richesse des ressources humaines en Haïti.

En Haïti, chaque année, à travers les dix départements du pays, des milliers de postulants issus des écoles secondaires privées et publics, se dirigent vers des centres d'examens officiels du Baccalauréat. Ces jeunes ont généralement à leur actif, quatorze années d'études secondaires avant de pouvoir subir ces examens. Après leurs études universitaires, la majorité d'entre eux se voient obligés de travailler dans des domaines qui ne sont pas forcément leurs champs d'études, faute d'absence d'un programme d'orientation de carrière et d'encadrement social. À titre d'exemple, un agronome tenant compte de sa formation devrait s'occuper de l'agriculture, de l'accompagnement des paysans et veiller à la protection de l'environnement et de la promotion agricole. Dans le contexte d'Haïti, on retrouve ces agents agricoles (agronomes) surtout au rang de l'enseignement classique, donc ils n'évoluent pas dans leur propre champ d'expertise. Nous ne voulons pas dire qu'un agronome ne peut pas enseigner, mais tenant compte des principes didactiques qui règlent l'enseignement de qualité, on comprend que ce n'est plus son champ de compétence. Les circonstances socio-économiques qui prévalent en Haïti, les obligent à s'adonner à l'enseignement en lieu et place de s'exercer dans l'agronomie. Par là, on peut même avancer que ce constat est la cause de manque de valorisation des compétences et l'exploitation des ressources humaines.

9.1.11 L'organisation économique : un capitalisme concurrentiel.

Maintenant, jetons un coup d'œil sur le capitalisme au 19e siècle. D'après l'écrivain Pierre Bezbakh, l'organisation économique de ce siècle, fut marquée par l'existence d'une vive concurrence sur les différents aspects du travail, des facteurs de production et des produits finis. Cela s'explique par l'absence quasi générale de réglementation concernant le prix, l'emploi, les rémunérations salariales et les conditions de travail (notamment l'interdiction des syndicats). Dans des secteurs relativement concentrés, comme celui des mines ou de la sidérurgie, la « loi du marché » dictait l'évolution des prix, car aucune entreprise n'était de taille à les contrôler, et la réussite des nouvelles activités dans le domaine du transport (par exemple : les chemins de fer) impliquait de pratiquer des tarifs attractifs vis-à-vis des anciennes infrastructures.

Un type de « régulation concurrentielle » s'imposait donc comme corollaire*, une grande instabilité des revenus. D'une part, les salaires proches du niveau de substance pour les ouvriers peu qualifiés durant la première moitié du siècle augmentaient pendant les périodes d'essor de l'activité, mais diminuaient dès que des difficultés apparaissaient. Le sort des ouvriers est d'autant plus précaire que la baisse des salaires qui s'accompagnait d'une montée du chômage partiel ou total qui réduit à la mendicité ou à la prostitution. Les bonnes années de récolte ne suffisaient pas à nourrir toute la famille. D'autre part, une baisse de prix trop forte, due à l'augmentation plus rapide de l'offre de produits que de la demande, réduisait les profits industriels ; cela bloquait les possibilités d'investissement et l'incitation à produire, freinait la production et l'emploi, et entraînait la baisse des salaires. Enfin, il réduisait la demande des biens de consommation et amplifiait la crise socio-économique.

9.1.12 Le rôle général de l'État dans l'économie.

Paul Beaudry, Luc Dubois et Gilles Tanguay ont fait savoir qu'au début du siècle au Canada, en plus d'assurer l'ordre, la justice et la protection du territoire, les gouvernements soutenaient les initiatives de l'entreprise privée qui répondait presque seule aux besoins des individus et des collectivités. Les administrations publiques voyaient au développement des infrastructures (routes, ports) qui permirent aux entreprises privées d'exploiter les ressources naturelles du pays. Elles limitèrent alors au strict minimum, car les gouvernements laissèrent agir les forces naturelles du marché, la loi de l'offre et de la demande fiant les prix et les salaires. Ils n'avaient nullement pas besoin de prélever les impôts et des taxes (10% du revenu national en 1921). Ce fut alors l'époque du laisser-faire…

Beaudry, Dubois et Tanguay confirment aussi que la première Guerre mondiale de 1914 à 1918 et la grande dépression de 1929 donnèrent lieu à une situation très pénible. Des milliers de foyers se trouvèrent sans aucun revenu (25 % de chômage) et ils ne purent même plus subvenir à leurs besoins essentiels. On vit alors apparaître les soupes populaires et la distribution gratuite du pain quotidien. On s'entassa alors dans des bidonvilles. Une abondante main-d'œuvre revint à la campagne et l'on ne travailla que pour obtenir le gîte et la nourriture. Ne pouvant pas payer les soins de santé et l'hospitalisation, de nombreuses familles furent décimées.

Cette période fit prendre conscience à tout un chacun que l'État devait s'engager davantage dans l'activité économique pour instaurer un minimum de services et pour ce qui n'allait pas dans ce système laissé à lui-même. L'économiste John Maynard Keynes créa alors un nouveau modèle de gestion de ressources et des marchés de la part des gouvernements. Ce passage d'un État observateur et arbitre de l'activité économique à un état interventionniste omniprésent dans presque tous les secteurs (production de l'électricité, prise en charge de transports aériens, production de programmes télévisés), assurance sociale (assurance chômage, soins de santé, sécurité du revenu) ou culturel (réseau public d'éducation), s'effectua progressivement pour atteindre sa vitesse de croisière entre 1960 et 1980. Maintenant, faisons un clin d'œil sur l'administration de l'ex-Président Oreste Zamor.

9.1.13 La pénétration de l'impérialisme américain en Haïti.

Malgré que le gouvernement d'Oreste Zamor n'ait pas eu l'intention d'entrer en négociation par rapport au Môle Saint-Nicolas, il souhaitait néanmoins que l'entente entre le Président et l'assistant-secrétaire d'État, demeure le même. La danse que menait l'impérialisme européen en Haïti avait fini par irriter les États-Unis, restés jusque-là en dehors de ce pillage organisé. Sous l'administration de l'ex-Président américain, William Howard Taft, les nécessités d'être dans la course se firent sentir avec acuité aux environs de l'année 1910, à cause de l'influence croissante des Allemands et des Français qui furent au timon des affaires haïtiennes, notamment dans l'économie. À ce facteur économique, il faut en ajouter un autre, celui de la localisation géographique d'Haïti. Placée sur la route du canal de Panama, Haïti borde le canal du vent par la voie maritime se trouvant entre elle et Cuba. D'un point de vue de son territoire, le Môle Saint-Nicolas que certains considèrent comme le Gibraltar du Nouveau Monde, contrôle le passage vers le canal de Panama. Il n'est pas étonnant dès lors que les États-Unis lui portent un grand intérêt.

9.1.14 L'occupation américaine : l'effondrement de l'État haïtien de 1915 à 1934.

Selon l'écrivain haïtien, Sauveur Pierre Étienne, l'occupation américaine fut la conséquence de l'effondrement de l'État haïtien. Après cent-onze ans d'indépendance de 1804 à 1915, les élites politiques haïtiennes ne parvinrent pas à doter le pays d'un État moderne. D'après Pierre Étienne, sur le plan interne, ces élites s'étaient révélées incapables de faire face aux problèmes sociaux et économiques qui engendrèrent des tensions, crises et conflits sociopolitiques aigus. Sur le plan externe, elles n'arrivaient pas à gérer convenablement les pressions et menaces immanentes au système d'États concurrentiels, et à moderniser les structures archaïques et arriérées d'Haïti, en fonction des avancées techniques et des innovations technologiques de l'époque, en vue d'adapter la dynamique du système capitaliste mondial.

Pierre Étienne confirme que la non-intégration des masses populaires paysannes et la non- rationalisation de la domination politique, avaient fait de la légitimité et du consensus entre les élites politiques et les notions vides de sens. La violence constituait donc l'effondrement du système politique haïtien. Or, ne disposant pas d'une armée professionnelle et efficace, ni d'une administration publique moderne, l'État haïtien devait perdre le monopole de la contrainte physique légitime et celui de la fiscalité au cours de sa phase de désintégration, conduisant ainsi à une instabilité chronique, la guerre civile, le chaos, l'anarchie, la crise économique, financière et monétaire, structurelle et conjoncturelle, conduisirent le pays à la banqueroute totale, et finalement à l'effondrement de l'État. Enfin, Pierre Étienne a précisé que ce vide étatique haïtien, ouvrant la porte à la mise en œuvre de la politique interventionniste des États américains, dans un contexte international, du fait même de la Première Guerre mondiale en Europe, favorable à l'établissement de la Pax Americana, l'intervention militaire et l'occupation américaines d'Haïti, la construction d'un État à l'allure moderne, mais faible, la modernisation économique et les changements sociaux consécutifs.

9.1.15 Le glissement irrésistible vers l'intervention militaire.

Selon le politicologue Berhmann D. Narcisse, jusqu'à la démission de William J. Bryan, à titre de secrétaire d'État en 1915; la politique américaine à l'endroit d'Haïti fut marquée par la personnalité du chef de diplomatie américaine. Bien qu'à légal de ses collaborateurs, il soit convaincu de la nécessité urgente d'établir le contrôle des États-Unis sur cette petite République de la Caraïbe. Cependant, Bryan ne fut pas partisan d'une action militaire contre ce pays ; il prôna plutôt l'action diplomatique. Pressions diplomatiques, négociations et alliance avec divers secteurs politiques furent des moyens d'interventions privilégiées pour arriver à ses fins, c'est-à-dire le contrôle des douanes et des finances publiques.

Narcisse a enfin fait savoir que l'application de sa ligne politique rencontra des oppositions au sein même de l'appareil d'État américain. Ces milieux, pressés d'en finir avec une situation intolérable, firent leur possible pour provoquer l'occupation militaire. L'histoire de cette période est en somme celle d'une lutte entre deux tendances. Le départ de Bryan signifiera la défaite de la ligne. La diplomatie de Bryan, la décision d'intervenir et l'occupation militaire américaine d'Haïti constituèrent les premières mesures de mise en place d'une domination qui perdure encore aujourd'hui.

9.1.16 L'objectif immédiat : le contrôle des douanes.

En ce qui a trait au contrôle des douanes, Narcisse a précisé que l'objectif immédiat de l'occupation américaine fut le contrôle des douanes. L'insistance du gouvernement des États-Unis pour avoir le contrôle des douanes et des finances haïtiennes tenait entre autres choses, au fait que l'anarchie qui prévalait souvent empêchait ces dernières d'honorer les obligations contractées à l'endroit des entreprises financières américaines. Celles-ci menaçaient d'intervenir militairement afin de prendre en main la gestion des douanes et des finances des pays fautifs.

Aux yeux du département d'État, l'endettement considérable d'Haïti et la grande influence de certaines puissances européennes dans les affaires de la République, étaient de mauvais aloi et gênaient les ambitions hégémoniques américaines. Il s'ensuit que le gouvernement américain réclamera à son profit, le contrôle des douanes et des finances haïtiennes dans le triple but d'empêcher une mainmise européenne complète sur le pays, d'assainir les finances et de faciliter la pénétration du capital américain. Le secrétaire Bryan reprit des objectifs à son compte. Le contrôle des douanes est le but immédiat de sa politique vis-à-vis d'Haïti. Ceci permettra aux États-Unis d'y réaliser l'ensemble de leur politique. Ils mettront alors toute son énergie pour l'atteindre.

9.1.17 Les avatars de cette politique.

Plus loin, Narcisse a soutenu que l'aggravation de la situation intérieure haïtienne, au plan politique aussi bien qu'économique, fournit au département d'État d'excellentes occasions pour appliquer sa politique à l'égard d'Haïti. Des moyens de pression de toutes sortes furent utilisés. Les autorités américaines n'hésitèrent pas, toutes les fois que ça fait leur affaire, d'agir par le truchement d'institutions privées. C'est ainsi que la Banque Nationale d'Haïti contrôlée par la National Citybank qui fut le principal actionnaire devint un instrument privilégié de la politique américaine en Haïti.

Selon Narcisse, la Banque Nationale, par son privilège de contracter des emprunts au nom du gouvernement haïtien, a exercé une grande influence dans la vie politique haïtienne. Roger Farnham, vice-Président, de la nationale City Bank de New-York d'alors, fera pression systématiquement sur l'État haïtien pour obtenir le contrôle des douanes du pays. Dans leurs rapports au gouvernement haïtien, les autorités de la banque tentèrent de profiter des difficultés financières chroniques de ceux-ci pour arriver à leurs fins. Se retranchant derrière les accords les liant à l'État haïtien, elles refusèrent de lui faire les avances de fonds nécessaires à la bonne marche des affaires publiques. Elles se dirent toutefois prêtes à considérer favorablement de telles requêtes si le gouvernement leur remettait le contrôle des douanes du pays. Les résultats escomptés tardant à se manifester du fait de la résistance haïtienne, les États-Unis devinrent donc plus agressifs dans leurs démarches auprès des gouvernements haïtiens à partir de 1914. Ce fut ainsi qu'ils soumirent au gouvernement de Davilmar Théodore, le « Plan Wilson ». Celui-ci fut identique au projet américain appliqué en République dominicaine en 1907, et fut rejeté par le Président

Davilmar Théodore.

Ce projet comportait les dispositions que voici :

1. Une convention permettant aux Américains de contrôler les finances du pays.
2. Le règlement des différends existant entre le gouvernement haïtien et la compagnie nationale des chemins de fer.
3. Le règlement des différends entre le gouvernement haïtien et la Banque Nationale.
4. La pleine et entière protection des intérêts étrangers.
5. La garantie de ne céder le Môle Saint-Nicolas à aucune puissance étrangère.

Les Américains blâmèrent l'influence allemande pour les difficultés rencontrées dans la négociation de cinq points avec le gouvernement haïtien. Dans l'esprit des dirigeants américains, le caractère inéluctable d'une intervention militaire s'imposait de plus en plus. La ligne de Bryan était en fin de compte, arrivée à la conclusion qu'à cause de l'instabilité politique et la domination de capitalistes étrangers, les garanties haïtiennes furent insuffisantes et l'intervention américaine requise afin d'éliminer la menace de l'empiétement européen. Malgré cela, secrétaire Bryan fut persuadé que son objectif put être atteint par l'utilisation de la voie diplomatique.

De ce fait, la mission de Paul Fuller en 1915, les gouvernements allemand, italien et français avaient reconnu le gouvernement de Vilbrun Guillaume Sam ; les États-Unis tardèrent à le faire, se proposant de l'utiliser comme monnaie d'échange pour obtenir la soumission de l'État haïtien. En déléguant un envoyé spécial, les États-Unis entendirent forcer la main au gouvernant, et cherchèrent à exploiter la nouvelle situation politique créée dans le Nord d'Haïti par l'insurrection de l'ancien ministre de l'Intérieur du gouvernement de Davilmar Théodore, à savoir le Docteur Rosalvo Bobo. À la tête d'une armée de Cacos, celui-ci se dirigea vers Port-au-Prince en vue de renverser le gouvernement. Malgré ces circonstances favorables, Fuller échoua dans sa mission. Il partit d'Haïti le 5 juin 1915.

9.1.18 L'émergence du développement socio-économique durable.

Dans les années charnières de la fin de la guerre froide, le développement fut perçu comme une norme imposée aux pays du Sud par des pays du Nord, avide de plaquer leurs dispendieux modèles de croissance économique, fondés sur le « Toujours plus » dans un gaspillage effréné de ressources non renouvelables. Autant le développement devenait soudain un concept impérialiste et prédateur, autant le développement durable paraît lui, inversement, de toutes les vertus, parce qu'il se proclamait respectueux non seulement des hommes, mais aussi de l'environnement. Le développement durable a ainsi déconsidéré les théories classiques du développement, autour desquelles, s'étaient organisés les politiques d'aide publique menées depuis la fin de la Seconde Guerre mondiale.

Alors que le développement était perçu comme synonyme de croissance économique pour permettre la satisfaction des besoins essentiels de chaque être humain, le développement durable introduit une nouvelle vision, écologiste et environnementaliste, qui insistent sur le nécessaire respect des ressources limitées et non renouvelables de la planète. Cette psalmodie incantatoire occupe une place centrale dans l'approche du développement durable par les écologistes. Le concept de développement durable perçu dans les années soixante-dix est discrédité et renvoyé aux oubliettes, au moment où l'aide publique au développement perd son utilité stratégique, avec la fin de la guerre froide et il fut un lourd fardeau pour un occident désormais seul maître à bord.

9.1.19 L'exode rural et la crise de l'énergie.

Au tout début des années soixante-dix, la croissance des populations s'augmenta. Chaque année, le monde s'accroît de près de soixante millions de personnes, ce qui équivaut à un taux de croissance de 2.2 % par an. Les pays développés qui atteignirent la phase de vieillissement de leur population s'affolèrent devant le dynamisme économique de ceux des pays du Sud. La situation croissante de la population des pays sous-développés, paraît d'autant plus alarmante que les nouveaux gouvernements des pays du Tiers-monde n'étaient pas encore préparés à y faire à faire face.

Le mot « développement » apparaît dans la théorie économique après la Seconde Guerre mondiale, parallèlement à la mise en œuvre de la décolonisation, en Asie d'abord dans les années 1950, puis en Afrique, dans les années soixante. L'aide économique doit aussi être délivrée dans l'intérêt du monde dit libre : il s'agit d'empêcher les pays pauvres de basculer dans le camp du communisme, c'est la première fois que le mot de « sous- développement » est officiellement employé dans un discours par ailleurs resté célèbre puisqu'il jette aussi les bases du plan Marshall, destiné à aider l'Europe à se reconstruire.

Le concept de développement est donc un produit de la guerre. Il sous-entend aussi que les pauvres doivent forcément connaître un cheminement identique à celui des pays riches, qui les conduisent de la pauvreté à l'entrée dans une société de consommation. L'économiste américain Walt Whitman Rostow soutient que toutes les sociétés humaines se seraient appelées à passer par cinq phases développementales, que voici :

- La société traditionnelle sous-développée,
- La mise en place des conditions préalables au décollage,
- Le décollage,
- Le progrès vers la maturité,
- L'ère de la communication de masse.

En 1986, la première définition internationale du développement fut donnée par la déclaration des Nations Unies sur le droit au développement : « un processus global, économique, social, culturel et politique de tous les individus, sur la base de leur participation active, libre et significative au développement et au partage équitable des bienfaits qui en découlent.

Selon Rostow, le développement doit se faire comme dans les anciennes métropoles, mais aussi contre elles, en privilégiant les stratégies de substitution aux importations. Après la conférence de Rio (Brésil) qui eut lieu en juin 1992 dans une grande métropole symbolique des difficultés du développement pour les pays du Sud, plus de cent millions de personnes, habitants des bidonvilles et petits agriculteurs sans terre, vivent dans un état de grande pauvreté et sont exclues du processus de croissance économique.

À l'issue de cette conférence, cent soixante-treize chefs d'État adoptèrent l'« Agenda 21 » sur le slogan (21 pour 21e siècle), qui leur fut présenté par le Secrétaire général de l'ONU d'alors, Boutros Boutros-Ghali. Citons quelques-uns des vingt-deux points des principes de l'Agenda 21 de cette conférence :

- « Les êtres humains sont au centre des préoccupations relatives au développement durable. Ils ont droit à une vie saine et productive, en harmonie avec la nature ».
- « Tous les États, tous les peuples doivent coopérer à la tâche essentielle de l'élimination de la pauvreté qui continue d'être une condition essentielle du développement durable, afin de réduire les différences de niveau de vie et de mieux répondre aux besoins de la majorité des peuples du monde ».
- « Le droit au développement doit être réalisé de façon à satisfaire équitablement les besoins relatifs au développement et à l'environnement des générations futures ».
- « Pour parvenir à un développement durable, la protection de l'environnement doit faire partie intégrante du processus de développement et ne peut être considérée isolément.

9.1.20 Le développement socio-économique de Porto Rico.

Étant donné que Porto Rico est aussi un des pays des grandes Antilles, nous avons étudié la situation socio-économique d'Haïti, en faisant un clin d'œil aussi sur sa situation socio-économique pour tenter de faire une comparaison entre les pays des grandes Antilles. Porto Rico est l'une des économies les plus dynamiques dans la région des Caraïbes. Jusque dans les années quarante, la production de la canne à sucre domina l'économie de Porto Rico. L'industrie dépassa l'agriculture comme le secteur primaire de l'activité économique et des revenus. Les entreprises américaines se sont développées massivement dans Porto Rico depuis les années cinquante. Porto Rico, dans le domaine de l'exportation et de l'importation, a prospéré en double entre les exercices 1987 et 1997. Toutefois, son économie a souffert des coupes budgétaires des États-Unis. L'économie portoricaine dépend en grande partie des incitations fiscales aux entreprises des États-Unis et de transferts fédéraux. Pour certains économistes portoricains, l'économie est considérée comme un peu fictive. Porto Rico a très peu de ressources naturelles de valeur économique et son économie repose principalement sur l'aide fédérale du Gouvernement des États-Unis. Les économistes estiment que le rétablissement pour les entreprises américaines opérant à Porto Rico, n'est pas la meilleure façon de stimuler un développement durable sur l'île.

Des secteurs importants comprennent les produits pharmaceutiques, les textiles, la pétrochimie, les aliments transformés et les vêtements. La production du sucre a servi à la production laitière et autre produit de l'élevage comme la principale source de revenus. Ses principales ressources sont : l'élevage de bovins, de porcins et de volailles. Le tourisme a traditionnellement été une importante source de revenus pour l'île. Cette industrie est estimée à la hauteur de près de 3.9 millions de touristes en 1993, et de 7% de l'île du produit national brut (PNB). L'industrie du tourisme a plus de soixante mille employés. En 2006, le Revenu national brut (RNB) par habitant, fut évalué à 53,4 milliards de dollars, soit $ 13675,1 par habitant. Porto Rico est donc classé comme un pays ayant un revenu élevé. Signalons enfin que ces pays sont définis par la Banque mondiale comme ayant un revenu national brut (RNB) par habitant de 11.116 dollars ou plus.

9.1.21 Le tourisme à Porto Rico.

Les recettes provenant des visiteurs furent estimées à $ US 1.826.100.000 en 1995. Et, ce chiffre tend à s'accroître avec les années qui suivront. Les dépenses nationales à l'étranger atteignirent quand à elles, $ 833.000.000 dans la même année. Enfin, les recettes touristiques s'élevèrent autour de $ US 1.736. 600.000 en 1994. Elles ont augmenté dans les années qui suivirent. Les rentrées massives des étrangers à Porto Rico ont permis à l'économie de ce pays de continuer à fleurir.

9.1.22 L'agriculture de Porto-Rico : un moteur économique indéniable.

Jusqu'en 1955, l'agriculture de Porto Rico constituait le principal secteur économique. La canne à sucre, principalement pour l'exportation vers le marché américain, fut la principale culture, suivie par le café et le tabac. Par contre, la production de la canne à sucre a baissé, les prix sont restés faibles, la main-d'œuvre agricole a émigré aux États-Unis, et l'exploitation urbaine prit beaucoup de terres destinées à la culture de cette plante. La production de café, pour la plupart, dans les zones montagneuses est loin de la pression de l'expansion urbaine. Elle est soutenue par le prix minimum et demeure stable. Une expansion considérable se montra dans la production des produits laitiers, la viande de bœuf, de porc, les œufs et la volaille, bien que d'importantes quantités de ces des produits, soient encore importées, principalement des États-Unis. Il y a aussi la production de fruits et de légumes du jardin ainsi que des légumes féculents. Enfin, le café est le plus précieux des cultures, suivi par les légumes, la canne à sucre, les fruits, le lait, les œufs, et de l'élevage (bovins, poulets, la viande de porc).

9.1.23 Les multiples critères de viabilité du développement économique.

Les critères de viabilité en développement socio-économique sont les suivants :
- Le maintien d'une équité sociale et l'implantation de la population ;
- La mixité et la proximité des services, des activités ;
- Le recours à des modes de transport viables ;
- La diversification et l'accessibilité à un habitat de qualité ;
- La réduction du stress en milieu urbain ;
- L'amélioration de la sécurité et de la qualité des espaces publiques et vert.
- La préservation et la valorisation du patrimoine culturel et naturel ;
- La conservation des ressources (eau, air, sol, sources d'énergie) ;
- L'optimisation des investisseurs publics et une fiscalité incitative ;
- Une gestion sensée du territoire pour un développement cohérent et évolutif.

Pour adapter ces critères aux villes, il faudrait avoir pour but de :
- Favoriser la planification intégrée à long terme du territoire ;
- Promouvoir des modèles d'habitat sains et viables ;
- Proposer des moyens d'action concrets en vue de réduire les émissions de gaz à effet de serre ;
- Garantir l'accessibilité au logement et à la mixité des fonctions et des personnes ;
- Promouvoir l'efficacité énergétique (habitation, transport, aménagement du territoire) ;
- Permettre le développement et la consolidation des modes de transport alternatifs à l'automobile ;
- Protéger et revitaliser le patrimoine bâti et naturel, héritage transmissible aux générations futures ;
- Accroître la présence des arbres et des espaces verts en milieu urbain ;
- Favoriser la réappropriation et l'utilisation des espaces résiduels (terrains vacants, toits, ruelles, etc.) ;
- Protéger le milieu rural, les terres agricoles, les ressources forestières et les milieux naturels du développement des agglomérations ;

- Rechercher et développer sur des sujets relatifs à sa mission (aménagement du territoire, transport, modèles d'habitation, efficacité énergétique, fiscalité) ;
- Développer des outils et des projets pour sensibiliser, éduquer et faire participer l'ensemble de la population à la mise en œuvre des collectivités viables.

9.1.24 Le développement socio-économique de Cuba.

Jusqu'en 1529, le gouvernement cubain suivit une politique de la libre entreprise. La propriété fut en partie limitée à des services publics locaux. À l'arrivée du gouvernement de Fidel Castro en 1959, il procéda à la création d'une économie centralement planifiée. Au moyen des nationalisations et expropriations, tous les producteurs des industries, des mines, raffineries, les communications, l'exportation et l'importation des préoccupations, furent soumises au contrôle du gouvernement castriste de 1968. La planification dans les années 1960, oscilla sur la question de savoir si Cuba aurait dû se concentrer sur la production du sucre, l'industrialisation ou sur un équilibre entre les deux. Après 1943, le sucre prédomina, mais l'effort résulta en 1970, de la récolte d'énormes ressources détournées d'autres secteurs de l'économie.

Dans le cadre du système de gestion économique, la rémunération fut de nouveau liée à la production. Ensuite, la croissance économique de la fin des années 1990, provenait d'une expansion de l'industrie manufacturière, le tourisme, l'exploitation minière, et des services. D'autres facteurs positifs figurent l'amélioration de l'industrie touristique et une forte récupération de l'industrie du cigare. Au cours des années 1990, le tourisme fut remplacé par les exportations de sucre de Cuba comme la principale source de devises. La création d'une nouvelle Banque centrale fut achevée par des réformes du secteur financier en 1995. Ces réformes reflètent le rôle accru du secteur privé dans les transactions financières. En 2000, l'économie cubaine poursuivit sa croissance grâce à la générosité de l'investissement étranger, mais l'embargo commercial des États-Unis a persisté en dépit de l'opposition des principaux dirigeants politiques américains.

9.1.25 La problématique du sous-développement.

Selon l'écrivain Sauveur Pierre Étienne, le sous-développement est le plus important problème de notre temps. Il précise que ce concept a pris naissance au sein d'organismes internationaux le lendemain de la Seconde Guerre mondiale. Elle désigne une réalité ancienne occultée volontairement par l'occident, mais qui allait occuper une place de choix dans les relations internationales avec l'accession à l'indépendance de nombreux pays africains et asiatiques au début des années cinquante. Ce phénomène allait être étudié par des intellectuels d'horizons idéologiques et politiques divers. Étienne précise qu'on allait assister à une profusion d'ouvrages qui traitent de la matière, les uns, plus polémiques que les autres, ce qui a donné lieu à beaucoup de confusions, d'ambiguïtés en ce qui a trait à la définition de soi. D'ailleurs, certains auteurs, notamment le Géographe Yves Lacoste, le considèrent comme un fourre-tout, donc il n'existe pas une définition unie vocale, exhaustive du concept « Sous-développement ».

Étienne soutient plus loin que l'ex-Géographe haïtien Georges Anglade pense que le sous-développement, c'est la déformation de la vie socio-économique d'un pays par les relations de dépendance qu'il entretient avec d'autres pays du point de vue de commerce, des finances et de la politique, l'auteur ajoute que : « le sous-développement », c'est aussi la déformation d'une économie nationale qui oblige une population à vivre beaucoup plus pour l'étranger que pour elle-même.

Le sous-développement, d'après lui, est défini comme un phénomène historique, un produit du colonialisme et d'impérialisme. Quant à l'Économiste et Sociologue Gérard Pierre Charles, le sous-développement est le concept qui se réfère à la condition structurelle ainsi qu'aux caractéristiques de la distribution de l'échange et de la consommation de certaines sociétés. Le sous-développement est un produit de la dépendance, et s'accompagne de fortes déformations sociales ainsi que de déséquilibres typiques ville, campagne, modernité et archaïsme.

Dans le vocabulaire des sciences sociales, on utilise indifféremment les concepts « sous-développement » « tiers-monde » « pays du Sud » « pays pauvres » et les notions prolétaires. D'après l'écrivain Pierre Moussa, aux presses universitaires de France en 1959, au lendemain de la seconde guerre mondiale avec la division de la planète en deux blocs, le concept « Tiers-monde » convenait parfaitement pour désigner les pays sous-développés et fut utilisé pour la première fois par le démographe Alfred Sauvy dans l'article publié dans le no 118 du journal l'observateur en France, le 14 août 1952 et s'intitulait « Tiers-monde, une planète ».
Ce concept désignait donc à l'époque, le troisième groupe de nations qui n'appartenaient, ni au monde riche occidental, ni au monde socialiste. Et, chaque auteur en fonction de sa formation de la théorie qu'il utilise comme instrument d'analyse et surtout de la cause qu'il défend, donne sa propre acception au concept sous-développement. Ainsi, les multiples définitions qu'on y attribue se réfèrent, se complètent et sont parfois diamétralement opposées.

Étienne a avancé que pour J.M Albertini, le sous-développement comme le Tiers-monde, est un ensemble de pays aux performances différentes de celle des pays développés. Il serait alors une question de degré, un seuil à ne pas franchir, par exemple: un revenu inférieur à cinq cents dollars par habitant et par an. D'après l'auteur, c'est dans cette perspective que l'on a recherché un certain nombre d'indicateurs d'éléments descriptifs qui caractérisaient cet état. Cette approche prend en compte, non seulement le degré, mais aussi la nature du phénomène sous-développement et avance que d'un pays développé à un pays sous-développé, l'économie et la société seraient fondamentalement dans les structures.

Les critères fondamentaux du sous-développement dans les décades d'années, certains auteurs ont essayé de déterminer ce qu'ils considéraient comme des symptômes des critères, voire des caractéristiques fondamentales du sous-développement afin de pouvoir distinguer ce qu'ils appelaient les véritables pays sous-développés « autres formes que l'on attribuait au sous-développement » dans une confusion croissante. Plus loin, le démographe français, Alfred Sauvy et le Géographe français Yves Lacoste, ont relevé quatorze éléments fondamentaux du sous-développement, que voici :

1. Insuffisance alimentaire.
2. Grave déficience des populations, forte proportion d'analphabètes, maladies des masses et forte mortalité infantile.
3. Ressources négligées ou gaspillées.
4. Forte proportion d'agriculteurs à basse productivité.
5. Faible proportion de citadins, faiblesse des classes moyennes.
6. Industrialisation restreinte et incomplète.
7. Hypertrophie et parasitisme du secteur tertiaire.
8. Faiblesse du produit national par habitant.
9. Ampleur du chômage et de l'emploi, travail des enfants.
10. Situation de subordination économique.
11. Très violente inégalité sociale.
12. Dislocation des structures économiques et sociales.
13. Ampleur de la croissance démographique.
14. Absence de prise de conscience de la situation en pleine évolution.

9.1.26 L'autopsie du sous-développement.

La classe des pays à faible revenu regroupe les sociétés cumulant l'ensemble des handicaps, en raison de l'extrême faiblesse des ressources par rapport au nombre d'habitants : en 1986. Le P.N.B par habitant, dont le niveau moyen se situe à deux cents soixante-dix dollars (environ 2 000 francs ne dépassent pas 400 dollars). Il peut descendre en dessous de cent-vingt dollars, par exemple dans le cas de l'Éthiopie. À priori, la faiblesse des revenus ne permet pas de dégager les surplus nécessaires à l'achat ou même à la fabrication des biens d'équipement, à l'acquisition de technologies étrangères, ou même à la formation de la main-d'œuvre : cela explique la lenteur de la croissance économique de nombreux pays du groupe. Depuis 1965, la production par tête du Zaïre diminua en moyenne de 2.2% par an et celle de l'Ouganda de 2.6%. Il est vrai que la croissance démographique y avoisine ou dépasse les 3% par an (contre 0,5% par an pour la France). Comment assurer la « couverture des besoins essentiels » (alimentation, éducation, logement), et au-delà d'une épargne possible en faveur de l'investissement et de la consommation future, quand les ressources sont si faibles et quand la croissance de la population implique un prélèvement supplémentaire sur les maigres ressources disponibles ? En fait, qu'est-ce que les PMA ?

J. L'UNIVIERS DES P.M.A

Chapitre X

10.1 Les P.M.A (Pays moins avancés).

Entrons dans l'univers des P.M.A. Pour rendre compte de la diversité des pays moins avancés, l'O.N.U (Organisation des Nations Unies) a créé une catégorie particulière, en regroupant une trentaine d'États. Cette catégorie est définie à partir de trois critères :
- Le P.N.B par tête inférieur ou égal à cent dollars dans le système de prix de 1968.
- Un taux d'analphabétisation de la population élevé à 20%.
- La population âgée de 15 ans, ne sachant ni lire ni écrire.

Hormis Haïti, les P.M.A se situent tous en Afrique et Asie. Cette affirmation nous permet d'insister sur notre préoccupation, à savoir la nomenclature d'Haïti par rapport aux autres pays de la Caraïbe. Puisqu'il est le seul qui fasse partie du P.M.A dans la Caraïbe, il doit se débrouiller pour en sortir. Les deux « géants » du Tiers-monde que sont l'Inde et la Chine en sont naturellement exclus : avec un P.N.B par habitant respectif de deux cents quatre-vingt-dix dollars et trois-cents dollars. Ces pays n'ont pas vaincu la pénurie, même si la misère y est encore grande. Les perspectives de développement et en particulier les fortes potentialités industrielles et agricoles, les placent dans une situation différente du Zaïre, de l'Ouganda ou de Madagascar : avec un produit intérieur brut (P.I.B) respectif de 203,8 et 271,9 milliards de dollars environ. Présentement, l'Inde et la Chine se situent parmi les nations les plus puissantes du globe.

10.1.1 L'agriculture : le « Nord » étouffe le « Sud ».

Depuis plusieurs siècles, l'agriculture connaît de très forts gains de productivité, ce qui a entraîné une baisse de prix réels, c'est-à-dire des prix agricoles corrigés à la hausse des prix. Le phénomène s'est fortement accéléré depuis des décennies grâce à la mécanisation, l'utilisation d'engrais et de pesticides. Aux États-Unis, par exemple, depuis plus de cinquante ans, le prix réel du blé a été divisé par trois. Les produits agricoles « tropicaux », ont eux aussi été affectés par cette baisse. Deux exemples : pour le coton, essentiel pour l'Afrique et le Brésil, les exportateurs américains sont aidés pour être moins chers ; pour la canne à sucre, c'est la betterave européenne qui est subventionnée. Le prix du sucre a été divisé par deux en plus de cinquante ans.

10.1.2 Les subventions agricoles des pays développés.

Les gouvernements de l'Europe et des États-Unis soutiennent massivement leurs petites exploitations menacées par ces baisses de prix par des subventions. En 2003, le soutien public aux agriculteurs américains a atteint deux cents vingt-neuf milliards de dollars (chiffres OCDE), soit 32% des revenus agricoles ; c'est un chiffre supérieur au P.I.B de l'Afrique. Il est égal à six fois l'aide au développement.

10.1.3 Les pays du Sud « étouffés ».

L'étouffement des pays du sud consista dans la baisse tendancielle des prix des produits agricoles. Les États-Unis et l'Union européenne maintinrent une large surproduction agricole par rapport à leurs besoins et exportèrent les denrées massivement. Certaines grandes exploitations du Sud (Brésil) parvinrent à s'aligner, mais l'immense masse des petits agriculteurs des pays en développement, incapables d'adopter les techniques, ne put évidemment songer à vendre sa production sur des marchés ainsi artificiellement soutenus, et son activité agricole ne lui permit pas de se développer. À vouloir garder ce « pré carré » dans la division internationale du travail, les pays développés fermèrent le marché à ces deux milliards d'agriculteurs du Sud.

10.1.4 L'agriculture productiviste nous empoisonne tous.

L'empoisonnement de l'agriculture provient de l'usage massif d'engrais et pesticide qui pollue les sols, rivières et mers. Les pays du « Sud » sont empoisonnés avec moins d'égards. On estime à cent-mille tonnes, les stocks de pesticides périmés qui s'y trouvèrent. Dans le cas d'Haïti, rappelons qu'on débarqua des tonnes de déchets toxiques, dans la rade des Gonaïves en 1988, sous la courte administration de l'ex-Président Leslie François Saint-Roch Manigat. Malgré toutes les précautions qui ont été prises, les effets toxiques de ces pesticides restèrent dans les fruits et les légumes. Ils se trouvèrent aussi à travers l'absorption par les animaux, dans les viandes. Le passage à une agriculture vraiment propre dans les pays développés avec une diminution très forte des quantités produites et la hausse des prix. Il permettrait à de nombreuses petites exploitations d'y survivre. Or, la destruction des cultures vivrières et la désertification dans certaines régions d'Afrique provoquèrent des disettes vis-à-vis d'une population croissante. De plus, nombre de gouvernements mondiaux instrumentalisent les famines locales pour obtenir des aides internationales, dont ils conservent une bonne part pour s'en servir comme arme électorale.

10.1.5 La mondialisation et les inégalités sociales.

a) Inégalités à l'intérieur des pays en développement.
L'évolution des pays en développement est beaucoup plus difficile à mesurer faute de repères sur plusieurs années. Dans les pays d'Asie et d'Amérique latine en forte croissance, ces inégalités étaient très fortes même avant les mesures d'ouverture des frontières ; la croissance, résultant de celles-ci, offrant plus d'emplois et favorisant le développement d'une classe moyenne, ces inégalités n'y ont probablement guère augmenté. C'est le cas des anciens pays communistes. Ils ont explosé par suite de l'enrichissement brutal de tous ceux qui ont profité des privatisations et su saisir les opportunités du « capitalisme rouge ». Enfin dans les pays moins avancés (P.M.A), les inégalités ont augmenté du fait de l'appauvrissement des populations agricoles majoritaires et de l'enrichissement des « élites politico-commerciales » par le commerce et la corruption. Dans son rapport de l'année 2004 sur les PMA, la CNUCED constate d'ailleurs, pour de nombreux pays africains, que même quand l'ouverture des frontières a permis d'accélérer la croissance économique. La pauvreté a augmenté en raison de l'explosion démographique.

b) Aider les pays pauvres, mais d'abord, annuler leur lourde dette.
Les organismes internationaux et les banques commerciales ont prêté aux pays en développement surtout entre 1970 et 1998. La dette totale est passée de cinquante milliards de dollars US en 1968, à cinq cents quatre-vingt milliards en 1980. Puis, deux cents quarante milliards en 2002. Pour l'Amérique latine, elle est sept cent quatre-vingt-dix milliards, si l'on en retire le Brésil, le Mexique, l'Argentine, et le Chili, d'environ cinq mille milliards. Pour l'Afrique du Nord environ autant, et pour l'Asie moins la Chine, l'Indonésie et la Corée du Sud, environ quatre cents cinquante milliards. Ces trois dettes sont donc celles des pays les plus pauvres. Le service d'intérêt de cette dette des plus pauvres en 2002 est environ deux cents milliards dollars U.S beaucoup plus efficaces que l'aide est donc la réduction de la dette.

Cependant, l'initiative P.P.T.E (pays pauvres très endettés) de 1996 a désigné quarante-deux pays considérés comme « très endettés », pour lesquels cette dette devrait être réduite de façon à ne plus représenter que 200 à 250% de recettes d'exportations de 20 à 25% de ces mêmes exportations. Sur ces quarante-deux pays, trente-huit sont éligibles et la décision a été prise pour vingt-sept pays, dont vingt-trois Africains. Condition absolue de l'allègement : que les sommes correspondantes soient toutes affectées à des services sociaux comme l'éducation. Cet allègement du service de la dette, qui n'a commencé qu'en 2002, représente environ huit-mille millions de dollars U.S par an. Les altermondialistes soulignent la faiblesse de l'effort. Ils font aussi remarquer que dans de nombreux cas, la dette est en grande partie liée aux exportations de capitaux des dirigeants politiques et ceux-ci devraient d'abord être tenus de les restituer. L'assemblée générale du F.M.I d'octobre 2004, a décidé de prolonger de deux ans, le délai de qualification pour permettre à onze pays non qualifiés d'en profiter.

10.1.6 Haïti trahie par ses propres fils et prise au goulot d'étranglement étranger.

L'écrivain Berhmann Daniel Narcisse, Maître en Sciences politiques, fit état de la problématique de développement et estima qu'Haïti a toujours été victime d'un goulot d'étranglement de la politique étrangère. Dans son livre titré : « *Haïti, les préludes au débarquement de 1915* », il soutient que la construction des voies ferrées d'Haïti, fut inscrite dans le cadre d'un programme de développement socio-économique, malheureusement mal planifié. Par ailleurs, il précise qu'en 1915, un ressortissant haïtien du nom de Rodolphe Gardère obtint le contrat de conception du gouvernement de l'ex-Président haïtien, Nord Alexis. La compagnie nationale des chemins de fer d'alors, dont Gardère fut le Directeur, devait desservir les départements du Nord, du Nord-Ouest, de l'Artibonite et de l'Ouest, des voies de chemin de fer reliant Port-au-Prince au Cap-Haïtien.

Berhmann D. Narcisse a précisé que, poussé par l'appétit de gain facile et très peu disposé à prendre en considération l'intérêt de la nation, Gardère vendit ses droits à deux Américains pour une somme de $ 50.00 comptant et des actions d'une valeur de $ 62.500^2. J. MC. Donald obtint en avril 1910, la conception des chemins de fer dont il négocia la construction avec le gouvernement de l'ex-Président Antoine Simon. Le projet fut donc modifié dans son contenu socio-économique. Au lieu d'une ligne Port-au-Prince-Cap-Haïtien, on ne retint que le tronçon Saint-Marc-Port-au-Prince. Au terme de ce nouveau contrat, la compagnie devait construire des voies ferrées à $33.000, le kilomètre. Les sommes dépensées portaient des intérêts de 6%, non compris des charges de 1% garanties par le gouvernement haïtien. Le contrat concédait à la compagnie la propriété de douze mille hectares de terrain des deux côtés de la voie ferrée pour la culture de la figue banane, en plus de lui accorder l'exploitation de cette denrée.

Narcisse a enfin souligné que les travaux de construction des chemins de fer d'Haïti commencèrent en 1911. Leur réalisation laissa beaucoup à désirer. Les divers tronçons du chemin de fer ne furent pas interreliés, notamment ceux des Gonaïves-Ennery et Cap-Haïtien. Quand les travaux prirent fin, un total de cent huit mille kilomètres de voies ferrées fut construit au coût astronomique de $3.600.000. Devant l'insouciance des groupes financiers américains et leur parti-pris de ne pas honorer leurs obligations, le gouvernement haïtien refusa de payer. Roger Farnham, qui cumulait les fonctions de Président de la compagnie de chemins de fer et de vice-Président de la nationale City Bank de New York, protesta. Il prétendit que les révolutions successives furent seules responsables de cette situation. Les nombreuses interventions de l'État haïtien auprès du département d'État au sujet de cette affaire restèrent sans lendemain. Aucune suite n'y fut donnée, conclut Maître Berhmann Daniel Narcisse.

10.1.7 Des années de crises aiguës en Haïti.

L'écrivain et Géographe Georges Anglade a rappelé que lors de l'occupation américaine de 1915 et l'écrasement de la guerre des patriotes de 1915 à 1921, s'établit sur la base de la centralisation Port-au-Princienne, un nouvel ordre économique et sociopolitique. Une fois cassée l'autonomie relative des onze régions du dix-neuvième siècle, le nouvel équilibre polarisé sur la capitale tint un agencement strict qui imposa à l'ensemble des paysans et des marchands, la production et la commercialisation des denrées d'exportation et des vivres de consommation locale. La traite massive de la main-d'œuvre rurale dans les plantations de la Caraïbe, exigée par l'industrialisation nord-américaine, servit d'exutoire aux problèmes locaux. Entre temps, les propriétaires fonciers prévalaient leurs rentes, les commerçants de l'import-export, leurs profits, l'État, ses taxes et ses bailleurs de fonds de l'usure. La vie socio-économique se déroula sans que l'on ne s'inquiète trop, ni du pourquoi ni du comment et surtout pas de l'exploitation extrême des paysans.

Anglade a aussi avancé que l'équilibre des risques d'instabilité qui menacèrent depuis longtemps se rompit brutalement au point d'exiger une mutation profonde. De déchirantes révisions commencèrent à soupçonner l'échéance inévitable par la conjonction de six crises majeures touchant à l'évolution, l'articulation, la dégradation, l'organisation, la métropolisation et la régionalisation des espaces. Un cycle de tensions s'installa et donna priorité aux perturbations dues à l'utilisation des ressources, à l'exode migratoire, aux inégalités sociales, aux revendications des libertés citoyennes. Le danger de chacune des saisons sèches fut la famine localisée ou même généralisée. Pour beaucoup de gens, manquer de nourriture est une crainte quotidienne réelle. La cause profonde de ce péril est la structure agraire qui a été poussée à sa capacité limitée par les modalités de répartition des terres et des produits. Près de 1 million de paysans sans terre, une production vivrière de 50 % de besoins, le même espace cultivé depuis des dizaines d'années, la migration rendue périlleuse, une capitale en croissance à nourrir, des prélèvements de plus en plus lourds sur les vivres et les denrées. Les possibilités de résistance aux calamités, sécheresses, cyclones méventes, épidémies sont progressivement devenues nulles dans la paysannerie.

Puis, des difficultés facilement résolues deviennent insurmontables et manger chaque jour s'apparente à un privilège de plus en plus rare. L'exode rural migratoire s'amplifie sous différentes formes : de la campagne aux bidonvilles de la capitale, des provinces aux émigrations agricoles de la Caraïbe, des villes et des campagnes aux centres urbains de l'Amérique du Nord. Les émigrations agricoles du 20e siècle sont une longue suite de drames depuis des années de traite de la main-d'œuvre haïtienne à Cuba, en République dominicaine, aux Bahamas, en Floride et dans les petites Antilles. Le million d'immigrants d'origine haïtienne réparti en plusieurs noyaux dans d'autres pays des Amériques produit la masse critique nécessaire à ce phénomène. Plus de trois générations aux problèmes s'y côtoient. Des liens multiples et variés les relient et les relieront au pays.

Enfin, selon Anglade, le déséquilibre social est extrême : des fractions dominantes et tenues des masses dominées pauvres. Le cycle des crises pèse plus lourdement sur les démunis : paysan sans terre et petit paysan, paysan moyen, djobeur du monde rural vivant au jour le jour, marchande de vivres, ouvrier occasionnel, djobeur des villes aux emplois passagers, fonctionnaires des services publics et privés aux salaires misérables, gens de services réduits à l'insécurité permanente. La somme des travailleurs aux activités incertaines ; chômage déguisé d'une force de travail, s'exposèrent à un taux d'emploi de plus de 50% de la population active. L'appropriation, l'utilisation et la répartition des ressources végétales et animales, minérales et énergétiques conduisirent à des impasses dont la prise de conscience amène à rechercher, loin des solutions miracles importées de tous les dogmatismes, les possibilités d'une voie originale à extraire du savoir-faire de siècles de mise en valeur de la terre d'Haïti.

10.1.8 Du sous-développement au développement socio-économique durable.

L'écrivaine Solange Tremblay soutient que le développement devrait s'orienter vers une vision centrée sur les besoins de la population ; vers celle favorisant le développement endogène, bâti sur les particularités de chaque pays plutôt que sur l'imitation de sociétés industrielles. D'après elle, cette approche met de l'avant des valeurs telles que le progrès social, l'égalité et la liberté. Elle souligne le fait que l'orientation macro-économique est fondamentalement contraire au désir inné d'autonomie des hommes. Elle précise que cette approche est contraire aux modes de vie, aux valeurs naturelles relevées par les populations elles-mêmes, à partir de leur culture et de leurs croyances.

10.1.9 Les 16 principes du développement socio-économique durable.

Plus loin, pour bien approcher le développement durable, Solange Tremblay, a pris le soin de présenter les 16 principes comme suit :

- Santé et qualité de vie
- Équité et solidarité
- Protection de l'environnement
- Efficacité économique
- Accès au savoir
- Subsidiarité
- Partenariat et coopération intergouvernementale. Internalisation des coûts.
- Prévention
- Précaution
- Protection du patrimoine culturel
- Préservation de la biodiversité
- Participation et engagement
- Production et communication
- Pollueur payeur
- Respect de la capacité de support des écosystèmes

10.1.10 Qu'est-ce que le développement durable ?

Pour Solange Tremblay, la notion de développement durable est apparue au cours des années 1980 dans un contexte où les bienfaits de la croissance économique, prônés par les objectifs du développement, sont mis en œuvre après la Deuxième Guerre mondiale. En 1987, le rapport Bruntland proposa une définition sur une base universelle : un développement est dit durable, lorsqu'il permet aux générations actuelles de satisfaire à leur besoin. L'important rôle joué par les groupes environnementaux dans la sensibilisation aux problèmes engendrés par la vision du développement a suivi la Deuxième Guerre mondiale.

10.1.11 Mondialisation, développement durable, gouvernance et démocratie.

L'écrivaine Solange Tremblay a avancé plus loin que le concept de développement durable repose sur une idée très simple, mais difficile à réaliser : celle d'amener les gouvernements, les acteurs sociaux et la société civile à donner à tous les citoyens, un environnement leur permettant de s'épanouir tout en améliorant leur qualité de vie et un niveau de croissance adéquat. Elle affirme que : parler de développement durable, c'est aussi inscrire des actions dans un programme de changements et inciter tous les acteurs à poser des gestes qui n'auraient jamais été manifestés. Selon l'écrivaine Tremblay, le concept de développement durable est apparu au cœur du discours de toutes les organisations tant gouvernementales que civiles. Pour certains, le développement durable demeure une idéologie ayant un certain côté moralisateur tout en proposant de nouvelles formes de partenariat, un dialogue social plus consensuel et en voulant offrir de nouveaux mécanismes de discussion afin de favoriser une plus grande participation des citoyens aux décisions.

Solange Tremblay a fait valoir également que l'idée de lier la notion de développement au mot « durable » a suscité et suscite encore chez les politologues des débats animés. Selon elle, si les élites politiques et les groupes communautaires ont rapidement adopté le concept, les intellectuels et plusieurs citoyens s'interrogent sur le réalisme des objectifs et des stratégies. Pour les communicateurs, il faudra désormais considérer le développement durable, comme un élément essentiel des politiques publiques, du comportement éthique des entreprises et dans les changements de comportements des citoyens électeurs et consommateurs. Pour d'autres, le développement durable consiste uniquement à créer les conditions essentielles permettant de répondre aux besoins fondamentaux des citoyens.

10.1.12 Comment l'État devrait développer l'autonomie chez les citoyens ?

André Joyal quant à lui, dans son intéressante étude sur le développement local, a fait savoir que la décentralisation de l'économie ne doit toutefois pas être l'occasion pour l'État d'abandonner ses responsabilités en matière économique. Il revient à l'État d'aider les populations locales à s'émanciper de son influence et celle des grandes entreprises. Joyal a avancé que l'État doit aider les gens à compter davantage sur eux-mêmes, à être autonomes. Pour ce faire, il doit leur fournir les moyens d'y parvenir. L'un de ces moyens et de loin le plus indispensable, c'est bien sûr, la présence d'un organisme responsable de mettre en branle une stratégie de développement local, organisme qui assume les fonctions d'animateur et de dispensateur de l'information liée à l'essor d'initiatives locales et de création d'emplois.

Donc, une stratégie de développement économique était synonyme de campagne de promotion visant à attirer les investisseurs étrangers. Ce processus amena les différentes régions à se positionner comme des concurrents en faisant miroiter une foule de présumés avantages aux entreprises sollicitées. Parlant de l'autonomie à l'instar de Joyal, nous pouvons dire que l'État haïtien devrait aussi encourager les activités régionales. Sur le plan commercial ou agricole, des assistances s'avèrent donc nécessaires. Par exemple, on pourrait regrouper les paysans qui cultivent les mêmes denrées tout en créant ce que nous appellerions « un regroupement agricole ». Au moyen de cette organisation, les gens se joindront pour travailler ensemble en vue d'atteindre un objectif commun. Cependant, ce n'est pas seulement ce regroupement qui serait important dans cette politique d'encadrement des paysans haïtiens, on devait surtout tenir compte des moyens logistiques à leur fournir. Il faudrait à ce moment-là qu'on bannisse le système agricole archaïque et adopte une autre façon plus moderne de pratiquer l'agriculture. Comment voulez-vous que jusqu'à présent, l'agriculture se fasse encore avec la houe, la pioche et la machette en Haïti, tandis que d'autres pays font de grands progrès dans ce domaine. Pourquoi le gouvernement haïtien, ne se procure-t-il pas des tracteurs pour labourer la terre pour aider les paysans à faire de meilleures récoltes ? L'autre handicap agricole, c'est que peu de rapports professionnels existent entre agronomes et agriculteurs en Haïti.

Chaque année, beaucoup de diplômés qui sortent de la faculté d'agronomie, au lieu de les retrouver en compagnie des agriculteurs pour la promotion de l'agriculture. On les retrouve plutôt, soit dans des salles de classe comme enseignants, soit comme employés au scin des administrations publiques, privées ou des organisations internationales. Donc, l'État investit dans ces étudiants pour n'en tirer aucun profit en retour. Voyons ce que dit la constitution haïtienne au sujet de l'agriculture. L'article 247 stipule que : l'Agriculture, source principale de richesse nationale est garante du bien-être des populations et du progrès socio-économique de la nation. Alors, on devrait promouvoir l'agriculture pour faire le progrès dont on parle ; au contraire, on néglige le système agricole qui représente le pivot du progrès socio-économique du pays. Il est alarmant de constater que l'agriculture haïtienne est vouée à l'archaïsme au profit des produits importés, notamment de Saint-Domingue et de Miami.

10.1.13 La dépendance externe et le sous-développement.

Pour certains pays comme la Corée du Sud, Taïwan, ou certains pays exportateurs de pétrole, les capitaux et transferts de technologies en provenance du Japon ou des États-Unis, n'ont pas fait défaut, lesquels inondent les marchés des pays « du Nord » de produits très compétitifs, tant au niveau des prix qu'à la qualité. Ils bénéficièrent dans un premier temps de la hausse des prix pétroliers, puis dans un second de la rémunération des capitaux accumulés et réinvestis à l'extérieur. Le bilan général est mitigé, si les relations entre les « trois mondes », pays développés à économie de marché, bloc socialiste et Tiers-monde, s'intensifient. L'interdépendance se traduit le plus souvent par la dépendance des relations inégalitaires qui perpétuent la vulnérabilité du Tiers-Monde.

10.1.14 Le commerce « Nord-Sud » : l'échange inégal.

La dépendance commerciale du Tiers-monde vis-à-vis des pays développés n'est pas un fait nouveau : les « Pactes coloniaux » qui réagissent autrefois dans les relations au sein des Empires coloniaux étaient fondés sur l'inégalité des échanges. Les colonisateurs importèrent à bas prix les matières premières agricoles et minérales et vendirent les produits de consommation nécessaires. Le régime « de l'exclusif colonial » interdit aux peuples dominés de nouer d'autres relations commerciales. La contrebande offrit bien une certaine marge de liberté au système, mais elle resta marginale. Lors des premières grandes puissances coloniales, le Portugal et l'Espagne s'affaiblirent. La domination maritime et militaire de l'Angleterre permit aux négociants britanniques d'imposer leur loi aux jeunes nations indépendantes d'Amérique latine. La déségrégation des empires coloniaux, au lendemain de la Seconde Guerre mondiale, permit de substituer les lois du marché à la domination directe, mais n'a pas pu supprimer toute indépendance.

10.1.15 La vulnérabilité commerciale du Tiers-monde.

La dépendance commerciale du Tiers-monde a une dimension à la fois quantitative et qualitative. La dimension quantitative recouvre, plus ou moins, un grand degré d'ouverture d'une économie au marché mondial, comme la quantité et la valeur unitaire des produits échangés. On peut dire qu'un petit pays très ouvert, achetant à l'étranger des produits sophistiqués (par exemple des machines-outils) dont la fabrication est limitée à un petit nombre de pays, et ne vendant qu'une marchandise surabondante (du café ou du sucre) à un seul grand pays, sera très sensible aux décisions de ses partenaires. Un pays relativement fermé (moins de 10 % P.I.B) possédant un vaste marché intérieur, vendant de nombreux types de produits (matières premières, biens manufacturés) à divers pays, et important des biens et services de différentes parties du monde, détint une marge d'indépendance réelle. La Côte d'Ivoire serait plutôt du premier type : le commerce extérieur représenta 46 % du P.I.B et plus de la moitié des exportations est constituée par le cacao (39,5% des ventes en 1986 et le café (14,5%). Le Brésil appartient au second groupe : le commerce extérieur est inférieur à 10 % du P.I.B et très diversifié.

10.1.16 Une divergence croissante au sein du Tiers-monde.

L'augmentation des échanges mondiaux a touché le Tiers-monde, questionnons aussi la place du Tiers-monde dans les échanges mondiaux. Car, après une forte baisse relative au cours de la précédente décennie, cette reprise n'est due qu'à un nombre très limité de pays : les pays exportateurs de pétrole. Les N.P.I (Nouveaux Pays industriels), soit une vingtaine de pays. Les autres pays du Tiers-monde, les plus démunis («P.M.A»), ont toujours été marginalisés, car ils sont incapables de s'insérer dans les échanges internationaux par la « voie normale » du marché. Les pays les plus pauvres sollicitent de l'aide humanitaire, c'est-à-dire de la charité internationale, troquant une dépendance pour une autre.

10.1.17 Pauvre n'est pas forcément égal à pauvre.

Maintenant, analysons la pauvreté sous d'autres angles. Le terme « Pauvreté » a toujours été considéré comme étant une problématique sociétale. Les divisions binaires sont les rouleaux compresseurs de l'esprit : elles nivellent un monde multiforme et passent au laminoir tout ce qui ne s'y conforme pas. Le discours stéréotypé sur la pauvreté a aplani les formes différentes. Il les a même opposées à la pauvreté au point de les défigurer. Par exemple, il ne distingue pas la pauvreté facile à satisfaire (frugalité), la pauvreté pitoyable (misère) et la pauvreté dépendante (pénurie). La pauvreté est une caractéristique des sociétés qui ne sont pas soumises à la frénésie de l'accumulation. La plupart des biens nécessaires à la vie quotidienne y sont obtenus grâce à une production de substance ou attachés à la marche en petites quantités. Dans un milieu frugal, il y a peu d'objets et d'outils, donc, l'argent ne joue qu'un rôle marginal. En revanche, tous ont accès aux ressources, les familles de la communauté pourvoient à la production des biens.

Dans ce contexte, un revenu faible ne signifie pour personne manger de la vache enragée ; on y voit souvent d'énormes excédents consacrés aux bijoux, aux célébrations et à des édifices grandioses. Dans un petit village traditionnel mexicain, par exemple, l'accumulation privée de la richesse fut frappée d'ostracisme : on y acquit du prestige ne dépensant pas ses revenus, même modestes, dans les manifestations communautaires comme « las fiestas ». La pauvreté est un mode de vie maintenu par une culture qui cultive le peu. La frugalité se mue en pauvreté dégradante quand elle subit la pression d'une société riche.

La misère gagne du terrain dès que la frugalité perd ses bases. Les liens avec la communauté, la terre et l'eau forment une condition essentielle à la survie sans argent, car le paysan peut passer des années à ne pas toucher à l'argent. Donc, la destruction de ces modes de substance fait basculer la misère. Les souffrances des paysans, des nomades ou des aborigènes sont la plupart du temps, des histoires d'expulsion de la terre ou de la savane. Ce furent le vagabondage et la mendicité ainsi engendrés qui conduisirent, en Europe du dix-neuvième siècle, aux premières politiques nationales relatives à la réalité. Le rôle traditionnel de la commune avait pour but de subvenir aux besoins de la veuve et de l'orphelin, exemples classiques de la pauvreté sans les ressources de son côté. La pénurie est une forme moderne de la pauvreté. Elle affecte les groupes qui participent à une économie d'argent.

Ils vivent dans un contexte où l'argent prend une importance primordiale. Leur capacité de s'en tirer par leurs propres moyens tombe à zéro. Les désirs nourris par le spectacle de la haute société croissent à l'infini. C'est la disette qui engendre la pauvreté moderne. Encore nommée question sociale au 19e siècle, la pauvreté donna lieu, après la crise économique mondiale de 1929, à de nouveaux impôts destinés à la politique du revenu et de l'emploi. Cette vision de la pauvreté inspira le discours du développement d'après-guerre, sous l'influence de Keynes.

10.1.18 Plus de frugalité, moins de misère.

Pour la politique du développement socio-économique durable, le problème est la pauvreté et la solution est la croissance. Cette politique oeuvre sur un vaste champ muni d'un concept de la pauvreté façonné par l'expérience de la disette dans les pays du Nord. Elle fit miroiter la croissance aux yeux de « l'homo economicus » à faible revenu et a engendré la misère en conduisant à la ruine de multiples sociétés de la frugalité. La culture de la croissance ne peut être érigée que sur les décombres de la frugalité. La misère et pénurie en sont le prix. Il est évident que celui qui veut faire disparaître la misère doit compter sur la frugalité. Une approche plus prudente de la croissance est le chemin le plus sûr dans la lutte contre la misère.

10.1.19 Les possibilités de développement des sociétés du Tiers-monde.

a) Les facteurs de production.
1) - Le capital humain, c'est-à-dire :
a) Les cerveaux (économiques, sociologiques, administratifs, organisationnels, informatiques, scientifiques et techniques),
b) Les banquiers ;
c) Les industriels et les entrepreneurs,
d) Les hommes d'affaires,
e) Organisateurs des services de toutes sortes ;
f) Et les agriculteurs,
2) Les matières premières (pétrole, mines, possibilités d'énergie électrique, éolienne et solaire,
3) Les capitaux proprement dits : nationaux et ceux investis, à travers les entreprises étrangères oeuvrant dans ces pays ;
4) Enfin, une main-d'œuvre à la fois qualifiée, spécialisée et bien organisée (par des syndicats et des coopératives).

b) - Stratégie réelle de développement que les sociétés du Tiers-monde pourraient utiliser.
Le développement doit être polytechnique, c'est-à-dire, il doit se faire dans toutes les régions d'un pays, selon la formule d'investissements et d'implantation régionale d'entreprises. Il ne devrait donc pas être concentré uniquement dans la capitale (ou dans certaines grandes villes). Ce qui veut dire qu'il faut laisser aux acteurs économiques de chaque région, le soin de prendre les décisions économiques appropriées, de concert avec les représentants des consommateurs, ceux des travailleurs, les commissaires industriels et les membres des conseils régionaux de développement. Quant aux autorités civiles des régions, leur rôle consiste à coordonner les projets de développement régional, afin qu'ils rentrent normalement dans le cadre d'un large programme de développement national. Leur rôle consiste aussi à faciliter l'exécution de ces projets développement en fonction des

besoins de toutes sortes et des intérêts spécifiques de chaque région. Elles sont chargées d'obtenir du gouvernement central tout ce dont on a besoin pour bien réaliser périodiquement ces plans de développement, afin que chaque région du pays devienne aussi développée que la capitale elle-même. Ce qui fait que les habitants des différentes régions du pays seraient aussi évolués et bien organisés pour défendre leurs intérêts que ceux de la capitale. Ce qui constituerait d'ailleurs un « puissant fixateur » qui les retiendrait dans leurs régions respectives.

Au lieu d'aller augmenter considérablement la population de la capitale (ou celle des villes de province), dans l'espoir de trouver du travail ; leur vie améliorée, leurs emplois (ou leurs fonctions) bien rémunérés, leurs activités économiques, professionnelles et surtout leurs intérêts personnels développeraient chez eux, l'amour de leurs régions respectives dans lesquelles, ils seraient alors contents de vivre et de travailler. Ils les embelliraient aussi constamment, afin d'attirer chez eux, chaque année, le plus grand nombre possible de touristes (internationaux et nationaux). Les dépenses et les achats de souvenirs provoqueraient une retombée économique très importante pour ces régions et pour l'économie nationale dans son ensemble.

Les responsables des sociétés du Tiers-monde qui ont vraiment la volonté politique de développer économiquement leur pays doivent surtout adopter une politique économique d'import pour faciliter ce développement. En appliquant une telle politique économique, presque tous les biens et les services qui seront disponibles sur le marché national de ces pays en vue de la consommation, seraient fabriqués par des entreprises (privées publiques mixtes ; étrangères et nationales) établies dans les différentes régions de ces pays. De telle sorte que, ces pays deviendraient non plus de simples marchés pour l'écoulement de ces produits étrangers, mais de véritables sociétés soucieuses de la croissance économique et des intérêts de leur bourgeoisie nationale et ceux de toutes les citoyennes et tous les citoyens. Ce développement doit être solidement structuré, large, flexible, efficace et progressant sans cesse vers une meilleure qualité des produits et des services, ainsi qu'une large progression de la demande (des biens et des services) en vue de la plus grande consommation des différents groupes et des différentes classes de la société.

10.1.20 Les enjeux des pays du Tiers-monde.

Les pays du Tiers-monde sont surpeuplés par rapport à leur sous-développement. Le sous-développement incite par essence, la délinquance juvénile, l'insécurité et la pauvreté. Nous l'avons d'ailleurs déjà souligné dans notre premier livre titré : « L'origine du phénomène de l'insécurité publique en Haïti ». La densité démographique de ces pays est généralement faible, même si la proportion des jeunes y est élevée, de même que le taux de natalité. Rappelons quelques données de 1986, pour quelques pays, à l'aide des données recueillies, nous vous donnons la densité au kilomètre carré, puis, nous vous indiquons le taux de natalité, c'est-à-dire le nombre annuel de naissances vivantes pour mille habitants, bien que ces chiffres ne soient pas récents, ils peuvent tout au moins, vous donner une idée du taux natalité de certains pays. Parmi les pays relativement peu industrialisés : l'Indonésie a 87,7 habitants par kilomètre carré et son taux brut de natalité est de 28 pour mille ; la Chine a respectivement 110,2 et 19 ; l'Inde : 237,6 et 32 ; le Zaïre : 13, 6 et 45 ; le Pérou : 15,4 et 32 ; le Brésil : 16,3 et 29 ; le Venezuela : 19,5 et 30. Du côté des pays industrialisés, on a relevé : en France : 101.3 et 14 ; au Royaume-Uni : 231,4 et 13 ; en Allemagne Fédérale : 244,6 et 10 ; en Belgique : 319,4 et 12 ; aux Pays-Bas 356.1 et 13 ; au Canada : 2.6 et 15 ; au Japon 326,6 et 12, aux États-Unis : 25,8 et 16 ; URSS : 12,5 et 19. Il faut toutefois noter que, datées de 1986, ces données ne sont plus récentes, mais elles sont très utiles pour vous donner un aperçu des taux de natalité de ces pays tiers-mondistes et industrialisés.

La croissance démographique de ces populations pauvres, supérieure à celle de la plupart des pays riches, affecte l'ensemble de la planète. Il en résulterait des pressions et violences diverses, auxquelles, les pays riches ne pourraient faire face qu'en renonçant au « standing » de vie dont ils jouissent. Les programmes visant à prévenir ce « cataclysme » démographique furent axés sur les diverses méthodes de prévention des naissances et sur la stérilisation. L'expérience chinoise montre combien sont aléatoires toutes manœuvres politiques et démographiques.

Par conséquent, il faut sensibiliser l'opinion mondiale et induire en elle, la « peur démographique ». Aux pays riches, on fera comprendre que s'ils veulent maintenir et améliorer leur niveau de vie, ils doivent stabiliser volontairement leur population. On expliquera qu'un taux élevé de croissance démographique est un obstacle décisif au décollage. Cette dernière affirmation pourrait être manquée si l'on tenait davantage compte des conclusions auxquelles, arriva un économiste américain, Julian L. Simon. Au lieu d'utiliser le taux de croissance global de la population d'un pays, celui-ci s'intéressa plutôt aux chiffres de la densité démographique. Il démontra que les pays à forte densité démographique avaient très souvent des taux de croissance économique élevés. Hong Kong fut un remarquable exemple de surpopulation bénéfique à l'expansion économique.
Des études comme celle de Julian L. Simon ne sont guère prises en considération. Certains analystes s'appliquent même à les dénigrer. Les méthodes employées ne les interdirent pas aux objectifs désirés. Il semble en effet « qu'aucun pays développé n'ait réduit son taux de natalité sans un recours considérable à l'avortement soit légal, soit illégal ; et qu'aucun pays non développé, n'atteindra l'objectif qu'il vise en matière de contrôle de la fertilité.

L'idée présentée à Dacca en 1969, selon laquelle, l'avortement est un moyen de contraception, se précisa à New Delhi en Inde en 1972, lors du congrès de la planification internationale. Depuis lors, l'idée a été divulguée tous azimuts. Cette présentation de l'avortement comme moyen de contraception permet même de populariser le paralogisme suivant : « puisque vous avez droit à la contraception, vous avez droit à l'avortement. La législation libéralisant l'avortement comporte donc un hommage appuyé à l'ignorance scientifique, puisqu'on ne prévient pas la contraception, mais qu'on en supprime le produit. Maintenant, faisons un parallèle entre Haïti et les autres pays de la Caraïbe.

K. HAÏTI VIS-À-VIS DES PAYS VOISINS CARAÏBÉENS

CHAPITRE XI

11.1 La comparaison d'Haïti avec les autres pays des grandes Antilles.

- **Brève historique de la République dominicaine.**
Rappelons que : Habité par les Taïnos au 17e siècle, ce coin de terre fut atteint par Christophe Colomb le 5 décembre 1492. Après les Indiens, Saint-Domingue devint alors le site des premières colonies espagnoles en Amérique. Cette République passa donc trois siècles sous l'obédience espagnole avec un interlude français et haïtien. Le pays réussit à devenir indépendant en 1821 et fut rapidement repris par Haïti sous le gouvernement de l'ex-Président Jean-Pierre Boyer. En conséquence, les Dominicains déclarèrent une guerre d'indépendance en 1844 pour obtenir leur liberté. N'ayant pas été prêts à prendre leur destin en main, les États-Unis occupèrent ce pays de 1916 à 1924. Une période de sérénité politique s'en imposa pendant le gouvernement de l'ex-Président dominicain Haracio Vasquez Lajara.

Puis, la dictature de l'ex-Président Rafael Léonidas Trujillo Molina, domina jusqu'en 1961 à son décès. Rappelons aussi qu'en 1937, Trujillo Molina ordonna le massacre de quarante-mille ressortissants haïtiens environ. En août 1960, ce dictateur tomba sous les sanctions des organisations d'États américains pour avoir été soupçonné d'une tentative d'assassinat contre l'ex-Président venezuelien d'alors, Romulo Bétancourt. Rappelons qu'à cette époque, des deux côtés de la frontière de l'île d'Hispaniola, régnèrent deux bras de fer, il s'agissait de Trujillo Molina et de Duvalier. Pendant ses 37 ans de pouvoir totalitaire, Trujillo Molina baptisa Saint-Domingue de « Ciudad Trujillo », en français, « Ville ou capitale de Trujillo ». Duvalier pour sa part, nomma Cabaret

« Duvalier-ville ». Ces deux régimes despotiques furent marqués par la répression, l'usage de la torture et du meurtre politique tout en s'appropriant des richesses des deux pays. La mort de Trujillo Molina traça la route à l'ex-Président dominicain, Joachim Balaguer, qui fut alors un vieux routier politique du gouvernement Trujillien.

11.1.1 La situation géographique de la Rép Dom par rapport à Haïti.

La République d'Haïti et la République dominicaine sont deux États de l'île d'Hispaniola. Ces deux pays sont situés sur un axe Nord-Sud. Ils ont vu le jour lors de la scission de l'île d'Hispaniola entre la France et l'Espagne. Cette scission fut officialisée par le traité de Ryswick en 1697. En ce qui a trait à la limite des deux colonies, les autorités de la métropole signèrent plusieurs conventions dans l'esprit de borner les deux États. Il faut préciser que les traités d'Aranjuez en 1777 et celui de Basilea en 1795 n'aboutirent malheureusement à aucun résultat. Au XIXe siècle, les Français tentèrent d'envahir le sol dominicain, puis, voilà le tour des Haïtiens d'occuper cet État. Après avoir mené de multiples démarches pour prendre le contrôle des deux pays, en 1901, le pape Léon XIII tenta de concilier ces deux États.

La délimitation de ces deux pays fut formellement définie sous l'égide des États-Unis qui occupèrent Haïti pour la première fois, de 1915 à 1934 et la République dominicaine de 1916 à 1924. Cette entente fut signée par le traité du 21 janvier 1929 à Port-au-Prince par les Présidents, Horacio Vásquez Lajara et Louis Borno. Ledit traité fut revu et complété à Port-au-Prince le 17 février 1935, par les Présidents Sténio Vincent et Rafael Léonidas Trujillo Molina. Cet accord avait pour but de régler les litiges de démarcation de la première convention. Puis, le 9 mars 1936, un protocole d'accord additionnel fut paraphé par les mêmes Présidents. Notons que la frontière entre ces deux pays part de l'embouchure de la rivière du massacre en passant par celle de sapotille ou de Bernard qui s'étend de Capolitte, jusqu'à sa source. Elle passe par le morne Grime pour rejoindre la rivière des Ténèbres. Elle suit la route internationale et l'Artibonite jusqu'à son confluent avec la rivière Macassia. Elle continue à San Pedro et passe au Fort Cachiman. Elle traverse la rivière Los Indios en se dirigeant vers l'Étang saumâtre. Elle suit El Numero, Maré Citron, Gros Mare. Elle descend la rivière des Pédernales jusqu'à son embouchure entre les villes d'Anse à Pitres et des Pédernales.

11.1.2 Haïti vis-à-vis d'autres pays des grandes Antilles.

6.1 Présentation de la République dominicaine, de la Jamaïque, du Porto Rico, du Cuba et d'Haïti.
6.1.1 République dominicaine.
Capitale : Saint-Domingue.
Superficie : 48.745 kilomètres carrés.
Population : 8.616. 000 habitants.
Langue : Espagnol.
Monnaie: Peso (au taux officiel, 100 pesos : 1, 80 £ au 30.4.04)
Nature de l'État : République unitaire.
Nature du régime : Présidentiel.

11.1.3 République Dominicaine, une économie qui décolle.

Jetons un coup d'œil sur l'économie de la République dominicaine, laquelle fut stagnante dans les années quatre-vingt. L'économie dominicaine est entrée en phase de redémarrage avec un taux de développement du produit intérieur brut de 4.8 % en 1995 et de 7,3% en 1996. Les mesures énergiques du gouvernement et de la banque centrale, une modernisation des programmes économiques, une stricte discipline financière, et des mesures pour attirer les investisseurs étrangers, contribuèrent au développement socio-économique du pays.

Malgré tout, les deux tiers des entreprises dominicaines ont un lien avec l'industrie sucrière : on y compte plus de dix-huit raffineries de sucre, trois brasseries et quinze brûleries de rhum. L'économie dominicaine repose désormais sur quatre piliers importants : l'agriculture, l'élevage, l'exploitation minière, les zones franches et le tourisme. Les cultures de tabac, du riz, café, cacao, de la canne à sucre, du manioc, de l'ananas, et des bananes sont les plus développées. Le pays est le plus grand exportateur de denrées agricoles des Caraïbes au cours de l'année 1996. Le secteur agricole rapporta 636,7 millions de pesos soit 12.9% du produit intérieur brut (PIB). Les ressources minérales du pays concentrées dans la vallée du Cibao sont : La bauxite, le nickel, l'or, l'argent, le calcaire et le granite. Il existe aussi des carrières de marbre dans la péninsule de Samana.On trouve des marais salants dans les régions de Montecristi et d'Azua.

Bien que la chute des coûts mondiaux de nombreuses matières premières ait déprimé, ce plan de l'économie dominicaine vit fleurir de nombreuses compagnies minières dans l'extraction et la commercialisation du marbre et du calcaire. Le potentiel inexploité se trouve dans la partie Sud du pays. L'exploitation de l'or devait poursuivre, car le gouvernement dominicain commença à privatiser le secteur minier et à l'ouvrir aux capitaux étrangers. On y compte donc plus d'une trentaine de compagnies minières. Le tourisme demeure un secteur d'activité très dynamique avec une progression plus de 9.5 % en 1996. La République Dominicaine attire le plus de touristes de toute la Caraïbe, soit plus de 13 % de l'ensemble des touristes voyagent dans ce coin de la Caraïbe. L'Europe est le principal réservoir de clientèle avec plus de 64% de visiteurs par année.

Le tourisme représente la principale source de devises de Saint-Domingue. Les gouvernements successifs consentirent de grosses sommes d'argent dans ce domaine et mirent en œuvre, de nombreuses mesures de nature à favoriser les investissements privés. Trente zones franches industrielles constituant un apport de devises considérables firent plus de cent-quatre-vingt-seize emplois directs en décembre 1998. Et, ce nombre fut augmenté dans les années qui suivirent.

Elles permirent à quatre cents quarante-huit entreprises étrangères de fabriquer leurs produits sans taxes sur les ventes extérieures. Ce secteur économique connut une évolution qui s'effrita doucement en 1996. Les principales activités des zones franches sont la fabrication des vêtements 64% de l'activité et 70% des emplois, de chaussures, de composants électroniques, de fournitures hospitalières et le traitement des données. Le pays est le quatrième au monde par le nombre de zones franches.

Cependant, le secteur le plus dynamique de Saint-Domingue, est celui des télécommunications, avec une progression plus de 16,6%. Quant à l'inflation, elle connut un taux record de 14,3% en 1994 pour se réduire à 3.3 % en 1998. Les importations traditionnelles concernant de nombreuses matières (l'énergie, le blé, le bétail, l'huile) et des produits manufacturés constituèrent plus de 43 % des États-Unis. Le pays exporte des produits finis et semi-finis provenant en grande partie des zones franches, telles que : le textile, les composants électroniques et les médicaments. Les exportations traditionnelles sont : le café, le cacao, le tabac, le sucre, l'or, l'argent et l'étain. Les principaux partenaires commerciaux de la République dominicaine sont : L'Espagne, l'Allemagne, l'Italie, les Pays-Bas, la France et le Royaume-Uni, tel est le cas pour Saint-Domingue, maintenant, analysons une autre voisine d'Haïti, la Jamaïque.

11.1.4 La Jamaïque.

Capitale : Kingston.
Superficie : 10.990 kilomètres carrés.
Population : 2651. 000 habitants.
Langue : Anglais.
Monnaie : Dollar jamaïcain.
Nature de l'État : Unitaire.
Nature du régime : Parlementaire. Chef de l'État nominal, Reine Elizabeth II.

11.1.5 Économie

L'économie est basée principalement sur les ressources naturelles telles : la bauxite et les secteurs généraux de devises. L'autre secteur économique de ce pays est : le *gypse*[1] et le calcaire. L'agriculture représente 17 % des exportations, ce qui correspond au quart de la main-d'œuvre. Les principales productions sont la canne à sucre et les bananes. La Jamaïque cultive également les ananas, des agrumes, du café, du cacao, des piments et du poivre, parallèlement à la culture de la marijuana qui s'émancipe.

11.1.6 Porto Rico.

Porto Rico est un territoire associé aux États-Unis. Il est situé dans la mer des Caraïbes. Ce territoire est constitué de l'île de Porto Rico, ainsi que de plusieurs îles plus petites, dont les îles Vierges, Culebra et Mona.
Superficie : 9.104 kilomètres carrés.
Population : 3885877 habitants (2003)
Capitale : San Juan (433 412 habitants, dont 2 450 292 vivent en ville)
Langues : Espagnol et Anglais
Chef d'État : Président des États-Unis
P.I.B par habitant : 9 472 USD (1997)
Espérance de vie : 77, 26 ans (2003)
Religion : 40 % catholiques ; 40 % évangéliques.

11.1.7 L'Économie portoricaine.

Les conditions économiques de Porto Rico s'améliorèrent depuis la grande dépression due à l'investissement externe dans l'industrie onéreuse, telles que : les pharmaceutiques et la technologie de produits

---

[1]**Gypse** : *Espèce minérale composée de sulfate d'hydraté de Calcium de formule : CASO4-2H2O.*

pétrochimiques. Ces secteurs sont les bénéficiaires du régime fiscal spécial du gouvernement des États-Unis. Des usines contrôlées par les étrangers furent délocalisées vers les plus faibles coûts salariaux, en Amérique latine et en Asie. Porto-Rico, territoire américain, est soumis aux lois du commerce et à des restrictions des États-Unis.

L'économie portoricaine est connue pour être la plus importante de la Caraïbe. Elle provient des produits manufacturés, vendus principalement aux États-Unis. Grâce au tourisme, près de 90% progressèrent en 2003. Le gouvernement dont les revenus fiscaux progressèrent de 8,5 % en 2003 augmenta de 30 % ses crédits aux infrastructures. Mais, il ne réussit pas à bloquer une loi du Congrès américain réduisant les avantages fiscaux accordés aux compagnies qui investirent à Porto Rico. Puis, l'économie fut menacée par la recrudescence de la violence liée à la drogue. L'Amnistie internationale dénonça l'impunité dont bénéficia la police. Le parti travailliste jamaïcain prit le contrôle de 12 et des 13 conseils provinciaux lors des élections locales de juillet 2003. Mais son vieux leader d'alors, Edward Seaga, se vit menacé par l'élection de deux adversaires au poste d'adjoints de direction. En janvier 2004, il réussit à se faire réélire à titre de chef du parti.

Le tourisme, pilier de l'économie jamaïcaine, enregistra un record de 1.34 million de visiteurs en 2003 et de nombreux hôtels furent en cours de construction. La production de la bauxite et de sucre, comme principales exportations, fut en hausse. Les transferts financiers furent effectués par les immigrés. La dette nationale globale atteignit 15% du P.I.B. Les bailleurs de fonds étrangers ne cessèrent pas de lancer de la mise en garde et rationalisa en avril 2004. La compagnie de l'eau potable perdit 40 % de sa production. Le déficit annuel s'éleva à plus de 200 millions de dollars par année.

a) Industries
En 2002, le produit intérieur brut (P.I.B) de la Jamaïque s'éleva à 7,9 milliards de dollars, soit un (P.I.B) par habitant de $ 3010. L'Industrie représenta 31% de la structure du (P.I.B).

b) Quelques chiffres sur la densité de la population.
En 2003, sa population fut de 2.7 millions d'habitants. Sa densité fut de deux cents quarante habitants par kilomètre carré et son R.N.B (Revenu national brut) fut de 28.820 $ U.S par habitant en 2002. Kingston sa capitale, représenta une superficie de cent-mille millimètres pour une superficie de la Jamaïque de 10.991 kilomètres carrés. L'espérance de vie à partir de la naissance fut de soixante-seize ans en 2002 alors qu'en 1960, elle fut de soixante-dix ans. Le taux de mortalité chez les moins de cinq ans, fut de vingt ans en 2002 alors qu'elle était 74 en 1960.

11.1.8 La République de Cuba.

Capitale : La Havane
Superficie : 110 860 kilomètres m² (0,2 x la France)
Population : 11,3 millions d'habitants
Peuples et Ethnies : La majorité de la population cubaine trouve ses racines de l'Espagne. Plus de 10% de la population de l'île est d'origine africaine, 1% d'origine chinoise et 22 % sont métissées.
Langue : Espagnol
Religions : Santerias, Catholicisme, Protestantisme.
Institutions politiques : République communiste

11.1.9 L'Économie cubaine.

P.I.B : 25,9 millions de $ US
P.I.B par habitant : 2305 $ US
Croissance annuelle : 1.3 %
Inflation : 5 %
Les principales activités sont : la canne à sucre, le riz, le tabac, la pêche, l'élevage, le tourisme, le nickel. Les principaux partenaires sont : l'Europe, l'Amérique latine, la Russie, la Chine, l'Iran, la Corée du Nord. L'économie contrôlée par l'État est fondamentalement agricole.

La principale culture est la canne à sucre et le pays est le premier exportateur mondial. La chute des prix du sucre (et d'autres matières premières) dans les années quatre-vingt et quatre-vingt-dix obligea une diversification de la production. D'autres récoltes qui fournissent de bons revenus à l'économie sont : le tabac et les agrumes. Cuba produit aussi du ciment, des fertilisants, du textile, des immeubles préfabriqués, des machines agricoles et des produits de consommation domestique.

L'industrie du tourisme est toujours en pleine croissance. Chaque année, des milliers de touristes se dirigent vers Cuba pour aller passer leurs vacances. Cette industrie est une source vitale pour l'entrée des devises cubaines. Le gouvernement cubain investit beaucoup dans la création des infrastructures pour mieux accueillir les étrangers. Le gros problème de l'économie cubaine réside dans le blocus commercial imposé par les États-Unis. En 1998, la *loi Helms-Hurton*[2] pénalisa les compagnies étrangères qui firent des affaires avec Cuba. Donc, cette sanction compliqua les relations commerciales entre les deux pays.
Les limitations imposées au commerce extérieur et la chute de l'ex-Union Soviétique intensifièrent les problèmes de l'économie cubaine. L'État géra la situation par des réformes économiques et la création de zones dédiées à l'exportation. Les principaux partenaires commerciaux de Cuba sont : L'Argentine, le Canada, la Chine et l'Espagne.

11.1.10 L'impression de Christophe Colomb vis-à-vis de Cuba.

Cuba entra dans l'imaginaire du monde entier grâce à l'aventurier Christophe Colomb, qui le décrit lors de son arrivée Amérique en décembre 1492, comme la plus grande île des caraïbes, Colomb dit ceci : « Je n'ai jamais vu de plus beaux pays, des feuilles de palmier si grandes qu'elles servent de toit aux maisons, sur la plage des milliers

---

[2]*Loi Helms-Burton : Analyse politico-juridique. Cette loi fut adoptée par les États-Unis en 1996 et appliquée contre Cuba.*

de coquillages, une eau si limpide et toujours la même symphonie étourdissante des chants d'oiseaux ». Donc, Christophe Colomb fut émerveillé par la beauté de la Caraïbe. Cuba demeure une île merveilleuse, ayant de riches paysages à couper le souffle, de plages idylliques et de terres fertiles. Mystérieuse et insaisissable, Cuba sera façonnée de main d'hommes au cours d'une histoire tumultueuse. Si une terre peut déterminer le caractère d'un peuple, à Cuba il est aisé de se l'imaginer. Les plaines qui couvrent la majeure partie du territoire donneront la bonté et la chaleur si caractéristiques du peuple cubain. Les hautes montagnes couvertes par une flore tropicale abondante, refuge des « mam bises et des cimarrones». Les Cubains héritent de leur caractère rebelle des esclaves noirs qui réussirent à prendre la fuite des colons oppresseurs.

11.1.11 Autre aperçu sur la République de Cuba.

Étant donné que nous avons fait l'analyse géographico-politique d'Haïti, nous voulons vous présenter aussi un bref aperçu de son voisin, Cuba. Tout comme Haïti, Cuba est un pays situé dans l'Archipel les grandes Antilles. Il a une population de 11.241.161 habitants environ, avec une densité de 102.3 (hab) par kilomètre carré. Ce pays se trouve à soixante-dix-sept kilomètres à l'Ouest d'Haïti. Il s'étend le long d'un arc convexe de mille deux cents cinquante kilomètres. Comme nous l'avons dit au tout début du livre, drôle de coïncidence, la carte d'Haïti a la forme de la mâchoire de crocodile, tandis que celle de Cuba a la physionomie d'un crocodile. Cuba a une superficie de 109.884 kilomètres carrés, ce qui fait de lui, le plus grand des pays des grandes Antilles. Ce pays a des surfaces planes étendues et des sols favorables à l'agriculture et il est entouré de trois chaînes de montagnes, dont :
- La cordillère de Guaniguanico avec six cents quatre-vingt-dix-neuf mètres d'altitude, à l'Ouest de la capitale (La Havane).
- L'Escambray au Pic Potrerillo avec 931 mètres.
- La Sierra Maestra au Sud-Est, qui culmine au Pic Turquino avec 1974 mètres.

Cuba a aussi de nombreuses ressources naturelles, telles : la faune et la flore. En ce qui concerne les ressources minières, il regorge du minerai d'or et du nickel. Puis, ses terres agraires sont très fertiles pour la culture de la canne, du tabac et du café.

Maintenant, voyons combien important lorsqu'un pays a son suffisance alimentaire. En avril 1961, les États-Unis tentèrent d'envahir militairement Cuba par des exilés cubains du côté de la Baie des cochons. Naturellement, cette tentative fut échouée et les révolutionnaires castristes qui tissèrent des relations diplomatiques avec l'URSS (l'Union des Républiques Socialistes Soviétiques), qui fut alors en pleine guerre froide avec les États-Unis. Cette froideur politique poussa les États-Unis à décréter un embargo commercial contre Cuba en 1960. Donc, de 1960 à nos jours, ce blocus naval demeure. Et, le gouvernement cubain est capable de nourrir son peuple en raison de sa suffisance alimentaire. Tandis que Haïti, voisine du Cuba, ne peut se dispenser des produits importés. Un tel paradoxe doit nous pousser à faire une remise en question de l'agriculture haïtienne. Parlant du blocus naval, il semble se lever presqu'à la fin du deuxième mandat du Président Barack Hussein Obama, donc, après 56 ans de coupure des relations diplomatiques américano-cubaines.

11.1.12 Les principaux moteurs de l'économie cubaine.

La canne à sucre est la principale culture du Cuba. Le pays est le premier exportateur mondial du sucre. Le tabac et les agrumes rapportent aussi de bons revenus à l'économie cubaine. Ses premiers partenaires commerciaux sont : l'Argentine, le Canada, la Chine et l'Espagne. Cuba comptabilise environ 2.2 milliards de dollars en recettes fiscales, donc, 41 % de la balance des paiements. Les transferts des fonds fournissent 1.3 milliard de dollars annuellement. Les Cubains exportent 1 milliard de dollars de pétrole et de gaz, ce qui représente 8.8 % de dollars. Le secteur touristique génère 42 % des recettes courantes. Le nickel 13 %, le sucre 6% et le tabac 5%. L'économie cubaine reposa sur l'exploitation des opposants et des prisonniers, car ces gens furent astreints au travail forcé dans les plantations de la canne à sucre selon la loi no 32 de 1971. Cette loi obligeait les jeunes à travailler pour un salaire de misère. Rappelons que cette colonne juvénile du centenaire s'appela : El ejército juvenil del trabájo.

11.1.13 Le tourisme à Cuba

Les autorités cubaines ont développé le secteur touristique en misant sur les nombreuses possibilités de développement offertes par l'île. Au cours des années 2000, Cuba a reçu 2.3 millions de visiteurs et ce nombre a augmenté avec les années qui ont suivi. Le tourisme représente une source vitale pour l'entrée de devises, il est aussi le principal moteur de la croissance économique du pays. Donc, le développement du tourisme fait de Cuba, un pays émergent. Or, Haïti est juste à côté, vu son latent climat d'insécurité publique et de la négligence manifeste de ses dirigeants vis-à-vis du tourisme, n'a amassé même pas un centime. Tandis que tous les pays de la Caraïbe y compris Haïti, ont les mêmes conditions climatiques, les mêmes pôles d'attraction touristique et les mêmes secteurs porteurs de développement durable.

11.1.14 La République d'Haïti.

Capitale : Port-au-Prince
Superficie : 27,750 km^2
Population : 8.326. 000 habitants environ
Langues : Créole, Français.
Monnaie : Gourde
Nature de l'État : République unitaire.
Nature du régime : Présidentiel.

11.1.15 Coup d'œil sur l'élevage des animaux.

La population de gros et menu bétail fut estimée environ à plus de 3.300.000 têtes d'animaux réparties comme suit : bovins 800.000, caprins et ovins 1.500.000. Ce secteur fut très florissant vers les années quatre-vingt. Cependant, après l'embargo politique et économique qui frappa Haïti de 1992 à 1995, cette activité périclita. L'importation de bas morceaux rendit la production de poulets très peu compétitive, voire même inexistante. Depuis 1998, tous les grands producteurs de poulets abandonnèrent cette activité. L'élevage des animaux fut victime de certaines épidémies comme le charbon bactérien dans la colonie bovine. La maladie virale de Newcastle affecta les volailles. La peste porcine africaine, selon les experts, attaqua Haïti, y compris les parasites internes et externes. Des cas de charbon furent annoncés par la mission de la FAO à Saint-Raphaël, au Nord d'Haïti. Ce sont ces pertes de ressources et de structures de base économiques haïtiennes, qui amplifièrent la précarité de la vie du peuple haïtien. Comme conséquence, après la chute des régimes totalitaires des Duvalier, le pays prit beaucoup de gifles suivies d'un fulgurant déboisement sans limites, lequel donna lieu à la dégradation de l'écosystème, l'environnement, la disette, l'émigration et l'immigration.

11.1.16 L'agriculture : le pivot de l'économie haïtienne.

L'économie haïtienne est essentiellement basée sur l'agriculture. Il s'agit d'une agriculture de subsistance, en grande partie les hommes s'adonnent à travailler la terre, mais le profit économique dépend des femmes. Car, ce sont elles qui transportent les denrées aux marchés pour les transformer en argent. À l'exception du café et du sucre qu'on exporta et la mangue qu'on commerce encore vers les États-Unis, les autres produits sont trop peu pour être exportés, car l'État n'ouvre pas assez le cadre agricole. Quant à la pêche, elle n'a jamais été un secteur très productif, par le simple fait qu'on ne l'a pas valorisée. En ce qui a trait aux ressources naturelles, les principaux gisements (Bauxite à Miragoâne, Cuivre à Terre-Neuve, Lignite) restent quasi inexploités. Rappelons que de 1957 à 1982, la bauxite fut exploitée au plateau de Rochelois à Miragoâne sous les régimes des Duvalier, au détriment du peuple haïtien.

Cependant, une meilleure impression du pays et l'établissement d'une infrastructure élémentaire (routes, électricité) auraient pu attirer les investisseurs étrangers, mais tel n'a pas été le cas depuis de nombreuses années. Il en va de même pour le tourisme ; par exemple, les sites touristiques auraient pu servir aussi de pôles d'attraction aux visiteurs. Même les beaux chevaux haïtiens auraient pu faciliter l'escalade des montagnes et la découverte des banlieues aux touristes, voilà donc une autre face cachée de l'économie haïtienne. Hélas, le pays ne profite pas de ces secteurs économiques florissants. Le peuple se voit obligé de dépendre de l'argent envoyé par la diaspora en provenance des États-Unis, du Canada, de la France et même des Antilles. Ce sont ces transferts qui permettent à des milliers de familles faisant face à des situations précaires de joindre les deux bouts de la vie, tels : payer les frais scolaires de leurs enfants, se nourrir et se loger.

a) Produits exportés
Produits manufacturés (surtout produits alimentaires en conserves, équipements électriques textiles et vêtements), café (10%), produits artisanaux en bois et en sisal, huiles essentielles, sucre, câbles, cordes et ficelle.

b) Produits importés
Machines et produits manufacturés de base, produits alimentaires et boissons, produits chimiques et dérivés, graisses et huiles.

c) Industries et services
Sucre raffiné, textiles, farine, cigarettes, produits métalliques et machines, huiles essentielles, ciment, articles assemblés pour la réexportation, notamment les vêtements, équipements sportifs, jouets, composants électroniques et bagages.

d) Sur le plan agricole

Ce secteur représenta plus de 30% du P.I.B en 1998 et employa environ plus 61% de la population active. Avec l'émigration massive des Haïtiens vers l'étranger, les 61% décroissent considérablement. Elle fait surtout l'objet de petites exploitations agricoles, car, comme nous l'avons déjà mentionné, il n'y a pas de structures agricoles suffisantes, telles : la disponibilité des agronomes capables d'encadrer les paysans dans l'exploitation de la terre. D'autant que les terres cultivables manquent, notamment avec les constructions désordonnées dans les périphéries des zones urbaines. L'autre handicape agricole, le quart de la population rurale ne possède pas de terre, il est plutôt voué à la culture en partage de denrées. Le terme : Travailler une propriété en associée est donc très fréquent en Haïti. Le riz, le maïs et les patates douces sont récoltés deux fois par an. La plupart de ces productions ne suffisent pas à satisfaire la demande intérieure. Les 4 à 5 pour cent de la nourriture sont importés principalement de Miami et de la République dominicaine. On pratique la culture de rapport : café, mangues, canne à sucre, cacao et bois. Les productions agricoles de base sont : riz, bananes, patates douces, maïs, sorgho, haricots verts et secs, orange, et cacao. Le cheptel se compose de bovins, chevaux, chèvres et porcs.

e) Ressources naturelles

L'or, l'argent, la bauxite, le cuivre, le marbre, la pierre à chaux, le calcaire, l'iridium et l'argile, sont les principales ressources dont le sous-sol haïtien regorge. Des gisements de cuivre et d'or ne sont jusqu'à présent pas totalement exploités. Les productions minières se limitent à la production de matériaux de construction destinée au marché intérieur. D'après l'économiste Gérard Pierre Charles, les produits manufacturés entrèrent pour environ 12% du P.I.B et employèrent 20% de la population active vers les années quatre-vingt-dix. Les industries sont basées à Port-au-Prince et sont spécialisées dans l'assemblage de produits importés, tels : le ballon de baseball, les chaussures et les vêtements.

De plus, l'électricité est fournie à partir de carburants importés, une moindre quantité provient de la centrale hydraulique qui est souvent dysfonctionnelle. Comprenez bien ce qui arrive, Haïti a toutes ces ressources naturelles, pas même une seule n'a été exploitée en vue de son développement ; s'il y en a qui fut extraite, ce ne fut sûrement pas à son profit. Tandis que si les gouvernements qui dirigèrent Haïti avaient adopté une politique d'exploitation des ressources naturelles, ils auraient pu développer graduellement et par ordre d'importance, les différents départements du pays. Souvenez-vous que nous avons parlé du développement en série. Il peut se faire de façon mathématique, donc par relations composées en finançant les petites villes par les profits des villes plus développées. Ainsi, on aura un pays complètement développé.

f) Environnement
La dégradation d'Haïti est causée par de grands déboisements et les ouragans. Seulement 2% de la forêt initiale subsiste et elle continue de disparaître au rythme de plus de 4% par an. La biodiversité est encore riche et des programmes de reboisement sont négligés. Dans tout le pays, l'érosion des sols est inquiétante. Pourquoi ? C'est parce qu'il n'y a plus de programmes de reboisement national, tandis que les paysans continuent à abattre les arbres pour la fabrication du charbon de bois en vue de leur survie économique. Le manque de formation civique fait que même les arbres fruitiers parfois en floraison ne sont pas à l'abri des haches et des machettes.

Qu'est-ce qui a poussé ces paysans à se livrer à la coupe des arbres ? Plusieurs raisons expliquent cet état de fait : d'après une recherche faite à l'Université de Savoie au Département de géographie, dans les années soixante-dix, cinq-cent-quinze catastrophes furent recensées dans le bassin caraïbe. 43 % furent liées à des cyclones et des tempêtes, 34 % à des inondations et 8 % à des tremblements de terre, laquelle causa la mort à cent-vingt mille personnes et plus de quarante-deux millions furent affectés. Étant donné qu'Haïti se trouve dans le bassin caraïbe, elle ne fut pas épargnée de ces catastrophes naturelles, lesquelles dévastèrent les jardins, tuèrent ou emportèrent le bétail, causèrent aussi l'érosion et l'éboulement de terrain.

g) Tourisme
Ce secteur représente une source importante de devises. Il est gravement affecté en ce début de millénaire en raison des problèmes

politiques et de la pauvreté. Haïti dépend donc essentiellement de l'aide extérieure qui finance en grande partie ses dépenses publiques. Les efforts entrepris pour reconstruire l'économie depuis le rétablissement du régime constitutionnel en 1994 se sont heurtés à l'agitation sociale et à l'absence de consensus entre les partis politiques autour des réformes. Le diagnostic de la COFACE a relevé un risque modéré à court terme et un risque très élevé à moyen terme. Nous constatons que tous les pays des grandes Antilles, tels : la République dominicaine, Cuba, la Jamaïque et Porto Rico, accueillent beaucoup de touristes et comptabilisent de bonnes recettes fiscales, compte tenu de leur climat de sécurité et de leurs impeccables infrastructures touristiques.

Haïti pour sa part, aurait pu elle aussi, accueillir des touristes en vue de relever son économie ; mais tel n'est pas le cas. Plusieurs raisons expliquent l'absence des touristes en milieu haïtien : l'instabilité politique qui s'installa après les Duvalier, les sites touristiques qui se sont trouvés dans un piteux état, la recrudescence de l'insécurité publique, l'immigration massive et l'inexistence d'une volonté de développement touristique, jouent un rôle majeur dans la dégradation économique d'Haïti par rapport aux pays voisins de la Caraïbe. Tous les pays des grandes Antilles jouissent du tourisme, tandis qu'Haïti est située juste au milieu et n'amasse même pas un sou. À cet effet, nous pensons donc qu'il faut faire de cette problématique, un espace de débats. Maintenant, voyons comment le Sociologue Hubert De Ronceray a vu la vie en cohabitation à Port-au-Prince.

2. LA VIE EN COHABITATION SELON HUBERT DE RONCERAY

Chapitre XII

12.1 La vie en cohabitation à Port-au-Prince.

En ce qui a trait à la vie en cohabitation, le Professeur et Sociologue Hubert De Ronceray, a établi une grande différence entre les termes : maison et logement. Pour lui, la maison représente une construction destinée à abriter des individus, des familles ou des ménages. Elle est un agencement ordonné ou structuré de matériaux, délimité dans l'espace et possédant une certaine autonomie physique par rapport aux constructions voisines. Elle peut être louée à d'autres personnes. Cependant, le logement a une signification beaucoup plus sociologique. De Ronceray a privilégié à travers son étude, des concepts de logement et de ménage qui sont beaucoup plus proches de la réalité sociale haïtienne, notamment celle de Port-au-Prince.

Pour le sociologue De Ronceray, le ménage se définit comme un ensemble de personnes liées par des rapports de parenté ou d'amitié et vivant dans un même logement sous la responsabilité morale ou matérielle d'un responsable. Selon lui, ce responsable est souvent quelqu'un qui a émigré vers Port-au-Prince depuis des lustres et qui a offert un hébergement aux individus de sa communauté d'origine qui désirent s'établir en ville à la recherche d'un emploi ou d'un lendemain meilleur. Dans ce cas, il faut préciser qu'une maison peut contenir un ou plusieurs logements. Quant à la famille dont les membres sont souvent le père, la mère et les enfants, elle est surtout l'objet des classes privilégiées. Il faut aussi s'attendre à y découvrir des ménages partageant des logements.

Maintenant, penchons-nous sur une autre problématique, il s'agit de la façon dont on construit les maisons en Haïti. La demande de terrains pour les constitutions immobilières a toujours provoqué l'établissement incontrôlé des zones de délabrement avec tous les inconvénients et tous les problèmes inhérents, liés aux communautés urbaines. La majeure partie des quartiers résidentiels et commerciaux a toujours souffert d'une pénurie notoire des services essentiels en eau, en soins de santé, et en électricité. Les nouvelles agglomérations ne s'ajustent pas aux fonctions urbaines. Le manque de contrôle des autorités a toujours eu pour but de multiplier des groupements de logements, mais cette initiative a défié toute une solution rationnelle. L'élégance des îlots résidentiels de la minorité privilégiée contraste étrangement avec le dénuement scandaleux de la majorité. Les imperfections qu'on observe dans les nouveaux quartiers résidentiels de toute classe diminuent encore davantage les chances d'amélioration des services, l'application des principes modernes et des techniques d'aménagement.

12.1.1 La définition du concept d'urbanisation en Haïti.

Plus loin, Professeur De Ronceray soutient que l'urbanisation est un processus global de changement social. Elle doit à l'institutionnalisation de certaines altérations dans les conduites économiques, sociales, politiques et culturelles de la population rurale, face à la ville. Ce processus peut être opérationnalisé en ce qui concerne l'acquisition de connaissances plus spécialisées, d'attitudes et des valeurs modernistes, de désirs de changements rapides. Selon lui, il débouche également sur une nouvelle vision de la stratification sociale, une croissance des aspirations, une meilleure planification du travail, de l'économie, de la résidence, de la dimension de la famille. La vie rurale étant caractérisée par une structure familiale de type répandu est une forme de vie relativement homogène, communautaire, axée, sur des activités productives primaires.

De Ronceray définit donc l'urbanisation, comme le passage de cette forme de vie à d'autres noyaux humains autrement structurés par une forte densité démographique, une organisation familiale de type nucléaire, des relations distantes, hétérogènes, impersonnelles, des activités productrices secondaires et tertiaires. Il précise que dans les pays industrialisés, le concept d'urbanisation se traduit par l'adoption de nouveaux modèles technologiques, une division poussée du travail, la spécialisation professionnelle, la nucléarisation de structure famille. Dans les pays pré industrialisés, l'urbanisation entraîne la participation partielle et inadéquate à de nouveaux symboles de prestige, des modèles de consommation somptuaires. La recherche de la part de la population rurale du secteur urbain, pose de sérieux problèmes d'acculturation.

Nous constatons que les problèmes les plus criants dans le cas d'Haïti sont d'ordre socio-économique et politique. Les paysans entrent à la capitale pour trouver du travail en vue d'améliorer leurs conditions de vie. Les déficiences de la production agricole, l'érosion de la terre, le fractionnement des parcelles cultivées, l'archaïsme du système de production, constituent quelques-uns des facteurs les plus décisifs de la migration campagne-ville en Haïti. Le passage de la campagne-ville, n'y a donc pas la même signification que dans les pays les plus avancés, car, on y établit autant que possible, les mêmes structures. C'est la raison pour laquelle, dans le cas d'Haïti, De Ronceray a fait savoir qu'il n'existe pratiquement pas de frontières réelles entre la vie urbaine et rurale. Il précise que le recensement de 1950, sous l'ex-Président Paul-Eugène Magloire s'est fondé sur les critères administratifs pour désigner sous le vocable de ville, toute agglomération nantie d'une fonction de chefs-lieux. Cette définition grossière a permis de dénombrer les pourcentages suivants : 13% d'urbanisation dans le département géographique du Nord, 8% dans le Nord-Ouest, 8,6% dans l'Artibonite, 16,9 % dans l'Ouest et 9,4 % dans le Sud.

Notons que ces pourcentages ne sont que pour vous donner une idée de concept d'urbanisation, mais les années d'après 1950, les ont sûrement augmentés. Donc, on ne saurait se fier à ces données pour déterminer l'importance du problème de l'urbanisation actuel. Les dimensions démographiques, culturelles, économiques et professionnelles, sont toutes aussi à la compréhension du phénomène Ville. D'après le sociologue, les localités de moins de 500 habitants : le Môle Saint-Nicolas, Sainte-Suzanne, Saint-Jean du Sud, ne peuvent pas être considérées comme des villes. Selon lui, on peut à la rigueur admettre un pourcentage approximatif de 10 % de population urbaine. Cette analyse est relative aux années cinquante. Les villes haïtiennes sont un grand marché actif à partir duquel, s'organise la vie rurale.

L'auteur a soutenu que l'éparpillement du peuplement rural pose la nécessité du regroupement des activités autour de certains noyaux économiques et le marché, en l'occurrence, prend une importance capitale dans les systèmes des échanges. Le bourg marché apparaît alors comme un mécanisme d'acculturation. Les produits de fabrication industrielle et artisanale sont donc échangés contre les produits agricoles. Le marché relie la ville à la campagne. Il représente donc une sorte de compromis entre les activités agricoles et para agricoles.

12.1.2 La problématique de l'urbanisation en Haïti.

Maintenant, prenons connaissance de la problématique de l'urbanisation dans ce pays. En tant que passage général du mode de vie rural au mode de vie urbain, l'urbanisation est un phénomène universel qui, dans les pays d'Europe, remonte à la révolution industrielle. Le 20e siècle ouvre l'ère des grandes agglomérations urbaines, celle de la crise des villes. Les experts estiment que la population du globe aura atteint sept milliards d'habitants et le monde sera urbanisé à 75%. Les répercutions de cette concentration urbaine sur le logement, l'éducation, les tensions raciales, la désintégration des valeurs, la santé physique et mentale, les problèmes de la circulation et des communications, la pollution de l'atmosphère et des eaux, constituent une sérieuse menace de la survivance de l'espèce, telle : les fruits de mer.

Par ailleurs, Professeur De Ronceray a souligné que l'urbanisation entraîne tout un cortège de névroses, de suicides, de divorces, des cas de délinquance juvénile dans la communauté haïtienne. Elle encourage la prostitution, les viols, les meurtres, les attaques à main armée, l'alcoolisme chronique, l'adultère et la fornication. Selon nous, si les constructions de maisons avaient été réglementées, il n'y aurait pas eu tous ces bidonvilles en Haïti (Cité soleil, Solino, la saline, Cité linteau, Cité l'Éternel, Cité Boston, Delmas 2 et Nan pelé…), lesquels servant de cachettes aux bandits armés qui s'y abritent pour dévier les patrouilles ou les opérations policières.

12.1.3 Les problèmes de l'habitat à Port-au-Prince.

En Haïti, comme dans la majorité des pays tiers-mondistes, le problème du logement est l'un des thèmes fondamentaux des discussions et des préoccupations des secteurs privés et publics. Les conditions dans lesquelles vivent les populations rurales et urbaines sont nettement au-dessous de ce que l'opinion publique définit implicitement comme un logement décent. L'ampleur du problème tient à la précarité des conditions de vie des populations, tandis que les modèles culturels idéaux servent de point de référence à l'évaluation des besoins en logement.

Ce que la population rurale admet comme très satisfaisant est jugé fort précaire dans les milieux urbains. Certains types de matériaux habituellement utilisés tendent à disparaître au profit de matériaux importés. Le bois et la tôle cèdent rapidement le pas aux blocs de ciment et aux toits en béton. Les structures physiques deviennent plus lourdes, plus importantes. Elles gagnent en largeur et en hauteur, Port-au-Prince s'est étalée en largeur, mais les constructions qui datent des années, dénotent l'existence d'une nette tendance vers la verticale. Si le rythme de croissance actuel de différents secteurs d'activités, tels que : le commerce, le tourisme, l'industrie, se maintient ou s'identifie, la ville de Port-au-Prince s'est transformée en un immense chantier où le logement est devenu la plus importante source d'emploi et d'absorption de la main-d'œuvre.

L'amélioration de la progression des conditions minimales de logement ne s'accompagne pas nécessairement d'une diminution de l'ampleur du problème de l'habitat. Il est prouvé que tous les pays sont entrés dans un rapide processus d'urbanisation qui a élevé le standard socialement acceptable du logement et augmenté du même coup leur déficit dans ce secteur. Cela vient du fait d'une pression accrue des groupements marginaux des villes et des campagnes. En Haïti, la menace est toute aussi grande à cause du fort taux d'urbanisation qui n'est pas correctif d'un rapide processus d'industrialisation. Le processus d'urbanisation à Port-au-Prince a surpris les services publics au point qu'il paraît difficile d'en contrôler les effets avec efficacité. Cette précipitation de l'urbanisation sur un support économique et infrastructurel déficitaire, pose sur le plan technique, un véritable défi aux mesures rectificatrices de l'environnement et de l'aménagement. Parmi les conséquences de cette poussée humaine, celles du logement se détachent comme l'une des plus dramatiques. Les besoins en logement excèdent de beaucoup les possibilités de l'économie nationale. Ils débordent le cadre strict du logement, pour entraîner des conséquences structurelles et des exigences financières accrues.

L'expansion démographique a entraîné le marché du logement dans la présence de deux catégories de demandeurs : les mal-logés qui désirent accéder à un logement plus décent et ceux qui, vivant en cohabitation forcée, veulent avoir une autonomie. Ces deux catégories dont le volume s'accroît démesurément sont en butte à des déménagements fréquents. Les besoins des familles, leur composition changeante et l'évolution de leur position sociale traduisent un état permanent d'insatisfaction. La concentration de la main-d'œuvre à Port-au-Prince, l'essor du mouvement touristique et la relance de l'économie combinée avec l'urgente nécessité de reloger des sinistrées de la ville. Ils ont créé très rapidement une situation de crise du logement qui prend des proportions de plus en plus alarmantes. Le surpeuplement des ménages, la cohabitation forcée, l'exploitation des sous-locataires sont parmi les conséquences et inconvénients majeurs de la pénurie de logements à Port-au-Prince. Cette carence va s'aggraver avec l'exode rural que Port-au-Prince connut après les régimes totalitaires des Duvalier.

Cependant, l'effort de construction a repris de façon substantielle dans le secteur privé et industriel, mais l'importance de l'aide publique dans la construction des logements à bon marché, ne représente qu'un pourcentage dérisoire du produit national brut (PNB). Les trois grands obstacles qui freinent les investissements dans la construction ; sont : L'absence d'épargne privée, le manque d'organisation du crédit et la pénurie de fonds publics. L'épargne privée peut être investie par l'épargnant lui-même pour accéder à la propriété ou construire des logements locatifs. Ce sont les investissements spontanés qui constituent la principale source de financement dans ce secteur. Les placements immobiliers semblent le seul régime de prévoyance susceptible d'offrir la sécurité. L'accès à la propriété des logements neufs suppose un vigoureux effort d'épargne qui dépasse de loin les possibilités et les ressources des particuliers. Le placement initial est assuré dans une large mesure à l'aide d'emprunts hypothécaires effectués à la Banque Nationale de la République d'Haïti. Dans la majorité des cas, le prêt sollicité ne représente qu'une partie plus ou moins importante du coût de l'opération. L'affectation des fonds publics au financement de la construction est limitée strictement à l'aménagement des cités ouvrières.

12.1.4 La croissance de la capitale, mais à zéro degré de l'urbanisme.

Selon l'écrivain André Marcel d'Ans, sous l'ex-Dictateur Jean-Claude Duvalier, Haïti s'est vue enfin doter de l'embryon d'un réseau routier digne de ce nom : des routes goudronnées en assez bon état relient Port-au-Prince au Cap-Haïtien ainsi qu'aux Cayes, avec un embranchement vers Jacmel. D'Ans a précisé toutefois que dès qu'on quitte ce réseau principal, on ne trouve toujours que des pistes rudimentaires pour sillonner le reste du territoire. Un nombre non négligeable de bâtiments scolaires ou hospitaliers, ainsi que différentes constructions d'utilité publique ont également vu le jour sous Duvalier, et particulièrement au cours de la dernière décennie. D'Ans soutient que dans les domaines de l'éducation et de la médecine, on ressent peut-être davantage en Haïti, les insuffisances du personnel que les carences de l'infrastructure, même s'il est vrai que celle-ci reste encore loin d'être à la hauteur des nécessités virtuelles du pays.

D'autre part, les équipements en matière portuaire de Port-au-Prince ont été rénovés, et un aéroport international correct y a été construit, et ont également été mis en place, des équipements en matière de télécommunications qui répondent plus ou moins, aux besoins actuels. La situation énergique du pays est particulièrement préoccupante : vieux de plus d'un quart de siècle, le barrage de Péligre reste la seule installation hydroélectrique d'importance. Selon D'Ans, aucun d'autre de cette dimension, n'a été construit depuis plus d'un quart de siècle. Or, l'enlisement du barrage en réduit d'année en année le rendement, au point de rendre précaire l'éclairage de la capitale. Entre autres, il faut noter que le déboisement incontrôlé, la carence de pluie et le manque de maintenance sont les premiers facteurs qui désapprouvent le barrage Péligre dans sa capacité d'électrifier le pays. Le peu d'énergie qu'il peut rarement fournir à la population, est commercialisé au bas peuple par des chômeurs endurcis qui prennent pour acquis de fournir du courant aux gens et ils les harcellent à leur payer en retour. D'ailleurs, leurs manœuvres illicites peuvent provoquer l'incendie dans la communauté. Or, si l'État avait alimenté la population en électricité et mis fin à cette manoeuvre illégale, il aurait encaissé tous ces revenus et aurait contribué au développement des autres institutions.

De plus, dans les nouveaux quartiers, on empile des blocs de ciment qui progressivement sont surmontés d'antennes de télévision, d'où les fers et le béton attendent la reprise du processus de la construction. D'autre part, la néo-bourgeoise urbaine représente le résultat le plus tangible des évolutions socio-économiques qui se sont opérées dans la société haïtienne dans les annales de son Histoire. En 1971, Haïti fut un pays essentiellement rural, avec seulement 27 % de population urbaine, soit donc le plus bas pourcentage et de loin de toutes les Amériques. Avec les années, Port-au-Prince grandit et déborde de son cadre colonial. L'on y reconstitue encore sans trop d'efforts d'imagination ce qui était leur apparence à cette époque, car très peu de changement y est fait, à l'exception des indispensables répartitions, constatées après les catastrophes qui affligèrent les localités depuis l'indépendance.

Le centre de Port-au-Prince continue à mériter les commentaires acerbes que lui adressait autrefois l'historien et homme politique français Moreau de Saint-Méry : torride et sordide, le cadre urbain y reste chaotique : ainsi à l'exception de quelques rares pâtés de maisons dans la rue principale dont les trottoirs sont d'ailleurs perpétuellement envahis de commerces ambulants, les arcades couvertes n'ont pas été mises à niveau, et le piéton inattentif ou peu doué pour les acrobaties risque toujours sans cesse de s'y casser le cou. Jusqu'à présent, ce danger se constate à Port-au-Prince. Les gens fraîchement arrivés de la campagne ont failli tomber dans les égouts dormants pleins d'eau sale et d'immondices à travers la capitale.

Selon D'Ans, à l'époque coloniale, plus de 25.000 ha avaient été aménagés dans la plaine du cul-de-sac, mais du fait du manque d'eau, seuls 16.900 ha y étaient réellement irrigués. À ceux-ci, s'ajoutaient dans l'Ouest les 10.400 ha arrosés par la Rivière Romance dans la plaine de Léogâne et les 6.000 ha de la plaine de l'Arcahaie. Dans le Sud, la plaine des Cayes comptait 20.000 ha d'irrigation. Pour le reste, c'était peu de choses : à peine 5.000 ha en tout pour des petits ouvrages disséminés dans La Plaine du Nord ainsi que dans les vallées de l'Artibonite et de Trois-Rivières. À l'exception de certaines parties de la plaine de l'Arcahaie. Tous ces systèmes d'irrigation furent détruits lors de la révolution de 1789, ou délaissés après l'indépendance, c'est-à-dire au cours des années d'après 1804. N'est-elle pas cette absence d'irrigation qui cause les fréquentes inondations qu'Haïti connaît toujours ?

D'Ans rappelle que pendant l'occupation américaine en 1915, les Américains firent restaurer près de 160.000 km de canalisations anciennes, récupérant ainsi environ 23.000 ha de terres irrigables dont (900 ha dans la plaine du Cul-de-sac, 4.200 dans celle de Léogane, 4. 000 dans celle de l'Arcahaie, 3.100 dans l'Artibonite et 2.700 en additionnant divers autres petits systèmes). En 1960, selon l'écrivain Paul Moral, la remise en irrigation atteignait 42.585 ha. Et en 1972, à en croire la mission d'assistance technique intégrée de l'Organisation des États américains, ce sont 75. 033 ha qui auraient bénéficié de l'irrigation ! On trouve bien une surface totale de l'ordre de 75.000 ha équipés en canaux (et donc théoriquement irrigables), seuls 55.000 ha seraient réellement irrigués.

De toute façon, il est certain qu'il n'y a plus de plantations de café bénéficiant d'un rapport d'eau canalisée. Tout comme dans les plaines, la culture du café est restée prédominante dans les régions d'Haïti. Mais dans un cas comme dans l'autre, tout ce qui faisait la technicité et le rendement des plantations coloniales a dû être abandonné. La culture tant de la canne que du café selon des techniques artisanales. Au XIXe siècle, on ne cultivait plus le caféier à découvert : sur des plants livrés à eux-mêmes et se reproduisant au hasard des graines tombées sur le sol. On faisait de la « cueillette » dans ce qui devenait de plus en plus, une sorte de marquis « caféier ». Ces récoltes de « grappillage » ne sont évidemment plus traitées par le lavage, mais « pilées », dans chaque petite exploitation inégale en qualité autant qu'en quantité. Cette production familiale est ensuite acheminée à dos d'âne vers les comptoirs des spéculateurs urbains qui commercialisent le produit.

En 1890, le café fut néanmoins la principale culture d'exportation haïtienne, seule l'exploitation d'un certain nombre de plantes aromatiques (vétiver, citronniers, dont on tire les huiles essentielles) qui commence à concurrencer çà et là, le café comme principale culture d'exportation. Toutefois, cette apparente permanence de la culture ne doit pas donner l'illusion d'une stagnation de la paysannerie haïtienne. En réalité, le milieu qui la supporte ne cessant pas de se dégrader tragiquement, ce n'est donc qu'au prix d'une inventivité inlassable dans le renouvellement de ses techniques et de ses règles de vie que cette paysannerie a réussi à se maintenir.

Ensuite, le manque de terres nouvelles se faisait sentir. Le mouvement de colonisation paysanne gagna les terres hautes, où l'on voit les premiers résidents s'établir entre 1860 et 1880, s'y taillant dans un écosystème forestier et caféier généraliste, des propriétés de l'ordre de 10 à 20 hectares, dont on exploitait le café tout en s'alimentant d'espèces vivrières consistant essentiellement en tubercules (ignames et malagas), cultivés en rotation lente sous le couvert boisé. Telle fut donc la situation générale aux environs de 1880. Le mouvement de colonisation paysanne atteignit la limite physique des terres cultivables. L'espace se ferme donc devant le pionièrisme des néo-paysans, qui ne disposent plus désormais de zones d'expansion. Dès lors, si la démocratie n'abandonne pas à modèle pionnier, si de nouvelles conventions juridiques coutumières n'interviennent pas afin d'exhéréder tous les héritiers, il va falloir se mettre à fragmenter l'héritage familial, et donc augmenter la pression démographique sur un écosystème où la culture paysanne ne fait rien d'autre que d'exploiter une fertilité résiduelle.

Autour de l'année 1910, du fait des partages qui se sont produits, les superficies des propriétés familiales furent considérablement diminuées : elles n'atteignirent plus qu'une moyenne de deux hectares et demi. De cette superficie, il n'y a déjà plus qu'un hectare de boisé, sous le couvert duquel, on trouve quelques cultures, les plantations de café, ainsi que l'espace résidentiel. Quant au reste (1.5 ha en moyenne), évolua vers le statut de « places à vivres ». On y cultive moins de tubercules qu'auparavant, mais plus d'espèces vivrières à graines (maïs, riz, haricots). Le rendement de ces cultures n'était pas très élevé, car, comme il n'y eut guère de renouvellement de matière organique sur ces plateaux déboisés, on dut y pratiquer des jachères de deux ans. Cela revient à dire que les deux tiers de leur superficie furent laissés en « savanes », donc disponibles pour le pâturage des animaux.

Cependant, la crise du système paysan devient une patente à partir de la génération suivante. Autour des années 1930, on vit les jardins résidentiels boisés se rapetisser à surfaces de l'ordre de 0,4 ha, en dépit des mesures qui furent prises afin de limiter le morcellement des propriétés : c'est vers cette date que les filles commencèrent à être exclues de l'héritage foncier, alors que l'émigration des jeunes gens atteignit déjà un taux de quelque 25%. C'est à ce moment-là qu'on étendit la culture vers les dernières fractions d'espace qu'elle épargna encore : les versants escarpés des ravines jusqu'alors protégés par une végétation pérenne de buissons et d'arbustes ; les fours à pain disparurent (faute de combustible pour les alimenter), et s'il existe encore du maquis caféier, ce n'est plus pour longtemps : les derniers bois d'allure sauvage seront abattus vers 1940. La nature du cheptel évolua : alors qu'auparavant on éleva surtout des porcs quand le couvert forestier fut encore présent, et que ces porcs avaient fait place aux bovidés lorsque les défrichements firent apparaître de vastes « savanes » en jachère, la surface de celles-ci ne cessant de se réduire. Sur le plateau, on ne rencontre plus en majorité que des chèvres, dont malheureusement l'action aggrave encore les méfaits généraux de l'érosion.

La société paysanne pratique désormais de plus en plus, l'indivision au niveau de la zone résidentielle boisée, de sorte qu'on ne maintient plus l'appropriation individuelle que sur les espaces déboisés du plateau, où se pratiquèrent en alternance des cultures associées de patates douces et de haricots, et le pâturage du Cheptel sur les zones en jachères. Dans cette partie de l'espace agricole, le taux de matière organique ne dépasse pas 2%, et ne peut qu'évoluer négativement à l'avenir. Le jardin jouxtant la maison familiale, fit l'objet d'une exploitation intensive, organisée sur plusieurs étages de végétation, où l'on associe des cultures d'épices, de bananiers, de caféiers et d'autres arbres fruitiers tels que des avocatiers, agrumes, l'arbre à pain. La reproduction de la fertilité des jardins fut assurée par cette végétation arborée, par le pacage des porcs et enfin par la fumure domestique.

Dans ces conditions, le maintien d'un bon taux de matière organique dans les jardins se faisant à leurs dépens, seul un allongement des périodes de jachère enraya la ruine de fertilité du sol des jardins. Hélas, c'est le contraire qui se produisit : compte tenu de l'urgence des nécessités à satisfaire, la durée de ces jachères fut raccourcie, tandis que par le recours à un nouvel artifice technique, l'inventivité des paysans haïtiens repoussa sur la limite de l'impossible dans la gestion de la pénurie écologique. Les agronomes de Madian-Salagnac observèrent comment les paysans mirent au point sur les jardins, une technique de préparation du sol, par la confection de buttes asymétriques qui, disposant vers l'intérieur de la butte de la couche herbeuse de la savane retournée à la houe, fit en sorte que le taux de matière organique, presque nul dans l'intervalle entre les buttes, se trouve maximisé dans les buttes.

Toutefois, il s'agit là indiscutablement du chant de cygne de l'intelligence pragmatique de la paysannerie des mornes : car cette fois, il semble bien que la limite extrême de l'infertilité des sols ne soit plus loin d'être atteinte. Dès lors, les solutions ne pouvaient être trouvées que par la fuite dans l'émigration, en prolongeant si longtemps son existence dans la précarité. En ce qui a trait aux productions nationales, nous mettrons en évidence l'agriculture haïtienne, les valeurs qu'a cette île de l'Occident et ses différents secteurs porteurs de développement durable. Réputé de pays agricole, malgré la dégradation des sols, l'éboulement de terrain, les divers ouragans qui ont ravagé Haïti dans les annales de son Histoire, elle reste et demeure un pays productif. Malgré le déboisement féroce duquel, l'espace écologique a été victime depuis cette époque, Haïti est demeuré indéniablement par son historicité, un pays esthétique qui regorge de ressources, telles : le café, la canne à sucre, la mangue, le vétiver, le cacao, le coton et le tabac.

12.1.5 Haïti, pays essentiellement agricole.

a) **Préludes agricoles : les abattis du tabac.**
Le tabac fit l'objet d'une très forte demande sur le marché international. Ses conditions de production furent celles qui convinrent exactement à une agriculture pionnière. Techniquement très simple et ne demandant pas de main-d'œuvre spécialisée, la production du tabac présenta l'avantage dans la situation de Saint-Domingue à la fin du 13e siècle,

de ne pas nécessiter de la révision de l'organisation sociale existante, héritée de la boucane. L'amatelotage de concessionnaires libres eux-mêmes flanqués d'un certain nombre d'engagés est parfaitement adapté à la culture de l'herbe à Nicot. Dans le sol ainsi grossièrement dégagé, les plants de tabac étaient repiqués par temps humide, à l'aide d'un simple bâton à fuir. Une fois effectuée la cueillette de la plante, les feuilles de tabac furent mises à sécher pour une période d'environ trois semaines. Puis, survinrent les quelques semaines d'opérations qui exigèrent un peu plus de travail, telles : l'étirage, le tressage et la mise en rouleaux des feuilles. Les rouleaux ainsi obtenus devant finalement être enveloppés dans d'autres feuilles, pour éviter que l'arôme du tabac ne s'échappe. Son odeur forte et piquante sert encore de décongestionnement des narines des pays paysans. D'habitude, ils introduisent une pincée de poudre de tabac dans leur nez pour décongestionner leur cerveau en cas de forte grippe.

Dans leurs abattis, on rencontra toutes les espèces agricoles de tradition locale comme le maïs, les patates douces et les haricots, ainsi que quelques autres cultigènes, comme les bananes introduites par la colonisation espagnole. Peu exigeante du point de vue de travail et des investissements, la culture du tabac était par contre fort gourmande en espace : l'épuisement des sols rendit obligatoire le dégagement de nouvelles parcelles au bout de trois ou quatre années d'exploitation. En dépit de son caractère électrique et sporadique, il n'est pas douteux que la culture du tabac ait joué un rôle important dans le reboisement de la région côtière, qu'une forêt de reconstruction eût réenvahi l'agriculture de Taïnos, puis celle des Espagnols avaient déployé leurs défrichements. Elle fut introduite sur l'île de Saint-Domingue à une date tardive par comparaison avec les autres possessions européennes d'Amérique.

**b) Les conditions de la production caféière,
et ses implications sociales.**

Mis à part des cyclones et des ravages enregistrés chaque année, la culture du café trouva dans les Antilles, un terrain favorable. Le caféier affectionne les moyennes annuelles de l'ordre de 25%, et demande que les variations saisonnières soient de peu d'amplitude par rapport à cette température idéale : le caféier redoute le froid, mais supporte également assez mal de trop fortes chaleurs. Sur le plan des conditions hygrométriques, le café donne bien entre 1.100 et 1.700 mm des précipitations annuelles, et l'alternance de saisons sèches et humides lui convient parfaitement. Ainsi en Haïti, le début de la pluie active au printemps, la floraison des caféiers se fait pendant les pluies. Puis, le retour de la saison sèche vient à propos, pour que la maturation des fruits se fasse dans les meilleures conditions que possible.

Le caféier s'accommode fort bien du relief, où sa présence est idéale pour continuer à fixer des sols et pentes. Le café exigeait une mise en fonds bien moindre que la canne, et produisait des bénéfices beaucoup plus rapidement : une plantation nouvelle dont la mise en route exigea beaucoup moins d'investissements en infrastructure qu'une sucrerie, pouvait commencer à produire dès la troisième année, et atteignit son plein potentiel vers la huitième. Vingt à quarante esclaves, nombre qui aurait été dérisoire sur une sucrerie, suffisaient amplement pour une caféterie.

Dans les régions montagneuses, il n'y avait pas de pression sur le sol. Le sucre avait déjà alors envahi tout l'espace propice à sa production. Les hauteurs abondèrent de terrains pour les caféteries, de sorte de la valeur foncière de ces terrains de montagnes n'avait rien de comparable avec celle des terres de plaine. Après une période transitoire, pendant laquelle, sa croissance est hésitante, période qui prolonge jusqu'en 1770, l'extension de la culture caféière fit apparaître, sur tout le parcours du domaine sucrier des plaines côtières, une nouvelle frange de colonisation qui monte gaillardement à l'assaut des montagnes, envahit les replats, et contribua à la composition d'un nouveau paysage sociologique ou la stratification socio-économique des planteurs, répartis entre gros planteurs sucriers et petits planteurs caféiers, correspond en gros à leur étagement écologique: respectivement dans la plaine et les contreforts des mornes. Planteurs sucriers et caféiers ne diffèrent pas seulement par la spécialisation de leur culture, par le prestige et le niveau de leur fortune, par le milieu qu'ils occupent, et souvent aussi par la race : ils se distinguent par la mentalité. Beaucoup plus que la canne, le caféier est d'une culture délicate, qui exige des soins attentifs et une vigilance constante aux antipodes de la grossière routine de la culture de la canne.

Au reste, l'état de la fortune de l'habitant caféier, ne lui permettrait pas d'assurer le train de vie que suppose le séjour à la ville, et moins encore en France. Il est donc très souvent sédentaire sur sa plantation où il habite en compagnie de sa famille. À ce titre, il mérite doublement le titre d'habitant. Enraciné dans son terroir, il est d'autant plus attaché à celui-ci qui contribua à le façonner par son activité personnelle. L'habitant caféier des mornes de Saint-Domingue de cette fin du 33ᵉ siècle, constitua le premier jalon de l'Haïtianité.

En Haïti, on ne retrouve nulle part dans les plaines de vestiges, de grandes cases d'habitation sucrière. Les mornes regorgent par contre de masures, ruines des anciennes habitations caféières qui étaient construites en maçonnerie. D'une part, il est vrai que dans les mornes, la pierre se trouve à portée de main, quel que soit l'endroit où l'on bâtisse. De même, il n'est pas douteux que le climat, moins chaud que dans les plaines, et fréquemment brumeux et humide, incitât à prêter attention à la qualité de constructions.
Dans ces conditions, il n'est pas étonnant que les observateurs de l'époque aient maintes fois été amenés à faire l'observation que dans les plantations caféières des mornes. La grande case, les logements des esclaves et les installations industrielles, consistaient non seulement en de bons et solides bâtiments, mais qu'en outre leur disposition répondait le plus souvent à un plan d'ensemble logique et bien pensé, témoignant au surplus d'un réel souci d'harmonie et d'élégance.

Le double désavantage de fortune et de rang, le séparèrent donc de l'habitant des plaines. Dans les plantations des mornes, le sort des esclaves ainsi que les relations que ceux-ci entretinrent avec leurs maîtres, fut toute autre nature que ce qu'on a observé dans la plaine sucrière. Leur travail fut moins dur : comparée à celle de la canne, la culture du café demande davantage de soin et de dépense physique. Ensuite, le travail sur une caféterie fut moins parcellisé, donc moins répétitif, moins monotone et moins harassant que dans une sucrerie :

chaque esclave se devait être polyvalent, ayant à mettre tour à tour, la main à des tâches diverses au lieu d'être attaché continuellement a un même labeur.

Le cycle même de la plante introduisit dans l'exposition caféière, une périodicité du travail que les habitants de la plaine, avaient réussi à bannir de leurs sucreries. En effet, il ne put être question d'obtenir du café, à l'instar de la canne, un temps de récolte s'étendant sur la plus grande partie de l'année. La cueillette principale appelée (grande passe) avait lieu normalement de septembre à janvier d'autant plus que la plantation se trouvait à une basse altitude. Pendant cette période de récolte, les mêmes esclaves durent partager leur temps entre la cueillette proprement dite, le gage et le dépulpage des grains. Par la suite, c'est le même personnel qui assura les opérations étant sujettes à des variations selon la taille et le degré de technicité de la caféterie. Aux environs du mois de mars avait lieu la seconde passe ou regain qui donna lieu aux mêmes opérations. La saison des pluies ouvrit pour les esclaves des caféteries une période de répit, absolument sans correspondant dans le cadre de la production sucrière.

En outre, la présence personnelle du maître sur les lieux de l'exploitation constitua un facteur d'humanisation du sort de l'esclave, qui ne fut pas livré ici, comme c'était le cas sur la plantation de la plaine, à l'humanité d'intermédiaires aussi bien livrés que mêmes des esclaves. Sans doute, n'étaient-ils pas l'un et l'autre ni plus, ni moins avides de tirer de leurs esclaves le meilleur rendement. Seulement, le plus pauvre en capital, le patron caféier dut prendre garde de ne pas se laisser acculer à des dépenses importantes, comme celles qu'auraient impliquées des achats réguliers d'esclaves. C'est pourquoi il lui importait que ceux dont il disposait lui durent longtemps et resta en bon état. En un mot, c'est aussi par économie qu'il entretint mieux sa force de travail. Il y avait d'autant plus facilement que la pénibilité du travail. À ceci s'ajoutait le fait que l'esclave des mornes était beaucoup mieux nourri que celui des plaines. Et toujours pour le même type de raison : l'éloignement par rapport aux comptoirs de la côté, ainsi que le manque d'argent dissuadèrent le propriétaire d'une caféterie d'aller acheter des aliments d'importation pour se nourrir lui-même ainsi que ses esclaves. Il lui était à la fois d'un meilleur rapport, plus agréable et plus sain à faire produire les vivres sur son exploitation, où il était d'autre part, parfaitement possible de rendre compatible avec la caféterie proprement dite des espaces d'élevage ainsi que des potagers et des vergers.

La production du café laissa de reste aux esclaves, car ils purent très bien être mis à la production vivrière pendant les temps morts que laissait l'exploitation ; ils n'avaient pas à s'en plaindre. Ce fut l'image que donne la société caféière des mornes. Elle ne fait rien d'autre que de pratiquer une modalité différente de la production esclavagiste de denrées coloniales destinée à une consommation de luxe dans les lointaines métropoles, présente un fort contraste avec celles des habitants de la plaine. En opposition avec des planteurs, les absentéistes aux habitudes vaniteuses et dispendieuses qui délèguent souvent à des intermédiaires le soin de s'occuper d'une plantation sucrière où la condition des esclaves est devenue réellement atroce. On assiste dans les mornes avoisinantes, à l'émergence d'une nouvelle couche de propriétaires ruraux parmi lesquels, figurent de nombreux hommes de couleur libres qui situent leurs valeurs dans le travail, la famille et une relative frugalité dans la manière de vivre. Pauvre au départ, cette nouvelle classe de propriétaires ruraux va de la sorte s'enrichir très rapidement. Toutefois, son enrichissement ne se fait pas au prix de l'approfondissement qui se trouve entre l'esclave et son maître dans les sucreries de la plaine. Dans la caféterie des mornes, la relation du maître à ses esclaves restera toujours de nature plus paternaliste.

Si on garde à l'esprit l'importante différence qui persistera jusqu'à la fin de l'époque coloniale entre le développement sucrier de la plaine du Nord et celui des parties du Sud et de l'Ouest, on ne sera pas étonné de constater que c'est dans ces dernières que va surtout se réaliser la poussée caféière. Par conséquent, se développer un mode de relations moins tendu entre les esclaves et leurs maîtres, au nombre desquels, figure un plus grand nombre de gens de couleurs libres. Cette opposition entre la configuration générale des réalités sociales dans le Nord et dans le reste du pays, constitue une clef essentielle pour comprendre les raisons pour lesquelles, le cours des choses va être si différent dans ces deux moitiés du pays. Il faut donc détailler le processus technique du traitement du café pour apporter quelque nuance dans l'exploitation caféière.

12.1.6 Café lavé, café pilé : grande propriété et petite exploitation caféière.

Dans cette section, nous voulons donner un aperçu sur la production caféière haïtienne d'autrefois. Saint-Domingue fut quelque chose d'homogène, identique à soi même du début à la fin. La culture du café y connut une phase pionnière, dont la croissance fut suivie, dans les dernières années de l'Ancien Régime, par une période d'emballement. Elle commença à faire du café un réel concurrent pour le sucre, en ce qui concerne la primauté dans l'économie générale. À ce niveau, la caféterie perd les caractéristiques plutôt sympathiques qui viennent d'être évoquées, pour se rapprocher sensiblement de celles de l'exploitation sucrière, avec tout ceci impliquait de conséquences néfastes sur le milieu, mais des contradictions explosives sur le plan social.

Les chiffres qui suivent, montreront bien le caractère brutal de la croissance caféière dans les années précédant la révolution. En 1955, les exploitations du café de la colonie s'élevèrent jusqu'à sept millions de livres pesants. Elles passeront à 15,6 millions de livres en 1767, à vingt-neuf millions en 1774, à 44,6 millions en 1783, et à soixante-dix-sept millions de livres en 1789, c'est-à-dire lors de la révolte générale des esclaves.

Entre temps, le prix du quintal de café, était de quarante livres en 1774, fut monté à cinquante livres en 1783, et à près cent livres en 1789. Comment s'étonner dans les telles circonstances que le café soit sur le point de talonner le sucre en 1789, représentant déjà 33,6% de la valeur des exportations de la Colonie, alors que le sucre en représenta déjà plus de 48%. Ayant visité la colonie en 1782, Girod de estima que l'émulation fut très considérable dans cette nouvelle branche de culture.

Dès lors, la machine s'emballe : pour défricher les étendues toujours plus grandes dans des endroits toujours plus écartés, il faut de plus en plus de la main d'œuvre, et donc de plus en plus d'argent : le caractère léger en capital et débonnaire sur le plan des conditions de travail prévalait au niveau de l'habitation caféière paternaliste et pionnière.

D'autre part, passant de la petite à la grande exploitation, les conditions techniques de la culture et de la transformation du café avaient évolué. Le café fut donc cultivé à découvert, sur de vastes surfaces défrichées, sans ombrage, dans des pièces géométriquement désignées où l'on compte en moyenne 4000 pieds de café par carreau. Le caféier ayant plusieurs floraisons échelonnées, tous ses fruits ne viennent pas à maturité en même temps. Selon ce qu'André Marcel d'Ans a lu dans le récit qu'a fait Girod de chartrans : lorsqu'apparaissent les premières cerises rouges, « les Nègres » se mirent tous à la besogne. Ils commencèrent ensemble à une extrémité des plantations et cueillirent les récoltes toujours devant eux jusqu'à ce qu'ils soient parvenus à la fin.

Mais, ils n'ont pas fini cette première recherche, qu'ils reviennent à l'endroit où ils ont commencé afin d'enlever ce qui a mûri pendant qu'ils étaient ailleurs. Ils parcourent donc un terrain de nouveau, en cueillant comme la première fois et toujours ils reviennent sur leurs pas, jusqu'à ce tout soit enlevé, ce qui n'arrive qu'au bout de quatre mois ». Lorsqu'on procéda ainsi à la récolte massive de cerises uniformément mûres, le processus de transformation qui s'adapta à ces grandes quantités pouvait alors devenir réellement industriel, ce qui implique des installations modernes, munies d'aires de séchage spacieuses, et des équipes avec un outillage performant. D'après Girod de Chartrans, à mesure que les cerises sont cueillies, on les verse dans des bassins pleins d'eau et les laisse tremper pendant quelques jours. L'eau dissout le suc gommeux qui est renfermé dans leurs chairs, et on les dispose ainsi à une dessiccation plus prompte. Cette opération faite, on les étend sur des plates-formes en maçonnerie, que l'on appelle glacis, destinés uniquement à les faire sécher à l'ardeur au soleil.

Puis, on les place dans une auge circulaire pour y être exposées à la pression des meules en bois, dont l'effet suffit pour briser les enveloppés, sans pouvoir endommager la fève. Ces meules sont placées de chant et circulèrent dans l'auge par un mouvement adapté au centre du moulin. On emploie pour moteurs l'eau, les mulets ou les Nègres. Puis, on se sert des moulins à bras pour séparer les graines de leurs actives enveloppes, et l'on finit par le tirage, qui consiste à en éplucher les mauvaises. Ce fut donc le travail des enfants et des vieillards. Après cela, il n'y avait plus qu'à aller livrer le café vert à la ville, sur des caravanes de mulets.

Il va de soi que ce traitement industriel du café ne s'implanta pas d'un jour à l'autre, mais progressivement, à mesure qu'augmentait, avec la taille des habitants, le niveau de fortune de leurs exploitants. Sans atteindre la hauteur des sucriers, la mise en fonds pour la constitution d'une caféterie de cette espèce devint très onéreuse, compte tenu du nombre des esclaves, des bâtiments, des machines, des troupeaux de mules qui devinrent indispensables pour la mettre sur pied. Donc, lors de la période pionnière, la culture et le traitement du café avait dû être beaucoup plus pragmatique et moins coûteux, se rapprochant sans doute davantage des méthodes utilisées par les paysans haïtiens lorsqu'ils traitent eux-mêmes leur récolte de café au lieu d'aller la livrer à l'usine. D'autre part, il ne paraît pas douteux qu'à la fin de la période coloniale, subsistaient à côté de grandes caféteries et particulièrement dans la partie Sud et de l'Ouest, nombre de caféteries de moindre envergure perpétuant encore ce genre de méthodes artisanales.

La culture du café se faisait sous ombrage. Le caféier fut associé à d'autres arbres (mombins sucrins). Le plus souvent, on ne le montre que peu, voire pas du tout : l'arbre fut laissé à sa croissance naturelle et la récolte de son fruit tendait à s'assimiler, dans le cas extrême du (maquis caféier) à la cueillette d'un fruit sauvage. Une sorte de paysage agricole limite, avec des bois cultivés dans lesquels, se mêlèrent arboriculture, agriculture et l'élevage.

Dans ces conditions, le traitement des cerises fut assuré au coup par coup, en petites quantités et par des méthodes manuelles. Les fruits du caféier sont tout d'abord mis à sécher sur un. Ensuite, lorsque les cerises furent sèches, on les décortiqua dans un mortier de bois appelé ou à coups. Elles se débarrassent de leur (enveloppe pulpeuse durcie par le séchage). Bien entendu, un certain pourcentage de fèves est brisé au cours de cette opération, dont le succès dépend de l'habileté et des précautions du pilonneur.

L'opération suivante sera celle du déparcheminage, au moyen du passage dans une , sorte de panier plat de lataniers dans lequel, on agite les grains jusqu'à ce qu'ils soient débarrassés de leur. Ensuite, le triage s'attachera à améliorer autant que faire se peut, la tenue et l'homogénéité du produit final. Au terme de cette série d'opérations qui ne fit intervenir ni l'eau, ni la fermentation, ni les machines, on obtient ce qu'on appelle ou encore , ou à l'arôme unanimement reconnu supérieur à celui du de production industrielle, dont cependant l'aspect et la couleur sont beaucoup plus engageants, et qui ne convient normalement ni cassés, ni impuretés.

À partir d'une certaine altitude dans les mornes, dès qu'on se trouve au-dessus de la ligne des sources, il n'y a plus d'autres sources que celles des pluies. Ceci limiterait radicalement l'expansion de la grande caféterie vers les régions d'altitude ; hormis les petites caféteries étant à même de subvenir à une partie de leurs besoins en eau par impluviums, vastes collecteurs d'eau de pluie construits en maçonnerie, mais qui ne permettaient toutefois ni l'usage alimentaire de l'eau ni l'emploi de l'énergie hydraulique. C'est pourquoi, en arrivant au terme de l'époque coloniale, la stratification écologique et sociale des planteurs de Saint-Dominique s'était enrichie d'un degré : la grande caféterie productrice de café lavé occupant une position intermédiaire entre la grande plantation sucrière des plaines et les petites habitations caféières des régions d'altitude. D'où la description de la société de plantations du 18e siècle à Saint-Domingue. Cette description était notamment nécessaire pour dissiper certaines illusions. En particulier, lorsque les rares visiteurs du 19e siècle feront grief aux Haïtiens de l'état déplorable de leurs villes et de leurs routes, ils le feront toujours en comparant ce qu'ils voyaient avec ce qu'ils imaginaient avoir été les splendeurs de la colonie de Saint-Domingue.

Or, tout indique que ces voyageurs avaient plutôt en tête la splendeur statistique de tout ce que la colonie avait rapporté financièrement à la métropole, au lieu d'une image correcte de ce qu'avaient concrètement été sa société, ses villes ou encore ses voies de communication. Par exemple, la première route carrossable traversant l'île et reliant Port-au-Prince au Cap Français avait été ouverte en 1787. Tout ceci fut l'objet d'un témoignage des voyageurs du 19e siècle concernant l'état des villes et des routes d'Haïti. Cela paraît correspondre ni plus ni moins qu'à l'état où on les avait laissées au départ des colons français. Cette situation perdurera d'ailleurs sans grand changement jusqu'en plein 20e siècle.

12.1.7 Café frêle : pilier de l'économie haïtienne.

Même si la santé du café frêle est relative dans une économie haïtienne très déprimée, il reste un atout dans la lutte contre la pauvreté. Deux cents-mille producteurs, petits paysans pour la plupart, en tirent 15 à 20% de leurs revenus agricoles. La Fédération des associations caféières natives (FACN), rassemblent à elle seule, vingt-cinq mille paysans organisés en associations de groupements. Certifiée par la filière du commerce équitable depuis deux ans, elle améliore le niveau de vie de ses adhérents.

Le café a fait son apparition en Haïti en 1725, dans le Nord du pays où les Jésuites l'ont introduit. Après la canne à sucre, le café est devenu le pilier de l'économie nationale après l'indépendance d'Haïti en 1804. Ce sont ses revenus qui permirent à Haïti de régler la dette l'indépendance à la France. Avant 1969, le prix du café haïtien était à peu près le même que dans les autres pays producteurs. Il a même bénéficié d'une prime, grâce à son excellente réputation. Au contraire, le marché boursier des matières premières, lui appliquait un différentiel de -0,20 $ par livre qui n'était que de 0,12 $ grâce à la disparition de certains spéculateurs, a précisé Stephan Jean-Pierre, directeur de la fédération des associations caféières natives (FACN).

Selon une étude de 1999 menée par Cirad (Centre de Coopération internationale de recherches en Agronomie pour le Développement), la culture du café est pratiquement devenue une culture de cueillette. Les jardins caféiers de 155.000 hectares, réduits de 1.5 depuis 1995, furent de moins en moins entretenus et ne produisirent plus en moyenne que quatre sacs par hectare. La faute en revient à la très forte détérioration de rapports de prix en l'espace de quarante ans. Une demi-tasse de café pilé, consommé localement, suffisait alors à acheter une journée de travail salarié. Environ 4 à 5 livres de café pilé furent donc nécessaires. La production s'élève à quatre cent-soixante mille sacs de 60 kg, près de quatre fois qu'il y a plus de cinquante (50) ans et trois fois moins qu'il y a plus de trente ans, estime-t-on dans le rapport national pour le développement du secteur café de novembre 2000. Si la tendance se maintient, Haïti devra même importer du café pour satisfaire sa consommation intérieure, s'alarment les professionnels en la matière.

12.1.8 Trois pour cent des exportations du café.

Pour Haïti, le café est pourtant une source importante de devises. Son poids total des exportations nationales (13% en 98) n'était plus que d'un peu plus de 3 % en 2001, soit près de dix millions de dollars de recettes en devises. Le rapport économique et social du Programme des Nations Unies pour le Développement (PNUD) de 2002 confirme la tendance à la baisse de l'exportation du café. De mauvaises conditions climatiques et des problèmes sanitaires comme le scolyte (insecte nuisible) ont accru la crise de cette culture de rente, tout comme sécheresse et inondations, sans parler des infrastructures déficientes. Selon l'association des exportateurs du pays, cela coûte dix dollars pour exporter un sac de café de 60 kg soit 50% de son prix de vente.

Le rapport national rédigé sur le café souligne que le seul tiers du café est exporté. Pour près de la moitié vers le secteur privé traditionnel gravement touché par des faillites laissant des dettes de plusieurs millions de gourdes (monnaie locale) à son réseau de spéculateurs, asséchant les liquidités de certaines zones caféières. L'autre moitié rejoint la République dominicaine voisine via le commerce informel. Enfin, quatre mille sacs sont exportés en Amérique du Nord, en Europe et au Japon chaque année, dans le cadre du réseau équitable et du marché des cafés gourmets de pays riches. Haïti qui avait perdu sa place en raison de la baisse de la qualité, est en train de la retrouver, a expliqué Stéphane Jean-Pierre, Directeur de la Fédération des associations caféières natives. D'après lui, la production de café a entamé un long déclin à partir de la fin des années quarante, en même temps que son prix baissait sur le marché mondial. La livre d'Arabica produite n'importe où dans le monde, avoisine $ 0,50 dollar depuis plusieurs années.

12.1.9 L'Évolution du café en Haïti vers les années soixante-dix.

Nos recherches sur le café rebo ont révélé que pendant longtemps, Haïti a été le plus grand exportateur de café de la Caraïbe. Par exemple, dans les années 1970, la production de café atteignait sept cent-mille sacs par an. De ceux-ci, cinq cents mille étaient destinés à l'export. Avec le temps, la production et l'exportation ont beaucoup diminué. D'après les plus récentes statistiques faites sur cette culture, la production locale annuelle a atteint seulement quatre cents mille sacs dont soixante à cent mille sacs au minimum sont exportés. Cette baisse consistante dans la production de café vient du manque d'encadrement et de soutien des planteurs de cette denrée. Après la dégénérescence qu'a connue cette production, la République dominicaine a remplacé Haïti en tant que plus grand exportateur de café dans la Caraïbe.

12.1.10 La valeur de l'or noir haïtien en 1953.

En 1953, les revenus de la production du café (l'Or noir haïtien) atteignirent 43,6 millions de dollars. Ils descendirent à vingt-deux millions en 1955, et à une moyenne de 25,5 durant la période de 1956 à 1960. Les dépenses publiques se réduisirent. La circulation monétaire et le pouvoir d'achat de la population haïtienne se virent gravement affectés. Cette situation intensifia la lutte de la bourgeoisie, de l'oligarchie terrienne et de la classe moyenne pour une redistribution à leur profit d'un budget public. De 1950 à 1955, la valeur globale moyenne des exportations atteignit le chiffre de 50,3 millions de dollars, donc un montant inhabituel. De 1955 à 1960, cette moyenne descendit à trente-six millions de dollars pour aboutir à 35,5 millions dans les années 1965 à 1967. En 1962, le produit national brut fut estimé à des millions de dollars. En 1967, il fut descendu à trois cents vingt-neuf millions de dollars. La production du café diminua en 1967 de 31% en comparaison à celle de 1960. La production du sucre baissa de 18%. Celle du sisal (pite) tomba à l'eau à la suite de la fermeture de la plantation Dauphin en mai 1967 en raison de la baisse des prix à l'échelle internationale.

La somme des dépenses budgétaires tomba de 32,8 millions de dollars de 1954 à 1955 à une moyenne de 28,8 millions de dollars. Entre 1955 et 1960, 24.7 millions. De 1960 à 1965 moins de vingt-trois millions ; de 1965 à 1967, les revenus publics de 27.7 millions de dollars en 1960 passèrent à 23.7 millions en 1967. Ces données tangibles suffirent pour montrer l'ampleur de la crise à l'époque des années 1960. Haïti parvint donc réellement à une phase de non-retour en raison de la crise de son système traditionnel, semi-féodal et semi-colonial. Vis-à-vis de cette chute économique, le gouvernement de François Duvalier n'eut d'autres moyens que de développer la machine répressive pour assurer la survie des structures, la soumission des masses et garantir le maximum de profit à l'entreprise de pillage des groupes dirigeants. Pendant que la valeur des exportations diminua, les importations globales et les dépenses se réduisirent, l'importation des produits manufacturés augmenta. Les revenus « non fiscaux » dont accaparèrent les milieux dirigeants représentèrent dix millions de dollars par an, ceux de la régie du tabac s'élevèrent à 1.4 million de dollars par an. La loterie nationale, les entreprises de ciment, de sucre et d'huile, furent autant de sources de revenus particuliers. Le pays fut donc caractérisé par le pillage économique, le dépouillement des paysans, de lourds impôts qui firent courber le dos aux classes productrices. En Haïti, 9 à 10 % de la population qui représente les paysans, alimentèrent de leur sueur et de leur souffrance, le dixième qui forme les citadins. La fraction de la population urbaine se consacra aux activités commerciales, à l'administration et à la politique. Cette fraction citadine profita donc de la surexploitation de la paysannerie. Cette forme de parasitisme économique acquiert la dimension d'une entreprise coloniale.

Comme dans toutes les sociétés, les classes dirigeantes s'élevèrent au niveau des bourgeoisies métropolitaines avec la possibilité de jouir de luxueuses automobiles de dernier modèle, de pompeuses villas au mobilier importé, de voyages touristiques, de comptes en banque à l'étranger, en particulier en Suisse et aux États-Unis. Par exemple, pour l'ex-dictateur Jean-Claude Duvalier, sa seule et unique motivation fut de jouir et de profiter de la richesse publique. Ce type de motivation ne reflète qu'un comportement égocentrique et insatiable.

La destinée des dirigeants haïtiens est la fuite en Europe, aux États-Unis pour y passer le reste de leur vie et jouir des millions de dollars volés. Ils sont donc portés au pouvoir, mais leur destin est à l'étranger. Ils agissent donc comme des colonisateurs étrangers, comme des étrangers dans leur propre pays. Imaginez que des gens qui hier n'avaient aucune fortune, après être passés au pouvoir, disposent des millions de dollars dans les banques étrangères. Par exemple, les dépôts des dictateurs Duvalier (père et fils) dans les banques de Suisse s'élèvent à cent millions de dollars. De nombreux pilleurs dont le butin fut moins fabuleux accédèrent à une vie de luxe et de gaspillage, envoyèrent leurs enfants étudier ou « bambocher » à l'étranger. Cette compétition de voracité la plus égocentrique illustre le caractère parasitaire du système politique et la violence du colonialisme imposé par l'élite à la nation haïtienne.

Lors du renforcement de l'Empire impérialiste sur l'administration de François Duvalier, les héritiers de l'occupation Nord-américaine dirigèrent en Haïti, quelques entreprises de services ou de biens manufacturés (compagnie d'éclairage électrique de Port-au-Prince et du Cap), firmes de distribution d'essence et les compagnies comme « Haitian American Sugar » CO et la « Haitian Development Corporation » (Plantation Dauphin) consacrées à la production et à l'exportation respective du sucre et du sisal. Ces deux entreprises contrôlèrent la production du sucre jusqu'en 1973. 9 à 10 % de production de sisal et aussi 9 à 10 % de l'énergie électrique. En 1958 et 1959, les deux dernières fournirent plus de 20 à 25 % de la valeur des exportations. À la fin des années cinquante, la Hasco (Haitian Society Company) couvrit 11.000 ha de canne à sucre. Elle acheta cette denrée des propriétaires terriens. On peut comprendre que la Hasco, en tant que compagnie, aurait pu dynamiser sa production en faisant sa promotion à l'échelle internationale. Pourtant, elle ne favorisa pas la création de grandes infrastructures qui caractérisèrent les plantations de canne en Amérique latine et à Cuba.

Donc, la HASCO ouvrit son cadre entrepreneurial, créa un important système de rapports de production capitaliste et réinvestit ses gains qui furent chiffrés à un million de dollars par an. Tous ses profits allèrent dans les poches des actionnaires américains. Alors, on peut voir qu'il n'eut pas de développement d'entreprises macro-économiques en Haïti. Pour revenir à la plantation Dauphin, dans l'optique de montrer qu'il y eut toujours un manque de vision ambitieux dans la gestion des affaires haïtiennes, ladite plantation s'organisa sur la base du travail salarié et devint la plus grande entreprise de son genre dans le monde. Elle se consacra à la culture et au traitement de la fibre de sisal (pite). Cette accumulation de capital n'eut pas plus d'impact sur l'économie nationale. Huit mille manœuvres furent donc payées au salaire minimum légal de soixante-dix pour cent par jour.

À la fin de 1957, Duvalier octroya l'importation du blé, la production et la distribution de la farine à la Caribbean Meals, INC. En dépit de la clameur publique, les législateurs influencés par Duvalier lui-même, et par d'importants pots de vin, approuvèrent le contrat de cette affaire. Il s'agissait de la première concession du gouvernement au capital Nord-américain. La politique générale du gouvernement Duvalier avec des entreprises et des citoyens américains fut d'exploiter les ressources naturelles d'Haïti. Cette politique fut inhérente à la philosophie du Duvaliérisme et des milieux politiques traditionalistes d'Haïti. Cette façon de voir les choses par Duvalier voulut laisser croire que ce fut uniquement le capital étranger qui put développer le pays, créer des industries, donner du travail aux citoyens. Au lieu que Duvalier identifia les besoins de son pays et s'attela à son développement socio-économique véritable, il donna aux entreprises étrangères toutes les opportunités, telles : la franchise douanière, dans l'espoir qu'elles vinrent développer Haïti à sa place. Alors que depuis les temps préhistoriques, il ne revint à personne de prendre la responsabilité de l'autre. Il a toujours été du ressort de chacun de s'assumer. C'est-à-dire qu'il est aux Haïtiens et aux haïtiens uniquement de se soucier du développement de leur pays. Duvalier, en déclenchant une campagne de sensibilisation pour attirer les investisseurs américains, toutes sortes de flibustiers, avec de soi-disant projets en main, envahirent Haïti en quête d'Or en fuyant la police des États-Unis. Donc, il est clair qu'Haïti a toujours servi de vache à lait et de cobaye qui permirent aux gens de faire leur fortune.

En 1959, de nombreux accords furent conclus entre le gouvernement de l'ex-dictateur François Duvalier et divers capitalistes étrangers. À titre d'exemple, la Westinghouse en signa un, pour l'installation d'une station de télévision avec le monopole de la vente des récepteurs en Haïti pendant une période de dix ans. Hormis la Westinghouse, une autre compagnie du nom de « Haytian Ressources Development Corp » obtint un contrat pour organiser à Port-au-Prince des courses de chevaux, de chiens et de divers véhicules. Le Haytian American Fisheries, The American Lobster, The Texas Marchisson, avec le monopole de l'exploitation des fleurs, furent toutes les entreprises qui s'apprêtèrent à œuvrer en Haïti.

Le 12 janvier 1960, le journal « le Moniteur » publia des décrets d'exclusivité aux entreprises étrangères pour les activités les plus diverses, telles : l'administration du Casino de Port-au-Prince, construction de supermarchés, des chemins de fer, des ponts, de l'aéroport du Cap-Haïtien, de la centrale hydroélectrique du fleuve Artibonite, de la plantation et de la centrale sucrière Anacaona (Léogâne). L'agitation politique et la propagande anti-duvaliériste inspirèrent de la crainte aux hommes d'affaires, découragés aussi par les exigences de hauts fonctionnaires, qui réclamèrent des prébendes importantes. La détérioration de la situation socio-économique haïtienne limita les possibilités des bénéfices, le concessionnaire devint donc un potentiel « Gangster ». De 1959 à 1960, Duvalier claironna « Année économique ». Puis, on entendit la propagande de « libération économique » et « d'effet national ». Malheureusement, cette démagogie politique ne suffisait pas à cacher la réalité brutale du renforcement de l'impérialisme en Haïti. Pendant le règne duvaliériste, trois grandes entreprises commencèrent à fonctionner : il s'agissait de la « Reynolds Haytian Mining », filiale du Trust international d'Aliminium ; la « Sedren », compagnie américano-canadienne qui exploita le minerai de cuivre, associée au Trust Américain Guggenheim et la « Haitian American Meat and Provisions Corporation ».

En 1960, la Lester Sugar Refining CO s'installa en Haïti pour l'établissement d'une centrale sucrière. La compagnie Hollman pour sa part, monta sa base en Haïti pour l'exploration et l'exploitation du pétrole, du gaz naturel et d'hydrocarbures dans le Nord du pays. L'entreprise obtint aussi un contrat pour l'exploitation des palmiers. Le Haytian American Meat and provisions Company, eut le monopole de l'abattage du bétail et du développement du Cheptel. L'ancien acteur américain, Paul Burke, vint en Haïti pour l'exploration du pétrole et du gaz naturel dans le Sud (à l'île de la Gonâve). La compagnie Oil Corporation se dédia à l'exploitation des Minerais dans la zone située entre les latitudes $18°$ et $19°$. En 1965, leur production atteignit quatre cent vingt-sept mille tonnes et on prévit qu'en 1967 à 1968, elle atteindrait six cents soixante mille tonnes en ayant bénéficié de la franchise douanière. L'exploitation du minerai de cuivre entrepris en 1960, produit en 1964, dix-huit mille tonnes. La politique de pillage colonial amena les Américains à dépouiller Haïti aussi de la viande de bœuf. Les exportations de viande qui furent faites par la compagnie l'HAMPCO se chiffrèrent en 1964 à une moyenne annuelle de 1.15 million de dollars. En été 1965, l'HAMPCO fit une campagne d'achat de bétail dans le Sud d'Haïti, en ayant profité de la grande famine dont souffrit cette région. Le bétail fut donc menacé de disparition, cette situation ne préoccupa absolument pas le gouvernement haïtien. Ce furent les Nations Unies et la FAO qui intervinrent pour arrêter ce pillage. En ce qui a trait à la bauxite, au cuivre et à la viande, la liste des produits d'exportation, la participation des compagnies américaines impérialistes installées dans le pays, passa entre 1955 et 1963 de 18% à 40 %. La quantité des exportations de produits agricoles comme le sucre et le sisal diminua suivant la tendance générale de la production.

Quant au café, le pourcentage s'éleva à 70% des exportations de 1950 à 1955. La chute de la production entre 1960 et 1967 fut de 31%. Or, ce fut le seul produit d'exportation cultivé individuellement par les paysans et la principale courroie de transmission entre le marché extérieur et l'économie intérieure. L'implantation impérialiste atteignit des proportions épouvantables et le pillage des matières premières se fit dans des conditions typiquement coloniales. Le Duvaliérisme fut satisfait de jouer le rôle de fidèle gardien des intérêts des Yankees, lesquels furent à l'ombre des garanties maximums octroyées par le régime des TTM (Tontons macoutes), se sentirent en parfaite sécurité, ils n'eurent pas à payer d'impôts, même dérisoires sur l'exploitation minière. En 1963, quand l'exportation des minerais atteignit 10 millions de dollars, la valeur totale des droits perçus pour l'État haïtien fut de deux cent-quarante-mille dollars.

12.1.11 D'où proviennent les grains du café Rebo ?

Revenons sur la production caféière haïtienne, le café haïtien communément appelé REBO, obtient ses grains d'associations de planteurs des régions d'altitude situées au Sud du pays, notamment dans les communes de Thiotte (Sud-Est), Port-à-Piment (Sud) et Jérémie (Grand-Anse). Grâce aux agréables conditions climatiques dont bénéficie le pays, ces planteurs qui ont su développer au cours des décennies de très bonnes relations avec REBO fournissent à la compagnie de bonnes récoltes d'août à avril de chaque année. REBO ne possède pas de plantations de café. En revanche, son contrôle de qualité rigide est reconnu. REBO torréfie, avec grand soin et dans les meilleures conditions de qualité, les grains qui ont reçu l'approbation des inspecteurs de café.

12.1.12 Comment se fait la récolte de café en Haïti ?

Tout d'abord, lorsque les cerises sont mûres, elles sont récoltées à la main dans de grands paniers. Ce travail fastidieux et exigeant requiert également de nombreuses allées et venues des planteurs. Cette méthode rustique garantit ainsi à REBO et à ses clients de qualité, des grains de son bon café. La production du café n'a donc cessé de décliner depuis des années. La fragmentation de la structure foncière, les maladies et les insectes, les fluctuations des prix sur les marchés internationaux en sont les principales causes. Le café est progressivement remplacé par les cultures plus rentables comme les haricots et les ignames. Des efforts ont été déployés depuis les années quatre-vingt-dix en vue d'arrêter cette chute et de sauvegarder ce système de production dont les caractéristiques permettent de lutter contre l'érosion. À cet effet, un institut du café a été créé en 2003. De plus, des associations de producteurs de café ont vu le jour et sont arrivés à préparer un café gourmet le fameux « Haitian blue » qui est aussi connu sur le marché international. Cette belle initiative a permis aux producteurs membres d'obtenir de meilleurs prix pour leur café et de consacrer plus de temps à l'entretien de leurs plantations. Des efforts sont également déployés du côté du gouvernement et des ONG (organisations non gouvernementales) dans la lutte contre le scolyte du café, un insecte qui s'attaque aux fèves et les rend improductives.

12.1.13 JMB Export S.A dans l'exportation des mangues d'Haïti.

Basée sur la route nationale numéro 1, Cazeau, Port-au-Prince et fondée en 1983 par Jean-Maurice Buteau, biologiste de formation, JMB Export S.A, est une entreprise spécialisée dans l'agro-industrie. Elle exporte principalement la mangue « francisque », fruit exotique typiquement haïtien. Elle fonctionne à 80% de ses capacités et s'est positionnée rapidement parmi les leaders du secteur en Haïti. Dès son entrée sur le marché, JMB a mis sur pied un circuit bien rodé d'approvisionnement, de distribution sur le marché local et international, avec un programme de contrôle de qualité rigide. En 1987, cette entreprise est devenue la première à satisfaire aux normes phytosanitaires américaines, le « pre-clearance program » avec la conception d'un traitement thermique à eau chaude en lieu et place du traitement fait à base de gaz cancérigène. Située dans la zone principale de production de mangue Francisque, la plaine du cul-de-sac, JMB achète ses produits des planteurs ou d'autres intermédiaires qui se chargent eux-mêmes de les lui acheminer. Ce choix stratégique lui a permis d'économiser les coûts de ramassage liés à l'acquisition, l'entretien d'un véhicule et au recrutement du personnel. Cette approche lui laisse ainsi une meilleure marge de manœuvre et lui permet de fidéliser ses fournisseurs. D'après les initiateurs de la société, JMB, le processus de traitement des mangues à l'usine, est fortement axé sur la qualité du produit. Les mangues sont lavées, présélectionnées, traitées et sélectionnées par l'emballage. Celles qui ne satisfont pas les critères fixés sont revendues sur le marché local. JMB possède également sa propre distribution à Miami, la fameuse « JMB International ».

Les experts de ce système ont précisé que cette industrie doit tout d'abord s'adapter au caractère saisonnier de la culture de la mangue qui, grâce à un micro climat favorable, s'étend de novembre à septembre dans toute Haïti. L'absence de critères de qualité standard pour le choix de la mangue francisque (dimension, forme, couleur de la pulpe) est un facteur de risque important. D'autant plus que le délai entre le traitement et l'expédition ne peut dépasser trois jours, et que certaines imperfections sont perceptibles trop tard. L'entrepreneur, en raison de ces facteurs particuliers, doit faire preuve d'ingéniosité et d'habileté afin de garantir la continuité de son exploitation. En tant que deuxième exportateur de mangues en 1996, JMB occupe et maintient depuis 1998, la première place dans son secteur d'activité avec un volume d'exportation annuel d'un demi-million de caisses de mangues. Mis à part les différents marchés ethniques visés, elle veut découvrir le marché Nord-américain avec une stratégie de marketing agressive. Elle étude les possibilités de se diversifier dans la production d'une pulpe de la mangue francisque, aseptique, naturelle, sans produit chimique, pouvant être utilisée dans les confiseries, les yogourts et les jus. JMB exporte près de quatre cent mille caisses de mangues francisques par an. À cette époque, chaque caisse pouvant contenir une douzaine de mangues, avec un prix unitaire oscillant entre quatre dollars cinquante et cinq dollars américains (4.5 et 5 $ US).

D'après agropressehaïti, en 2008, les exportations de mangues seulement, ont rapporté 7,93 millions de dollars à l'économie haïtienne. Donc, on peut comprendre que si l'on avait dynamisé le secteur agricole de tous les départements, Haïti aurait encaissé une grande fortune non seulement dans la mangue francisque, mais aussi dans d'autres variétés de mangues. Et, ce profit aurait servi au développement socio-économique durable du pays. Haïti est enfin l'un des dix premiers pays producteurs de mangues dans la zone caraïbe et Amérique. Fruit délicieux et tendre, la mangue francisque est exportée aux États-Unis par des millions de caisses. Grâce à une saison longue de dix mois et une centaine de variétés de mangues, dont la mangue francisque, l'industrie de transformation a des capacités de performance exceptionnelles.

12.1.14 Vers la monoculture industrielle : les indigoteries.

Comme le tabac, l'indigo fut une culture itinéraire. Après quelques années de récoltes, le terrain dut être abandonné, et c'est une autre partie de la concession qui se trouva alors consacrée à la production de l'indigo. La production du tabac s'accompagne d'une sorte de dilettantisme agricole qui fut celle de l'indigo. En revanche, elle va faire évoluer l'exploitation agricole de Saint-Domingue dans le sens de l'intensification. L'indigo fut loin d'avoir été emprunté à l'horticulture extensive indigène. Sa rentabilité exigeait au contraire, des parcelles homogènes dégagées, entièrement artificialisées et même exposées à toutes sortes d'aléas, comme : épidémies, vers et chenilles se liguant pour rendre la récolte incertaine. De plus, si l'on avait importé de l'Inde la culture de cette papilionacée, l'élaboration fut bien plus complexe et remplie de difficultés techniques que ne l'étaient les simples manipulations de matière végétale sèche qu'impliquait le conditionnement d'une récolte de tabac.

Finalement, il y avait le « diablotin » également nommé « reposoir », où l'indigo se cristallisait et se mettait en masse. À la sortie du dernier bassin, le brouet résultant de ces diverses opérations fut transféré vers la « chaussoire », local où on le mettait à égoutter dans des sacs en toile de forme allongée, ressemblant à des chausses d'où le nom chaussoire. Puis, ces mêmes sacs étaient finalement entreposés sous le hangar ou le glacis, pour en refaire le séchage. Il restait alors à conditionner le produit dans de petites caisses, qu'il fallait ensuite transporter jusqu'au mouillage, où des navires viendraient en prendre la livraison. Des mules furent souvent utilisées, obligeant par conséquent à ce qu'une partie de la concession soit affectée à leur élevage. Dans certaines conditions, il ne pouvait plus être question que l'entreprise indigotière fût menée par deux ou trois aventuriers n'a pas ressources, « s'amatelotant » simplement afin de mettre en commun leur travail. La culture de l'indigo se trouvait donc déjà réservée à des exploitants nantis de moyens financiers, disposant par ailleurs d'une force de travail relativement importante, constituée soit d'engagés, soit d'esclaves. En effet, il fallait bien compter sur un minimum de 10 à 12 travailleurs à temps complet pour tourner une indigoterie de taille moyenne.

D'autre part, l'accroissement de la pénibilité du travail se combinant avec l'évaluation du statut de l'entrepreneur, le compagnonnage dans le travail qui existait autrefois dans la boucane entre patrons et engagés, et qui s'était conservé dans la culture et le conditionnement du tabac, disparaît cette fois complètement. Sur une échelle modeste, l'entreprise indigotière avait annoncé les caractéristiques de l'entreprise : demandant des capitaux et de l'espace, il lui fallait des esclaves, pour avoir un travail dont la nature industrielle se précisait, même s'il lui manquait deux dimensions qui émergeront dans l'entreprise sucrière : l'intervention du machinisme et la parcellisation des tâches, qui aboutiront dans les sucreries à l'instauration d'un véritable travail. Dans les indigoteries, les dimensions industrielles et capitalistes de la production restaient moins accusées qu'elles ne le seront dans les sucreries qui ne tarderont pas à implanter les indigoteries.

L'indigo n'en manque pas moins une étape significative dans la recolonisation des Antilles par les puissances de l'Europe du Nord, en ce qu'il constitue la première monoculture, et que son processus de production est à la fois esclavagiste et industriel. Son travail dans un mode de production où n'existaient ni l'accumulation capitaliste ni le travail industriel. Ce ne sera plus du tout le cas pour l'esclave des Antilles au dix-huitième siècle, où la servitude fut donc radicalement différente de celle de l'esclave antique.

D'autre part, si l'industrie apparaissait comme nettement séparée, voire antinomique de la vie rurale, c'est parce que ce appelle la « révolution industrielle » a opéré au dix-neuvième siècle, cette séparation est à la fois spatiale et structurelle entre la production agraire et l'usinage industriel. Après la période transitoire du tabac et au terme de l'implantation des indigoteries, un paysage agricole fut en pleine voie d'organisation. La population qui n'atteignait que quelque mille cinq cents âmes en 1665 était élevée à 4 ou 5000 pendant la courte période de prospérité due au tabac. À la suite de laquelle, les désertions furent nombreuses.

Or, en 1681, un dénombrement d'apparence fiable, la population était remontée à la hauteur de 6648 sédentaires parmi lesquelles nouveautés, on dénombrait déjà 2102 Nègres. Côtés villes, à la fin du dix-huitième siècle dans la nouvelle colonie française, seul le Cap Français, fondé par des boucaniers et par des flibustiers en 1670, commença à acquérir des allures de boucharde, car, il fut victime en 1695, d'un raid terrible des Espagnols qui l'incendièrent complètement. Cette action offensive fut pratiquement la dernière des Espagnols avant le Traité de Ryswick qui, en 1697, fit officiellement passer la partie occidentale de l'île sous le contrôle français. Depuis plusieurs décennies, ils avaient donc montré leur incapacité à réagir.

12.1.15 Pourquoi le sucre, et uniquement le sucre ?

Au dix-huitième siècle, il faut entendre en réalité une période plus courte, à savoir les soixante-quinze ans qui séparent le traité d'Utrecht (qui ouvre une période de paix propice aux opérations commerciales) de la révolution qui viendra mettre un terme aux prospérités coloniales de Saint-Domingue. D'autre part, s'il est bien vrai que pendant ces trois quarts de siècle, le sucre va donner le ton à la colonisation française en envahissant tous les espaces propices à son exploitation. Il donna lieu aux bénéfices les plus considérables. Il ne représentera que la production unique de la colonie.

Ainsi, le café parvint à se tailler une place importante dans les exportations de ladite colonie. Au début, la production du sucre va coexister pendant longtemps avec celle de l'indigo. De sorte qu'il serait simpliste de proposer un schéma linéaire où la boucane précédait la culture pionnière du tabac, laquelle céderait ensuite la place à l'indigo, elle-même suivie de celle du sucre, puis enfin celle du café. Alors que leur développement s'y fera toujours « en plaques, laissant entre celle-ci pour des raisons sociologiques autant qu'écologiques, des espaces interstitiels, soient vides, soient consacrés à un mode d'exploitation « retardataire ». Il n'en reste pas moins que si l'on considère le 18e siècle globalement, la production sucrière apparaît comme largement prépondérante et les conditions réservées aux esclaves sucriers emblématiques des souffrances infligées à tous ces malheureux qu'on importait injustement d'Afrique.

L'expansion sucrière aura principalement lieu dans la riche plaine du Nord, soit donc dans l'hinterland de la ville du Cap Français. Ce n'est que plus tardivement que le mouvement gagnera l'Ouest et puis le Sud. L'indigoterie connut de beaux jours, préparant lentement le terrain à l'entreprise sucrière qui dut la supplanter. Ce n'est qu'à partir de 1740, que la régression de l'indigoterie commence à se marquer dans les statistiques générales de la colonie, lesquelles furent restées jusqu'alors à la hausse : de 1182 indigoteries en 1713, on passa à 2744 indigoteries en 1730, puis à 3445 en 1739. En 1754, on accusa un premier fléchissement de 3379, qui ira désormais en s'accentuant, à mesure que la culture du café commença de son côté à entrer en ligne de compte.

Quant au sucre, sa production ne va pas cesser de croître jusqu'aux derniers mois de l'an 1789, au moment où sa progression commença à marquer un premier tassement.

Les sucreries, qui étaient 138 en 1713, 339 en 1730 et 450 en 1739, passèrent au nombre de 599 en 1754. Cette croissance fut donc impressionnante. On analysa donc le rapport des sucreries « en brut » et « en blanc ». En 1730, les sucreries « en blanc » ne représentaient que 5% de l'ensemble, alors qu'en 1754, ce pourcentage passa à 43%. Toutefois, si l'on présente région par région, la progression du nombre global des sucreries ainsi que la proportion d'entre elles furent occupées d'une raffinerie « en blanc ». Il apparaîtra une fois de plus combien le développement de la « bande du Nord » avait pris les devants par rapport à celui des deux autres parties de la colonie.

Disposant de soixante-dix mille esclaves, le Nord possède trois cents vingt-cinq sucreries « en blanc », ce qui veut dire que non seulement 62% de ses propres exploitations sucrières se trouve équipées pour le raffinage, mais aussi celle-ci représente 80% du nombre total de raffineries « en blanc » existant dans la colonie. Si l'Ouest disposa d'un nombre d'esclaves à peu près égal 65.000, en revanche, le nombre de sucreries n'y est que de 172. Donc 19% furent équipées d'une raffinerie. Quant au Sud, plus la limite en superficie, il n'a que trente-huit esclaves et cent-deux sucreries, dont 19 « en blanc » soit donc un pourcentage équivalent de l'Ouest, puisque le rapport, respectivement entre le nombre des sucreries et le nombre des esclaves que possèdent ces deux parties, fut du même ordre : 102 et 172 et 38.000 et 65.000. Le retard général de l'Ouest et du Sud par rapport au Nord n'en est pas moins frappant.

12.1.16 Les aspects techniques de la culture de la canne à sucre.

Il était temps de s'intéresser aux conditions concrètes de la culture de la canne à sucre, afin de mesurer avec exactitude, les conséquences qu'elle va avoir sur le paysage dominguois, avant que celui-ci n'advienne en héritage à la jeune République haïtienne d'alors. Tous ceux qui sont allés en région tropicale connaissent bien cette « espèce de roseau qui se lève à neuf pieds ». Il s'agit d'une plante originaire de l'Inde, dont le nom savant *Saccaharum officinarum,* en souvenir du temps où son produit, le sucre ne connaissait encore aucun usage essentiellement médicinal.

D'autres espèces et sous-espèces du genre *Saccharum* existent également (robustum et spontaneum ; sinense et barberi), d'où proviennent par hydratation la plupart des variétés modernes. Durant la période coloniale, on ne connaissait à Saint-Domingue qu'une seule variété : la canne dite créole, qu'on retrouve encore, paraît-elle dans certaines régions de l'Inde sous le nom de « Puri ». Cette variété n'existe plus dans les Antilles, où elle a été supplantée par de nouvelles variétés, inventées, d'abord à l'île de Bourdon et à Java, puis dans les différents endroits du monde où la culture de la canne s'est répandue depuis l'époque coloniale. La canne à sucre est plus pour ce qui est des conditions climatiques que de la qualité du sol. D'abord, la plante craint le froid, les températures idéales pour sa culture se situent entre 23 et 28°. Elle demande en outre un arrosage abondant pendant sa période de croissance. Tous les types de sols conviennent à la canne à sucre, à condition qu'ils soient profonds et bien drainés.

L'idéal pour la plantation de la canne à sucre était donc de s'établir sur un terrain dûment aménagé et même déjà quelque peu « fatigué » par une mise en culture précédente. C'est d'ailleurs ce que fit le plus souvent l'entreprise sucrière, s'établissant dans des plantations de tabac, des cultures vivrières et même les indigoteries, toutes formes d'exploitation agricole que la boulimie foncière de la canne à sucre expropriait sans vergogne. En toute bonne logique, compte tenu de l'alternance des saisons sèches et pluvieuses, il aurait donc convenu comme l'avait toujours fait dans le passé, de ne planter les cannes que de façon échelonnée, à ce qu'elles viennent à maturité entre la fête de noël et le début des pluies qui recommencèrent en avril. D'autre part, cette organisation aurait également supposé le nombreux personnel, indispensable pour assurer la coupe, le transport et la transformation des cannes à l'époque de la récolte, appelée « Roulaison », en raison du passage des cannes entre les « rouleaux » des moulins à cylindres verticaux.

12.1.17 La technique de la fabrication du sucre à Saint-Domingue.

À peine coupées, effeuillées et bottelées, les cannes devraient être passées au moulin en bois, ce qui doit se faire dans les vingt-quatre heures. Le domaine agraire de la sucrerie devait donc être dessiné de telle manière qu'utilisent des chemins de desserte interne, les cannes puissent en l'espace de quelques heures, être chargées et apportées au moulin sur des « cabrouets », grosses charrettes tractées par des bœufs ou des mules.
Le mécanisme de ce moulin est actionné par des manèges de bœufs ou de mulets lorsque l'eau ne pouvait être utilisée. On met les cannes entre deux cylindres de fer ou de cuivre, posées perpendiculairement sur une table immobile. Le mouvement de ces cylindres déterminé par une roue horizontale tire son mouvement d'une roue perpendiculaire, dont la circonférence présentée au courant de l'eau frappe la partie supérieure de la roue, de gauche à droite si le courant frappe la partie inférieure ».

Le passage au moulin a pour objet de séparer les 12 à 15% de matière fibreuse que comporte la canne (et qu'on appelle bagasse), du jus de canne (nommé « vesou »), liquide opaque dont la couleur vert sombre, provient des matières colorantes qui se trouvent dans l'écorce. Le vesou contient entre 11 et 16 % de saccharose, que le processus de raffinage va s'efforcer de séparer de 76 à 84 % composés d'eau et de résidus variables d'éléments divers tels que les sucres réducteurs (glucose et fructose), des acides organiques, des substances azotées et des éléments minéraux. Quant à la bagasse, sa matière ligneuse fut mise à profit pour chauffer les cuves, d'où l'expression « brûler bagasse », synonyme à l'époque de faire « du sucre ». Brûler la bagasse représentait alors l'idéal de tout planteur. En effet, « brûlait la bagasse », voulait dire qu'on était propriétaire d'une sucrerie, c'est-à-dire qu'on avait atteint le plus haut degré dans la hiérarchie de la société de plantation.

Le vesou était donc acheminé par un canal vers un réservoir à partir duquel, on le transvasait dans le premier « équipage » de six chaudières en potin (alliage de cuivre). Ces six chaudières étaient de taille décroissante. Dans une première appelée la grande, on faisait simplement évaporer la plus grande partie de l'eau, tout en retirant par écumage, les plus grosses impuretés de liquide, auquel on avait ajouté un mélange de cendre et de chaux. En le filtrant à travers une toile, le vesou était transvasé dans la seconde chaudière appelée « propre », où on faisait cuire du liquide à feu doux pour l'écumer encore afin de lui perdre « sa Glutinosité ».

Ce liquide était passé ensuite dans une troisième chaudière nommée lessive, car, on y ajoutait une composition appelée aussi lessive, qui faisait remonter à la surface de nouvelles impuretés, à leur tour, retiré avec une écumoire. L'étape suivante avait lieu dans la quatrième chaudière, le flambeau, ainsi nommé parce qu'on le mettait sous elle, un feu très vif. Le brouet s'y clarifiait, purifiait encore davantage. La cinquième chaudière portait le nom de sirop parce que le vesou y prenait la consistance d'un sirop, après l'adjonction d'une nouvelle lessive, on donnait enfin au vesou « le dernier degré de cuisson » dans une sixième chaudière. Dans cette dernière chaudière, le liquide était si puissant que le vesou pouvait déborder et se déverser. Mais on prenait la précaution de l'aérer constamment en le soulevant avec une écumoire à travers laquelle, le liquide refroidi, retombait dans le bouillon.

Par des trous pratiqués dans le bas de ces fûts, s'écoulait le gros sirop, c'est à dire la mêlasse résiduaire, qui renferme encore de 30 à 40 % de sucre, mais du sucre non cristallisable qui finit d'être raffiné en France. Les sucriers dominguois, bravant les injonctions venues d'Europe, raffinèrent le sucre « en blanc » directement dans leurs habitations. Et à la longue, les autorités renoncèrent à s'opposer à cette pratique. À la sucrerie proprement dite, si celle-ci était importante, s'adjoignait une vinaigrerie ou guildiverie dans laquelle, on traitait les sirops et les écumes qui résultèrent des différentes opérations de l'épuration du sucre. Ces différents produits furent d'abord mis à fermenter dans de grands sacs en bois, appelés canots. La liqueur jaune qui résulta de cette fermentation était ensuite portée une nouvelle fois à ébullition, de telle sorte que les vapeurs en montent dans les circonvolutions d'un serpentin de cuivre nommé couleuvre. Au bout d'un double passage dans cet alambic, on obtint une eau de vie nommée rhum par les Anglais, et tafia ou guildive par les Français.

12.1.18 L'arrivée du Rhum Barbancourt en Haïti.

Comment le Rhum fut-il introduit en Haïti ? Louis Barbancourt arriva au pays en 1765 et fonda une plantation de canne à sucre. À côté de la raffinerie, il fit construire une distillerie qui fut immédiatement réputée pour produire le meilleur rhum du pays. Précisons que le Rhum Barbancourt a fait autorité en Haïti, il est donc la boisson de prestige du milieu haïtien. Puis, Louis Barbancourt ajouta à sa production la fabrication de liqueurs. Plus de deux-cents ans après, la société est divisée en deux, les successeurs Barbancourt et Rudolf Linge, qui sont donc à l'origine de la liqueur Badin dont le nom est formé à partir de leur patrimoine. Les successeurs de Jean Gardère et cie commercialisèrent toujours un rhum à la saveur unique. On trouve les trois-étoiles (vieilli quatre ans) pour la consommation courante (85% de la production). Le Barbancourt cinq étoiles ou réserves spéciales, est considéré comme des meilleurs de la Caraïbe. Sous la marque « Réserve du domaine », il s'apparente donc au cognac.

Ce rhum est fabriqué conformément à une tradition vieille de plus d'un siècle et est transmis de père en fils. Il est produit à partir de la canne à sucre fraîchement pressée, en provenance exclusive de la région de Port-au-Prince, puis distillé et vieilli dans des fûts de chêne de Limousin comme le cognac. Les Haïtiens consomment ordinairement la troisième étoile. La marque Jane Barbancourt commercialise des liqueurs de rhum aux fruits tropicaux mûrs, comme la banane, le café, la mangue, ou la papaye. Dans les campagnes des moulins, la canne est broyée pour produire de la mélasse qui sert à fabriquer le tafia ou clairin. Le rhum blanc brut est de moins bonne qualité.

a) Variété de cannes :

Ananas, créole, poule-poule, pastterik, saint à clou. Les variétés sont donc nombreuses. La canne calembator fut importée de Colombie, car elle résiste au charbon qui attaque les plantes.

b) Racines :

Pour étancher les gosiers des marins et des boucaniers, on utilisa la technique du lambi, mise au point par les négociants d'Europe du Nord. Les nouveaux exilés essayèrent aussi de faire bouillir des bananes, des patates et du manioc. Ils bouillirent des patates rouges et des oranges et eurent du maby. Ils distillèrent le jus de canne et trouvèrent la potion magique : une boisson chaleureuse, enivrante et qui pouvait se conserver. Elle eut un franc succès sur les navires où l'on s'en donnait du cœur à l'ouvrage à coup de guildive. La Royal Navy avait contribué à officialiser cette boisson en attribuant un quart à chacun de ses matelots. Dès 1600, les Anglais de la Barbade rebaptisèrent le tafia rumbullion, qui serait synonyme de tumulte en patois du Yorkshire !

c) Le passage de l'alambic :

Le vesou est la matière première à partir de laquelle, est fabriqué le rhum « agricole », appelé également rhum « habitant » ou « rhum » plantation. Le rhum fabriqué avec la mêlasse ou rhum de sucrerie. Les échanges français, et surtout la Martinique, sont mondialement reconnus pour leur sélection de rhums agricoles distillés dans les structures familiales. La métamorphose du jus poisseux et épais en liquide transparent aussi limpide que l'eau, passe par l'alambic. L'appareil à repasse, mis au point, a été depuis longtemps abandonné par les « vinaigriers » ainsi dénomme-t-on les bouilleurs au profit de la « Colombie créole ». Le jus de canne fermenté s'écoule d'un plateau à l'autre jusqu'à la base de la colonne où se trouve une chaudière. Transformé en vapeurs alcooliques, il remonte ensuite la colonne. Captées dans des serpentins baignés dans de l'eau, les vapeurs se refroidissent et se liquéfient.

d) Le secret du chauffeur du jus de canne.

Au bout de cette chaîne, on obtient un rhum agricole très fortement alcoolisé. Pour être commercialisé, il faut éliminer ses « produits de tête » les plus volatils. Brassé et aéré, le rhum est rallongé à l'eau pure, afin de baisser son degré d'alcool aux alentours de 50%, parfois 59%. Le secret d'un grand rhum réside, pour une large part, dans l'expérience du « chauffeur » qui, seul, dicte la température et la pression idéales.

e) Du rhum blanc au vieux rhum :
À l'intérieur des deux grandes catégories : rhum agricole industriel, il existe des types de produits différents. La « Grappe Blanche » ou le rhum blanc doit son nom à sa robe transparente. C'est avec lui que l'on fait le Ti-punch. Très corsé et alcoolisé, il est avant tout, destiné à la consommation locale. Le rhum vieux est le plus noble des rhums, un cousin tropical de l'armagnac ou du cognac. Vieilli dans des fûts de chêne de seconde main qui a servi au vieillissement des whiskies et des bonbons américains. Ainsi perdus de leur âpreté, ils s'apparentent aux meilleures eaux de vie. Sa teinte brune est due à son oxygénation et à son contact avec le bois. Le rhum vieux affiche plus de trois ans d'âge.

f) Les rhums industriels :
Le rhum est de loin le plus consommé à travers la planète (plus de 90% de la consommation totale). Fabriqué à partir des mélasses résiduelles des sucreries, il est parfois coloré au caramel pour lui donner sa couleur d'antan, c'est-à-dire celle qu'il prenait lors de son long parcours maritime en fûts. Dans les rhums industriels, on distingue trois familles : le rhum traditionnel qui sert à la confection des grogs et des pâtisseries, le rhum « grand arôme » très fortement dosé en non-alcools et qui sert à corser les rhums trop neutres, et son opposé le rhum « léger, presque complètement débarras » de ses non-alcools, utilisé pour concocter des cocktails tout faits. Qui fut le pivot de l'Économie européenne ?

M. LA CONTRIBUTION DES NOIRS À L'ÉCONOMIE EUROPÉENNE

Chapitre XIII

13.1 Bras africains : Techniques et capitaux d'Europe.

La mise sur pied d'un complexe de chaîne de production sucrière sur l'île d'Hispaniola au 16e siècle fut une grande aventure. On ne pouvait s'engager sans disposer de moyens importants. Il fallait donc apporter une solution à la main-d'œuvre. Les Taïnos ayant disparu, on importa donc des esclaves d'Afrique. On s'en procura tout d'abord en prenant parmi les Indiens, les îles voisines. Puis, comme ceux-ci ne survivaient pas mieux que les Taïnos, on dut alors avoir recours aux Noirs.

Dans un premier temps, on fit venir ceux-ci des dépôts existant en Espagne et au Portugal, où les esclaves africains avaient été introduits en grand nombre depuis le 14e siècle. Comme ces dépôts ne suffisaient plus à la demande, il fallut s'approvisionner directement sur la côte d'Afrique. À partir de ce moment-là, être Nègre devint sur le continent américain synonyme de « travailleur de force ». Les tout premiers esclaves noirs remplirent auprès de ceux-ci, des fonctions bien différentes : celles de valet de pied.

Désormais, ce furent donc des hommes noirs qui tinrent la charrue derrière les bœufs, et cette pratique existe jusqu'à présent en Haïti. Ce furent eux aussi qui plantèrent, récoltèrent, transportèrent les cannes, qui les mirent au moulin, en firent cuire les jus, et embarquèrent les tonnes de sucre sur les navires. Ce furent eux qui coupèrent le bois, prendront soin des troupeaux, cultiveront en leurs rares moments de loisir, les tubercules nécessaires à leur propre alimentation. Ce furent également des Noirs d'Afrique qui finirent l'énorme masse de travail non spécialisé que requiert l'exploitation sucrière. Dans cette condition, leur nombre croîtra rapidement, rejoignant bientôt, pour le dépasser aussitôt, le nombre des Indiens qui survit dans l'île. En 1550, Las casas estima qu'on avait déjà importé trente mille Noirs sur l'île d'Hispaniola. Ce chiffre fut d'ailleurs, considérable pour l'époque.

Cependant, la production du sucre n'avait pas seulement besoin de bras esclaves. Elle mit également en jeu des processus techniques complexes qui demandèrent la présence de divers spécialistes. Tout d'abord, elle suppose des connaissances agronomiques pour la culture de la canne, qu'on semait à l'époque de façon échelonnée tout au long de l'année. D'autre part, la cuisson des jus étant une opération extrêmement délicate, tout le succès de l'entreprise dépendait de la présence des maîtres sucriers expérimentés qu'on recruta aux îles Canaries.

Quant aux moulins à cannes, ils constituèrent à cette époque, des machines d'une réelle complexité technologique. En effet, les vieux moulins à main, utilisés autrefois en Sicile, puis aux îles Canaries et à Madère, ne franchirent jamais l'Atlantique. Dès le début, ce qu'on installa en Amérique fut le grand moulin à double meule, dont le mouvement est entraîné par un volant que font tourner des attelages de chevaux ou de mules. Lorsqu'en 1515, le médecin Gonzalo de Vedosa fait installer à proximité de Santo-Domingo, le premier moulin du Nouveau Monde, ce fut un engin de ce type nommé (trapiche) qu'il fit construire, par des techniciens venus des Canaries. Les charrues, moulins et ateliers de cuisson comportèrent de nombreuses pièces métalliques, en fer et en cuivre. Il fallait disposer sur place de forgerons, de mécaniciens, de chaudronniers, capables, de les fabriquer. Par ailleurs, l'usage extensif qui fut fait du bois supposait également l'invention des menuisiers, des charpentiers et des tonneliers expérimentés. De plus, pour les transports, il fallait encore des chefs de chantier capables de diriger la construction et l'entretien des voies carrossables menant de la sucrerie jusqu'à l'embarcadère.

13.1.1 Apogée et déclin de la production sucrière espagnole au 16ᵉ siècle.

La côte brésilienne, déjà favorisée sous le rapport des distances maritimes, présenta également les meilleures conditions en ce qui a trait à la qualité des sols, ainsi que l'abondance et la régularité des pluies. Elles permettent souvent de faire l'économie des travaux d'irrigation. De plus, le territoire du Brésil est tellement vaste qu'on pouvait produire du sucre sur une très grande échelle, tout en n'y consacrant que les meilleurs endroits. On pouvait alors bénéficier à peu de frais de l'énergie hydraulique.

Cependant, la demande des esclaves augmenta au fur et à mesure que se développa l'industrie sucrière. Il fut donc plus facile de satisfaire cette nécessité au Brésil, compte tenu de la relative proximité de la côte africaine. C'est pourquoi, il ne faut pas s'étonner si la population du Brésil, qui ne fut que de dix-sept mille habitants en 1570, passa brusquement à trente-sept mille en 1583 dont vingt-sept mille Blancs, dix-huit mille Indiens et quatorze mille Noirs. Sur ce plan, le mouvement fut exactement l'inverse de celui d'Hispaniola, et l'ensemble des Antilles espagnoles. En ce qui concerne le collapsus du modèle sucrier, la population déserta le pays. Ils emmenèrent leurs esclaves, les Espagnols qui travaillèrent dans les Antilles.

13.1.2 Les « dévastations » d'Osorio.

Les exportations de cuirs furent elles aussi, déjà entrées en rapide déclin depuis 1584 ; de 23.978 peaux en 1587 comme représentant du montant total des exportations de l'île. Puis, 13 884 peaux en 1589, 8126 peaux en 1593, et seulement 3. 277 peaux en 1594. Ce véritable effondrement fut bien parallèle à celui des exportations de sucre et répondit partiellement à des causes différentes. Si la désertion des populations de l'île peut rendre compte des deux phénomènes, la quasi-cessation des exportations légalement enregistrées de cuirs ne correspond pas comme dans le cas du sucre, à une cessation de la production, mais plutôt à l'intervention d'un facteur totalement absent de la ruine sucrière. La contrebande qui, sur les côtes septentrionales et occidentales de l'île, se développe rapidement au profit des partenaires et navigateurs français, anglais et hollandais.

La ruine et le dépeuplement de l'île rendirent le contrôle de ses côtes encore plus illusoire qu'il ne l'était de 1605 à 1606, le gouverneur et capitaine général Antonio Osorio, Président de l'audience de Saint-Domingue, décida brusquement de procéder comme ultime recours, à ce que l'histoire retiendra sous le nom de « dévastations d'Osorio ». L'hostilité larvée de l'Angleterre à l'égard de l'Espagnol fit place à une guerre ouverte. Partout sur les mers, corsaires et marins anglais exercèrent une forte pression sur les flottes espagnoles. Dans les Antilles, les Espagnols durent alors redoubler d'efforts afin de préserver des points de relâche pour leurs propres convois maritimes. Ce repli sur les villes fortifiées, ouvrit dans le système espagnol, des brèches encore plus larges, dans lesquelles, la contrebande s'infiltra. Il détermine donc à couper l'herbe sous le pied des fraudeurs en poussant à l'extrême, les conséquences de son raisonnement. Osorio décida alors de regrouper toute la population d'Hispaniola, sans aucune exception, à l'intérieur d'un périmètre où il lui serait possible autant de la contrôler que de la défendre. C'est pourquoi toute la partie occidentale du pays (l'Haïti d'aujourd'hui) ainsi que toute la côte septentrionale de l'île, furent autoritairement « dévastées », c'est-à-dire entièrement vidées de ce qu'il y restait des populations, toute l'infrastructure y subsistant, étant en outre impitoyablement démantelée. Tous les habitants de l'île furent alors concentrés dans une sorte de vaste triangle rectangle, dont l'hypoténuse reliait la ville de Santiago à l'extrémité sud-orientale de l'île.

13.1.3 L'Évolution agricole haïtienne en 2005, dans les différents départements d'Haïti.
Faits saillants.

D'après la FAO, dans un rapport spécial du 12 janvier 2005, la production céréalière de 2004 est estimée à 395.000 tonnes, soit une hausse de 9% environ par rapport au volume de l'an 2004 et 6,5 pour cent de plus que la moyenne des cinq dernières années. La production du maïs a considérablement augmenté, tandis que pour le riz, les rendements et la superficie ensemencés ont continué à diminuer du fait de l'entretien insuffisant des réseaux d'irrigation, du manque de main-d'œuvre et de la faible utilisation des intrants chimiques. Le cyclone Jeanne survenu en Haïti en 2004 a frappé les départements septentrionaux de l'Artibonite et du Nord-Ouest. Il a entraîné des dégâts considérables à l'infrastructure urbaine et aux cultures de bananes et de légumes dans ces régions. Selon la FAO, les cultures de paddy et de sorgho n'auraient subi que de pertes légères. Les besoins d'importations céréalières pour la campagne de commercialisation des années 2004 et 2005 étaient estimés à près de 544.000 tonnes, soit un volume très proche de celui de l'année précédente (2003), dont 437.000 tonnes devaient être importées par voie de commercialisation, y compris du riz et du maïs provenant d'importations non officielles de la République dominicaine.

a) **Les différents aspects du secteur agricole.**
Les principales exportations agricoles d'Haïti, sont : le café, le cacao et les mangues, nous avons d'ailleurs fait état du commerce de la mangue francisque d'Haïti vers les États-Unis. En raison de la crise des cours mondiaux, les exportations de café ont enregistré un déclin important et continu, passant de vingt-cinq millions de dollars US, au milieu des années 1990, à seulement 3.5 millions de dollars US en 2003. Les importations vivrières représentent près de 25 pour cent des importations totales, les principales denrées alimentaires importées étant le blé, le riz, le sucre, l'huile de palme, l'huile de soya, la viande

de poulet et le lait évaporé. Les États-Unis sont le principal partenaire commercial et exportent vers Haïti les plus grandes quantités de riz et de blé. La Banque centrale haïtienne est donc estimée à environ trois cents millions de dollars US. Les exportations totales pendant l'année financière 2002 et 2003 s'élèvent à 1,28 milliard de dollars US. Les principaux produits haïtiens exportés vers la République dominicaine sont : le café, le bétail, les haricots (près de 8.000 tonnes) importés des États-Unis. Quant à la République Dominicaine, elle exporte informellement vers Haïti plus dix-huit mille tonnes de brisures de riz ainsi que des noix de coco, des bananes et des œufs.

Le maïs est la principale denrée de base. Parmi les autres cultures importantes, on compte le sorgho, les légumineuses, les patates douces, le manioc, les arachides, les plantains et les bananes. Le riz occupe une place de plus en plus importante dans le régime alimentaire de la population locale, depuis le début des années 1960 en raison de l'irrigation accrue de la vallée de l'Artibonite, mais la production nationale n'a cessé de chuter au cours des deux dernières décennies. Le blé et la farine sont largement consommés, principalement dans les régions urbaines, et sont totalement importés. Les cultures importées occupent environ quarante pour cent de la superficie agricole totale, tandis que l'on trouve diverses associations sur les autres soixante pour cent, essentiellement du maïs associé au sorgho, aux haricots ou au pois. Les rendements céréaliers sont en général faibles et les pertes après récolte sont élevées en raison de l'insuffisance des structures servant de séchage et au stockage des grains. Ces pertes peuvent atteindre jusqu'à 15 à 20 pour cent des récoltes selon la culture. De façon générale, la contribution du bétail elle-même, au régime alimentaire local est faible, les bovins, les chèvres et les cochons servent de fonds d'épargne et ne sont vendus qu'en cas d'urgence ou pour faire face à des dépenses importantes, notamment dans le paiement des frais de scolarité des enfants.

b) Fruits, bananes et tubercules.

Parmi les fruits qui sont produits en Haïti, les mangues francisques jouent principalement un rôle important dans la diète alimentaire de la population. Elles arrivent à maturité à partir du mois d'avril qui correspond à la période de soudure. Les mangues sont de plus en plus exportées vers l'Amérique du Nord et contribuent ainsi à l'entrée de devises étrangères et la création d'emplois. D'après un rapport de la FAO, daté de janvier 2005, Haïti a exporté pour 4.9 millions de dollars américains de mangues en 2003. Tout cet argent a pu être réalisé seulement dans la vente de mangue bien que la coupe incontrôlée des arbres fruitiers, gagne du terrain à une vitesse vertigineuse en Haïti. Alors comment promouvoir l'agriculture en donnant libre cours à la coupe des arbres, tandis que sans eux, il n'y a pas de pluie, et sans l'arrosage des plantes, il n'y a pas de bonnes récoltes.

Les principales zones de production de la banane sont : Arcahaie (Ouest), Marigot (Sud-Est) et la vallée de Trois-Rivières (Nord-Ouest). Le même rapport de la FAO soutient que l'épidémie appelée Sagotoka a toutefois fait de sérieux ravages dans certaines zones de production. Puis, les bananeraies ont été surtout frappées par le cyclone Ivan en 2004 et aussi la tempête tropicale Jeanne dans la même année. Les dégâts furent particulièrement sévères dans la vallée des Trois-Rivières où quarante-deux-mille tonnes métriques de bananes furent emportées par les eaux diluviennes. Ce nombre représente donc 8% de la production nationale.

c) Estimations de la production céréalière.
Le maïs est cultivé à travers les dix départements en plaines, sur les plateaux et en montagnes, dans les zones irriguées et sous le régime pluvial. Cependant, le plateau et le département du Sud représentent les deux plus grandes zones de production du maïs. Ils totalisent près de cinquante pour cent de la production nationale. Le riz est cultivé dans les plaines irriguées, particulièrement dans l'Artibonite, la plaine des Cayes et certaines zones du Nord, du Nord-Est et de l'Ouest. Plus de quatre-vingt pour cent de la production nationale du riz sont obtenus dans la vallée de l'Artibonite sur des parcelles dont la superficie est inférieure à un hectare de terre. Notons aussi que cette vallée est propice à cette culture, les paysans n'ont malheureusement pas assez d'encadrements pour dynamiser leurs plantations et en tirer le maximum de profit.

13.1.4 Les causes de la baisse de la production du riz dans la vallée de l'Artibonite et dans la plaine des Cayes.

Selon les experts agricoles, l'une des principales causes, c'est le manque de curage de canaux. Les canalisations primaires ne sont pas curées depuis années, et les terres situées en aval, sont difficilement irriguées ou ne le sont pas du tout. C'est la raison pour laquelle, de plus en plus de terres sont rendues impropres à la culture du riz. Sur les 28.000 hectares équipés pour l'irrigation dans la vallée, 20.000 hectares sont uniquement emblavés en riz au cours de l'année 2004. Ils sont répartis comme suit : soixante pour cent pendant la première saison et quarante pour cent pendant la seconde.

La mécanisation agricole est en régression d'après le constat des intervenants dans ce domaine et seulement cinq tracteurs sont disponibles pour toute la vallée. Les produits motoculteurs sont très chers et les pièces de rechange ne sont pas disponibles sur le marché national. Les semences améliorées sont peu disponibles. Les variétés, une fois introduites, se dégénèrent rapidement faute de semence de base améliorée. Ce qu'il faut en introduire régulièrement de nouvelles variétés. Les prix des engrais ne cessent de grimper et ils ne sont pas disponibles dans les marchés. Pour mieux cibler les secteurs porteurs de développement durable, nous vous présentons à la lumière du rapport d'enquête de la FAO de janvier 2005, l'évolution de l'agriculture dans les départements de la République d'Haïti. Cet aperçu sert à donner une idée du domaine agricole dans le milieu haïtien.

13.1.5 La situation agricole au niveau des Départements d'Haïti.

. Départements de l'Artibonite
a) Ses zones agroécologiques identifiées dans les départements sont réparties comme suit :

- Côtes arides. : Le sorgho et le manioc sont les principales cultures de cette zone.
- Montagnes arides : Les mêmes cultures y sont pratiquées.
- Plaines irriguées : Riz, légumes, haricots, bananes, mais, sorgho sont les principales cultures pratiquées.
- Plaines humides : Banane, maïs, fruitiers sont les plantes les plus cultivées.
- Montagnes humides : Café, haricots, ignames, banane sont cultivés.
- Plaines arides : Les principales cultures sont le millet et le pois Congo.
- Le Département de l'Artibonite est le plus pourvu en système d'irrigation. La vallée de l'Artibonite avec ses 28.000 ha irrigués, est la plus vaste étendue de terres du pays. Au total, le Département compte plus de 30.000 ha irrigués quand on ajoute les petits systèmes d'irrigation de Gonaïves et de Saint-Marc. La production du riz et les légumes sont généralement faibles. Les inondations, l'insécurité, la perte de stocks sont les principales causes de cette situation, ont signalé les experts en matière agricole.

13.1.6 Le Département du Centre.

b) Cinq zones agroécologiques sont identifiées.
- Les plaines humides et irriguées se trouvent dans les localités de Croix-fer, Debrigat, Dufailly, Los posos, Bohoc. Les principales cultures sont le maïs, les haricots, le riz et la patate douce.

- Dans les plaines sèches, les cultures trouvées sont : le maïs, la patate, pois Congo, manioc.
- Montagnes semi-humides (régions Cabral de Marmont). Maïs, Sorgho, pois Congo, canne à sucre, arachide, manioc sont parmi les plantes les plus cultivées.
- Montagnes très humides des communes de Maïssade, de Thomonde et de Baptiste. Le café, le maïs, l'igname sont les cultures les plus pratiquées.
- Montagnes sèches sont représentées par la localité de Matelgate. Les cultures, pratiquées sont : le maïs, le Sorgho, le pois Congo. Environ, 2.000 ha de terres sont irrigués avec de très petits systèmes qui ne mesurent pas plus de 150 ha en moyenne.

13.1.7 Le Département de la Grand-Anse.

c) Il est surtout caractérisé par un relief montagneux dont voici cinq zones agroécologiques :

- Zone de montagne très humide 900 à 1200 mètres, localisés dans les hauteurs de Beaumont. La pluviométrie dépasse environ deux cents millimètres l'an. Cette zone est propre au système agro sylvicole : la culture du caféier y prédomine. On cultive aussi du haricot et de l'igname.
- Zone de montagne humide 600 à 900 mètres, représentée par Despargnes, Castignon et Montagnac.
- La pluviométrie est inférieure à deux-mille millimètres l'an. Les mêmes systèmes de cultures se rencontrent dans cette zone.
- Zone de montagne semi-humide. Le maïs, les haricots, sont les principales cultures pratiquées par les exploitants agricoles.
- Zone de plaine semi-humide. Le bananier, le maïs, le manioc, les arbres prédominent.
- Zone plaine de Gomiers et la partie de la plaine des Irois. Les cultures principales sont : le maïs et le pois Dangole.

- Les principales cultures servant à l'alimentation de la population sont : le maïs, le haricot, la banane, l'igname, le manioc, la patate douce. Il faut signaler que la récolte de l'arbre véritable joue un rôle primordial dans l'alimentation de la population de la Grand-Anse.

13.1.8 Le Département des Nippes.

d) Ses principales zones écologiques sont les suivantes :
- Montagnes humides représentées par les hauteurs de Salagnac. Les haricots, le maïs, le café, la banane et les tubercules constituent les principales cultures rencontrées dans cette zone.
- Plaines irriguées localisées à Miragoâne, petite rivière de Nippes et Baconois. Les principales cultures sont le maïs, le riz et la banane.
- Montagnes sèches. Le sorgho est la principale culture de cette zone.
- Plaines sèches d'Anse à Veau et de Miragoâne. Les cultures pratiquées sont le maïs, le Sorgho et le pois Congo.

13.1.9 Le Département du Nord.

e) Il est identifié par trois principales zones agroécologiques.
- Zones de plaine (Saint-Raphaël et la plaine du Nord). Les sols sont assez fertiles. Les principales cultures pratiquées sont : le riz, la banane, le haricot, le manioc, la patate douce et le maïs.
- Zone de montagnes humides est représentée par Dondon et Plaisance. Elle est caractérisée par des zones basaltiques. Les principales plantes sont : le caféier, le cacaoyer, l'igname, le taro, le bananier, les haricots.
- Zone de montagnes sèches. Cette zone souffre des effets de l'érosion due à la coupe abusive des arbres et aux mauvaises pratiques culturales. Le Sorgho, le maïs, et le pois Congo prédominent.

- Les cultures les plus importantes pour l'alimentation de la population locale sont : les haricots, le maïs, le riz, la banane, l'igname et le sorgho. Les périodes de plantation vont de mai à décembre pour la culture des haricots. Trois récoltes l'an sont obtenues pour cette culture en montagnes humides. Le manioc se cultive toute l'année ainsi que la banane, tandis que le riz est cultivé pendant deux saisons entre mars et juin, et entre août et novembre.

13.1.10 Le Département du Nord-Ouest.

f) Ses zones agroécologiques du Nord-Ouest sont ainsi reparties :
- Plaines arides ainsi (région de Jean Rabel). Le Sorgho constitue la principale culture de cette zone.
- Montagnes arides (région de Baie de Herne et de Bombardopolis). L'Arachide et le Sorgho sont cultivés par les exploitants.
- Montagnes humides (localisée dans la partie orientale du Département). Les tubercules, le maïs, les haricots, la banane et le café sont principalement cultivés.
- Plaines irriguées (vallée des Trois-Rivières). La banane est la principale plante cultivée dans cette zone.

13.1.11 Le Département de l'Ouest.

g) Ses principales zones agroécologiques sont les suivantes :
- Montagnes humides
- Montagnes sèches
- Plaines irriguées
- Plaines humides
- Plaines sèches

Dans les plaines irriguées, la banane est la principale culture pratiquée particulièrement dans la plaine de l'Arcahaie, de Léogane et de Petit-Goâve. Dans les plaines humides, le maïs, la canne à sucre prédominent. Dans les montagnes humides, les exploitants se spécialisent dans la production de maraîchers. La banane, le maïs et les légumes sont les principaux produits cultivés et importants dans l'alimentation de la population. N'oublions pas que la commune de Kenscoff est située dans l'Ouest d'Haïti, dans les limites de Pétion-ville. Dans cette commune, on y cultive de la pomme de terre, choux, carotte, betterave et navets.

D'ailleurs, nous avons dit dans notre roman autobiographique : « La traversée de ma tendre enfance », comment nous étions coincés dans un camion de pomme de terre en provenance de Kenscoff. Dans le cadre d'une promotion agricole, on pourrait dynamiser la récolte de la pomme de terre, en exportant des frites ou des croustilles à travers le monde. On pourrait aussi se servir de cette production pour la préparation des plats aux restaurants. Donc, ces deux possibilités de commercialisation cristallisent les profits économiques qu'on peut en tirer. En ce qui a trait à la carotte, on pourrait l'utiliser dans la fabrication des crèmes pour les soins de la peau. Certains pays transforment déjà ce tubercule en produits pharmaceutiques. Par exemple, il y a des savons qui se font à base de carottes. Voilà donc une richesse qu'on peut trouver dans l'exploitation de ces deux tubercules. Alors, Haïti pourrait développer ses cultures pour rentabiliser son économie.

13.1.12 Le Département du Sud.

h) Il est caractérisé par des zones agroécologiques assez diverses. On y observe :

- Des plaines sèches qui supportent les cultures du Sorgho, maïs et du manioc. La région d'Aquin tombe dans cette catégorie.
- Des plaines humides et des plaines localisées dans la région des Cayes. Le maïs, le haricot, le riz, les légumes sont les principales cultures de ces zones.
- Des montagnes humides. Le café, le haricot et la banane sont les cultures les plus importantes de cette zone. Des côtes arides où domine la culture du Sorgho et de l'arachide.

- Des côtes humides où l'on cultive le maïs, les haricots et la banane.
- Les principales cultures importantes dans l'alimentation de la population locale sont : le maïs, les haricots, les légumes, la banane et le riz.

13.1.13 Le Département du Sud-Est.

Le café, les haricots, la banane et les ignames sont les principales cultures des montagnes humides. La banane est cultivée dans les plaines irriguées. Le maïs, le pois Congo et manioc sont cultivés dans les plaines et montagnes arides. Le sisal constitue la principale culture des plaines de côtes de fer. Dans les montagnes humides, on compte trois saisons de plantations. Les principales cultures pratiquées dans l'alimentation locale et qui sont importantes sont : le maïs, les haricots, la banane, le sorgho, la patate douce et les ignames. Jetons un coup d'œil sur le système agricole haïtien.

N. LA VALORISATION DE L'AGRICULTURE HAÏTIENNE

◆

Chapitre XIV

14.1 Pourquoi Haïti ne valorise-t-elle pas ses produits agricoles ?

Maintenant, analysons la problématique de l'agriculture en Haïti, quoique ce pays soit considéré comme un pays essentiellement agricole, il est obligé d'importer tous les produits de première nécessité en vue de nourrir son peuple. À notre sens, c'est une aberration pour un pays dont l'agriculture était la plus florissante de tous les autres pays caraïbéens. L'aberration dont nous parlons peut être aussi constatée dans n'importe quel domaine si l'on ne valorise pas ses ressources. Quiconque possède un acquis et ne le conserve pas se verra décliner et retourner au point zéro.

Comme nous avons mentionné plus haut, le sol d'Haïti fut considéré comme le plus prospère de la Caraïbe, à tel point qu'il portait le titre de la Perle des Antilles, on s'en souvient. Donc, si ce pays se trouve aujourd'hui à un stade où l'on parle à tout bout de champ de crise alimentaire, ou même du foyer de famine, alors, il y a une sérieuse problématique dans la promotion et dynamisation de l'agriculture. Il faudrait donc faire une analyse approfondie du sol haïtien pour voir si le problème agricole qui se pose ne serait pas la cause de l'incapacité de ce sol à produire, ou du manque d'organisation dans le domaine agricole. Nous pensons qu'il est impératif de diagnostiquer ce problème et de trouver la cause exacte de l'affaiblissement de l'agriculture haïtienne. Alors, proposons des solutions viables et durables.

14.1.1 Comment encadrer les paysans de façon objective ?

Pour encadrer les paysans de façon objective, le gouvernement haïtien devrait implanter dans chaque section communale, une coopérative agricole. Cette coopérative devrait les regrouper afin que les plus forts supportent les plus faibles. Par exemple, dans les saisons de semence, certains paysans n'ont pas le moyen d'acheter leur plante ou de payer pour préparer leur terre. Donc, si le gouvernement faisait en sorte que les paysans cotisent dans une coopérative, en créant un fonds pour l'achat collectif des semences, auquel l'État dispose 80% de cet investissement, tous les gens seraient en mesure de travailler sans aucun problème. De plus, le gouvernement devrait mettre à la disposition de chacune de ces sections communales, au moins six tracteurs appartenant à la coopérative agricole dont nous parlons. Ces tracteurs devraient être conduits par les employés de la coopérative, payés par l'État. Ces derniers devraient avoir pour tâches de labourer les terres de tous les paysans vivant dans la section communale à laquelle, ils sont affectés.

De plus, on peut aussi s'acheter des bœufs pour labourer les mornes et les pentes. Cette coopérative pourrait également fournir des engrais ou des intrants aux agriculteurs et instaurer un système d'irrigation pouvant arroser les terres en cas de sécheresse. Tout ceci pourrait aider à dynamiser l'agriculture haïtienne. L'État devrait procéder de la sorte pour aider les paysans à mieux nourrir les citadins. Dès notre enfance, nous n'avons jamais vu un bananier au centre-ville de Port-au-Prince, ni un champ riz, de maïs, ni un avocatier, ni un caféier, ni un manguier. Donc, tout ce que les citadins achètent aux marchés vient des jardins des paysans. C'est la raison pour laquelle, l'agriculture représente la base de l'économie d'un pays et l'épine dorsale de l'existence d'une nation. Si ce sont les paysans qui sont au cœur de tout ceci, pourquoi ne pas les encadrer, les chérir en vue de l'avancement d'un pays ? Ne pas penser à promouvoir l'agriculture, c'est employer une stratégie politique maladroite.

14.1.2 Haïti : Une société tridimensionnelle

La tridimensionnalité de la population haïtienne réside dans la façon dont ce peuple se dispose dans le monde, en ce concerne les classes sociales et les possibilités socio-économiques. On en distingue donc : la masse, la classe moyenne et la bourgeoisie. Tout d'abord, parlons de la masse. Comme dans tous les pays, la masse est constituée de la plus basse classe sociale d'une société. En Haïti, cette catégorie de personnes se trouve notamment à cité soleil anciennement appelé cité Simone, nom de la femme de l'ex-dictateur François Duvalier. Précisons que Cité soleil est la plus grande cité de Port-au-Prince en terme de population et de superficie. Elle contient près de 350. 000 habitants.

En réalité, ce sont des gens extrêmement pauvres vivant en majorité dans des taudis. Ils font beaucoup d'enfants et constituent alors une véritable surpopulation au Nord de Port-au-Prince. Vu que ces familles n'ont pas des possibilités économiques, leurs enfants souffrent de la faim et de la malnutrition. Cette imposante pauvreté fait que des enfants aux prises à des situations très précaires, ne sont pas à l'abri de l'influence des gangs de rue. Ils s'enrôlent facilement dans le gangstérisme, le vol, et la prostitution. Notons qu'en ce qui concerne l'insécurité publique, la Cité Soleil est le lieu qui donne plus de défis aux forces de l'ordre. Les gangs de la Cité Soleil sont arrivés jusqu'à fabriquer leur propre arme, appelée « Arme créole ». Beaucoup de policiers y ont perdu leur vie, y compris certains étrangers ou diplomates qui s'y sont fait agresser, tuer ou kidnapper.

14.1.3 La classe moyenne

Comme vous le savez bien, la classe moyenne est celle qui chevauche entre la masse et la bourgeoisie. Dans cette classe, on fait très attention pour ne pas dégringoler vers la masse. En quelque sorte, on fait tout ce qu'on peut pour esquiver la misère noire. Les familles issues de la classe moyenne font de leur mieux pour éduquer leurs enfants ; et ces enfants se doivent de s'efforcer pour non seulement soulager leurs parents, mais aussi, faire en sorte que leur vie soit meilleure. Si le fils ne dépasse pas son père, c'est qu'il n'y pas de progrès, dit le vieil adage. Par exemple, en Haïti, les familles travaillent dur pour envoyer leurs enfants à l'école. Leur velléité est donc de les voir s'asseoir parmi les grands, pourquoi pas ne les voir se faufiler aussi au sein de la classe bourgeoisiale ?

Il est automatique chez les intellectuels réussis de monter dans les quartiers cossus, s'acheter une maison, voire même tenter de conquérir le cœur d'une fille de la bourgeoisie, tout ceci pour se frotter avec cette classe privilégiée. Parfois, les gens de la bourgeoisie n'ont pas de choix, dans certaines circonstances, ils sont obligés de négocier avec des intellectuels compétents issus de la classe moyenne. Cette approche nous incite à nous référer à notre roman d'amour, titré : « Comment offrir les meilleures caresses », dans lequel, nous avons expliqué comment « Maître Félix, un très brillant avocat, issu de la classe moyenne a gagné le cœur d'une belle fille de la bourgeoisie, en défendant le père de cette fille dans un conflit terrien. L'expérience et la compétence de Maître Félix lui ont donc permis de baiser cette fille bourgeoise, cette prétentieuse. Cette très belle femme va tromper Maître Félix en faisant une magnifique fellation pour un médecin de son acabit dans un divan. Puis, elle a planifié de partir en cachette en visite à Paris avec ce médecin. Ayant vu les documents de voyage de Rosalie, passeport fraîchement renouvelé, visa français, Maître Félix a succombé d'une crise cardiaque ».

14.1.4 La bourgeoisie

Nous ne prétendons pas vous définir la bourgeoisie, vous savez mieux que nous que dans tout pays, la bourgeoisie est la plus haute classe d'une société en ce qui concerne les possibilités socio-économiques et la proximité du pouvoir. Dans les petits pays, la classe bourgeoisiale manipule l'appareil étatique comme bon lui semble, par sa haute position dans la société et par son pouvoir économique. Comme dans tous les pays, les bourgeois et les gens aisés habitent les hauteurs ou des villes de province dans les coins reculés, coupés de tout contact populaire. Donc, la bourgeoisie s'en fout de la misère de la masse et de la malnutrition qui s'emparent des enfants. Pour elle, les infortunés sont un autre peuple vivant sur une autre planète. Des murs surmontés des morceaux de bouteilles, du fer aiguisé, voire même des barbelés, disent clairement au peuple de garder sa distance. Les inégalités sociales sont les plus criantes en Haïti qu'ailleurs entre la bourgeoisie qui vit dans le luxe et la masse qui patauge dans la misère. À l'intérieur des murs surmontés de morceaux de bouteilles et des barbelés, d'immenses piscines creusées. De l'autre côté, pas d'eau potable où elle est le luxe pour les plus faibles. On voit là, une inégalité manifeste au sein de notre société. Les bourgeois se trouvant face à face aux gens de la masse et de la classe moyenne, leur sourient ou leur tapent le dos, seulement lorsqu'ils fréquentent leur magasin. Ils n'ont pas le choix d'être très gentils avec eux, c'est d'eux qu'ils vont accumuler leurs capitaux. Et, c'est inévitable, car il n'y a pas d'entreprises commerciales dans les hauteurs. De toute façon, au centre-ville, il n'y a pas de classes sociales. On y voit qu'une classe mosaïque. C'est l'après-midi qui fait toujours la répartition des gens. Les défilées de luxueuses voitures, de camionnettes, des motocyclettes, de bicyclettes, de piétons et les directions vers lesquelles ils se dirigent, expriment à quelle classe sociale appartiennent les gens, de quel acabit ils sont. Comme disent les Français, c'est magique ! Nous exhortons donc la classe élitiste de notre cher pays à tendre la main à la classe défavorisée pour une meilleure Haïti, cet acte humanitaire serait louable non seulement aux yeux des Haïtiens, mais aussi à ceux du monde international.

14.1.5 La bourgeoisie commerçante : classe dominante en Haïti.

Dans cette société, les biens matériels sont produits, soit par l'activité agricole, soit par l'activité industrielle. C'est dans le cadre de ces activités que se nouent les rapports de production. En Haïti, la majeure partie des biens matériels est produite par l'activité agricole, celle des paysans parcellaires propriétaires de leurs lopins de terre. En face de ces paysans, se trouvent les bourgeois compradors, donc propriétaires des moyens d'échange. Cette bourgeoisie constitue la classe dominante dont les intérêts sont étroitement associés à ceux de l'impérialisme. La bourgeoisie est à la naissance du processus par lequel, les biens produits en Haïti acquièrent la valeur marchande, en entrant dans le circuit des relations économiques montées par l'impérialisme. Le pouvoir économique de la bourgeoisie commerçante s'appuie sur les mécanismes d'échange de l'impérialisme. Cette bourgeoisie qui constitue alors la pièce maîtresse est un associé de l'exploitation impérialiste dans la société haïtienne. Dans le système de l'économie de traite, il doit exister une activité spécialisée qui consiste à importer des produits finis pour satisfaire certains besoins élémentaires des producteurs de matières premières agricoles et ceux qui sont diversifiés de la mince couche privilégiée des villes. Cette activité spécialisée est le commerce d'importation qui est réalisé par les exportateurs des matières premières agricoles ou qui devient une branche d'activité autonome. Il ne reste pas moins vrai que même si l'activité d'importation est réalisée par des commerçants qui n'ont pas la moindre part aux activités d'exportation et de pillage de la paysannerie parcellaire. Leur activité marchande à l'importation n'est rendue possible que par le système économique qui spécialise les pays semi-coloniaux dans la fourniture des matières premières et les pays dominants dans la fourniture des produits finis. Les commerçants importateurs constituèrent un des volets du système d'échange de l'économie de traite dont les capitalistes et exportateurs représentent la pièce maîtresse. Ils représentèrent l'un des éléments indispensables au fonctionnement de l'économie de traite. C'est ce qui les autorise à les ranger dans la catégorie de la bourgeoisie et de celle de la bourgeoisie import-export.

14.1.6 Les associations de travail : égalitarisme ou échange inégal.

À la ville, l'essentiel des prestations de travail passe finalement par le salariat, même s'il y avait beaucoup à dire sur le montant des rémunérations et sur les conditions de travail qui y sont pratiquées. Par contre, à la campagne, survivent diverses formes de prestation de la main-d'œuvre et d'association dans le travail qui n'ont pas manqué d'attirer vivement l'attention des ethnologues fascinés par tout ce que leur paraît se rapporter à la communauté primitive, à l'égalitarisme des « sociétés contre l'État », ainsi qu'à « l'évidence » de l'africanité dans la culture haïtienne. Ces mirages ayant particulièrement obscurci la détermination de la nature que l'interprétation du rôle de ces associations de travail. Cette institution paraît beaucoup moins africaine quand on veut bien se rendre compte que son nom vient tout simplement de l'espagnol convite « invitation ».

Le combite était une manifestation d'entraide exclusivement fondée sur des prestations et contre les prestations de travail agricole ne donnant lieu à aucun paiement. La seule obligation du bénéficiaire du combite étant celle de fournir abondamment la nourriture et la boisson aux travailleurs invités. Ce système d'échange de travail gratuit ne fait plus que se survivre dans la campagne haïtienne. Certains planteurs continuèrent à prendre part sans rémunération, aux travaux collectifs de sarclage qui sont organisés sur les parcelles de certains de leurs parents, compères ou amis. Ceux-ci viendront également apporter leur concours à l'intéressé, sans autre rétribution que la nourriture et la boisson. Toutefois, il est devenu difficile de réunir un combite suffisamment nombreux en ne faisant appel qu'à ceux qui se trouvent être débiteurs d'une journée de travail gratuit. Les raisons de cette désaffection du combite, sont assurément celles qu'a indiqué l'écrivain Michel Laguerre dans son excellente étude consacrée à cette question, où il a expliqué comment les dépenses occasionnées par l'organisation du combite sont devenues très onéreuses pour un petit paysan, tandis que mieux pourvu en numéraire et jouissant d'une position sociale prépondérante.

Tous les poètes du développement n'ont que le mot combite à la bouche chaque fois qu'ils rêvent de susciter la participation communautaire. Tandis que les paysans, eux, ne s'y trouvent pas. Dans leur esprit, le mot combite a pratiquement le sens de corvée comme celles qu'organisait l'américain sur les routes. Selon Laguerre, un combite est une équipe de manoeuvriers de statut socio-économique inférieur, qu'on rassemble à l'influence et plus ou moins de force, pour aller travailler gratis, en échange de sa nourriture par exemple dans les projets de développement financés pour « Food for work » !

14.1.7 Les grandes associations de travail : Sociétés Congo ou Mazengas.

Il a existé dans le passé des associations de travail bien plus nombreuses que les couadis : ce sont les sociétés Congo qu'évoque la littérature. D'une part, les agriculteurs qui composent le mazenga, échangent entre eux des journées de travail gratuit, d'autre part, ils vont vendre collectivement leur travail à l'extérieur. La clientèle du mazenga est différente de celle du couadi : comme l'association. Les propriétaires d'exploitations agricoles importantes ont des raisons de faire appel à elle. C'est pourquoi les mazengas descendirent de leurs montagnes pour aller offrir leurs services dans les plaines en mettant à profit le décalage des saisons agricoles entre la montagne et la plaine.

14.1.8 L'agriculture haïtienne et le marché intérieur.

Le marché intérieur d'Haïti présente des caractéristiques qui sont communes à tous les pays dont la vie économique dépend de la commercialisation de leurs matières premières : le marché intérieur des pays opprimés est sous la dépendance de leur commerce d'exportation. Il se développe dans le sillage des activités du commerce extérieur. On

peut présenter ainsi le schéma de la vie socio-économique haïtienne : les valeurs sont créées au stade de l'agriculture. Cette production ne peut se réaliser en tant que valeur d'échange qu'en affrontant d'autres valeurs, ce qui n'est possible que sur les marchés étrangers. À l'occasion de la conversion des produits naissent des rapports économiques entre les producteurs et les détenteurs des capitaux commerciaux. Quels sont les éléments constitutifs du marché intérieur qui amorcent le processus de circulation monétaire dans le pays ? Ce sont :
1) les bénéfices rapatriés des capitalistes sur les opérations d'exportation.
2) les salaires distribués à l'occasion de ces opérations.
3) les appointements et prébendes distribués par l'État, grâce aux prélèvements fiscaux opérés sur la production paysanne.
4) les sommes versées aux paysans.

Donc, tous ces revenus ont pour source, le travail productif de l'agriculture. Dans l'état des choses en Haïti, la répartition de ces revenus est liée aux mécanismes du capital marchand. On ne dit pas ici que ces revenus sont les seuls distribués en Haïti, qu'ils forment l'intégralité du marché intérieur haïtien, mais ils constituent le fondement du marché de ce pays, la masse de valeurs à partir de laquelle, les autres activités sont possibles. L'exemple haïtien vérifie l'analyse de Vladimir Llitch Oulianov, connu sous le nom de Lénine : le marché intérieur apparaît, quand apparaît l'économie marchande ; il est du développement de cette économie marchande et le degré de la division sociale du travail de déterminer le niveau de son développement. Le marché intérieur est un résultat dérivé des activités commerciales d'exportation, mais il va réagir à son tour sur l'agriculture. La demande solvable qui existe dans les ports, grâce au commerce d'exportation, va provoquer la naissance et le développement d'une agriculture destinée à satisfaire les besoins de consommation individuelle des citadins.

14.1.9 Les intermédiaires sur le marché intérieur.

Le paysan parcellaire supporte l'ensemencement et l'entretien des champs, tout au long de l'année pour l'entretien de sa force de travail et la subsistance de sa famille. La récolte arrive à maturité au moment où le paysan est à bout de ressources. Il est obligé de vendre coûte que coûte sa production pour payer ses dettes, puis subsister. Ainsi au début de la récolte, les produits du paysan lui sont extorqués sur le marché. Quand l'offre est abondante, les prix des produits agricoles baissent et tous les consommateurs en profitent. Le marché urbain est pris, et l'on profite des bas prix des produits alimentaires livrés par la paysannerie. La ville consomme donc une partie des fruits du travail paysan. Les intermédiaires sur le marché intérieur interviennent surtout pour commercialiser les produits susceptibles d'être stockés et conservés ; notamment le maïs, le riz, les fèves. La production des ces denrées est éloignée et dispersée par rapport aux marchés urbains, par exemple, la plaine de la Grande-Anse est très productrice par rapport aux marchés de Port-au-Prince. De plus, la production est saisonnière alors que la consommation doit avoir lieu tout au long de l'année. Il y a là une contradiction entre le caractère saisonnier de l'offre et le caractère permanent de la demande.

Selon l'écrivain Jean Luc, le paysan est pressé par le besoin. Bien souvent, il n'est pas en mesure de conserver ses produits tout au long de l'année ni de venir les vendre sur les lieux de consommation éloignés de ses champs. L'organisation actuelle de la paysannerie, l'éloignement des régions productrices par rapport aux différents marchés urbains, les caractères contradictoires de l'offre et de la demande, expliquent l'intervention des stokeurs sur le marché intérieur. La production des denrées alimentaires est fractionnée entre la multitude des paysans parcellaires qui sont obligés de subir la loi des intermédiaires stokeurs. Ceux-ci assurent la redistribution du produit sur le marché intérieur. Là aussi, les mécanismes du capitalisme marchand sont montés. L'exploitation du paysan parcellaire est réalisée au stade de la circulation des marchandises et de la commercialisation des denrées pour le marché intérieur.

14.1.10 L'État dans le système du capitalisme marchand.

Les produits des paysans destinés au marché intérieur supportent très peu de taxes. L'État fait des prélèvements sur le pouvoir d'achat des paysans qui vendent sur le marché intérieur par un autre mécanisme en taxant les produits qu'ils consomment. Le paysan qui produit pour le marché intérieur paie moins, en tant que producteur et qu'en tant que consommateur. Il n'en est pas de même pour le paysan producteur de denrées d'exportation. Le contrôle fiscal étant plus aisé sur la circulation de ces marchandises qui doivent passer par les ports.

L'État haïtien a assujetti ces denrées à de lourdes taxes. Les droits d'exportation sont apparemment payés par le capitaliste commerçant, mais la charge fiscale est finalement supportée par le paysan producteur. Le prix du produit acheté du paysan par unité de mesure est diminué du montant unitaire de la taxe payée en douane par le commerçant. Celui-ci joue au profit de l'État, le rôle d'un collecteur d'impôts. Le vrai payeur, c'est alors le paysan producteur. Ainsi, quand l'État augmente des impôts dont l'assiette est constituée par les denrées d'exportations, il aggrave l'exploitation du paysan. L'État haïtien s'associe au commerçant capitaliste pour extorquer la plus-value produite par le paysan. L'État haïtien est une pièce maîtresse dans le système social et politique du capitalisme marchand.

14.1.11 La structure économique et les classes sociales haïtiennes.

Le terme de structure économique a pourtant une acceptation bien précise dans l'économie politique marxiste. Il désigne l'ensemble des rapports de production dans une société donnée. Parler de structure économique, c'est se référer à la manière dont les hommes produisent les biens matériels dans une société, c'est se référer pour la société haïtienne aux rapports de production du capitalisme marchand, de la grande propriété foncière précapitaliste, de la propriété foncière capitaliste et du capitalisme industriel. C'est sur cette structure économique que s'articule la distinction des classes sociales en Haïti. Compte tenu des rapports de production existant dans les villes et les campagnes haïtiennes, on peut distinguer les situations sociales suivantes :

A. La classe bourgeoise dominante qui comprend la bourgeoisie commerçante import- export, les entrepreneurs de culture capitaliste et les mandataires des compagnies impérialistes.

B. Les paysans parcellaires : propriétaires ou fermiers de leurs lopins de terre, ils sont obligés de passer par les circuits économiques du capitalisme marchand pour écouler leur production.

C. Le prolétariat des villes et des campagnes, c'est-à-dire, les ouvriers industriels et les ouvriers agricoles, autrement dit, les producteurs de la plus-value qui vendent leur force de travail moyennant un salaire.

D. La petite bourgeoise des villes et des campagnes qui comprend entre autres : les propriétaires fonciers précapitalistes, les intermédiaires et courtiers, les spéculateurs en denrées, les moyens et petits commerçants, les fonctionnaires et les employés de commerce, les professionnels et intellectuels (avocats, médecins, ingénieurs, arpenteurs et professeurs).

E. Le sous-prolétariat des villes qui comprend les domestiques ou « gens de maison », les porteurs des rues, les vendeurs ambulants, les cireurs de chaussures, les semi- chômeurs, tous les produits par décomposition de la paysannerie et la paupérisation des campagnes. Enfin, les éléments marginaux de toutes sortes qui sont nombreux dans les pays semi-coloniaux : mendiants, prostitués chapardeurs, professionnels, parasites, infirmes et handicapés errants.

14.1.12 La chaîne des rapports économiques dans les campagnes haïtiennes.

Le capitalisme marchand n'abolit pas les autres liens entre les hommes dans le secteur de la production des biens. Au contraire, le capitaliste marchand implique l'existence d'autres rapports dans la production immédiate des biens. Puisque le capital ne s'est pas assujetti la production, c'est que la production se déroule dans les conditions autres que celles du système capitaliste. Dans la société haïtienne, on est en présence d'une chaîne de plusieurs types de rapports de production qualitativement différents. À l'image d'un type unique de rapports dans toute la vie socio-économique haïtienne, il faut subsister celle d'une chaîne de rapports différents, mais formant un tout organiquement lié entre eux. Ainsi, les rapports du capitalisme marchand dans la circulation des marchandises s'accompagnent de la dépendance semi-féodale du petit paysan parcellaire dans la sphère de production des biens. De même, des rapports semi-féodaux opposent le producteur au propriétaire foncier sur la population précapitaliste.

Dans les premiers temps du capitaliste mondial, le capital marchand va coexister exclusivement en Haïti avec la propriété parcellaire paysanne et la plantation semi- féodale. En conséquence, le capital va se cantonner dans le pays dans la sphère de la circulation des marchandises et se tenir à l'écart de la production agricole proprement dite. Le capital ne s'investit pas dans la grande propriété foncière : c'est ce qui permet de dire que les plantations reliées aux rapports économiques du capitalisme marchand sont des plantations précapitalistes, mais au stade final du capitalisme mondial. Il est partiellement caractérisé par l'introduction des capitaux étrangers dans l'agriculture des pays indépendants. On assiste à certaines transformations des rapports de production dans les campagnes.

14.1.13 Un autre volet des obstacles d'Haïti au développement durable.

Revenons à l'ex-Président Antoine Simon. En 1909, après l'arrivée de Simon au pouvoir, des groupes d'intérêts français et allemands, obtinrent du gouvernement haïtien, l'autorisation de procéder à la réorganisation de la Banque Nationale. L'une des tâches essentielles de ces nouvelles institutions consistait à percevoir les droits des douanes, source principale des revenus du pays. L'économie haïtienne d'alors, qui reposait entièrement sur la production caféière, dépendait largement de la France, comme marché d'écoulement de ce produit. Ainsi, selon Hans Schmidt, les exportations haïtiennes vers la France durant la période de 1911 à 1913, s'élevait à vingt-et-un million de dollars d'importation, alors que toutes les zones propices à la culture caféière n'étaient pas exploitées. Par conséquent, Haïti reste et demeure une terre vierge, riche en ressources minières, malgré les divers pillages dont elle a été victime. Elle peut se développer par elle-même si elle est bien dirigée. En d'autres termes, la graisse du cochon suffit pour le faire cuire.

D'après Maître Berhmann D. Narcisse, à cette même époque, les Allemands détinrent à peu près 80% du commerce international et quelques-uns des secteurs vitaux de l'économie, tels : le Wharf de Port-au-Prince. Le long des chemins de fer de la plaine du cul-de-sac, le tramway qui assura le transport public de la capitale. De plus, ils furent les propriétaires du navire marchand Hambourg américain qui assura la liaison entre l'Allemagne et Haïti. Bien que leur intérêt pour Haïti remonte à très longtemps, ce n'est toutefois pas avant 1876 que les États-Unis se décideront de passer à l'action.

À cette époque, ils tentèrent d'obtenir la conception des chemins de fer. Ils furent devancés par les Allemands, ils revinrent à la charge en 1904 en vue d'avoir le contrat de la construction des chemins de fer, longs de quarante kilomètres, de la plaine du cul-de-sac (PCS). Une fois de plus, les Allemands les devancèrent. Leurs efforts et leur ténacité produisirent des résultats appréciables, puisqu'en 1910, ils détinrent

60% du marché d'importation. L'Espagne, dans le désir manifeste d'y répandre l'influence de sa monarchie catholique en Amérique, reconquit Saint-Domingue qu'elle annexa temporairement de 1861 à 1865, puis le Pérou de 1864 à 1866. Ces nombreuses processions européennes des Caraïbes furent d'une importance capitale pour deux raisons : d'abord dans le cadre d'une rivalité interimpérialiste. Elles purent servir de base pour les opérations offensives et défensives.

Enfin, selon maître Berhmann D. Narcisse, elles constituèrent de riches réservoirs de matières premières. À titre d'exemple, la Guyane anglaise et Surinam sont connus pour leur bauxite ; Trinidad pour son pétrole et ses raffineries ; Curaçao aussi pour ses raffineries et ses réserves de pétrole. La découverte du manganèse renforça donc l'intérêt économique de la Grande-Bretagne. Ainsi, il devint clair que l'hégémonie à laquelle rêvèrent les États-Unis ne put être possible avec la présence de ces forces rivales sur le continent, lesquelles constituèrent autant d'obstacles qu'il fallait surmonter.

14.1.14 La radiographie partielle du cartel de Medellín parallèlement à la culture du vétiver en Haïti.

Dans cette étude comparative, nous voulons vous faire prendre connaissance de la plantation du vétiver dans les côtes Sud d'Haïti, ainsi que l'ampleur qu'a prise la culture de la cocaïne en Colombie. Le cartel de Medellín gagne sur ces deux fronts :
1. Il domine la Colombie
2. Impose à terme, son influence à tout continent, car, ce qu'il contrôle en Colombie et ses alentours, suffit toujours à lui conférer une puissance équivalente à celle d'un État. Selon les autorités colombiennes, les cartels de Medellín possèdent un tiers des neuf millions d'hectares de bons pâturages du pays. Le coût de la terre de trente milliards de dollars, est évalué à une somme doublée par la valeur des bâtisses, demeures, et des centaines de milliers de

têtes de bétail qui s'y trouvent. Pendant la guerre des extradables de 1998, le gouvernement de Bogota a fait saisir des centaines de propriétés appartenant à des dirigeants du cartel de Medellín. Elles sont de dimension telle qu'à un moment, 23% des effectifs de l'armée colombienne sont affectées à leur poste. Les estancias et les autres ranchos occupés par la troupe, ne sont qu'une fraction de possessions foncières des cartels.

L'écrivain Xavier Raufer a soutenu que les cartels ont acquis ou fondé dans l'Amérique Latine des usines, centres commerciaux, hôtels et immeubles. Les hommes de paille ont contrôlé des dizaines de sociétés industrielles et commerciales dans la Colombie, ainsi que des stations de radio et journaux locaux. Les cartels ont notamment créé de nombreuses sociétés de transport. Ils possèdent d'imposantes flottes d'avions légers et d'hélicoptères. À Medellín, la plupart de compagnies de taxis appartiennent au cartel, qui dispose ainsi d'emplois tout trouvés pour ses hommes de main et d'un instrument idéal pour les renseignements, les transferts discrets, ou le cas échéant, pour paralyser instantanément la ville. Sur un plan plus strictement militaire, le cartel de Medellín possède des milliers d'appartements et de maisons spécialement aménagés pour la guérilla avec souterrains et bunkers.

Selon Raufer, s'offrir un tel empire suppose des moyens financiers gigantesques. Les livres de compte du cartel ne sont bien sûr pas disponibles, mais un détail permet d'envisager l'ampleur des sommes en circulation : en juin 1992. Pablo Escobar a fait assassiner sur le lieu même de leur détention - Fernando Galeano et Mario Moncada, deux de ses associés de second rang, qui ont oublié leur promesse de verser à Escobar le viatique promis pour la durée de sa détention, le montant de ce dédommagement qui s'élevait à cent millions de dollars par mois. Maintenant, analysons la culture du vétiver en Haïti, dans l'intervalle des années soixante jusqu'au début de l'an 2000, en tournée dans la péninsule du Sud d'Haïti, nous avons constaté que le vétiver (plante indienne graminée), est connu pour le parfum de ses racines. Il pousse principalement dans les hauteurs de cette partie du pays. Cette culture était donc en voie de disparition. Cette plante par rapport aux caféiers, aux cacaoyers et à la canne à sucre, représentait l'un des pôles économiques les plus rentables d'Haïti. On la retrouve presque dans toutes les montagnes ou collines en mélange de terre noirâtre et blanchâtre du pays. Elle pousse dans les plaines ainsi que dans les terres fertiles. Elle pousse aussi en plaine et ne profite pas aux cultivateurs qui avaient surtout besoin de vendre ses racines pour survivre. Les citadins connus sous les noms de spéculateurs exploitaient cette denrée en l'achetant de gros et de détail et même les champs de cette culture bien avant son stade de maturité.

À cette époque, le département du Sud se dotait de plusieurs centres d'achat de vétiver, tels : « Tonton Tatal », « Vital Herne », « Tonton Chamblain » et Paloma ainsi connu, situés aux Cayes où l'on pesait les emballages de racines de vétiver avant de les transporter par camions aux usines de transformation. Ces racines produisirent d'huile pour la fabrication de parfums et le pilotage d'avion. Parallèlement, il y a d'autres parties de cette plante qui sont d'une grande utilité. Par exemple, leurs feuilles servent à confectionner les toitures des maisons de campagne pouvant durer de longues années. Ses tiges sont aussi utilisées pour la confection de chapeaux et de rideaux qu'on teint de multiples couleurs pour la décoration des maisons. Les sudistes se souviennent sûrement de ces moments florissants du vétiver. Toutes les catégories de personnes qui, d'une façon ou d'une autre, vivaient de cette plantation peuvent expliquer à quel point, le vétiver était d'une importance capitale dans le milieu haïtien (aux Cayes).

Au niveau de la campagne, qu'en milieu urbain du Sud, personne n'ose dire que sa survie, voire sa formation intellectuelle, ne se reposait pas sur la culture du vétiver ; les professeurs, les ingénieurs, les avocats, les médecins, etc., mais avec l'explosion démographique qui ont continué à s'affirmer après la chute de l'ex-dictateur Jean-Claude Duvalier en octobre 1986, cette imposante ressource économique fut abandonnée peu à peu, frôlant la disparition, d'où l'installation d'une vie socio-économique difficile dans la région. Précisons qu'une demi-journée d'assemblage de racines de vétiver pouvait fournir de l'argent pour approvisionner une maison de campagne pour au moins deux à trois semaines. Ce produit était toujours recherché par les spéculateurs qui se faisaient réserver les plantations avant même qu'elles mûrissent. C'était donc l'une des cultures les plus utiles d'Haïti.

Revenons au fameux cartel de Medellín, loin de faire l'éloge de la drogue, nous avons essayé au contraire, d'établir un rapport économique entre la culture de la cocaïne, de la marijuana en Colombie et celle du café, du cacao, de la canne à sucre et du vétiver. En effet, si la cocaïne et la marijuana malgré le fait d'être considérées comme illicites à travers le monde, représentent les pivots économiques indéniables de la Colombie, elles contribuent qu'on le veuille ou non, en grande partie au développement durable de ce pays. Certains n'en profitent pas, à savoir des victimes de ses effets néfastes dans la société. Pour d'autres, la cocaïne c'est l'or blanc, à tel point que les cartels disposent d'un tiers de neuf millions d'hectares de bons pâturages du pays en vue d'asseoir leur domination sur un immense couloir traversant la Colombie par la forêt amazonienne, jusqu'au golfe d'Aruba.

Initialement, le cartel de Medellín, ayant été coiffé par Pablo Escobar, avait le projet de maîtriser la filière de la cocaïne le plus loin possible en amont (productions, plantations), et en aval, au moins jusqu'à la vente en gros de cette marchandise dans les pays développés. Ce produit très recherché par plus d'un, a toujours été à la base des cas d'homicides à travers beaucoup de sociétés. Par contre, certains l'ont bel et bien exploité pour réaliser des milliards de dollars verts, voire même ériger des fortunes gigantesques.
Si tel est le cas pour la Colombie, pays producteur de la cocaïne et de la marijuana, alors, si on avait exploité toutes les montagnes du Sud d'Haïti, fertiles à la culture du vétiver et toutes ses plaines et ses mornes au profit de la canne à sucre, aujourd'hui, les Haïtiens (sudistes, en particulier) auraient pu transiger avec des compagnies aériennes, des usines de fabrication de parfums et de sucreries implantées à travers le monde dans le cadre d'un échange commercial. Ainsi, on aurait pu concevoir le développement intégral non seulement de cette région (Sud), mais aussi cet argent aurait pu pourvoir au développement du reste du pays. Le vétiver n'est pas la seule denrée qui pourrait contribuer

au développement durable ; le pays possédait aussi différentes ressources telles : les champs de tomate, de caféier, de cacaoyer et de riz.

Lorsque nous étions gamins, il y avait de bons exemples de développement durable à travers Haïti, tel : La centrale sucrière de Dessalines des Cayes, la HASCO à Port-au-Prince, l'usine de la pâte de tomate (FACOLEF) à Cavaillon et l'usine sucrière Darbone qui existe encore à Léogâne, etc. Toutes ces infrastructures ont été détruites au profit des produits d'extérieur ; il revient donc au peuple haïtien de promouvoir son agriculture représentant le moteur du développement durable, de protéger tout aussi bien ses acquis et ses infrastructures.

Nous nous souvenons de l'espace des années 1979 à 1985, pendant que nous étions au primaire à l'école MEBSH (Mission Évangélique Baptiste du Sud d'Haïti) à Cavaillon. Nous avions du plaisir à contempler les grands champs de tomate qui florissaient dans les plaines. Des mûres, nous furent données, et nous mangeâmes, en allant nous baigner dans une rivière qui coulait à proximité. L'usine FACOLEF qui fabriquait de la pâte de tomate représentait donc un secteur porteur de développement durable pour toute la région, y compris de vastes champs de canne qui mûrissaient çà et là. La canne, dans le cadre d'une stratégie de développement bien planifiée, fut une source intarissable d'extraction d'alcool, de tafia et de fabrication de papiers au moyen de leurs déchets (bagasse).

14.1.15 Brèves idées sur les productions agricoles de l'Amérique latine et des pays de la Caraïbe.

La production sud-américaine représentait environ 14% de la production mondiale en 2002 et 2003 (418.000 tonnes). À l'origine du marché mondial de cacao, le Brésil était au 19e siècle, le premier producteur mondial. Supplanté aujourd'hui par l'Afrique de l'Ouest, il demeure en première place, de la production en Amérique latine avec

163.000 tonnes. L'équateur suit avec 78.000 tonnes environ. Les autres producteurs de cette région (Mexique, Bolivie, Colombie, Venezuela) produisent un total d'environ 170.000 tonnes. La production tend à varier sensiblement à cause des conditions climatiques et des problèmes de parasites qui endommagent les cultures. Aux Caraïbes, la République dominicaine représente environ 2% de la production mondiale. Les autres producteurs sont : Haïti, Jamaïque, Cuba, Trinité et Tobago, Grenade.

14.1.16 L'économie haïtienne fut trop longtemps extravertie.

Maître Berhmann D. Narcisse soutient qu'en 1910, grâce à l'appui de groupes d'intérêt allemands et français, le gouvernement haïtien obtint de la banque française de l'union parisienne, un prêt de 65.000.000 francs payables en cinquante ans, au taux annuel de 5%. De ce montant, seulement 47.000.000 francs furent remis effectivement au trésor public. Narcisse précisa que le but de ce nouvel emprunt fut essentiellement de caractère monétaire et de trésorerie. Il devrait permettre la réorganisation et l'ouverture de la Banque. Comme le prêt de 1910, la construction des chemins de fer n'apporta rien à l'économie nationale. Elle n'aura finalement servi qu'à jeter les bases de la pénétration américaine et ouvrir la voie à l'intervention militaire en 1915. En effet, toute l'énergie de ces milieux d'affaires sera tournée vers un objectif majeur : « s'assurer du contrôle des douanes et des finances d'Haïti ».

Le professeur Arthur Link a écrit ceci: « Un groupe d'hommes d'affaires » ayant eu à leur tête Roger L. Farnham, fonctionnaire de la national City Bank de New-York, Vice Président de la Banque Nationale d'Haïti et le Président de la compagnie nationale des chemins de fer, propriété américaine, exerçait une forte pression sur le Département d'État en faveur de leurs propres objectifs : établir un contrôle américain des douanes d'Haïti, semblable à celui qui avait existé pendant tant d'années en République dominicaine ; d'autant que sur le plan géopolitique,

Haïti se trouve dans la zone de la diplomatie du dollar. Cette double raison stratégique et politico-économique, de même que le destin et les hasards de la géographie font d'Haïti un état lié au sort de toute la zone caraïbe. Il fut donc tout à fait normal que l'influence française et allemande en Haïti inquiétât le Département d'État. Désireux de s'en débarrasser, ce dernier a toujours été à l'affût de la moindre opportunité. L'occasion fut donc offerte avec le prêt de 1910.

En outre, à cause de l'ouverture du canal de Panama, les États-Unis ont toujours été intéressés à la mise en place de phares le long des différentes côtes du pays et les îles correspondant au trafic du canal de Panama. En ce sens, ce gouvernement était tout à fait disposé à offrir son assistance au gouvernement d'Haïti afin de l'aider à déterminer les points appropriés pour la mise en place des phares. Lors de la visite de M. Osborne, assistant du secrétaire d'État américain en 1912, la question du Môle Saint-Nicolas en tant que station navale possible fut abordée. Différents points de vue furent échangés et il ne fut entendu qu'aucune puissance, autre que les États-Unis qui n'obtiendraient la prise de cette partie de la République. En présentant ce dernier point au ministre des Affaires étrangères, vous ferez preuve du plus grand tact et de la plus grande discrétion.

14.1.17 Haïti, pays sinistré et ruiné à reconstruire.

Selon l'écrivain André Marcel d'Ans, nul ne peut contester l'importance que revêt à tous égards, la soupape de sécurité que représente l'émigration. Nul n'imagine pourtant que celle-ci puisse jouer plus qu'un rôle d'appoint dans la solution des problèmes d'Haïti. Pour lui, l'essentiel devra être fait sur place. Comment ? Qu'on ne compte pas sur nous pour y aller de notre recette magique, qui viendrait nous entasser sur un attirail des mesures infaillibles qu'on n'a pas cessé de proposer depuis plus d'un quart de siècle. Il insista en disant qu'il faudra donc bien un jour que ce cercle vicieux funeste soit rompu. Les méthodes de sauvetage ne seront pas les mêmes selon qu'il s'agira du paysage ou de la société. Sur le plan du paysage, Haïti est à considérer comme un pays sinistré. Il est important de constater les séquelles des abus qui se sont abattus sur ce malheureux territoire. Ceci sans qu'on ne puisse en aucune façon attribuer la responsabilité à ce qui allait devenir ensuite la société haïtienne.

À cet égard, il n'est pas douteux qu'Haïti soit créditeur d'une réparation, particulièrement auprès de ceux qui, à un titre où à un autre, ont tiré bénéfice des circonstances qui conduisirent ce pays à la ruine et peut être encore, auprès de ceux qui, avant même d'avoir honoré cette créance venue de loin, n'hésitant pas à exiger des Haïtiens de nouvelles contributions de solidarité, en matière d'hygiène porcine, ou plus encore en matière d'hygiène politique, par exemple en leur demandant de supporter des tyrans, puis de s'en débarrasser, dès lors que ceci paraît convenable à ceux qui se conçoivent comme étant gardiens des équilibres régionaux. On voit les homologues hexagonaux, faire spontanément appel à la solidarité nationale dès qu'il a fait trop chaud, ou trop froid, ou qu'il a plu avec excès, ou pas assez, on se dit qu'à plus forte raison qu'Haïti aurait droit à un impôt-sécheresse, un impôt déboisement, un impôt pour la restauration de son infrastructure et que si la communauté des hommes leur remettait leur paysage en bon état. Pour cela, il faudra certes des capitaux, mais surtout des compétences, du travail, du civisme et de la bonne qualité.

En outre, ceci implique que pour un certain temps dans certains domaines, le pays soit mis comme en vacances de rentabilité. Si l'on veut reconstruire un paysage agricole, il faut continuer à investir pour améliorer le rendement des terres qui sont en exploitation, alors qu'elles diminuent en superficie comme en qualité d'une année à l'autre. Sans doute, de tels investissements restent-ils rentables, à l'échelle individuelle, dans la mesure où la croissance spéculative aussi bien de la valeur foncière des terres que des productions qu'on en tire reste encore plus rapide que la dégradation de la valeur écologique de ces mêmes terres.

Dans une perspective globale, les bénéfices qu'on tire de cette spéculation continuent à être des traites, tirés sur le massacre du paysage. Le problème doit être attaqué à l'inverse : dans les régions qui ne sont plus productives, et dont aucun rendement ne peut être attendu avant de longues années, il faut cesser d'abattre même les arbres fruitiers. Il est nécessaire de reboiser le sommet des montagnes. Il faut laisser aux basaltes les pentes et régler l'écoulement des eaux pluviales ; il faut aussi laisser aux basaltes le temps de se décomposer pour reconstituer les sols ; il convient de recenser et de domestiquer les ressources en eaux souterraines. Il est aussi impérieux pour Haïti d'œuvrer pour la restauration des équilibres climatiques. Tout cela est techniquement possible, n'est pas réalisable que si l'on met entre parenthèses pour un certain temps les exigences de la rentabilité. Si longtemps sacrifié sur l'autel de celle-ci, le peuple d'Haïti a assurément droit à cette réparation.

Cependant, il faut signaler que les ruines d'Haïti ne sont pas issues seulement de certains dirigeants inconscients, elles proviennent de la mentalité du peuple. En 1986, lors de la chute de l'ex-dictateur Jean-Claude Duvalier, nous avons fait une belle expérience à Port-au-Prince. Baby Doc et son père ont dirigé Haïti pendant vingt-neuf ans de dictature et d'oppression. Au départ du dictateur Jean-Claude Duvalier pour la France, il a laissé certaines infrastructures qui ont existé d'ailleurs avant sa gouvernance. Elles sont construites avec l'argent du peuple. Toutes ces œuvres furent déchouquées, brûlées et dévalisées par des manifestants rougis de colère, si Jean-Claude partait et avait laissé quelques institutions au service de la communauté, alors pourquoi les déchouquer ? Le but ultime de ce déchouquage fut de se débarrasser du Président dictateur, donc le pays a toujours demeuré dans un éternel recommencement. Un tel agissement populaire était synonyme de l'autodestruction ! On a l'impression que chaque manifestant colérique se comporte comme un masochiste. Il se fait du mal en brûlant par exemple, une école dans laquelle ses enfants auraient pu recevoir du pain de l'instruction.

Le peuple haïtien dans sa folle euphorie ou sous le coup d'émotion, s'est donc livré à un « déchouquage » sans précédent durant des mois, sans se rendre compte qu'il creuse son propre fossé, car, des bases infrastructurelles comme : les lycées, hôpitaux et autres, auraient pu aider tout au moins, les parents les plus démunis à envoyer leurs enfants à l'école, ou à trouver les premiers soins. Lors de la chasse de l'ex-Président Jean-Bertrand Aristide du pouvoir en février 2004, des pompes à essence et des magasins ont été incendiées. Donc, des millions de dollars furent partis en fumée, tandis que par la suite, la population ne pouvait pas vaquer à ses occupations. Les enfants ne pouvaient pas aller à l'école faute de carburant. De plus, la brûlure des pneus (père Lebrun) qui se faisait parfois sans raison valable, constituait tout aussi un élément majeur dans le mauvais état des routes et dans la pollution de l'environnement. Donc, par ricochet, une telle attitude hypothèque et paralyse toujours les activités quotidiennes de la communauté haïtienne. Pour parvenir au changement de mentalité de ce peuple, il faudrait le conscientiser sur la protection de ses bases infrastructurelles et son environnement par une campagne de formation civique bien organisée. Cette campagne devrait avoir pour but d'informer le peuple comment une telle attitude contribue au détriment de la population.

14.1.18 Les différentes catastrophes naturelles qu'Haïti a connues.

Respectivement en 1564, 1684, 1691, 1751, 1770 et en 1793 des tremblements de terre secouèrent Haïti violemment. À l'exception de 1816 où un cyclone causa d'importants dégâts dans les régions de l'Ouest et de la Gonâve. En 1842, 1887 et 1904 d'autres séismes ravagèrent la ville du Cap, Port-de-Paix (Nord-Ouest), Gonaïves, Fort-Liberté et de fortes vibrations furent ressenties jusqu'à la République dominicaine. En 1909, 1915 et 1935, des ouragans frappèrent les départements de l'Ouest, de Jacmel et de Jérémie. Le Sud et le Sud-Est furent aussi affectés. Bilan total : 2150 personnes périrent dans ces catastrophes. En 1946 et 1952, deux tremblements de terre touchèrent

Haïti. La région de l'Anse à veau dans le département de la Grand'Anse, a enregistré six victimes et des milliers de sans-abris. Dans l'intervalle de 1954 à 1980, des cyclones, tels : Hazel, Flora, Cléo, Inès et Allen dévastèrent les différentes régions du pays. Bilan : 5.912 morts. De 1984 à 1989, des inondations frappèrent les régions de Port-de-Paix (Nord-Ouest), Cayes, Thiotte, Delmas, Nord-Ouest, Lartibonite, Léogane, et la Gonâve. Il ne faut oublier non plus qu'en 1988, l'ouragan Gilbert dévasta la côte Sud du pays. De 1994 à 2009, l'ouragan Gordon, Georges, Ivan, Jeanne, Denis, Wilma, Fay, Gustave, Hanna, Ike, boudèrent Haïti et ils résultèrent 8 357 morts, y compris des milliers de sinistrés. En 2010, en venait un inconscient séisme, lequel a résulté plus de 230.000 morts, 300.000 blessés et 1.2 million de sans-abris.

14.1.19 Les villes du siècle sont des organismes malades.

La concentration métropolitaine est à la fois une conséquence de l'accroissement naturel de la population et de l'émigration des populations rurales vers les centres urbains. La campagne expulse la main-d'oeuvre à cause de la répartition inégale des terres, de son incapacité à résoudre les problèmes de subsistance. L'émigration de la compagne vers la ville entraîne une diminution de la main-d'œuvre active du secteur agricole et de la productivité, une augmentation du secteur tertiaire, des pressions sur la structure sociale, politique, économique et culturelle.

14.1.20 Des talents haïtiens livrés à eux-mêmes.

À la suite d'un appel national fait aux jeunes d'Haïti par l'administration de l'ex- Président Jean-Bertrand Aristide après la destitution de l'armée, pour se joindre à la création de la nouvelle force de police, nous avons fermé notre dossier d'études à l'École normale supérieure de l'Université d'État d'Haïti au Département des langues vivantes pour sauter dans la mêlée. Le but était de prendre un raccourci pour servir notre pays et trouver un emploi plus rapide. Le 25 septembre 1995, nous avions eu le privilège de franchir la barrière de l'Académie de la police nationale d'Haïti en vue d'une formation en sécurité publique. Tout au long cette séance, nous avions eu l'habitude de côtoyer un jeune homme qui, probablement avait bien voulu s'intégrer dans la police nationale d'Haïti. Il nous parlait de son habileté en athlétisme.

Après notre graduation le 20 janvier 1996, nous fûmes déployés au commissariat de Port-au-Prince où nous avons fait notre première expérience. En septembre 1997, nous avons été transférés au commissariat municipal du Cap-Haïtien (Nord) pour la continuité de notre carrière. En 1999, nous avons été transférés une fois de plus à Port-au-Prince, quelques mois après, nous nous sommes retrouvés à l'Académie, au bureau de renseignements judiciaires (BRJ), une section de la direction centrale de la police judiciaire (DCPJ). Jusqu'à cette époque, nous avons rencontré cet homme, il nous a expliqué toutes ses expériences dans ce sport et les différentes compétitions nationales qu'il a déjà gagnées. Au cours de notre entretien, il déclara qu'il cherchait à tâtons, des gens qui pouvaient l'encadrer dans son métier, par exemple : l'envoyer participer à des compétitions dans la Caraïbe. Il a entrepris beaucoup de démarches qui n'aboutirent point. Il s'estima plutôt être tourné en dérision.

Cet homme a donc été victime du système illogique du favoritisme haïtien, ce que nous appelons le « mounpaisme ». Ce néologisme cristallise l'esprit du chauvinisme qui caractérise le peuple haïtien. Donc, cet homme est resté inexploité bien qu'il ait des talents dans un domaine sportif qui peut fournir beaucoup d'argent à l'État haïtien. Cette politique d'insouciance ne profite certainement, ni à l'épanouissement personnel de ce jeune, ni au développement socio-économique d'Haïti. Tandis que s'il y avait un organisme chargé de l'encadrement et de l'exploitation des jeunes talents, avec seulement le talent de ce jeune athlète, le gouvernement haïtien, dans le cadre d'une politique de développement du sport national, aurait pu réaliser des milliards de dollars. On n'a qu'à prendre l'exemple du fameux coureur jamaïcain, Ussain Bolt qui est juste à côté d'Haïti. Cet homme fait l'honneur de son pays par son talent de coureur et fait entrer beaucoup d'argent dans l'assiette fiscale du gouvernement jamaïcain. Donc, tout ceci pour dire qu'Haïti est encore vierge et exploitable aussi sur tous les plans.

Nous avons connu un autre homme qui, par son intelligence dans la fin des années quatre-vingt-dix, a fréquenté deux facultés à la fois, Faculté de Droit et des Sciences économiques et l'Institut National d'Administration de Gestion et des Hautes Études internationales (INAGHEI), dans lesquelles, il s'est révélé un très brillant étudiant. Il aurait pu être un grand économiste ou un gestionnaire cadre, important en Haïti. Après avoir réalisé ces deux études parallèles de durée de quatre ans chacune, il s'est livré à lui-même, muni d'un « Curriculum Vitae » en quête d'un emploi. Cedit emploi n'est jamais facile à être décroché sans être parrainé. L'État qui lui a doté de ses formations universitaires, n'est jamais disposé à orienter les jeunes talents, non seulement pour leur permettre de rembourser l'argent qui a été investi dans leurs études, mais aussi leur faciliter de s'épanouir personnellement. Tel n'est pas le cas. Donc, c'est un investissement perdu ! L'essentiel, ce n'est pas de former les étudiants uniquement. Il importe également de savoir comment en tirer profit et de les permettre de former ceux qui n'ont pas eu la chance de jouir de ce privilège.

Conclusion

Après tous les arguments que nous avons évoqués dans notre manifeste, à travers lequel nous avons passé au crible de la raison, la thèse qui voudrait faire croire qu'Haïti est un pays originellement pauvre, après une profonde analyse, il en résulte que cette thèse ne se tient plus, et est même absurde. L'aspect de pauvreté qu'Haïti projette a toujours servi de voile pour cacher ses multiples trésors et sa richesse. Malgré qu'Haïti ait été la proie d'un système esclavagiste, opprimée par l'occupation impérialiste, terrorisée par des décennies de dictature sanguinaire, troublée par des crises socio-politiques et pillée par divers colons, son sous-sol regorge encore d'importants gisements de pétrole et d'immenses mines d'Or. Par exemple, en 1994, au Sud d'Haïti, dans la neuvième section communale des Cayes, du côté de Tricon, on a découvert une gigantesque mine d'Or pendant qu'on creusait un puits artésien. On a sécurisé cette zone pendant un laps de temps, puis tout a été laissé aux oubliettes. En 2012, on en a découvert aussi au Trou du Nord et à Terrier rouge dans la côte Nord d'Haïti.

De plus, le sous-sol d'Haïti est parsemé de Cuivre, d'Argent, de la Bauxite, du Zinc, de la Manganèse, de l'Étain et de l'Iridium dans les différents départements du pays. D'autre part, en termes de valeurs humaines, cent-mille bacheliers environ, quittent le niveau secondaire pour entrer à l'Université. Ce qui donne une importante quantité de diplômés, livrée à elle-même chaque année. Le gouvernement haïtien bien qu'il ait investi dans les formations des jeunes par le biais des écoles nationales, des lycées et des facultés, n'a jamais adopté une politique de valorisation et d'exploitation de son capital humain. D'où le constat imminent de vagues d'immigrants éparpillés dans tous les continents : (Amérique, Europe, Asie, Afrique et même dans les Antilles). On les retrouve à travers toutes les sphères de la vie professionnelle, formelle ou informelle.

Conclusion

Donc, si on nous dit qu'Haïti est pays pillé et appauvri, nous n'en disconvenons pas. Mais dire que c'est le pays le plus pauvre de l'hémisphère occidental, c'est FAUX, car être pauvre, c'est privé de rien. Or, en Haïti le problème de privation de ressources ne se pose plus, il y a plutôt un manque de développement de ressources. Donc, dans son cas, le mot pauvreté ne tient plus, car, elle n'est pas un pays sans ressources. Elle a des secteurs porteurs de développement durable comme tout autre pays. Ce sont ses gouvernements qui n'ont jamais su comment les exploiter. Ses ressources ne sont exploitées qu'au détriment du peuple haïtien. De plus, si on fait une analyse macroscopique et équilibrée de la pauvreté, on verra que ce phénomène existe partout sur la planète, à quelque niveau que ce soit. Donc, la pauvreté n'est pas seulement l'apanage d'Haïti façon spécifique, c'est donc une problématique sociétale et cosmopolite.

Alors, pourquoi ce phénomène doit-il être attribué au superlatif uniquement à Haïti ? À la lumière de toutes les vicissitudes que le peuple haïtien a connues et de toutes les exploitations dont Haïti est l'objet, nous ne pouvons plus accepter qu'elle subisse un tel avilissement et une telle appellation discriminatoire, sans qu'on pose le problème comme il faut. Barack H. Obama, le 44ᵉ Président des États-Unis d'Amérique, le jour son investiture le 20 janvier 2009, à douze heures dix minutes à travers son discours, a dit ceci : « Notre économie est sérieusement affaiblie, conséquence de l'avidité et de l'irresponsabilité de certains… ». Nous le paraphrasons en disant que : « Haïti est pillée, ruinée, appauvrie, puis traitée de pauvre à cause de l'avidité et de l'irresponsabilité de ses propres fils et de la complicité de certains… »

Nous avons soussigné en FAUX contre quiconque aurait prouvé par A+B qu'Haïti est originellement pauvre. Nous ne voulons pas que les trois pierres angulaires de notre trilogie, constituent uniquement le pivot notre thèse. Nous réclamons aussi une parfaite harmonie entre les filles et fils de toutes les nations. Nous sommes tous des humains, nous vivons tous dans le même village planétaire, arrêtons de nous sentir supérieurs par rapport à nos semblables, au point de les traiter de pauvres. Côtoyons-nous au contraire, lions-nous connaissance, fraternisons-nous et travaillons ensemble en vue de construire une magnifique République universelle où il fait bon vivre.

Dans son fascinant livre, « La République », Platon, le fameux philosophe grec, a mis l'accent sur la fondation imaginaire d'une cité idéale. En lien avec la situation socio-politique d'Haïti, nous rêvons aussi une Haïti idéale, où la justice individuelle sera alors envisagée pour développer de vraies idées politiques. L'Athènes de Platon vivait alors en démocratie, la réforme de Clisthène de l'an 510, fit de tous les habitants d'Athènes des membres égaux de la communauté. Alors, Haïti ne devait-elle, elle aussi, adopter une telle philosophie politique ? Selon Platon, les différences, les privilèges jusqu'aux repères fondés sur les richesses, la fortune, l'héritage, les titres, la famille ou la tribu, avaient alors disparu dans un souci quasi arithmétique. Chaque citoyen fut sur le même pied d'estale que les autres, et tous avaient le devoir de prendre part à la défense de la Cité. Chacun vivait donc comme faisant partie prenante de sa communauté.

Donc, dans l'esprit de la philosophie platonnienne, tous les Haïtiens supposent être concernés par la pauvreté dont on parle. Ils doivent prendre conscience de tout pillage dont Haïti fait l'objet. Par exemple, après quinze ans de dictature féroce, l'ex-Dictateur haïtien Jean-Claude Duvalier a empoché plus de cent-vingt millions de dollars qui d'ailleurs, dorment dans les grands paradis fiscaux étrangers, sans compter les gaspillages et pillages à outrance perpétrés par d'autres pilleurs qui l'ont précédé ou succédé. Donc, Haïti aurait pu être développée si elle n'avait pas connu tous ces scandales financiers. Si ses dirigeants avaient valorisé toutes ses possibilités de développement durable et si ses ressources naturelles n'avaient pas été pillées par les colons blancs et certains Haïtiens cupides et égocentriques.

Même si Haïti avait été dérobée, elle aurait pu connaître le développement durable si dans ses annales historiques, les dirigeants avaient eu de la volonté de développement durable, su cultiver les suivies politiques en conservant les acquis infrastructurels naissants. Si chaque gouvernement qui parvient au pouvoir détruit les bases déjà jetées par ses prédécesseurs, il est normal qu'Haïti piaffe en place ou tourne autour du pot. Les fils de ce pays qui, à la grande gueule, claironne la pauvreté d'Haïti, qu'est-ce qu'ils ont fait pour la retirer du bourbier socio-économique, dans lequel elle se trouve ? Parlant de pillage, l'exemple est simple, après le départ de l'ex-Dictateur Jean-Claude Duvalier, bon nombre d'infrastructures ont été dévalisées, saccagées, pillées et même brûlées par des manifestants colériques, nous voulons parler du fameux déchouquage qui a fait rage en Haïti à partir du 7 février 1986. Tout cela a été produit avec l'idée qu'on voulait mettre un terme à la férocité du régime Duvalier, tandis que le peuple aurait pu exiger le départ de Jean-Claude Duvalier, tout en conservant les institutions qui ont été construites avec l'argent des contribuables.

Par ailleurs, si les pays voisins d'Haïti (Cuba, la Jamaïque, Porto Rico et République Dominicaine), disposent chacun, une certaine structure socio-économique et sont en quelque sorte, des pays en voie de développement, il est inconcevable qu'Haïti soit située juste au milieu de ces pays et soit la seule à être la plus pauvre de l'Amérique. Tandis que du point de vue géographico-politique, tous ces pays, y compris Haïti, seraient supposés avoir les mêmes ressources naturelles, donc des possibilités de développement socio-économique similaires et les mêmes secteurs porteurs de développement durable. Nous avons fait cette approche pour vous montrer que cette pauvreté qui est étiquetée à Haïti, ne découle plus de sa privation de ressources, mais plutôt de l'absence de vision des dirigeants qui ont accédé successivement au pouvoir de ce pays, de 1804 à nos jours.

À cet effet, pour développer Haïti, il faudrait que des équipes nationales progressistes, assignées respectivement à chaque département géographique, aient à cœur la défense des intérêts vitaux du pays, en appliquant des programmes de développement durable qui devraient avoir pour but de réaliser le bien-être de la population dont elles ont la responsabilité. Il faudrait aussi qu'ils élaborent des projets rationnels de développement, lesquels nécessiteront des investissements publics et privés des masses considérables de capitaux nationaux.

En outre, il faudrait qu'ils aient des concertations permanentes entre les divers acteurs socio-économiques, à travers des sommets économiques mondiaux et une étroite collaboration de la population à l'identification et à la résolution des problèmes. Il faudrait de façon spécifique que ces équipes dirigeantes, conscientes et progressistes, fassent une combinaison rationnelle de tous les facteurs de production (capital humain, matières premières, capitaux en argent, en équipements et forces de production) pour colmater la pauvreté et imposer le développement durable.

Ces équipes progressistes devraient courtiser dans les différentes régions du pays, le plus d'investissements étrangers possibles, afin que le pays puisse disposer des capitaux étrangers. Tenant compte de tous les enjeux sociaux auxquels Haïti a fait face, il est indéniable qu'elle soit stable sur le plan socio-économique et de la sécurité publique. Les équipes dirigeantes devraient également par des mesures législatives appropriées, forcer les multinationales et les autres entreprises étrangères à réinvestir une partie importante de leurs profits dans les différentes branches de production et d'implanter des usines de transformations des matières premières en produits finis, dans les dix départements géographiques du pays.

En effet, dans un pays où des produits manufacturés sont peu fabriqués ou presque pas, où il n'y a pas d'infrastructures industrielles qui puissent promouvoir la création d'emplois, il est normal que la pauvreté s'installe dans la masse populaire. Les travailleurs doivent être éduqués et entraînés, que de plus en plus d'ouvriers qualifiés soient formés, que des techniciens et des gestionnaires compétents soient disponibles; que la population soit instruite; que les connaissances techniques et industrielles soient mises à l'épreuve, que des laboratoires et des centres de recherches scientifiques et techniques soient construits; que des industries secondaires répondent aux besoins des industries fondamentales de transformation, soient créées; qu'il ait une base infrastructurelle solide, que se manifeste enfin une prise de conscience de l'importance fondamentale de l'économie dans la société et le développement de nouveaux besoins de consommation.

Ainsi donc, ces industries de transformation devraient créer à la fois de nouveaux emplois dans les différentes régions où elles se trouvent. Elles devraient permettre également aux travailleurs haïtiens d'acquérir l'expérience des techniques modernes de production qui sont développées dans les sociétés hautement industrialisées et technicisées. Haïti a connu, en tant que première République noire indépendante du monde, de 1804 à 2004, deux siècles d'indépendance, de 1957 à 1986, vingt-neuf ans de dictature des Duvalier (Père et fils) et de 1986 à 2006, vingt ans de troubles, de coups d'État et d'instabilités politiques. Ce pays devrait donc à l'heure de la mondialisation, retrouver sa fierté et sa dignité perdue. Pour qu'elle la retrouve, il faudrait que le gouvernement haïtien raccommode le tissu social, définisse un ambitieux projet de développement socio-économique durable. Il faudrait aussi qu'il fasse appel aux compétences des filles et fils de la nation qui sont éparpillés à l'étranger. Comme dit Platon dans son livre, titré : « La République », toutes les filles et tous les fils d'une nation doivent s'occuper de la RES PUBLICA, c'est-à-dire « de la chose publique ». D'autre part, pour réaliser un meilleur freinage de l'explosion démographique ou de l'exode rural, la bidonvilisation et la promiscuité, le gouvernement haïtien devrait enclencher une politique de décentralisation et de promotion du développement régional. Selon nous, ces stratégies devraient englober un plan MARSHALL, donc à l'instar de celui qui fut destiné à aider l'Europe à se reconstruire après la Seconde Guerre Mondiale. Le plan que nous proposons contient vingt-six points importants, que voici :

a) Revitaliser les secteurs porteurs de développement durable : l'agriculture, l'élevage, la pêche, le tourisme et le sport. Transformer les déchets en intrants ou engrais pour la promotion de l'agriculture.

b) Irriguer les terres et mettre l'agriculture qui représente 25% du PIB, en premier plan.

c) Valoriser les productions nationales : le café, la canne à sucre, le vétiver, le cacao, la pistache (cacahouète), la mangue, le coton et la pite (sisal).

d) Redresser l'économie nationale, valoriser la gourde sur le marché international.

e) Cesser la déforestation et bâtir un bon programme de reboisement national.

f) Renforcer et restructurer les institutions publiques.

g) Équilibrer l'éducation dans tous les coins du pays et instaurer l'analphabétisation.

h) Construire des annexes d'Universités de toutes les disciplines dans tous les départements géographiques, à l'exemple des facultés de droit déjà éparpillées à travers certaines villes principales du pays. Ces annexes devraient avoir beaucoup de capacité d'accueil et de logistique.

i) Implanter beaucoup plus d'écoles publiques (lycées, écoles nationales) dans tous les arrondissements des départements du pays.

j) Construire des écoles multi- professionnelles dans différents points centraux.

k) Recycler annuellement les enseignants à tous les niveaux (primaire, secondaire universitaire et professionnel).

l) Créer des possibilités de carrière dans chaque discipline, en ouvrant chaque champ d'études.

m) Orienter l'élève à partir du secondaire, selon son aptitude.

o) Revaloriser l'enseignement en vue de la reconnaissance internationale des diplômes de l'U.E.H et des universités privées reconnues.

p) Subventionner les écoles et universités privées en vue de donner plus d'accès aux gens du pays à l'éducation, comme prévu par la constitution (selon les articles : 32.1, 2.3)

q) Envisager au terme des formations, des encadrements professionnels dans chaque discipline en créant des emplois décentralisés et sécuritaires.

r) Combattre la malversation, la corruption et le détournement de fonds.

s) Empêcher le gaspillage des biens de l'État, éradiquer le favoritisme.

t) Courtiser l'investissement étranger et privé. Développer des industries (zones franches).

u) Fixer un salaire standard pour chaque champ d'études et chaque niveau de formation, en vue susciter chez les jeunes, la passion pour l'étude.

v) Orienter les diplômés vers des emplois dans toute l'étendue du territoire de la République, des bourses d'études aux trois premiers lauréats au baccalauréat.

w) Procéder au développement humain en alphabétisant le peuple, l'éduquer, l'encadrer et l'embaucher.

x) Construire une école nationale de formation parlementaire (E.N.F.P), avec des annexes en régions.

y) Réhabiliter la Citadelle la Ferrière, le Palais sans Souci et les autres monuments pour attirer les touristes.

z) Développer les pôles touristiques florissants de Labadi, de Montrouis, des Cayes et de Jacmel.

Dans notre proposition, nous mettons l'agriculture en premier plan parce que d'après l'auteur allemand, Hans Schmidt, dans l'intervalle de 1911 à 1913, l'économie haïtienne se reposa entièrement sur la production caféière. Les exportations du café à la France s'élèvèrent à vingt-et-un millions de dollars. Et, en 1960, selon l'auteur Paul Moral, la remise de terres en irrigation atteignit au total 42.585 ha et jusqu'à présent, il y a encore des parcelles non irriguées qui sont fertiles pour la culture du café, notamment : Thiotte, Port-à-Piment, Jérémie, Cap, Les Cayes, Jacmel et Baînet.

D'autre part, à travers les dix départements, malgré l'érosion et les différents ouragans qui ont frappé Haïti au cours des siècles, l'on pratique toujours la variation de cultures et les parcelles de terre ont besoin d'une dynamique de développement des productions agricoles. Dans la mesure où l'on aurait entretenu ces terres et exploité d'autres zones propices à l'agriculture, telles : développer la riziculture dans la vallée de l'Artibonite, les légumes dans la plaine du Nord, Saint-Raphaël, Kenscoff, la canne à sucre dans la plaine des Cayes, le vétiver dans les montagnes du Sud, Haïti aurait eu la chance de changer son état au moyen de ces forces de production, s'alimenter et relancer son économie trop longtemps rabougrie.

En plus de ces stratégies, nous pensons qu'Haïti a besoin des gouvernements qui assureraient successivement et fidèlement des suivis ou des continuités politiques en appliquant des programmes de développement bien élaborés. Par exemple, le pacte de gouvernabilité sur vingt-cinq ans qui avait été prôné par l'ex-Président René Préval en 2006 était un excellent projet. On devrait aussi adopter une politique de valorisation et d'exploitation des ressources naturelle et humaine, mettre de l'ordre dans les administrations publiques, décentraliser et structurer les institutions, telles : Électricité d'État d'Haïti (E.D'H), Direction générale des impôts (D.G.I) et autres, en fournissant aux contribuables de meilleurs services. De telles initiatives auraient rentré beaucoup plus d'argent dans l'assiette fiscale du pays. Car, le choléra qui ravage l'État haïtien, est l'omniprésence de la corruption aux divers échelons de la vie sociopolitique et économique du pays.

En référence au produit intérieur brut (P.I.B) et le revenu par habitant, la pauvreté dont on parle est évidente, mais lorsqu'on tient compte de toutes les ressources dont Haïti dispose, nous croyons qu'elle aurait pu emboîter le pas vers le développement socio-économique véritable, si elle n'avait pas été exploitée, ruinée, bafouée et vidée d'une partie importante de ses substances. En ce sens, au lieu de dire qu'Haïti est la plus pauvre de l'hémisphère occidental, paraphrasons en disant qu'elle est le pays le plus appauvri et le plus pillé de l'hémisphère Ouest. Cette paraphrase est issue de la logique suivante : si Haïti était la perle des Antilles au dix-huitième siècle et a gardé ce titre jusque dans les années cinquante, sous l'Administration de Paul-Eugène Magloire, maintenant, elle est qualifiée de plus pauvre du bassin caraïbe, cette pauvreté découle du pillage des ses ressources naturelle et humaine constatées au cours des siècles. On estime de façon méprisante que les Haïtiens n'ont rien, mais comment voulez-vous qu'ils aient quelque chose, après avoir été enchaînés en esclavage pendant des siècles, et que jusqu'à présent, ils vivent dans un étau socio-économique et politique ?

Revenons au développement, nous sommes certains qu'il n'est plus utopique de penser qu'Haïti puisse se développer, dans la mesure où l'on mettrait en branle toutes ces techniques que nous avons précitées. Il faut signaler que ce défi de développement durable ne peut être relevé ni dans la discorde, ni dans la défense des intérêts mesquins, mais dans la valorisation de l'agriculture, l'installation des industries et des infrastructures. Les ruines donnant lieu à la situation socio-économique précaire dans ce pays de l'Occident ne datent pas d'hier. Ce virus ayant pour résultante : le pillage des ressources naturelles, la mauvaise gouvernance et l'instabilité politique qui se sont échelonnés depuis plus de deux siècles (dès la découverte du pays en 1492 à nos jours). Ce virus s'est converti en une problématique qui demeure un défi pour chaque gouvernement qui parvient au pouvoir.

Donc, pour un meilleur redressement de la situation socio-économique, il faudrait que de bonnes dispositions soient prises en amont et en aval par le gouvernement haïtien, en ciblant tous les secteurs porteurs de développement durable. Toutes ces approches matricielles que nous avons faites à propos d'Haïti ont pour objet de montrer qu'à l'origine, elle n'a jamais été une terre pauvre, comme on voudrait le faire croire. Sa pauvreté réside dans l'esclavage qui est une injustice sociale, un crime, une insulte contre la race noire, l'exploitation à outrance des colons, l'égocentrisme de l'homme haïtien, le sous-développement des ressources naturelles et humaines, la complicité et le manque d'intérêt de certains dirigeants dans l'avancement de ce pays. De plus, en tant que première République noire indépendante de la planète, sur le plan culturel, Haïti est trop inconnue aux yeux du monde. Par conséquent, dans cette Épopée, nous voulons dévoiler ses principales ressources.

De 1955 à 1957, bon nombre de cadres importants sont obligés de quitter le pays pour fuir les sbires dictatoriaux, c'est donc déficitaire sur le plan des ressources humaines. Évidemment, il est impossible qu'un pays soit développé dans la pratique accrue du chauvinisme et la mise en quarantaine de ses ressources humaines. Les dirigeants dans leurs relations diplomatiques constatent les côtés positifs du développement des pays industrialisés, c'est vrai que le développement en soi, n'est pas transportable, mais les stratégies et les techniques le sont. Pourquoi les leaders haïtiens n'ont-ils pas exploité les modèles de développement durable que les pays industrialisés ont utilisés ? Il est vrai que la majeure partie des ressources naturelles a été pillée, les intellectuels ont été forcés de fuir le pays, nous nous sommes divisés pour nous faire diriger ; mais Haïtiens, faisons un effort de développement, cessons de tout mettre sur le dos des Blancs. Haïti n'est pas le seul pays qui ait connu la colonisation, le Botswana, un petit d'Afrique australe en a aussi vécu de l'Angleterre. Après son indépendance en 1966, il a réalisé de grands exploits sur le plan de développement durable. Donc, si après la conquête de l'indépendance haïtienne, le peuple haïtien avait pris la décision de développer Haïti, aujourd'hui, ce pays n'aurait pas porté cette perpétuelle étiquette de plus pauvre de l'hémisphère occidental.

En fait, nous voudrions faire savoir que la terre a été créée avec ses richesses et tous les pays ont leurs ressources respectives, donc si l'on parle d'Haïti comme pays pauvre, alors qu'elle était la perle des Antilles, qui a gaspillé sa richesse ? Nous pensons qu'il faudrait faire une remise en question de cette pauvreté, d'où vient-elle ? Ce pays n'a-t-il pas été l'objet de pillage, d'exploitation, de mauvaise gouvernance ? Toutes ces interrogations doivent nous amener à en trouver les causes. En parlant de pauvreté, il faut se demander aussi si les dirigeants qu'Haïti a connus dans les annales de son Histoire avaient eu la volonté politique de développement durable ; si parmi tous les pays de la Caraïbe, Haïti est la plus pauvre, alors qu'elle était la Perle des Antilles, il est donc impérieux d'analyser ce phénomène en profondeur et avec objectivité.

De la même manière dont Docteur Jean-Price Mars a répondu aux mépris des Noirs et du racisme en disant que : « les Noirs ne sont plus des rebuts d'humanité, sans Histoire, sans morale, sans religion » dans l'avant-propos « d'Ainsi parla l'oncle », pour notre part, nous voulons enfoncer le clou pour dire que : « Haïti n'est pas une terre originellement pauvre, elle est au contraire, forcée de s'éterniser dans la pauvreté ». La pauvreté d'Haïti a été façonnée par le pillage outrancier des colons et la mauvaise gouvernance des dirigeants sans conscience et de mauvaise foi. Il n'y a pas de pays pauvres, il n'y en a que dont les leaders sont pauvres d'esprit et taris de vision.

Donc, pour qu'Haïti sorte de ce carcan social et jouisse d'un respect mutuel universel, il faudrait que les Haïtiens soient conscients de leur état de sous-développement et se prennent en main. Ils doivent travailler objectivement en vue du développement socio-économique durable et du regain de l'estime universelle. Le poète Aimé Césaire et Docteur Jean-Price Mars revendiquèrent notre identité nègre, et nous ne voulons que la réitérer. Nous voulons faire savoir à qui veut bien l'entendre, que l'Afrique n'est pas un continent pauvre, Haïti non plus, n'est pas une île pauvre. Donc, cessez de nous faire servir d'incisives de la pauvreté et de nous accoler toujours des étiquettes de misère. Nous sommes un peuple cultivé et notre pays regorge beaucoup de ressources comme tout pays. La pauvreté est donc une mentalité. Eh bien si les Haïtiens s'en résignent, ils seront toujours pauvres. Pour qu'ils ne le soient pas, il faut qu'ils décident de se révolter collectivement contre cet état de misérabilisme. Tant et aussi longtemps qu'ils ne le font pas, ils seront toujours considérés comme des rebuts d'humanité, tandis qu'ils possèdent des ressources naturelles comme tout autre peuple! Si les Haïtiens croient fermement qu'ils peuvent devenir une nation riche, ils le peuvent pourvu qu'ils soient capables de créer les conditions pour l'être. Donc, la pauvreté est un mode de pensée, au même titre que la richesse. C'est la raison pour laquelle, nous avons parlé dans le résumé de notre plaidoyer, de grandes idées positivistes.

Après plus de deux-cents ans d'indépendance, nous sommes exaspérés de voir que notre pays s'enfonce dans la pauvreté, la corruption, la malversation et du laisser-faire, tandis que nos dirigeants se prélassent dans le dilettantisme en se moquant d'un peuple qui crève de faim. Le moment est venu pour qu'un changement radical de mentalité et un rebrassage des cartes s'imposent en Haïti. C'est ABERRANT et HONTEUX de voir qu'Haïti fait partie des pays de l'Amérique centrale et est le seul à s'éterniser dans un tel état de dépendance et de sous-développement. Si Botswana, un petit pays d'Afrique australe qui a pris son indépendance de l'Angleterre en 1966, a pu se développer grâce à son diamant ; et qu'Haïti qui a pris la sienne de la France en 1804, regorge aussi des ressources minières, mais ne peut pas connaître le développement après deux-cent douze ans de liberté, nous en déduisons donc, une honte historique. De ce fait, nous disons qu'il est temps que ce pays soit maître chez lui et se dissocie d'avec l'égocentrisme politique. En ce sens, nous pensons que ce peuple a un grand défi de développement à relever aux yeux du monde. Les Haïtiens doivent s'unir pour valoriser leurs ressources, en tirer profit, et lancer leur pays sur les rails du changement. En d'autres termes, les Haïtiens doivent tenir compte des erreurs du passé pour mieux construire l'Haïti de demain. C'est dans ce même esprit que l'ancien Président de l'Afrique du Sud, Nelson Mandela, a dit : « Les erreurs sont inhérentes à la politique. Celui qui est au centre d'une lutte politique, qui doit répondre à des problèmes pratiques pressants sans avoir le temps de la réflexion et alors qu'aucun précédent ne peut le guider, celui-là est amené à faire de nombreuses erreurs. Pour peu qu'il soit souple d'esprit et disposé à examiner son travail avec un œil critique, il finit par acquérir l'expérience nécessaire, par devenir assez prévoyant pour éviter les embûches ordinaires et maintenir le cap dans le tumulte des événements ».

Donc, selon l'approche de Mandela, on ne doit pas s'éterniser à commettre d'erreurs. Aussi, pour lui, dire à un peuple d'oublier son passé est un faux discours. Par conséquent, il faut que le peuple haïtien se rassemble pour identifier leurs erreurs, puis définir un projet de développement bien conçu en vue de la bonne marche de leur société. Il faut aussi qu'il cesse d'hypothéquer et de gaspiller le restant de ses ressources, lequel doit être utilisé pour garantir sa fierté de peuple. La devise du peuple haïtien (L'union fait la force), devrait alors être appliquée cette fois-ci, dans le sens de l'intérêt commun pour sauver la Patrie. À quand les Mulâtres demanderont-ils aux gens du bas peuple comment leur venir en aide ? D'autre part, si les Haïtiens prouvèrent au monde entier qu'ils purent accéder à la liberté et à la civilisation, ils doivent montrer qu'ils sont tout aussi capables de développer leur pays. En général, les hommes noirs ont pour obligation de travailler, de s'améliorer sans cesse, afin de faire mentir les préjugés dont ils subissent depuis des lustres. Ils ne doivent pas avoir peur de dénoncer l'esclavage et la colonisation qui sont un crime contre l'humanité. Les Haïtiens se doivent de prendre en charge pour créer sa condition de liberté socio-économique. Nous sommes certains que le peuple haïtien est destiné à s'améliorer, à grandir sans cesse en beauté et en intelligence.
En tant que fils du pays, nous venons vous dire qu'il est temps de freiner le train de la corruption, de cesser vos futiles mésententes politiques, de

Conclusion

mettre vos intérêts mesquins de côté pour développer notre Haïti. Notre destin dépend de nous, et uniquement de nous. Pour que la pauvreté cesse de luire comme des fers aux pieds des Haïtiens, il faudrait qu'ils se mettent debout et refusent cette condition humaine. Nous sommes tributaires de trois grandes révolutions : celle de 1791, de 1804 et de 1915. Si nous étions capables de gagner ces batailles, nous sommes tout aussi capables de nos serrer les coudes pour développer notre pays. Dans cette même optique, dans « l'homme rapaillé » à la page 53, l'illustre poète québécois Gaston Miron a soutenu ceci : « Nous ne serons jamais plus des hommes, si nos yeux se vident de leur mémoire ». Alors, dans cet esprit, cessez de parler toujours dans la négative au sujet d'Haïti, parce qu'Haïti peut aller de l'avant. Souvenons-nous des prouesses de ce pays. Sœurs et frères haïtiens, côtoyons-nous, unissons-nous et attelons-nous au chantier de développement véritable de notre chère Haïti !

Enfin, le gouvernement haïtien devrait profiter de toutes les opportunités qui lui sont offertes pour dresser un bon plan de développement socio-économique durable, car nous croyons que le développement d'Haïti ne dépend pas des pays amis. Certes, les partenaires internationaux offrent des aides en nature et en espèce à Haïti, mais il revient aux Haïtiens de témoigner leur leitmotiv pour le changement de leur pays et de lutter contre l'individualisme exacerbé des dirigeants. Ils devraient aussi avoir honte de ne pas pouvoir développer Haïti après plus de deux cents douze ans d'indépendance. Tant et aussi longtemps que ce pays s'éternise dans des mésententes politiques, des règlements de compte, la défense des intérêts mesquins, il n'ira nulle part et ne connaîtra jamais le développement durable.

Nous croyons désormais qu'il est impérieux de s'atteler au développement durable de ce pays, car, les deux mots qui peuvent sauver Haïti sont : le pardon et la réconciliation. Pour atteindre cet objectif, il faudrait qu'une prise de conscience nationale s'impose. Le degré de développement dont nous parlons nécessite l'éradication de la corruption qui représente un vrai frein au développement durable. Quel que soit le gouvernement qui pourrait accéder au pouvoir, aura du pain sur la planche ; mais s'il aspire au progrès, adopte une vraie politique de réconciliation nationale, rapatrie les compétences et les apports de plus de quatre millions d'Haïtiens vivant à l'étranger, vivifie tous les secteurs porteurs de changement et a une franche collaboration avec les pays amis ; une telle politique jouerait un rôle manifeste dans le développement durable et le combat contre le marasme économique de cet État RICHE de la Caraïbe. Et, cette philosophie politique doit nécessairement commencer par une prise de conscience nationale, débouchant inévitablement sur l'Apothéose d'un peuple digne et fier, d'où le déclenchement d'une véritable révolution tranquille.

« Si l'Éternel ne bâtit la maison, ceux qui la baptisent travaillent en vain ;
Si l'Éternel ne garde la ville, celui qui la garde, veille en vain », Psaume 127 : 1.
« Je puis tout par celui qui me fortifie », Phillipiens 4 :13.

MERCI SEIGNEUR !

Mes hommages à Jean-Jacques Dessalines, Toussaint Louverture, Etzer Vilaire, Anténor Firmin, Docteur Jean-Price Mars, Jacques Stephen Alexis, Jacques Roumain, Martin Luther King, l'ex-Président Nelson Mandela, Léopold Sédar Senghor, Aimé Césaire et Leslie François Saint-Roch Manigat.

« Sœurs et frères bien-aimés, cessez donc de nous traiter de pauvres ! Sachez qu'il n'y a pas de supériorité humaine dans ce grand village planétaire, car, nous sommes tous poussière, et nous retournerons, ô hélas, dans la poussière. »

Flarès Alnéus
Mars, 2016

REMERCIEMENTS

Nous témoignons notre gratitude envers notre épouse, Georges marie Maquilène pour avoir toujours été à nos côtés tout au long de la rédaction de ce manifeste. Nous lui confirmons toute notre estime pour ses précieux supports nous permettant d'achever cette oeuvre gigantesque. Par ailleurs, nous dédions cet ouvrage à nos quatre enfants : Bernie Gracieuse Michaëlle, Jéhu Klarens Gamaliel, Débora Esther et Ruth Flore Maquise Alnéus qui se voient grandir loin de la réalité de notre Alma Mater. Mes remerciements s'adressent aussi à l'écrivaine Marie Léontine Bilombo et Monsieur Jean Kue qui ont accepté de parcourir avec soin, chaque chapitre de ce livre et nous ont fait de judicieuses remarques et de rigoureuses critiques. Comment ne pas remercier le frère Josias Kue qui a consacré une fraction de son temps pour nous faire de magnifiques couvertures. Nous adressons également nos remerciements aux graphistes de Marquis Interscript qui ont gentiment accepté de finir la conception de nos livres. Toutefois, il serait insensé de ne pas penser aux distingués auteurs et chercheurs qui ont mis à notre portée, des livres ou des textes appropriés à la thématique que nous avons traitée à travers ce volume, lesquels nous ont permis de conclure notre étude. Sans leurs oeuvres, la réalisation de ce manifeste aurait été tout simplement IMPOSSIBLE.

Enfin, nous nous inclinons aussi auprès des personnels des différentes bibliothèques de Montréal, de Gatineau et d'Ottawa, pour leur aide lors de la recherche des livres relatifs au traitement de ce sujet si dense et difficile. Aussi, comment ne pas témoigner notre reconnaissance aux gouvernements du Québec et Canada qui ont mis leur vaste champ de recherches à notre disposition, lequel a facilité la création de cette immense oeuvre. Enfin, à notre famille, nos parents, amis, à toutes et à tous, nous renouvelons nos plus profonds respects.

RÉPERTOIRE CHRONOLOGIQUE DES CHEFS D'HAÏTI (1804 À 2016)

REPERTOIRE CHRONOLOGIQUE DES CHEFS D'ÉTAT D'HAÏTI (1804 à 2016)

Jean-Jacques Dessalines

Gouverneur général	Jacques 1er
1er Janvier 1804	2 septembre 1804
2 septembre 1806	17 octobre 1806

Henri Christophe

Président par intérim		Henri 1er Roi du Nord
28 décembre 1806	17 février 1807	28 mars 1811
27 janvier 1807	28 mars 1911	8 octobre 1820

Étienne E. Gérin

Secrétaire d'État par intérim
19 janvier 1807
10 mars 1807

Alexandre Sabès Pétion

Président de l'État du Sud
10 mars 1807
29 mars 1818

Jean Chrisostome Imbert

Secrétaire d'État par intérim
29 mars 1818
30 mars 1818

Jean-Pierre Boyer

Président d'Haïti

31 mars 1818	8 octobre 1820	9 février 1821
8 octobre 1820	9 février 1821	13 mars 1843

Charles Rivière Hérard

5e Président de la République d'Haïti
13 mars 1843
3 mai 1844

REPERTOIRE CHRONOLOGIQUE DES CHEFS D'ÉTAT D'HAÏTI (1804 à 2016)

Jean-Jacques Louis Philippe Guerrier
6ᵉ Président de la République d'Haïti
3 mai 1844
15 avril 1845

Jean-Louis Pierrot
7ᵉ Président de la République d'Haïti
16 avril 1845
1ᵉʳ mars 1846

Jean-Baptiste Riché
8ᵉ Président de la République d'Haïti
1ᵉʳ mars 1846
27 avril 1846

Céligny Ardrouin
Président du conseil des Secrétaires d'État
27 avril 1846
1ᵉʳ mars 1847

Faustin Soulouque
Prétendant au trône d'Haïti
1ᵉʳ mars 1847
26 août 1849

2ᵉ empereur d'Haïti
26 août 1849
15 janvier 1859

Fabre Geffrard
Président d'Haïti
15 janvier 1859
13 mars 1867

Nissage Saget
Président par intérim
13 mars 1867
4 mai 1867

REPERTOIRE CHRONOLOGIQUE DES CHEFS D'ÉTAT D'HAÏTI (1804 à 2016)

Sylvain Salnave

Protecteur de la République d'Haïti	Président de la République
4 mai 1867	14 juin 1867
14 juin 1867	19 décembre 1869

Nissage Saget

Président provisoire	Conseil des secrétaires d'État
19 décembre 1869	20 mars 1870
20 mars 1870	14 mai 1874

Conseil des secrétaires d'État	
14 mai 1874	– Joseph Lamothe
14 juin 1874	– Saul Liautaud
	– Octavius Rameau
	– Raoul Excellent

Michel Domingue

Président	Comité des révolutionnaires de Port-au-Prince
14 juin 1874	15 avril 1876
15 avril 1876	23 avril 1876

Gouvernement provisoire	
23 avril 1876	– Pierre Théoma B. Canal, Hypolite
19 juillet 1876	– Louis Tanis, Louis Audoin
	– Mombrun Arnoux

Pierre Théoma Boisrond-Canal

Président de la République	
19 juillet 1876	(N. B. : 18 juillet 1879-
17 juillet 1879	28 juillet 1879: Vide)

Joseph Lamothe

Image non disponible

Président provisoire
28 juillet 1879
3 octobre 1879

Florvil Hyppolite

Président provisoire
3 octobre 1879
26 octobre 1879

Lysius Salomon
Président de la République
26 octobre 1879
10 août 1888

Pierre Théoma Boisrond-Canal
Président provisoire
10 août 1888
16 octobre 1888

François Denys Légitime
Chef du pouvoir exécutif
16 octobre 1888
22 août 1889

Borno Mompoint Jeune
Président par intérim
23 août 1889
17 octobre 1889

Florvil Hyppolite
Conseiller des secrétaires d'État	**Conseil des secrétaires d'État**
17 octobre 1889	24 mars 1896
24 mars 1896	31 mars 1896

Tirésias Simon Sam
Président de la République
31 mars 1896
12 mai 1902

Cincinnatus Leconte
Président par intérim
12 mai 1902
13 mai 1902

Pierre Théoma Boisrond-Canal
Président du comité d'ordre de salut public
13 mai 1902
21 décembre 1902

Pierre Nord Alexis
Président	Membre de la commission de l'Ordre public
21 décembre 1902 2 décembre 1908	2 décembre 1908 6 décembre 1908

Antoine Simon
Président de la République
6 décembre 1908
3 août 1911

Cincinnatus Leconte
Chef suprême de la révolution	Chef du pouvoir exécutif
3 août 1911 7 août 1911	7 août 1911 8 août 1912

Tancrède Auguste
22ᵉ Président	Conseiller des secrétaires d'État
9 août 1912 2 mai 1913	2 mai 1913 4 mai 1913

Michel Oreste | Edmond Polynice
23ᵉ Président	Membre du comité de salut public
4 mai 1913 27 janvier 1914	27 janvier 1914 8 février 1914

Michel Oreste | Edmond Polynice
24ᵉ Président	Membre du comité de salut public
8 février 1914 29 octobre 1914	29 octobre 1914 6 novembre 1914

REPERTOIRE CHRONOLOGIQUE DES CHEFS D'ÉTAT D'HAÏTI (1804 à 2016)

Joseph Davilmar Théodore
Chef du pouvoir exécutif
6 novembre 1914
22 février 1915

Jean Vilbrun Guillaume
Chef du pouvoir exécutif | **Membre du Comité révolutionnaire**
22 février 1915 | 9 mars 1915
9 mars 1915 | 11 août 1915

Sudre Dartiguenave
Président de la République
12 août 1915
15 mai 1922

Louis Borno
Président de la République
15 mai 1922
15 mai 1930

Louis Eugène Roy
Président provisoire
15 mai 1930
18 novembre 1930

Sténio Vincent
Président de la République
18 novembre 1930
15 mai 1941

Élie Lescot
Président de la République
15 mai 1941
11 janvier 1946

REPERTOIRE CHRONOLOGIQUE DES CHEFS D'ÉTAT D'HAÏTI (1804 à 2016)

Franck Lavaud
Président du comité militaire (provisoire)
11 janvier 1946
16 août 1946

Dumarsais Estimé
Président de la République
16 août 1946
10 mai 1950

Franck Lavaud
Président du comité militaire (provisoire)
10 mai 1950
10 décembre 1950

Paul-Eugène Magloire
Président de la République
10 décembre 1950
12 décembre 1956   Note : Premier militaire élu au suffrage universel

Joseph Nemours Pierre-Louis
Président de la République d'Haïti à titre provisoire
12 décembre 1956
7 février 1957

Franck Sylvain
Président de la République d'Haïti à titre provisoire
7 février 1957
2 avril 1957

Léon Cantave
Président du conseil militaire de gouvernement
2 avril 1957
6 avril 1957

Gouvernement collégial
6 avril 1957
20 mai 1957

Président du conseil militaire de gouvernement
20 mai 1957
25 mai 1957

538

Pierre E. Daniel Fignolé
Président provisoire
25 mai 1957
14 juin 1957

Antonio T. Kébreau
Président du conseil militaire
14 juin 1957
22 octobre 1957

François Duvalier
Président de la République
22 octobre 1957
21 avril 1971

Jean-Claude Duvalier
Président de la République
21 avril 1971
7 février 1986

Henry Namphy
Président du Conseil national de gouvernement → CNG
7 février 1986
7 février 1988

Leslie François Saint Roch Manigat
Président de la République
7 février 1988
20 juin 1988

Henry Namphy
Président du Conseil national de gouvernement → CNG
20 juin 1988
17 septembre 1988

REPERTOIRE CHRONOLOGIQUE DES CHEFS D'ÉTAT D'HAÏTI (1804 à 2016)

Prosper Avril
Pouvoir militaire
17 septembre 1988
10 mars 1990

Hérard Abraham
Pouvoir militaire
10 mars 1990
13 mars 1990

Ertha Pascal Trouillot
Présidente provisoire
13 mars 1990
7 février 1991

Jean-Bertrand Aristide
Président de la République
7 février 1991
30 septembre 1991

Raoul Cédras
Pouvoir militaire
1er octobre 1991
8 octobre 1991

Joseph Nérette
Président provisoire
8 octobre 1991
19 juin 1992

Marc Louis Bazin
Président provisoire, premier ministre
19 juin 1992
15 juin 1993

Jean-Bertrand Aristide
Président de la République
30 septembre 1991
15 octobre 1994 (Retour)   N.B : En exil, mais reconnu Président

Émile Jonassaint
Président provisoire
12 mai 1994
12 octobre 1994 (Démission)

Jean-Bertrand Aristide
Président de la République, restitué
12 octobre 1994 – 15 octobre 1994 (Creux)
15 octobre 1994 – 7 février 1996

René Garcia Préval
Président de la République
7 février 1996
7 février 2001

Jean-Bertrand Aristide
Président de la République
7 février 2001
29 février 2004

Boniface Alexandre
Président provisoire
29 février 2004
14 mai 2006

René Garcia Préval
Président de la République
14 mai 2006
14 mai 2011

Joseph Michel Martelly
Président de la République
14 mai 2011
7 février 2016

« À notre humble avis, il serait très intéressant qu'après deux cent ans que quelqu'un écrive la suite de cette Épopée, car, nous croyons comprendre que nous ne serons plus au rendez-vous. À cet effet, nous confions cette belle aventure au bon soin de notre progéniture.

Que Dieu bénisse son crayon !
Que ses idées coulent comme de l'eau de citerne ! »

Flarès Alnéus
Mars, 2016

PRINCIPALES RÉFÉRENCES BIBLIOGRAPHIQUES

Ouvrages généraux

ALEXIS, Jacques Stephen ; *Compère général soleil*, Gallimard 1955, p. 9.

ALNÉUS, Flarès ; *L'origine du phénomène de l'insécurité publique en Haïti*, Les Éditions pour tous, Québec, 2008, p. 126.

ANGLADE, Georges ; *L'espace haïtien*, Éditions alizées, Montréal 1981, p.191.

- *Espace et Liberté en Haïti*, ERCE, Québec, Canada. 1982, pp. 133 à 135.

ANTÉNOR, Firmin ; *De l'Égalité des races humaines (Antropologie positive)*, Réédition, L'Harmattan, Paris. 2003.

ARISTIDE, Jean-Bertrand ; *Tout homme est un homme (Tout moun se moun)*, Éditions du Seuil, Paris VIe, 1992, pp. 21 à 38 et 185 à 187.

- *Théologie et politique*, Les Éditions du CIDIHCA, Montréal, 1992, pp. 25 à 32.

BARROS, Jacques ; *Haïti. De 1804 à nos jours*. Paris, 1984, pp. 739 à 745, 765 à 767.

BOURGUE, Gilles L ; *Le modèle québécois de développement de l'émergence au renouvellement,* Québec, 2000, pp.136 à 140.

BRUNEL, Sylvie ; *Le développement durable*, Presses universitaires, France, 2004, pp. 9, 26 à 27, 49, 51 et 57 à 58.

BEAUDRY, Paul ; DUBOIS, Luc et TANGUAY Gilles ; *Les marchés économiques,* Gérin, 1991, pp. 314 à 315. 394 à 396, 400 à 401.

BRAX Jean-Pierre ; *Haïti pour quoi faire*, L'harmattan, *1987, pp. 13 et 15.*

BEZBAKH Pierre ; *Histoire de l'économie (des origines de la mondialisation)*, petite encyclopédie Larousse, *2005, pp. 59 à 60.*

PRINCIPALES RÉFÉRENCES BIBLIOGRAPHIQUES

CHUNG, Joseph H et Dominique A. Alain L ; *Économie urbaine,* Montréal, Québec, Canada. 1981, pp. 79 à 94.

CHEAUVRAU, Loïc ; *Le développement durable,* Larousse, 2009, pp. 98 à 99.

CARRÉ HERMANTIN, Gladys F ; *Haïti, notre Histoire,* Université productions Inc, 2007, pp. 42 à 45 et 49 à 51.

CHAMBLAIN Greg ; *L'État du monde, annuaire économique, géopolitique mondial 2005,* Montréal 2005, pp. 402 à 406.

Constitution de la République d'Haïti, 1987, pp. 14 et 54.

CAMPOS, Élisabeth ; *Le crime* 1998, pp. 26 et 52.

CARRÉ HERMANTIN. F, Gladys ; *Haïti, Notre Histoire,* Université Productions, Inc. 2007, pp. 56 à 58 et 166 à 168.

CHARLES, Etzer ; *Le pouvoir politique en Haïti (de 1957 à nos jours),* Éditions Karthala, et ACCT, 1994. pp.53.

DONATH, Alexandro R ; *Du développement à la renaissance des régions,* Québec 2003, pp. 251 à 256.

DEBAS Dominique, Anne-Sophie et FÉRONE Geneviève ; *Ce que développement durable veut dire,* Éditions d'organisation 2003, pp. 219 à 221.

D'ANS, André M ; *Haïti, Paysage et Société,* 1987, pp. 82 à 90, 112 à 135, 217 à 232, 265 à 269.

DE BOISDERON, Marianne ; *Inventer une économie,* Éditions des Presses de la Renaissance, 2004, pp.139 à 140.

DE VERGER, Jean-Claude ; *Haïti, la Démocratie,* Québec, 1994, pp. 77 à 80.

Dictionnaire Hachette, Édition 2006, p.1694.

DROULERS, Martine ; *L'Amazonie, vers un développement durable,* Éditions Armand Colin, 2004, pp.195.

DE RONCERAY, Hubert ; *Sociologie du fait haïtien, problèmes de l'habitat à Port-au-Prince,* 1979, pp.103 à 105, 137 à 140.

DELINCE, Kern ; *Quelle armée pour Haïti ?* Éditions Karthala, 1994, pp. 24 et 25.

PRINCIPALES RÉFÉRENCES BIBLIOGRAPHIQUES

DE BOISDERON, Marianne ; *Inventer une économie,* Yin et Yang, presse de la renaissance, Paris 2006, pp.155 à 158, 162 à 163.

DOUYON, Frantz ; *Haïti, de l'indépendance à la dépendance,* L'Harmattan, 2004, pp.18 à 20.

DÉLINCE, Kern ; *Armée et Politique en Haïti,* L'Harmattan, 1979, pp. 20 à 21, 139.

- *Quelle armée pour Haïti,* Éditions Karthala, pp. 80 à 83.

FILS-AIMÉ, Jean ; *Vodou, je me souviens,* Les Éditions Dabar, 2007, pp. 7 et 8.

FRANKÉTIENNE ; *Ultravocal,* Hoebeke, 2004, p.6.

GÉRARD, Pierre Charles ; *Le système économique haïtien,* CRESFED-UNAN, Port-au-Prince, 1998, pp. 40 à 41.

- *Radiographie d'une Dictature,* Éditions nouvelle optique, Montréal, 1973. pp. 31, 70, 93.

JACOBS, Jane ; *Les villes et la richesse des Nations* « réflexions sur la vie économique » Québec, 1992, pp. 56 à 59, 265 à 271.

JOYAL, André ; *Le développement local,* les Éditions l'IQRC, Sainte Foy Québec, p. 22. JEAN Luc ; *Structures économiques et lutte nationale populaire en Haïti,* Éditions Nouvelle Optique, Montréal, 1976, pp. 25 à 55.

LAFERRIÈRE, Dany ; *Je suis fatigué,* Petite collection Lanctot (PCL), 2001, pp. 66 et 67.

MEYER, Érick ; *Sois riche et tais-toi !* « Portrait de la Chine d'aujourd'hui » France, 2002, pp. 291 à 297.

MARX Carl et ROUSSEAU Jean-Jacques ; *Le mouvement romantique français,* Belgique 1969, pp. 218 et 292 nos 2749 et 3797.

MATOUK Jean ; *Mondialisation et altermondialisation,* Éditions Milan 2005, Toulouse, France, pp. 41 à 49.

MANIGAT, Leslie François Saint-Roc ; *Évantail d'Histoire vivante d'Haïti : des préludes à la Révolution de Saint-Domingue jusqu'à nos jours : (1789-1999),* Collection du CHUDAC, Port-au-Prince, Haïti, 2003, pp. 34 à 35 et 42.

MANDELA, Nelson ; *Conversations avec moi-même*, Éditions de la Martinière, 2010, pp. 39, 141.

- *Pensées pour moi-même* 2011, pp.101, 102 et 106.

MIRON, Gaston, *L'homme rapaillé*, Éditions Typo, 1993, p. 46, 53 et 101.

NARCISSE, Berhmann Daniel ; *Haïti, les préludes au débarquement de 1915*, Montréal 1991, pp. 50 à 52, 93 à 97.

NOËL, Guy ; *Le Développement international et la gestion de projet*, Québec, 1996, pp. 255 à 256.

NIAHMAS, Pierre B et Jean-F ; *Les grands crimes de l'histoire*, Cameron, 1999, pp. 66 à 68.

OBAMA, Barack Hussein ; *Les rêves de mon père*, Éditions Presses de la Cité, 2008, P.11.

- *Discours d'investiture,* 20 janvier 2009, extrait du 3e paragraphe.

PLATON (Philosophe grec) ; *La République, nouvelle édition*, Flammarion 2002. p. IX

PRICE-MARS, Jean, Docteur ; *Ainsi parla l'Oncle, suivi de revisiter l'Oncle*, Mémoire d'encrier, 2009.

PETIT Futé, *Country Guide ; République dominicaine*, 2005, pp. 68 à 69, 74 à 75.

PIQUION, Henri J et PROPHÈTE, Jean L ; *La République était belle sous l'Empire*, Éditions du Marais, 2007.

PASCAL, Salin ; *Macro-économie*, Presses universitaires de France, PUF, 1991, pp.136 à 137.

ROCHER Guy ; *Le changement social*, Éditions HMH Ltée, Collection points, 1968 pp.185 à 192.

ROUMAIN Jacques ; *Gouverneurs de la Rosée* (1944), Réédition Mémoire d'Encrier, 2007, p.51.

ROUSSEAU, Jean-Jacques ; *Discours sur l'origine et les fondements de l'inégalité*, Paris, France, 1998, p.51.

RAUFER, Xavier ; *Les superpuissances du crime, enquête sur le narco terrorisme*, France 1993, pp. 137 à 139.

SCHOOYANS, Michel ; *L'enjeu politique de l'avortement*, Québec, 1990, pp. 133 à 136 et 185 à 187.

SAUVEUR, Pierre-Étienne ; *Les Organisations gouvernementales et la problématique de développement en Haïti*, 1994, pp.50 à 55.

- *L'Énigme haïtienne (Échec de l'État moderne en Haïti)*, Les presses de l'Université de Montréal, 2007, p.157.

SYLVESTRE, Jean-Marc ; *Petites leçons d'économie*, Méta Éditions, 2007, pp.31 à 34 et 271 à 272.

SECOND, Louis ; « *La Sainte Bible* », Société biblique canadienne, Psaumes 33 :12, p. 572.

TOULAT, Jean ; *Canada terre promise*, Paris 1967, p.11.

TREMBLAY, Solange ; *Développement durable et communications*, Presses de l'Université du Québec, 2007, pp. 18, 26, 37 et 157 à 159.

TREMBLAY, Diane-Gabrielle et SCHENDEL, Vincent Van ; *Économie du Québec, (régions, acteurs, enjeux)*, Éditions Saint-Martin 2004, pp. 46 à 47 et 154 à 155.

WOLGANG, Sacks et ESTEVA, Gustavo ; *Les ruines du développement*, Montréal, Québec. 1996, pp. 15 à 16, 29 à 30.

ZANTMAN, Alain ; *Le Tiers-monde, Les stratégies de développement à l'épreuve des faits*, Hatier, Paris, 1991, pp. 15 à 17, 86 à 90, 287 à 290.

Constitution de la République d'Haïti (1987) titre IX, Article 247, p. 82.

Ministère du plan et de l'Aménagement du territoire de la République togolaise, octobre 1992.

Extrait de métro, quotidien le plus branché sur le monde, parution week-end 4 à 6 juillet, p.13.

PRINCIPALES RÉFÉRENCES WEBOGRAPHIQUES

Sources webographiques

www.alliance-haiti.com

www.intracen.org

www.novethic.fr

www.alliance-haiti.com

www.etab.ac-caen.fr

www.zchocolat.com

www.cafe-rebo.com

www.americas-fr.com/geographie/haiti.html

www.abc-latina.com/cuba /economie

http://cc.msnscacache.com/cache.aspx

www.vacances-latines.com/porto-rico

www.cibaocreations.com /pages

www.fao.org/documents /show

www.haiti-reference.com/histoire/notables/manigat

www.haiti.org/pm/pm-page 4

www.tlfq.ulaval.ca

www.haiticulture.ch

Htt//: afriquepluriel.ruwenzori.net

www.potomitan.info/ayiti/rene/petrole

www.astrousurf.com

www.bulletins-electroniques.com

www.webzinemaker.com

www.internaute.com/biographie/nelsonmondela

www.haiticulture.ch/drapeau-national

www.hominides.com

www.gotquestions.org / francois/origine-races.html

LA CARTE GÉOGRAPHIQUE D'HAÏTI

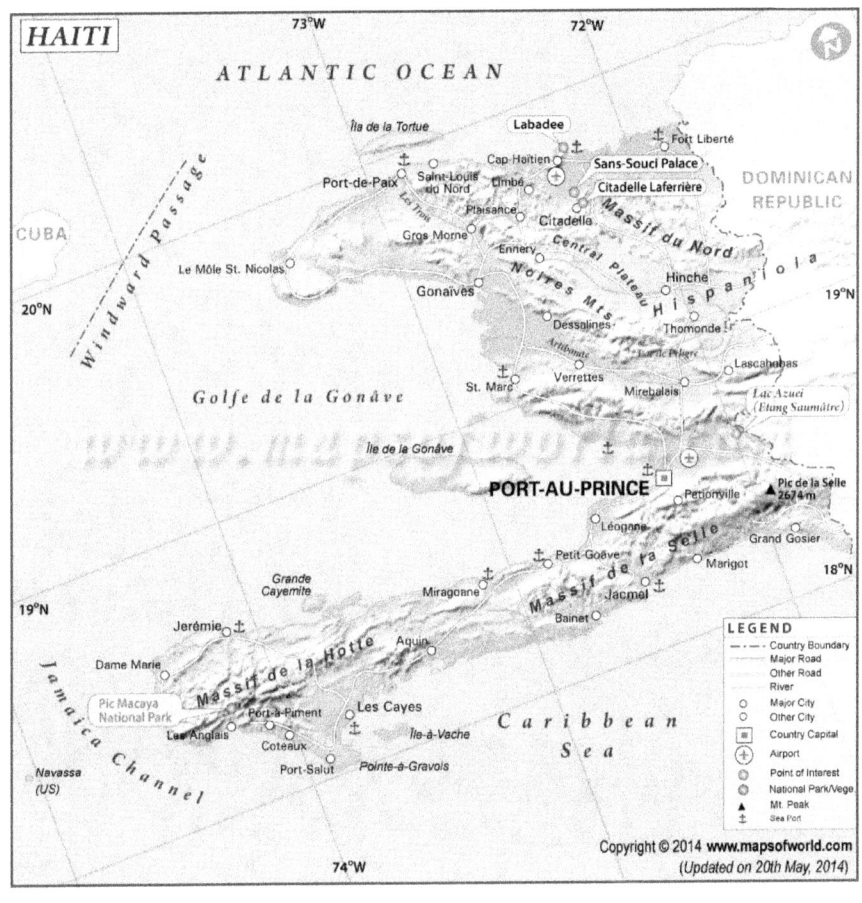

www.ingramcontent.com/pod-product-compliance
Lightning Source LLC
Chambersburg PA
CBHW071133300426
44113CB00009B/960